30

LE DROIT EN SCHÉMAS

Droit constitutionnel en schémas

8e édition

Hélène Simonian-Gineste

ellipses

Dans la même collection

Retrouvez tous les livres de la collection sur www.editions-ellipses.fr

ISBN 9782340-061583

8/10 rue la Quintinie 75015 Paris

www.editions-ellipses.fr

Sommaire

Table des abréviations

al. : alinéa

art. : article

ass. : assemblée

Ass. nat. : Assemblée nationale

C : Constitution

CA : Cour d'appel

CC : Conseil constitutionnel

C.Cass : Cour de cassation

CE : Conseil d'État

Chb. : chambre

CJRP : Cour de justice de la République

CMP : commission mixte paritaire

CNCCFP : Commission nationale des comptes de campagne et des financements politiques

coll. : collectivité

CS : Cour suprême (États-Unis)

CSM : Conseil supérieur de la magistrature

dern. al. : dernier alinéa

EU : États-Unis

HC : Haute Cour

GB : Grande-Bretagne

L. : loi ordinaire

LC : loi constitutionnelle

LF : Loi fondamentale (Constitution allemande)

LO : loi organique

maj. abs. : majorité absolue

o-m : outre-mer

Ord. : ordonnance

Ord. O : ordonnance organique

RP : République

Rp : représentation proportionnelle

terr. : territoriale

Conventions d'écriture :

Articles de la Constitution de 1958 présentés : art. numéro, alinéa numéro, C (ex. : art. 37, al. 2 C) ; Décisions du Conseil constitutionnel présentées : CC, date (ex. : CC, 6 nov. 1962).

Désignation abrégée de la révision du 23 juillet 2008 : la révision de 2008.

Avant-propos

Le droit constitutionnel est une branche du droit public qui s'oppose au droit privé. Ce dernier s'intéresse aux rapports entre personnes privées qu'il règle en partant d'un principe d'égalité des intérêts privés. Son but est la conciliation d'intérêts égaux ; sa technique juridique essentielle est la convention qui naît d'un accord de volontés égales.

Au contraire, le droit public s'intéresse, d'une part, aux rapports entre les personnes publiques (État, collectivités territoriales, établissements publics) et, d'autre part, entre les personnes publiques et les personnes privées. Il règle ces rapports en partant d'un principe d'inégalité : l'intérêt général défendu par l'État est supérieur à tous les autres intérêts, publics et privés. Son but est de faire prévaloir l'intérêt général. Sa technique essentielle est l'acte unilatéral (loi, règlement administratif) qui naît de la volonté d'une autorité publique et qui s'impose sans le consentement des destinataires de l'acte.

Le droit constitutionnel, branche du droit public, est constitué de l'ensemble des règles régissant les rapports entre les gouvernants et les gouvernés. Les gouvernants sont les autorités politiques et, en démocratie, les gouvernés sont les citoyens. Son objet est de déterminer quelles sont les autorités politiques, leur mode de désignation, leur statut, l'étendue et le mode d'exercice de leurs pouvoirs. En démocratie, il sert aussi à déterminer les droits politiques accordés aux citoyens ainsi que les droits et libertés fondamentaux qui leur sont garantis.

Le droit constitutionnel sert également de fondement aux autres branches du droit public. Il pose en effet les principes relatifs à l'action internationale de l'État (signature, ratification des traités...) qui relève du droit international public ; il établit les bases du droit fiscal et du droit des libertés publiques ainsi que celles du droit administratif. Et, dans la mesure où la Constitution s'intéresse à des questions essentielles de droit privé comme l'indépendance du pouvoir judiciaire, la protection de la propriété privée, les principes du droit pénal, l'État et la capacité des personnes, le droit constitutionnel est également fondateur du droit privé.

Son enseignement en première année de licence se justifie ainsi pleinement et son importance pour le juriste n'est pas moins grand que pour le citoyen.

Première partie

Les fondements du droit constitutionnel

Titre 1. L'État

Chapitre 1. La définition de l'État

L'approche du phénomène étatique par le juriste n'ignore pas la dimension politique. C'est même par la définition politique de l'État qu'il convient de commencer. Ensuite seulement, passera-t-on à la définition juridique de l'État en tant que personne morale.

Section 1. La définition politique de l'État

Tout commence par le phénomène du pouvoir politique. Contrairement aux pouvoirs de nature privée qui poursuivent la réalisation d'intérêts particuliers, le pouvoir politique est le seul à s'intéresser à la survie de la collectivité dans son ensemble. Il englobe et régit tous les groupes sociaux (famille, clans, professions, métiers…). C'est également le seul à posséder un pouvoir de coercition exercé au nom de la collectivité, la puissance publique.

§ 1. Les formes du pouvoir politique

A. Les formes pré-étatiques

a. La forme anonyme

La forme anonyme est celle que prend le pouvoir politique dans les **sociétés primitives**. Son originalité est d'ignorer la distinction gouvernants-gouvernés. Le pouvoir y est détenu par une autorité surnaturelle (Dieux, Ancêtres). Il n'y a **pas de chef**. Le groupe sanctionne lui-même la désobéissance aux règles divines ou coutumières. Mais la forme anonyme n'est pas stable. Un membre du groupe finit toujours par revendiquer le titre permanent et personnel de chef : la distinction gouvernants-gouvernés apparaît.

b. La forme patrimoniale

Cette forme du pouvoir politique est observable dans le **système féodal**. La détention du pouvoir politique est rattachée à la propriété d'une terre. Le pouvoir politique est un bien du patrimoine privé qui se transmet par héritage avec la terre. Le pouvoir politique est identifié à la personne du propriétaire qui exerce son pouvoir sur ceux qui vivent sur ses terres : il y a **personnification** du pouvoir. Ce système aboutit à un démembrement des propriétés lors des successions (la terre et le pouvoir qui lui est attaché sont divisés entre les héritiers) et donc à un émiettement progressif du pouvoir. Il favorise les luttes intestines à l'intérieur du royaume pour la conquête des terres et du pouvoir politique. Ainsi, la forme patrimoniale ne permet ni la constitution d'espaces territoriaux puissants, ni la paix intérieure. Elle affaiblit le pays en n'assurant pas la sécurité, mère de la prospérité et de la croissance économique.

Titre 1. L'État

Chapitre 1. La définition de l'État

Section 1. La définition politique de l'État

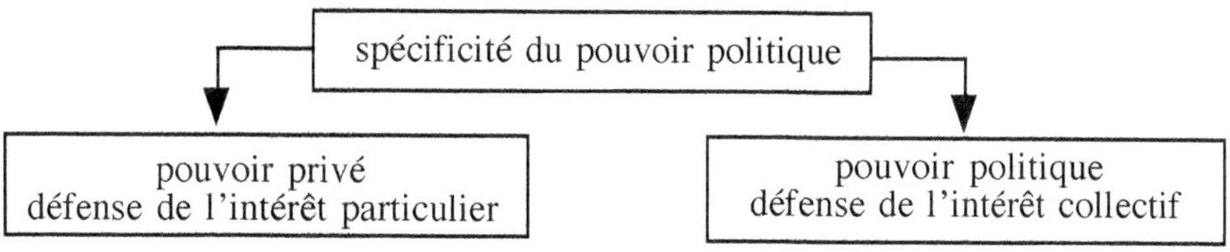

§ 1. Les formes du pouvoir politique

A. Les formes pré-étatiques

a. La forme anonyme

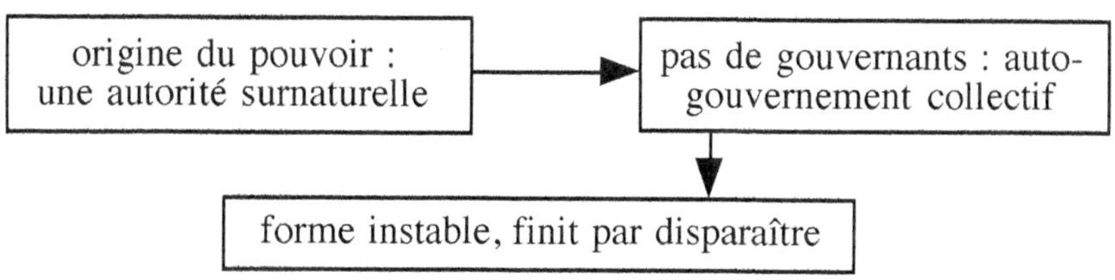

b. La forme patrimoniale

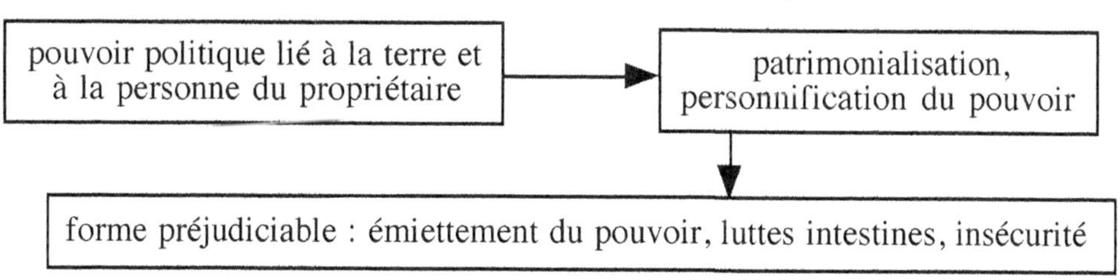

B. La forme étatique

La forme étatique du pouvoir politique est une **forme impersonnelle** dans laquelle le pouvoir politique est conçu comme distinct de celui qui l'exerce. La personnification du pouvoir politique disparaît (à ne pas confondre avec la personnalisation du pouvoir qui est une mise en avant de la personnalité des hommes politiques au détriment des idées dans la vie politique). Dans la forme étatique, le pouvoir politique est exercé au nom et dans l'intérêt de la collectivité, par un organisme composé d'organes régis par des règles de droit. C'est ce que l'on appelle l'**institutionnalisation** du pouvoir. Cette forme étatique permet la stabilité et la permanence du pouvoir grâce à la continuité de l'État à la fois entité abstraite et appareil institutionnel bien réel. La forme étatique est la forme la plus accomplie de l'exercice du pouvoir politique.

§ 2. Les éléments constitutifs de l'État

Traditionnellement, on distingue trois composantes du phénomène étatique : une nation, un territoire et un gouvernement. Parmi ces trois éléments indispensables à l'existence d'un État, la nation est celui qui soulève le plus de problèmes théoriques et politiques en droit constitutionnel.

A. La notion de nation et sa relation avec l'État

L'élément humain de l'État renvoie à l'existence d'une population, constituant le substrat social de l'État. Cependant, la population est un terme de nature démographique qui ne convient pas exactement au phénomène politique de l'État. Il semble plus adéquat et plus juste de parler de nation.

a. Les conceptions de la nation

Une nation est une population qui a conscience d'elle-même, de l'unité particulière qu'elle forme. Mais qu'est-ce qui transforme une population en une nation ? Deux conceptions s'opposent. La première est due à **Fichte** (auteur allemand). L'approche est objective et déterministe. La nation se constitue par la conjugaison d'un ensemble de facteurs indépendants de la volonté des hommes : une même langue, une même religion, une même origine géographique et une même race. La seconde est due à **Renan** (auteur français). L'approche est subjective et volontariste. La nation naît avant tout d'un vouloir-vivre ensemble. C'est un "plébiscite de tous les jours". C'est une âme commune, un principe spirituel partagé, qui permettent de dépasser les différences objectives de culture, de langue, de religion, de race pour former un ensemble homogène bien que divers.

La première conception est insuffisante. Elle ne rend pas compte de la possibilité de nations plurilingues, multiraciales. Elle est également dangereuse car elle peut servir à justifier des idéologies de pureté de la race et des politiques de "purification ethnique". La seconde conception est plus exacte et politiquement préférable.

B. La forme étatique

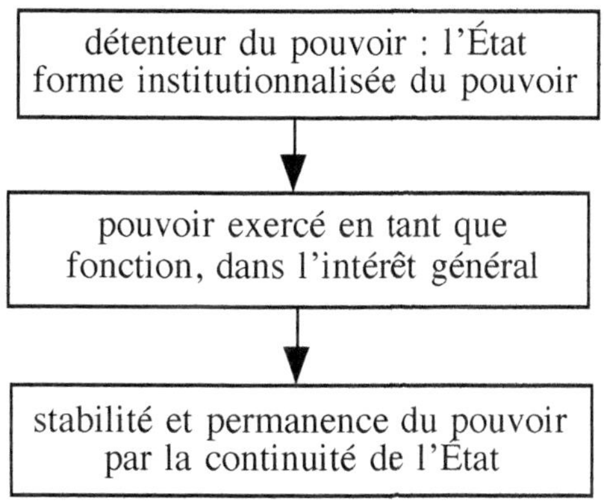

§ 2. Les éléments constitutifs de l'État

A. La notion de nation et sa relation avec l'État

a. Les conceptions de la nation

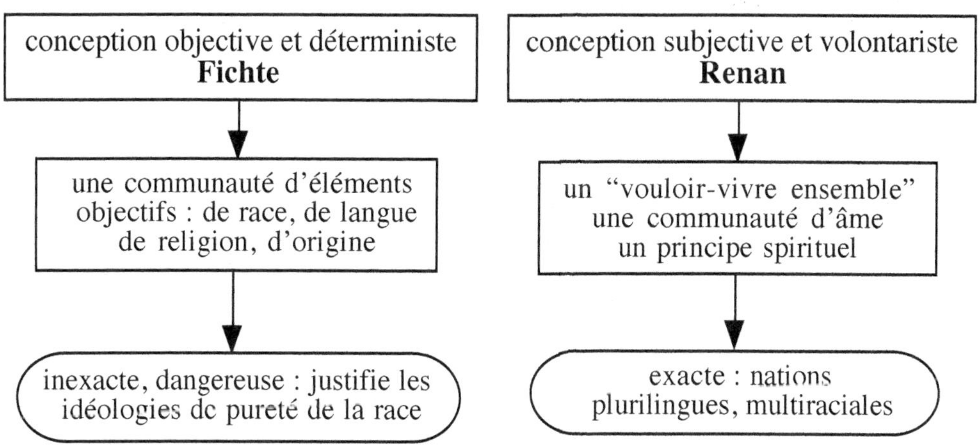

b. La nation et l'État

Historiquement, en Europe, les nations vont se construire progressivement et permettre l'apparition de l'État-nation. Le lien entre l'État et la nation va donner naissance au **principe des nationalités** selon lequel chaque nation a le droit de se constituer en État. Ce principe servira à l'apparition de nombreux États en Europe, durant le XIXe siècle et à l'issue de la Première Guerre mondiale. Mais, pour les États issus de la décolonisation, le processus de création de l'État a été différent. Ils sont apparus avant que le processus de formation de la nation n'ait eu lieu ou ne soit achevé. La naissance de ces États a été précipitée par le mouvement général de décolonisation des années soixante, fondé sur le **droit des peuples à disposer d'eux-mêmes**. Ces États en ont retiré une instabilité et une fragilité internes certaines. La solidité du socle social, ancrée dans l'existence d'une nation, leur a fait défaut. Dès lors, la réalisation de l'unité nationale a été (est encore pour certains d'entre eux) une priorité politique absolue afin de consolider l'existence même de l'État et d'assurer la paix intérieure.

B. Les manifestations de la spécificité nationale

a. Les signes distinctifs de la nation

Les Constitutions prévoient un ensemble de signes distinctifs de la spécificité de la nation. Ainsi, l'actuelle Constitution française précise (art. 2) que l'emblème national est le drapeau tricolore bleu, blanc, rouge et que son hymne national est “la Marseillaise”. La spécificité nationale se manifeste aussi au plan du régime politique. La République est le régime politique que la nation française a choisi. Sa devise est “Liberté, Égalité, Fraternité”, son principe “le gouvernement du peuple, par le peuple et pour le peuple”. Indivisible, laïque, démocratique et sociale, avec une organisation décentralisée, elle assure l'égalité devant la loi de tous les citoyens sans distinction d'origine, de race ou de religion. La loi de la République **(révision du 23 juillet 2008)** favorise l'égal accès des hommes et des femmes aux mandats électoraux et fonctions électives, ainsi qu'aux responsabilités professionnelles et sociales. Telles sont les spécificités que se reconnaît la nation française dans le premier article de sa Constitution.

b. L'unité nationale exprimée par une seule langue officielle

Depuis la révision constitutionnelle du **25 juin 1992,** l'article 2 de la Constitution déclare que la langue de la République française est le français. L'usage du français s'impose donc dans toute la sphère publique. Cependant, les langues régionales sont depuis longtemps reconnues par la loi (leur enseignement facultatif est prévu dans les établissements de l'enseignement public). L'article 75-1 introduit par la **révision de 2008** les reconnaît : “Les langues régionales appartiennent au patrimoine de la France”. Mais la portée de cette reconnaissance est surtout symbolique.

b. La nation et l'État

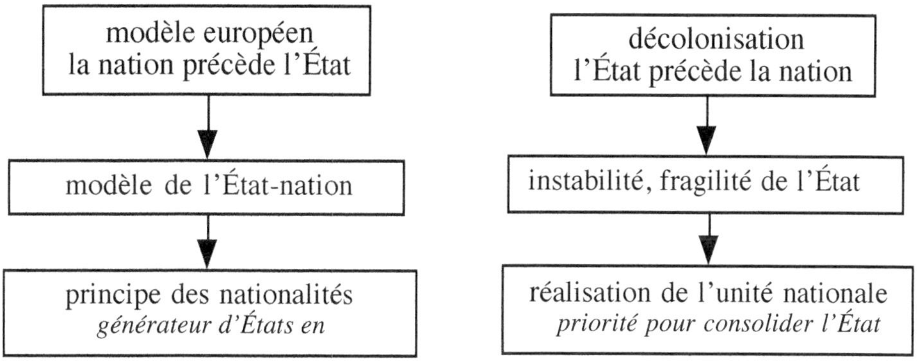

B. Les manifestations de la spécificité nationale

a. Les signes distinctifs de la nation

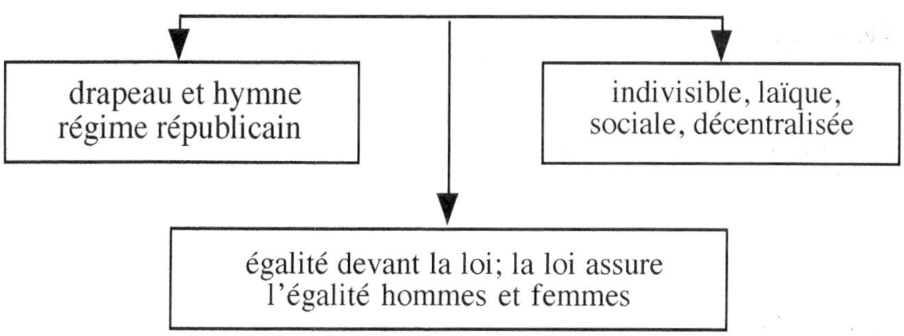

b. L'unité nationale exprimée par une seule langue officielle

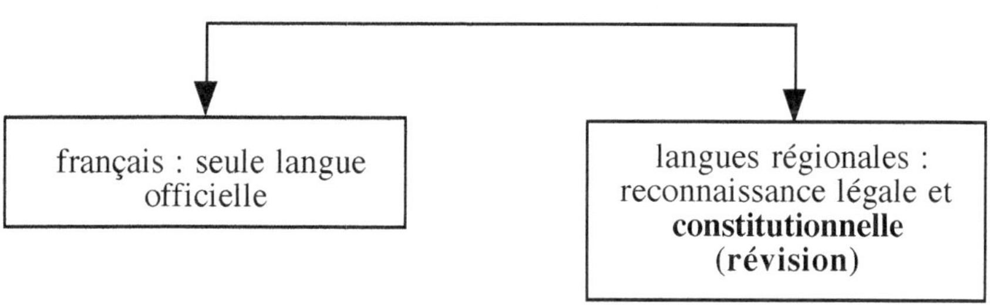

Section 2. La définition juridique de l'État

Le droit effectue une traduction de la réalité en des termes qui lui sont propres. Les individus deviennent des personnes juridiques (personnes physiques) dotées de droits et d'obligations. Les groupements, les collectivités d'individus deviennent également des personnes juridiques (personnes morales) dotées de droits et d'obligations. Ainsi, en droit public, la réalité politique qu'est l'État devient une personne juridique aux fonctions fixées par son acte juridique fondateur : la Constitution.

§ 1. L'État, personne juridique

L'existence de toute personne morale présuppose un acte juridique fondateur, acte constitutif et organisateur de cette dernière. L'État ne fait pas exception à la règle. Son acte fondateur et constitutif s'appelle la Constitution. Il est placé au sommet de l'ordre juridique.

A. Le statut de la personne morale État : la Constitution

a. La Constitution et l'État

L'État est une personne juridique, une personne morale de droit public. Il est la personnification juridique de la nation (la nation n'a pas de personnalité juridique). La Constitution de l'État est l'acte fondateur qui détermine les organes de la personne morale État (Président, Premier ministre, Parlement...). Elle fixe pour ces organes :

- le mode de désignation (élection ou nomination) ;
- le renouvellement (durée des fonctions, durée du mandat) ;
- les compétences (ensemble des attributions d'une autorité) ;
- le régime des compétences : règles de forme (motivation, contreseing...), de procédure (avis, délai...).

Ainsi, la Constitution est-elle indispensable à l'existence et au fonctionnement de l'État.

Section 2. La définition juridique de l'État

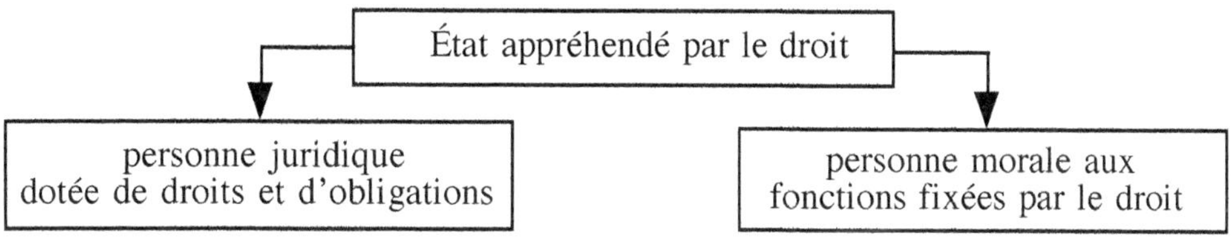

§ 1. L'État, personne juridique

A. Le statut de la personne morale État : la Constitution

a. La Constitution et l'État

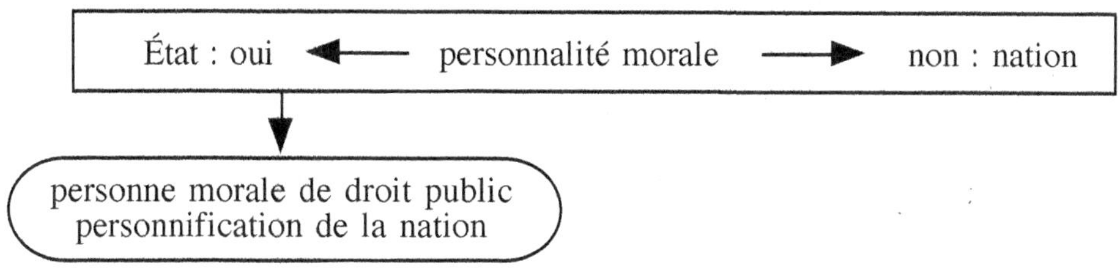

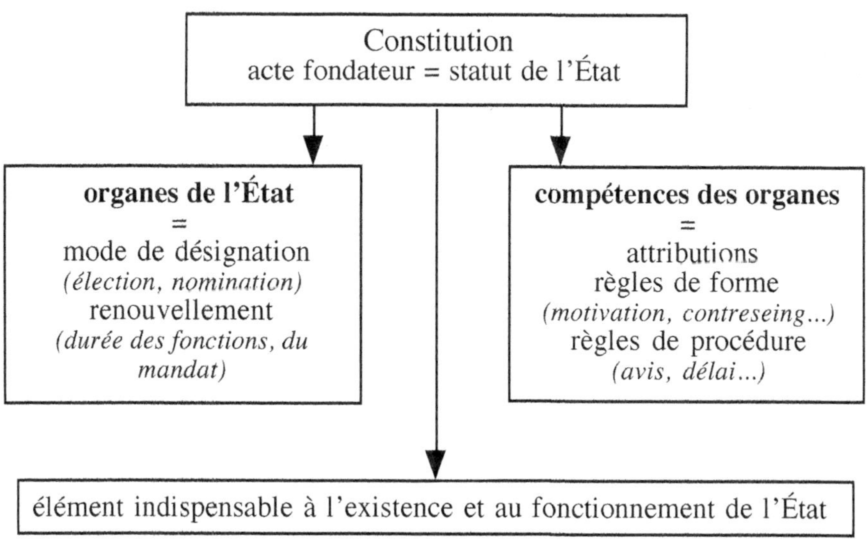

b. Les formes de la Constitution

La Constitution peut avoir deux formes : une forme coutumière ou une forme écrite.

La forme coutumière est une forme composite où se côtoient différents textes (de dates différentes et portant sur des objets différents) et des pratiques ou usages ayant valeur coutumière. Cette forme de Constitution se caractérise par :

- une modification (révision) facile, sans forme ni procédure particulière ;
- un accès difficile en raison de l'éparpillement de ses composantes et du caractère parfois incertain de ses éléments coutumiers.

Cette forme est rare. La Grande-Bretagne est le seul grand pays à conserver une Constitution coutumière. Celle-ci comprend :

- des usages relatifs au fonctionnement du système politique ;
- des textes divers : certains sont anciens (comme la Charte de 1215, la Pétition des droits de 1628, le *Bill of Rights* de 1689) ; d'autres plus récents (comme les *Parliaments Acts* de 1911 et 1949, l'*Human Rights Act* de 1998...).

La forme écrite est la forme universellement répandue. La France l'a adoptée depuis la Révolution (depuis la Constitution de 1791, première Constitution écrite).

Concrètement, une Constitution écrite se présente comme un texte rédigé en un seul tenant, logiquement structuré, découpé en articles, parfois précédé d'un préambule qui sert d'introduction. Cette forme de Constitution se caractérise par :

- un accès aisé en raison de son homogénéité et de son contenu logiquement agencé ;
- une modification (révision) selon une procédure particulière, différente de la procédure législative normale et souvent longue et complexe.

B. La Constitution au sommet de l'ordre juridique de l'État

a. La supériorité de la Constitution

1. La hiérarchie des actes juridiques

Les différentes catégories d'actes juridiques sont hiérarchisées : c'est l'ordre juridique. Les actes inférieurs doivent respecter les actes supérieurs. Les actes inférieurs à la Constitution doivent lui être conformes : c'est le **principe de constitutionnalité**. Les actes inférieurs à la loi doivent lui être conformes : c'est le **principe de légalité**. Cela signifie que les autorités politiques ne peuvent prendre des actes juridiques sans respecter la hiérarchie de l'ordre juridique. Les gouvernants sont donc soumis au droit. C'est ce que l'on appelle l'**État de droit**.

b. Les formes de la Constitution

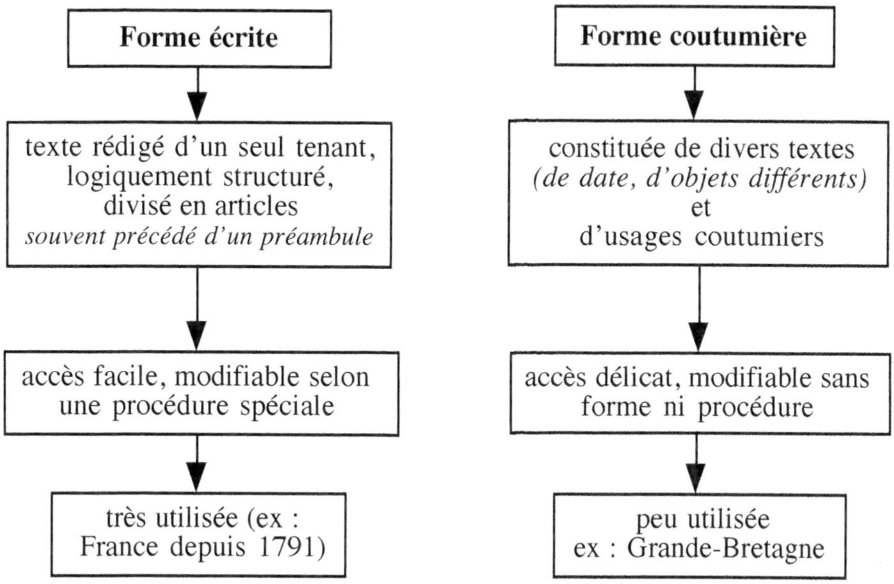

B. La Constitution au sommet de l'ordre juridique de l'État

a. La supériorité de la Constitution

1. La hiérarchie des actes juridiques

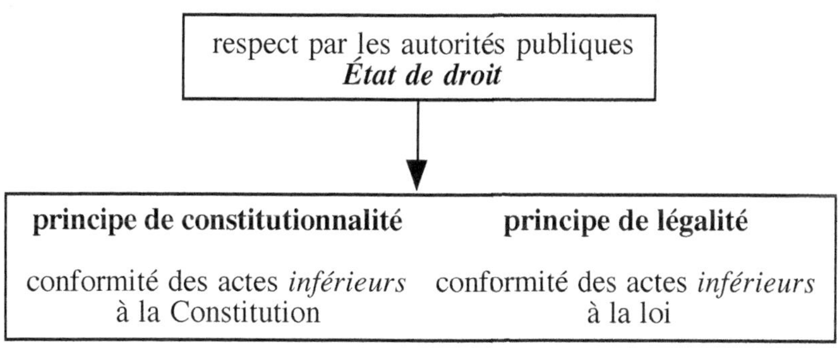

2. Fondement de la supériorité de la Constitution

La Constitution est toujours au sommet de l'ordre juridique. Pour les Constitutions écrites, la supériorité de la Constitution se justifie à trois points de vue :

- en raison de son contenu (**fondement matériel**) parce que ses règles fixent le statut de l'État ;
- en raison de son auteur (**fondement organique**) car la Constitution est adoptée par l'organe détenant le pouvoir originaire et souverain ;
- en raison de sa procédure d'élaboration (**fondement formel**) car elle est élaborée et adoptée selon une procédure solennelle qui ne s'applique qu'à elle.

b. La structuration de l'ordre juridique

1. Les distinctions de base

Plusieurs distinctions de base peuvent être faites au sein de l'ordre juridique qui se met en place à partir de la Constitution.

La première distingue :

- les actes d'origine **interne**, édictés par les seules autorités de l'État ;
- les actes d'origine **externe** (traités, accords internationaux) qui sont élaborés par les organes de plusieurs États ensemble.

La seconde introduit une distinction au sein des actes purement internes. Elle oppose :

- les actes **législatifs** adoptés par l'organe législatif ;
- les actes **réglementaires** adoptés par l'organe exécutif et l'administration qui en dépend.

2. La hiérarchie des actes internes

Tous les actes dénommés "loi" sont au-dessus de toutes les variétés de règlements.

Dans la catégorie "loi", les lois organiques sont supérieures aux lois ordinaires.

Dans la catégorie "règlement", les décrets sont supérieurs aux arrêtés.

3. La place des actes internationaux

Selon les pays, les actes internationaux s'intègrent directement ou non dans l'ordre juridique interne.

Quand ils s'intègrent directement, ils se situent toujours au-dessous de la Constitution qu'ils doivent respecter. Mais, par rapport à la loi, leur place peut varier.

En France, depuis 1946, les traités et accords internationaux sont au-dessus des lois. Cependant, leur supériorité est assortie de conditions posées à l'article 55 C. Si ces conditions ne sont plus remplies, l'acte international ne prévaut plus sur la loi française.

2. Fondement de la supériorité de la Constitution

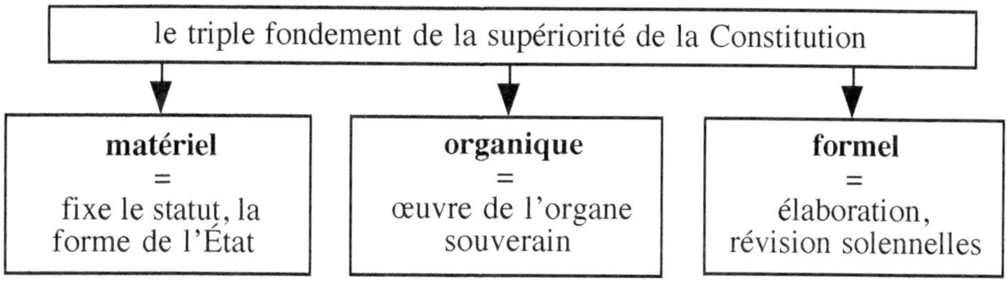

b. La structuration de l'ordre juridique

1. Les distinctions de base

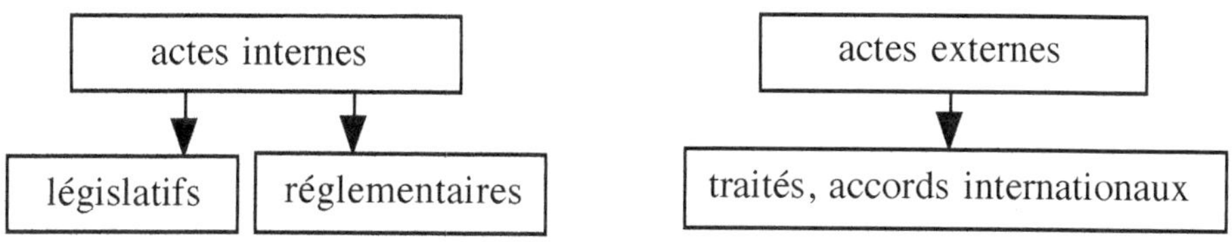

2. La hiérarchie des actes internes

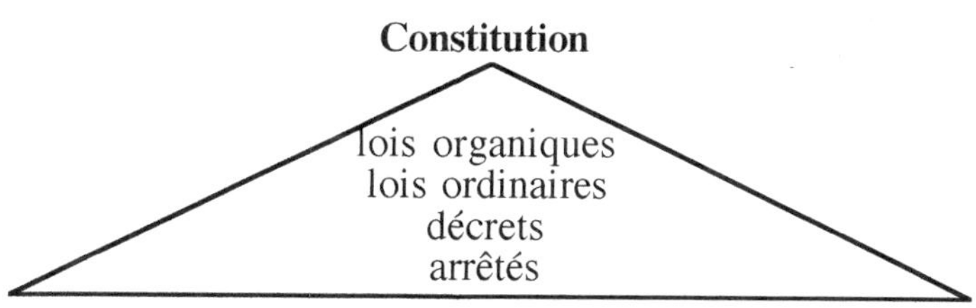

3. La place des actes internationaux

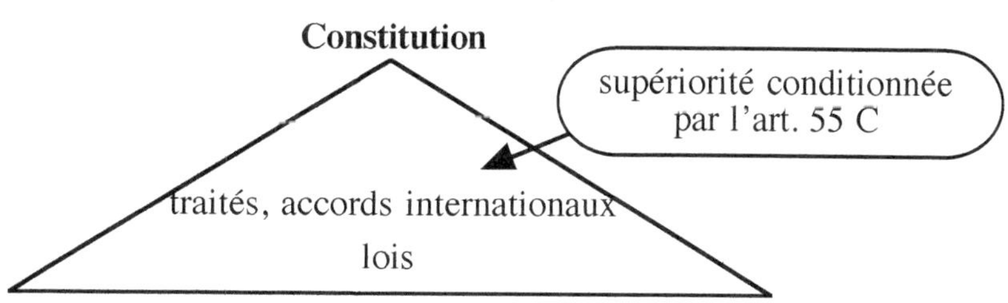

§ 2. Les fonctions de la personne morale État

Les fonctions de l'État se définissent par référence à la place et la valeur de l'homme dans la société. La Constitution actuelle de la France fait sienne les idées contenues à ce sujet dans deux textes anciens auxquels son préambule renvoie : la Déclaration des droits de l'homme et du citoyen du 26 août 1789 et le Préambule de la Constitution de 1946. Mais le préambule de la Constitution de 1958 se réfère également à la Charte de l'environnement, adoptée par le Parlement en 2004, et intégrée à la Constitution par la révision constitutionnelle du 1er mars 2005. Ce nouveau texte définit également la fonction de l'État en matière d'environnement en regard des droits et des devoirs des hommes.

A. L'État au service de la liberté de l'homme

a. L'homme dans la Déclaration de 1789

La Déclaration des droits de l'homme et du citoyen a été rédigée lors de la Révolution française et placée en tête de la Constitution de 1791. Elle exprime la philosophie humaniste issue des penseurs et philosophes du XVIIIe siècle (Montesquieu, Rousseau, Diderot, Voltaire...). Selon celle-ci, l'homme se définit par quatre caractères.

- **Il est libre**.

  L'article 1er de la Déclaration de 1789 déclare : "Les hommes naissent et demeurent libres". C'est une liberté originaire qui existe dès la naissance, avant que la société n'apparaisse (c'est-à-dire dans "l'état de nature").

- **Il est titulaire de droits innés**.

  Ces droits ne sont pas attribués par une autorité politique, ils sont inhérents à la nature humaine. Ils sont sacrés. Ils ne peuvent être cédés (ils sont "inaliénables") ; ils ne peuvent s'éteindre par le non usage (ils sont "imprescriptibles"). Ces droits sont : la liberté, la propriété, la sûreté, la résistance à l'oppression (art. 2 de la Déclaration de 1789). Ce sont des **droits-facultés** qui permettent d'agir (qui donnent la faculté d'agir).

- **Il est égal aux autres hommes**.

  La philosophie humaniste considère l'homme abstraitement. Elle affirme une égalité de droit des hommes qui ignore les inégalités de fait, les différences de situation sociale. Ce sont des droits abstraits, des **droits virtuels**.

- **Il est antérieur à la société**.

  Selon la Déclaration de 1789, l'homme existe avant la formation de la société, dans "l'état de nature". Par le "contrat social", les hommes décident un jour de créer une société et une organisation politique pour mieux garantir la liberté et les droits naturels de chacun. "Le but de toute association politique est la conservation des droits naturels et imprescriptibles de l'homme." (art. 2 de la Déclaration de 1789). La société et l'État sont donc au service de l'homme qui demeure la valeur première.

§ 2. Les fonctions de la personne morale État

place et valeur de l'homme → fonctions de l'État

↓

Déclaration de 1789
préambule C 1946
Charte de l'environnement

← le préambule C 1958 y renvoie

A. L'État au service de la liberté de l'homme

a. L'homme dans la Déclaration de 1789

caractères de l'homme selon la Déclaration de 1789
(philosophie humaniste du 18e siècle)

chaque homme
naît **libre**
=
liberté innée
liberté naturelle

↓

chaque homme est
titulaire de **droits naturels**

droits *innés, sacrés*
inaliénables, imprescriptibles
=
la liberté
la propriété
la sûreté
la résistance à l'oppression

ce sont des "droits de"
ou **droits-facultés**

chaque homme
égal aux autres hommes
=
égalité abstraite des droits
= *droits virtuels*

↓

l'homme **existe avant la société**

la société est créée par l'homme
(contrat social)

les hommes sortent de l'état de
nature pour sauvegarder leurs
droits naturels
=
la société doit servir la liberté et
les droits naturels de l'homme

art. 2 Déclaration de 1789

b. Les fonctions de l'État selon la Déclaration de 1789

Les hommes créent la société pour accroître leur liberté et non pas pour la diminuer. L'état de société doit mieux préserver la liberté que l'état de nature où règne la loi du plus fort. L'État doit fixer les bornes de la liberté et ne pas s'immiscer dans la sphère économique et sociale. De ces postulats, il résulte plusieurs conséquences.

- **La liberté demeure la donnée première**.

  L'État n'octroie pas la liberté (c'est un droit inné de l'homme). L'État ne s'occupe que d'encadrer la liberté, si nécessaire. "La Loi n'a le droit de défendre que les actions nuisibles à la Société. Tout ce qui n'est pas défendu par la Loi ne peut être empêché, et nul ne peut être contraint à faire ce qu'elle n'ordonne pas." (art. 5 de la Déclaration de 1789). L'intervention étatique est donc marginale. Le principe est la liberté d'agir. L'exception est l'interdiction légale d'agir.

- **L'État doit protéger la liberté contre ses propres abus**.

  Pour les rédacteurs de la Déclaration de 1789 (art. 4) : "La liberté consiste à pouvoir faire tout ce qui ne nuit pas à autrui : ainsi, l'exercice des droits naturels de chaque homme n'a de bornes que celles qui assurent aux autres membres de la société la jouissance des mêmes droits. Ces bornes ne peuvent être déterminées que par la Loi". Cette conception justifie l'existence d'une législation restrictive de la liberté. Mais, si cette fonction normative de l'État est essentielle pour l'ordre public, elle n'en est pas moins limitée par sa finalité.

- **L'État doit faire respecter les droits et la loi**.

  L'État détient le monopole de l'exercice de la force. Il est le seul détenteur légitime du pouvoir de contrainte par la force publique. On dit qu'il détient la "puissance publique" et qu'il exerce des "prérogatives de puissance publique". Ainsi, l'État peut assurer l'ordre par sa fonction de police, de défense et de justice. Le maintien de l'ordre et de la sécurité représente l'essentiel du rôle de l'État dans la perspective des rédacteurs de la Déclaration de 1789.

Cet ensemble de fonctions correspond à ce que l'on appelle un **État-gendarme**.

b. Les fonctions de l'État selon la Déclaration de 1789

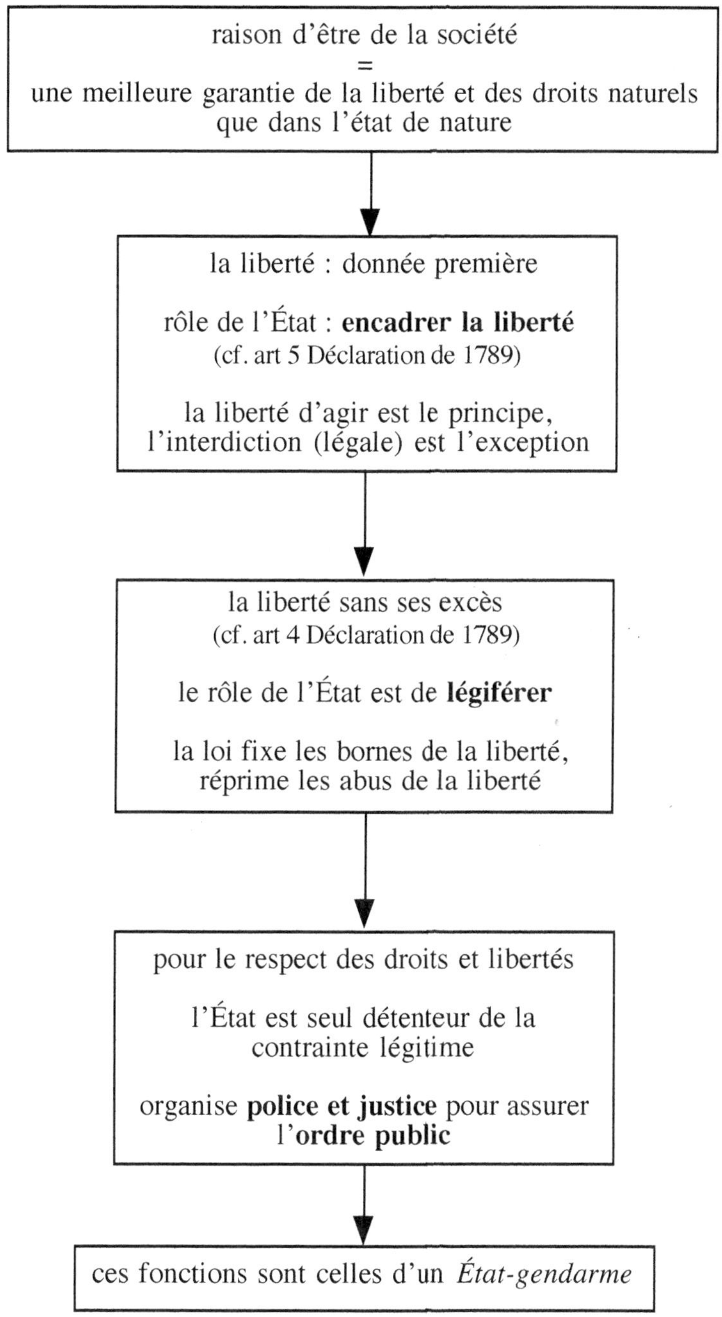

B. L'État au service des besoins de l'homme

a. L'homme dans le Préambule de la Constitution de 1946

Le Préambule de la Constitution de 1946 a été rédigé lors de l'élaboration de la Constitution de la IVe République. Il s'inspire de la pensée socialiste française. Dans ce texte, l'homme est défini par quatre caractères.

- **Il est un être réel**.

  Quand on parle de l'homme, il faut prendre en considération son sexe, son âge, sa situation professionnelle, sa santé, sa culture, ses conditions d'existence. Autrement dit, c'est un homme "situé". Ce n'est plus l'homme abstrait de 1789. L'homme est un être social. Il ne peut exister en dehors de toute société. "L'état de nature", si cher aux auteurs de la Déclaration de 1789, n'a jamais existé. L'homme est un produit de la société.

- **Il est titulaire de droits concédés socialement**.

  Les droits des hommes sont des droits consentis par la société elle-même et non des droits issus de la nature humaine. Ces droits sont variables selon les sociétés et selon les époques. Ils ne sont pas universels et intemporels comme ceux de 1789.

- **Il est titulaire de droits-prestations ou droits à obtenir quelque chose**.

  Ce sont des **droits-créances** à l'encontre de la société dont la mise en œuvre demande une action de l'État. Ce ne sont plus les droits-facultés de 1789 dont la mise en œuvre ne dépendait que de la volonté individuelle.

- **Il est membre d'un ensemble solidaire**.

  La société est un ensemble d'individus interdépendants et solidaires. Elle n'est plus cet ensemble atomistique, fait d'éléments individuels, concurrents et indépendants comme dans la vision libérale de 1789. Dans la perspective du Préambule de 1946, aucun membre de la société ne peut en ignorer un autre. Chacun a une part de responsabilité dans le bonheur de tous.

B. L'État au service des besoins de l'homme

a. L'homme dans le Préambule de la Constitution de 1946

caractères de l'homme selon le préambule de la Constitution de 1946
inspiré par la pensée socialiste française

il est **réel**
c'est un homme "situé"

non l'homme abstrait de la Déclaration de 1789

c'est un **être social**
produit de la société

l'état de nature n'a jamais existé

membre d'une société solidaire

société = ensemble d'individus interdépendants

non un ensemble atomistique d'éléments individuels et concurrents

chacun a une part de responsabilité dans le bonheur de l'autre

titulaire de **droits concédés**
par la société elle-même

non des droits issus de la nature humaine

ce sont des **droits variables**
selon les sociétés

non des droits universels et intemporels, comme en 1789

titulaire de **droits-prestations**
=
droits *à* obtenir quelque chose
de la société et de l'État

non des droits-facultés, droit de faire, comme en 1789

droits-créances
dont la mise en œuvre demande
une action positive de l'État

b. Les fonctions de l'État selon le Préambule de la Constitution de 1946

Dans le Préambule de la Constitution de 1946, la nation s'oblige envers ses membres conformément au principe de solidarité. Elle s'engage à assurer à tous un niveau de vie décent tant du point de vue des besoins matériels que culturels. En conséquence, l'État doit prendre en charge et organiser la solidarité à l'échelle nationale. Pour cela, il doit franchir les limites que lui imposait la Déclaration de 1789. Son action doit s'étendre au double domaine économique et social.

– **L'interventionnisme économique et social de l'État est un impératif.**

  Le Préambule de la Constitution de 1946 présuppose que le jeu de la concurrence ne suffit pas à équilibrer les rapports sociaux. L'État doit intervenir. Il doit réguler l'économie du pays afin de permettre à tous d'avoir un emploi ; il doit adopter une législation sociale qui reconnaisse le droit de grève, le droit syndical et prohibe toute discrimination dans le domaine du travail. L'État ne peut plus se cantonner aux fonctions régaliennes, comme le voulait la Déclaration de 1789.

– **L'État doit veiller aux besoins essentiels.**

  Il est de sa responsabilité d'assurer à tous une protection de la santé, la sécurité matérielle, le repos, les loisirs et les conditions nécessaires au développement de l'individu et de la famille. Il doit faire en sorte de garantir un égal accès à l'instruction, à la formation professionnelle et à la culture. Il ne s'agit plus simplement pour lui de fixer des bornes à la liberté individuelle, comme le voulait la Déclaration de 1789.

– **L'État est amené à prendre en charge des prestations.**

  Afin de répondre aux besoins vitaux des individus, l'État est amené à pallier les insuffisances de l'initiative privée qui n'obéit qu'à la seule loi du profit. Il doit mettre en place et gérer (directement ou indirectement) des activités d'intérêt général de nature industrielle et commerciale (services publics industriels et commerciaux) afin que tout le territoire national puisse bénéficier des prestations de première nécessité (communications ferroviaires, eau, gaz, électricité, etc.). Son rôle est d'assurer la cohésion sociale du pays.

Cet ensemble de fonctions correspond à ce que l'on appelle un **État-Providence**.

b. Les fonctions de l'État selon le Préambule de la Constitution de 1946

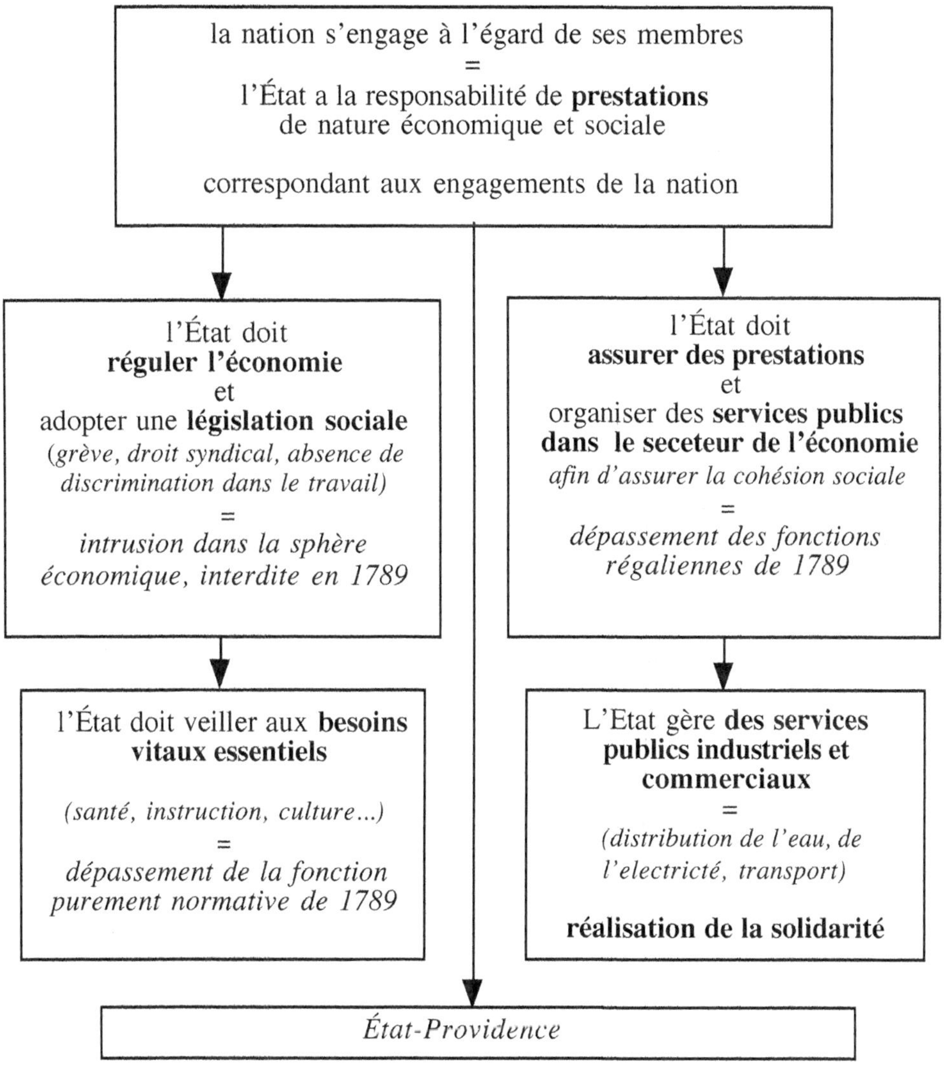

C. L'État au service de l'environnement de l'homme

a. L'homme dans la Charte de l'environnement

Le préambule de la Charte de l'environnement aborde l'homme d'une manière qui n'est ni celle de 1789, ni celle de 1946. Il est appréhendé sous trois angles nouveaux.

- **Il est un être vivant**.

  La Charte replace l'homme dans l'ensemble des créatures vivant sur terre. Parmi elles, il incarne l'humanité par opposition au règne animal et végétal. Il se relie également aux générations passées et futures dans l'histoire de l'homme sur la terre.

- **Il est biologiquement dépendant de la planète**.

  L'homme est rattaché à la nature qui l'entoure. Ce lien doit lui rappeler sa dépendance envers elle pour sa propre survie. Il doit aussi lui rappeler que ses activités influent sur les conditions de vie sur terre et qu'il est responsable de l'état de la planète, patrimoine commun de l'humanité.

- **Il a des droits et des obligations environnementaux**.

  Au titre des droits, il a celui de vivre dans un environnement "équilibré et respectueux de la santé" ; celui d'être informé de l'état de cet environnement ; celui de participer à l'élaboration des décisions publiques qui peuvent avoir un impact environnemental.

Au titre des obligations, il a celle de participer à la protection et à l'amélioration de l'environnement ; celle de prendre part à la prévention, à la limitation, à la réparation des atteintes à l'environnement.

b. Les fonctions de l'État selon la Charte de l'environnement

La Charte de l'environnement établit des obligations pour l'État dans le domaine des politiques publiques. L'idée d'anticipation des dommages environnementaux inspire les deux principes qui fondent la responsabilité environnementale de l'État.

- Le **principe de prévention** impose en effet une intervention de l'État lorsqu'il existe un risque certain mais dont on ignore le moment de la survenance.
- Le **principe de précaution** complète le précédent en imposant l'intervention de l'État lorsqu'il existe un risque plausible dont la réalisation n'est pas certaine et qui pourrait affecter de manière grave et irréversible l'environnement.

Enfin, la Charte envisage de manière plus globale le rôle de l'État en imposant :

- un volet environnemental à ses politiques publiques déjà existantes (éducation, recherche, innovation technologique, etc.)
- une prise en compte du **développement durable** dans ses objectifs publics de croissance et de progrès social.

C. L'État au service de l'environnement de l'homme

a. L'homme dans la Charte de l'environnement

membre du genre humain
opposé au genre animal
et au règne végétal

biologiquement dépendant
de l'état de la planète
=
lié aux générations passées et
futures

l'activité humaine influence
les conditions de vie sur la
planète

responsabilité collective
=
la planète : patrimoine
commun de l'humanité

toute personne a **droit** à :

- un environnement sain et équilibré et une information sur son état
- une participation à l'élaboration des décisions publiques pertinentes

toute personne a le **devoir** de participer à :

- la protection, l'amélioration de l'environnement
- la limitation et la réparation des atteintes environnementales

b. Les fonctions de l'État selon la Charte de l'environnement

responsabilité de l'État

principe de **prévention**
(risques certains à la date de survenance inconnue)

respect du principe de
précaution
(risques plausibles mais sans réalisation certaine)

responsabilité du
développement durable
=
volet environnemental
imposé aux politiques
publiques

d'éducation
de formation
de recherche
et d'innovation

Chapitre 2. Les formes juridiques de l'État

L'État est une organisation qui englobe des collectivités territoriales de façon plus ou moins totale. Dans la **forme simple** de l'État, ces collectivités se fondent dans l'État : c'est l'État unitaire. Dans la **forme composée**, l'État est une association librement consentie d'entités étatiques qui conservent leur nature d'État à l'intérieur même de l'État qui les contient : c'est l'État fédéral. Entre ces deux formes juridiques de l'État, se situent aujourd'hui deux **situations intermédiaires** : l'État régional qui se situe aux limites de l'État unitaire et la confédération d'États qui n'est pas encore un État mais s'en rapproche.

Section 1. L'État unitaire

L'État unitaire est un État dans lequel il n'existe qu'un seul centre de décision politique (une seule Constitution, un seul pouvoir législatif). C'est une organisation politico-juridique homogène. Le **principe d'unité** y prévaut. La France en est un exemple achevé.

§ 1. L'exemple de la France, État unitaire

L'État unitaire connaît une forme absolue : **la concentration**.

Avec la concentration :

- toutes les décisions sans exception sont prises par les autorités politiques et administratives centrales ;
- les fonctionnaires locaux de l'État, répartis sur le territoire, se contentent de transmettre les dossiers à la capitale et d'exécuter ensuite matériellement les décisions prises à la capitale.

La concentration présente l'avantage de permettre un contrôle total des décisions prises au nom de l'État. Son inconvénient (qui la rend impraticable) est l'engorgement inévitable des services centraux puisqu'aucune décision ne peut être prise au niveau local. Aussi, l'État unitaire fonctionne-t-il selon le système de la **déconcentration**.

Chapitre 2. Les formes juridiques de l'État

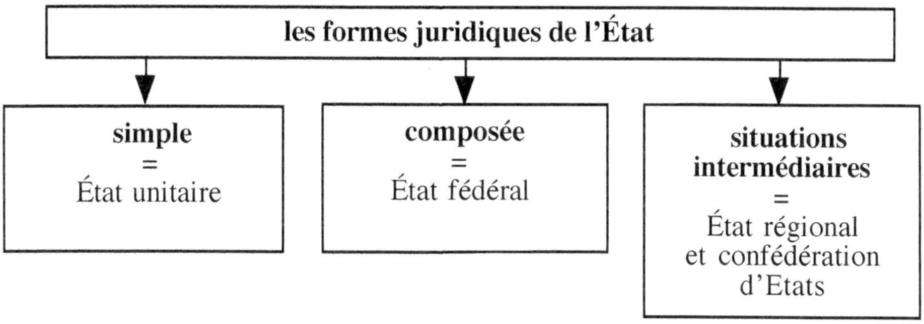

Section 1. L'État unitaire

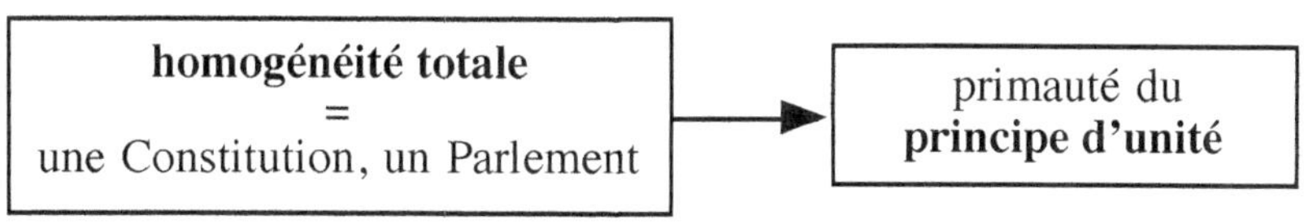

§ 1. L'exemple de la France, État unitaire

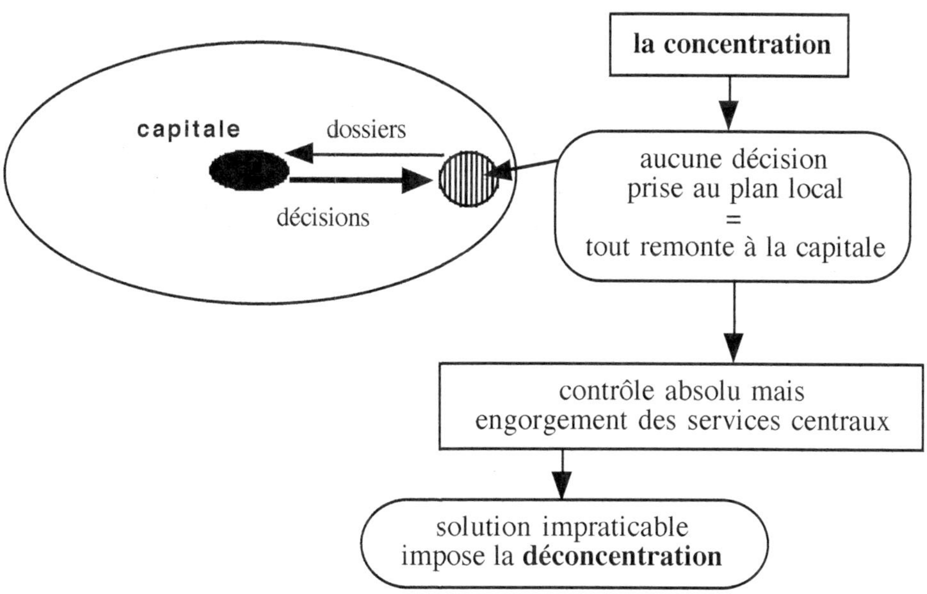

A. La distinction déconcentration/décentralisation

a. La déconcentration

La déconcentration est un mode de fonctionnement qui repose sur trois éléments fondamentaux. Un pouvoir de décision limité est remis à des **fonctionnaires d'État**, nommés par l'État, assurant leurs fonctions dans des **circonscriptions administratives**, simples découpages du territoire national. Ces fonctionnaires sont des autorités déconcentrées, agissant au nom de l'État et poursuivant l'intérêt général national sous le contrôle des ministres, chefs de l'administration rattachée à leur ministère. Ces autorités déconcentrées sont étroitement surveillées grâce aux contrôles de légalité et d'opportunité qui s'exercent sur leurs actes juridiques et grâce au pouvoir d'instruction qui oriente leur comportement (**contrôle hiérarchique**).

En résumé, la déconcentration ne porte donc pas atteinte à l'unité du pouvoir de l'État (c'est toujours le même pouvoir qui s'applique, le même intérêt qui est servi). Ce système existe partout car c'est une nécessité vitale pour le bon fonctionnement de l'État.

b. La décentralisation territoriale

La décentralisation repose sur la reconnaissance d'autres centres de décision que l'État. La décentralisation territoriale (il existe une décentralisation fonctionnelle dont on ne parlera pas) concerne la reconnaissance de collectivités territoriales infra-étatiques, distinctes de l'État. La décentralisation territoriale repose sur trois éléments fondamentaux.

Des **collectivités territoriales**, dotées de la personnalité juridique, sont reconnues. Elles servent un intérêt local, distinct de l'intérêt national. Elles ne sont pas de simples découpages administratifs de l'État. Chaque collectivité décentralisée dispose d'**autorités élues** par elle-même et qui agissent en son nom, dans l'intérêt local, pour la gestion des affaires locales.

Un contrôle est prévu sur les actes juridiques des autorités décentralisées (longtemps appelé **contrôle de tutelle**). Il est généralement mis en œuvre par une autorité déconcentrée de l'État qui s'assure du respect de la Constitution, des lois et des règlements nationaux par les autorités décentralisées. Il n'y a pas de pouvoir d'instruction de la part de l'État sur les autorités décentralisées (pas de contrôle hiérarchique).

En résumé, la décentralisation réalise une atténuation de l'unité de l'État unitaire par la simple existence de centres de décision distincts. Elle n'est pas une nécessité pour le fonctionnement de l'État, elle relève d'un choix politique.

A. La distinction déconcentration/décentralisation

a. La déconcentration

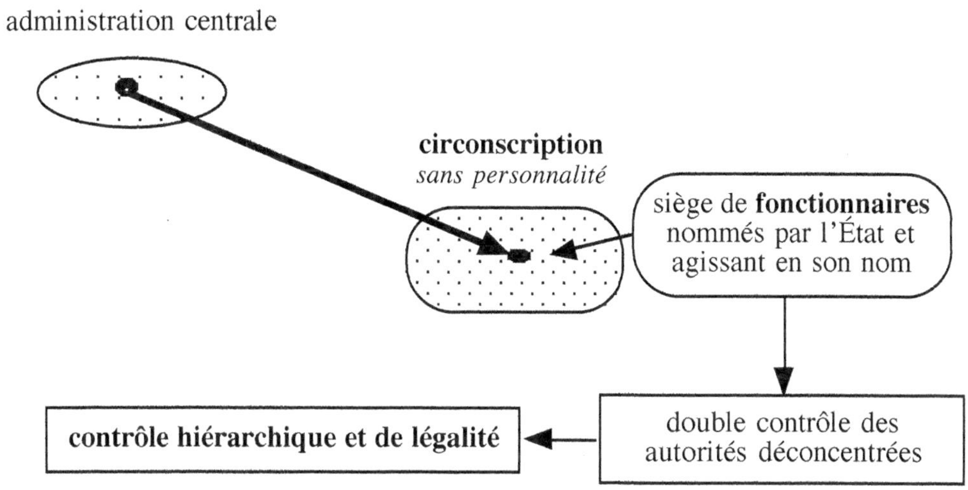

b. La décentralisation territoriale

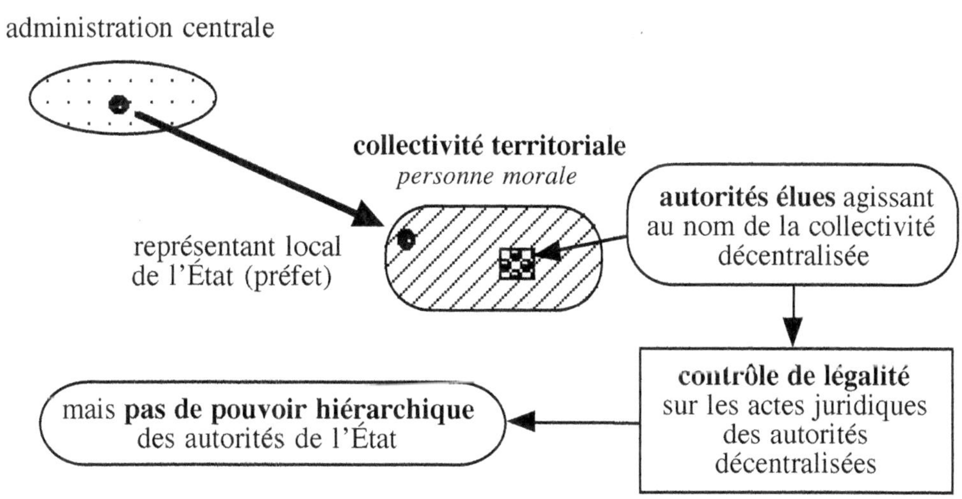

B. Le choix français de la décentralisation

En France, la décentralisation peut historiquement se rattacher à deux grands courants de pensée politique qui ont permis sa mise en place progressive : le libéralisme politique et le courant républicain.

a. Le courant libéral

Le libéralisme politique est un courant de pensée qui place la liberté individuelle au premier rang de ses préoccupations. Son but est la limitation du pouvoir de l'État en vue d'un maximum de liberté. Un des moyens pour limiter le pouvoir est l'existence de **contre-pouvoirs**, de centres de décision distincts de l'État. La décentralisation correspond parfaitement à ce schéma car elle donne naissance à des collectivités territoriales s'auto-administrant qui sont, aux yeux des libéraux, autant de contre-pouvoirs. Aussi, ce furent les réformateurs libéraux qui firent voter les premières lois de décentralisation sous la Monarchie de Juillet :

- élection des conseils municipaux (1831) ;
- élection des conseils généraux (1833) ;
- accroissement des pouvoirs des conseils municipaux (1837) ;
- accroissement des pouvoirs des conseils généraux (1838).

b. Le courant républicain

Dès la fin du second Empire, la décentralisation fait partie du programme des républicains. La décentralisation est pour eux une école de la démocratie. Elle constitue un moyen très efficace d'éducation civique des citoyens par un rapprochement de la vie politique grâce au déroulement régulier d'élections locales. Aussi, la seconde vague de grandes lois de décentralisation date de cette époque :

- organisation du département (1871) ;
- élection du maire (1882) ;
- organisation des communes (1884).

c. L'unanimité actuelle

Sous la Ve République, la décentralisation a fait l'unanimité de la classe politique. Les gouvernements de Droite comme de Gauche ont adopté des lois accroissant la décentralisation. Parmi elles, il faut surtout retenir la **loi du 2 mars 1982** qui a marqué un tournant décisif. Pour aller encore plus loin dans la réforme, une révision constitutionnelle a été nécessaire. La **révision constitutionnelle du 28 mars 2003** a donné un nouvel élan à la décentralisation.

B. Le choix français de la décentralisation

a. Le courant libéral

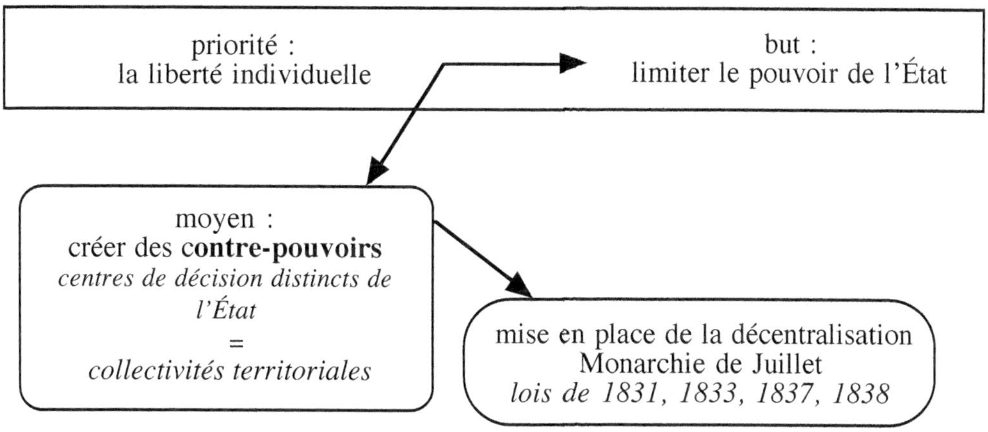

b. Le courant républicain

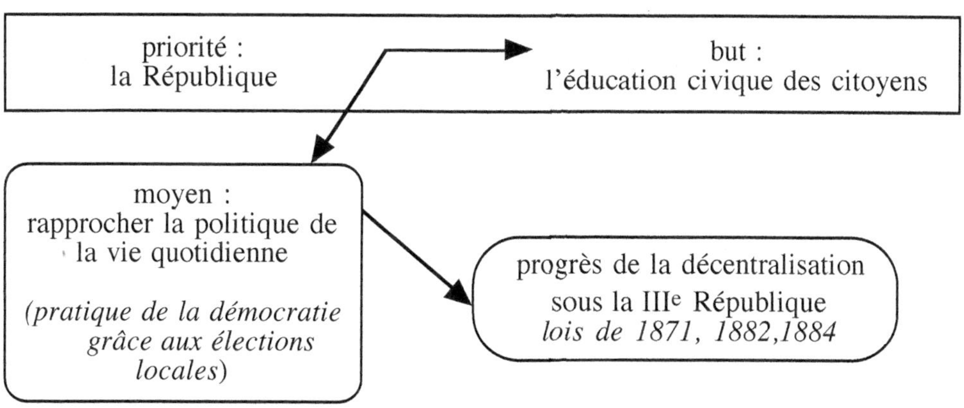

c. L'unanimité actuelle

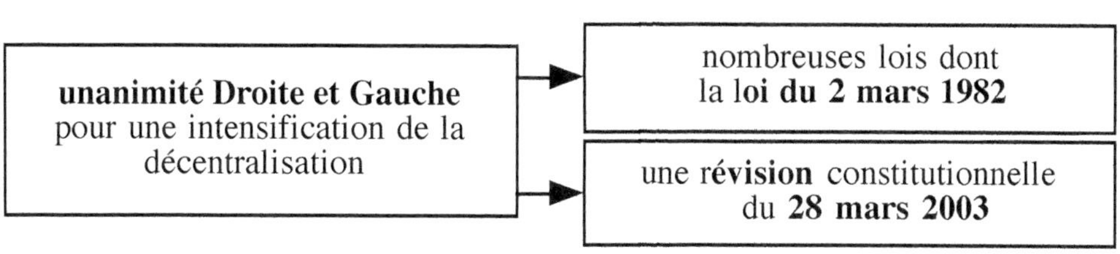

§ 2. La décentralisation dans la Constitution de 1958

La décentralisation relève au premier chef de la Constitution. La loi intervient ensuite pour la mise en œuvre des dispositions constitutionnelles. La Constitution de 1958 lui consacre son titre XII. Depuis la révision du 28 mars 2003, l'article 1er C affirme que la France est une République dont l'organisation est décentralisée.

A. Les bases constitutionnelles

La Constitution énumère (art. 72 C) les catégories de collectivités territoriales qu'elle reconnaît. Depuis la révision de 2003, il s'agit des communes, des départements, des régions, des collectivités à statut particulier, des collectivités d'outre-mer. La loi peut en outre créer d'autres catégories que celles précédemment énumérées. **L'article 72 C** explicite également les éléments qui garantissent l'existence de la décentralisation. Ce sont les éléments constitutifs de la libre administration des collectivités territoriales.

a. Des attributions propres

Les collectivités doivent se voir reconnaître des domaines de compétence (domaines d'intervention) dans lesquels elles exercent un pouvoir de décision propre, de nature réglementaire. Deux principes s'appliquent ici.

- Le principe selon lequel **l'État dispose de la compétence de principe** et les collectivités territoriales une compétence d'attribution. Tout ce qui ne leur est pas attribué, relève de la compétence de l'État.
- Le **principe de subsidiarité** (introduit en 2003) qui signifie que les collectivités territoriales ont vocation à exercer l'ensemble des compétences qui paraissent pouvoir être mieux exercées par elles que par l'État. Ce principe doit engendrer des transferts de compétences de l'État vers les collectivités territoriales.

b. Des ressources suffisantes (art. 72-2 C)

Les collectivités décentralisées ont droit à des ressources financières propres, qu'elles utilisent librement dans les conditions fixées par la loi. Elles peuvent ainsi percevoir des impositions de toute nature, en fixer l'assiette et le taux dans les limites fixées par la loi. Les aides financières de l'État doivent rester secondaires afin de préserver la liberté de décision des collectivités territoriales (souvent, en effet, les subventions de l'État sont soumises à des conditions imposées). La Constitution précise (depuis la révision du 28 mars 2003) que :

- les recettes fiscales et autres ressources propres doivent représenter une "part déterminante" de l'ensemble de leurs ressources (art. 72-2, al. 3 C) ;
- tout transfert, création, extension de compétences au bénéfice des collectivités décentralisées doit être accompagné de ressources correspondantes et suffisantes (art. 72-2, al. 4 C).

§ 2. La décentralisation dans la Constitution de 1958

A. Les bases constitutionnelles

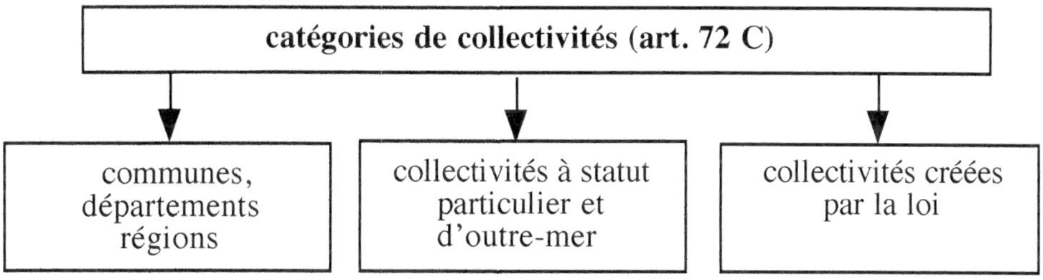

a. Des attributions propres

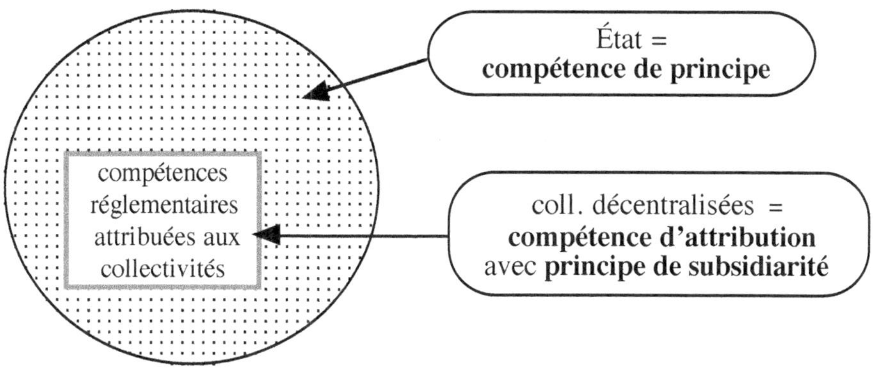

b. Des ressources suffisantes (art. 72-2 C)

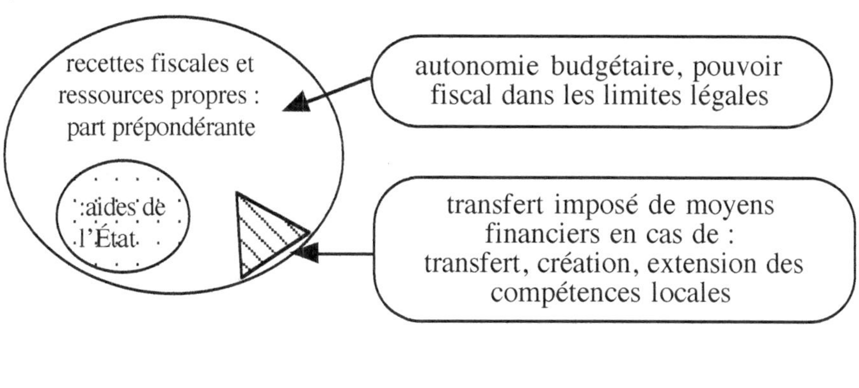

c. Des conseils élus

Il s'agit des assemblées délibérantes des collectivités (actuellement : conseils municipaux, départementaux, régionaux, assemblées territoriales des collectivités d'outre-mer). Les élections locales réalisent une démocratie locale représentative. Cependant, la révision du 28 mars 2003 fait une place importante à la participation directe des citoyens avec la **pétition** et le **référendum local** (art. 72-1 C) dont la mise en œuvre a été précisée par la loi organique du 1er août 2003.

- La pétition permet aux électeurs de demander l'inscription d'une question, relevant de la compétence de la collectivité, à l'ordre du jour de l'assemblée délibérante locale.
- Sur initiative des autorités locales (et non des électeurs), un projet de délibération ou un projet d'acte peut être soumis à la décision des électeurs de la collectivité (à noter qu'il s'agit bien d'un référendum décisionnel et non d'un référendum consultatif).

B. La mise en œuvre légale

L'article 34 C réserve à la loi "les principes fondamentaux de la libre administration des collectivités territoriales, de leurs compétences et de leurs ressources" et le titre XII renvoie à la loi pour la mise en œuvre de ses dispositions, par exemple :

- en établissant le statut de chaque catégorie de collectivités décentralisées (mais il faut une loi organique pour adopter le statut des collectivités d'outre-mer) ;
- en créant de nouvelles collectivités dans le cadre des catégories existantes (nouveaux départements, nouvelles régions etc.) ou créant une nouvelle catégorie de collectivités territoriales ;
- en changeant une collectivité de catégorie ou en modifiant les structures des collectivités (mais toucher à l'existence d'un conseil élu, doté d'attributions effectives) ;
- en établissant la fiscalité locale (impôts et taxes locales)...

C. Les limites de la libre administration locale

a. Un simple pouvoir de nature administrative

L'indivisibilité de la République est un principe inscrit à l'article 1er de la Constitution. La décentralisation ne doit pas lui porter atteinte. La décentralisation est une **auto-administration** et non pas un autogouvernement. La loi n'est donc faite que par le Parlement. Sous réserve du cas de la Nouvelle-Calédonie, les collectivités décentralisées n'ont pas le pouvoir de prendre des actes ayant force de loi. Leurs **actes ont toujours une nature administrative,** même les lois du pays des collectivités d'outre-mer dotées d'autonomie (cas de la Polynésie française).

c. Des conseils élus

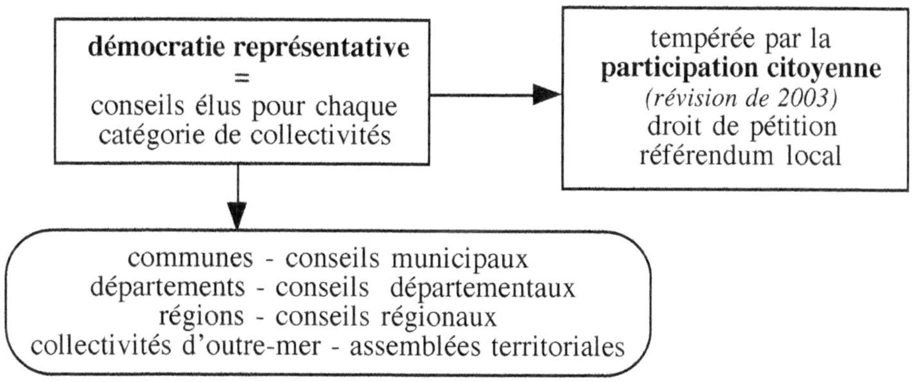

B. La mise en œuvre légale

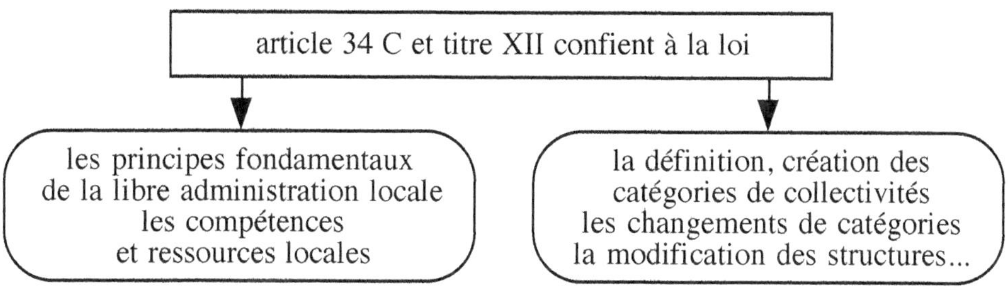

C. Les limites de la libre administration locale

a. Un simple pouvoir de nature administrative

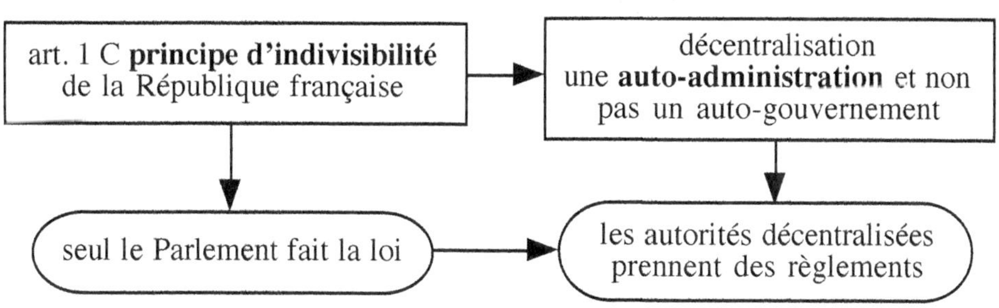

b. Le respect des lois et des règlements nationaux

Les autorités décentralisées doivent respecter les lois votées par le Parlement et les règlements pris par le Gouvernement (ainsi que la Constitution, bien évidemment).

La Constitution prévoit un **représentant de l'État** chargé du contrôle des collectivités décentralisées (art. 72, dern. al. C). Il se nomme actuellement le **préfet**.

La loi du 2 mars 1982 a profondément modifié ce contrôle. Auparavant, il s'appelait le **contrôle de tutelle** et il était exercé exclusivement par le préfet, délégué du Gouvernement.

La loi de 1982 l'a remplacé par le **contrôle administratif** qui fait intervenir le préfet mais aussi le juge administratif. Toutes les décisions importantes des autorités décentralisées sont transmises au préfet. Ce dernier dispose de deux mois pour saisir le juge administratif, s'il estime la décision illégale (c'est le **déféré préfectoral**).

Le juge administratif procède au contrôle de légalité (contrôle du respect de la hiérarchie juridique qui recouvre le contrôle du respect de la Constitution, des lois et règlements nationaux). Il annulera l'acte de l'autorité locale s'il est illégal.

Les collectivités décentralisées ne subissent donc qu'un **contrôle juridique** de légalité. Il n'y a pas de contrôle d'opportunité de leurs décisions.

b. Le respect des lois et des règlements nationaux

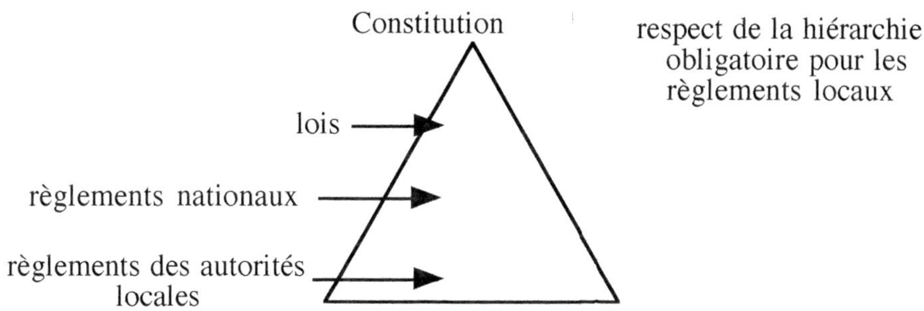

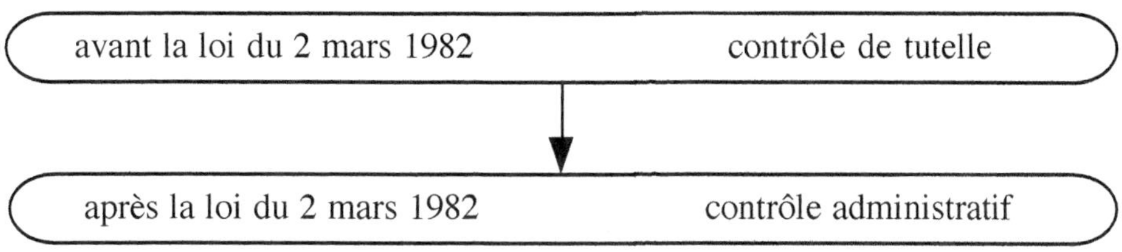

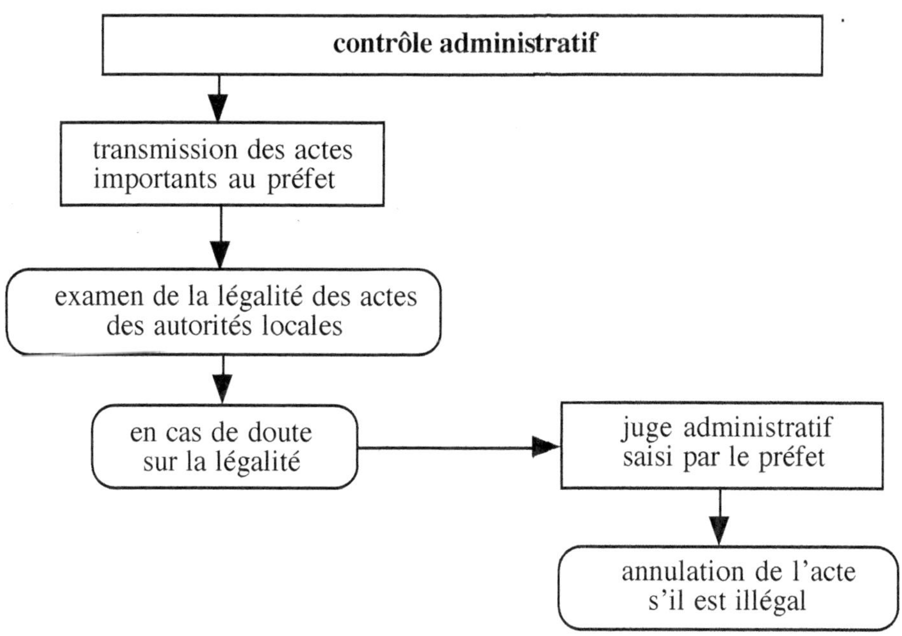

c. Le pouvoir d'adaptation des lois et règlements

C'est une nouveauté de la révision du 28 mars 2003. Ce pouvoir d'adaptation (souvent appelé **expérimentation**) doit permettre aux collectivités de déroger aux lois ou aux règlements qui encadrent l'exercice de leurs compétences, "sauf lorsque sont en cause les conditions essentielles d'exercice d'une liberté ou d'un droit constitutionnellement garanti" (art. 72, al. 4 C). L'expérimentation abolit temporairement la hiérarchie juridique qui existe normalement entre les règles édictées au plan national et les règles édictées au plan local. Les autorités locales vont en effet pouvoir poser des règles juridiques dérogeant aux règles nationales (lois ou règlements selon les cas). Cependant, les règlements locaux d'expérimentation demeurent **toujours de nature administrative**.

La possibilité d'une expérimentation est accordée**, à la demande de la collectivité** :

- par le Parlement, s'il s'agit de déroger aux lois ;
- par le Gouvernement, s'il s'agit de déroger aux règlements.

L'autorisation d'adaptation des lois et/ou règlements est toujours accordée :

- pour une **durée limitée** (maximum cinq ans mais avec possibilité de prolongation) ;
- dans un **domaine précis**.

Au terme de l'expérimentation, une **évaluation** de ses résultats est effectuée. Selon les cas, en fonction des résultats de l'évaluation, le Parlement ou le Gouvernement, selon les cas, pourra décider :

- soit de mettre fin à l'expérimentation ;
- soit de la proroger ;
- soit de généraliser les mesures prises à titre expérimental.

La LO du 19 avril 2021 apporte quelques modifications en vue de renforcer l'évaluation de l'expérimentation (évaluation à mi-parcours), l'information du Parlement (rapport annuel) et d'ouvrir l'accès à l'expérimentation (participation de nouvelles collectivités à une expérimentation en cours).

c. Le pouvoir d'adaptation des lois et règlements

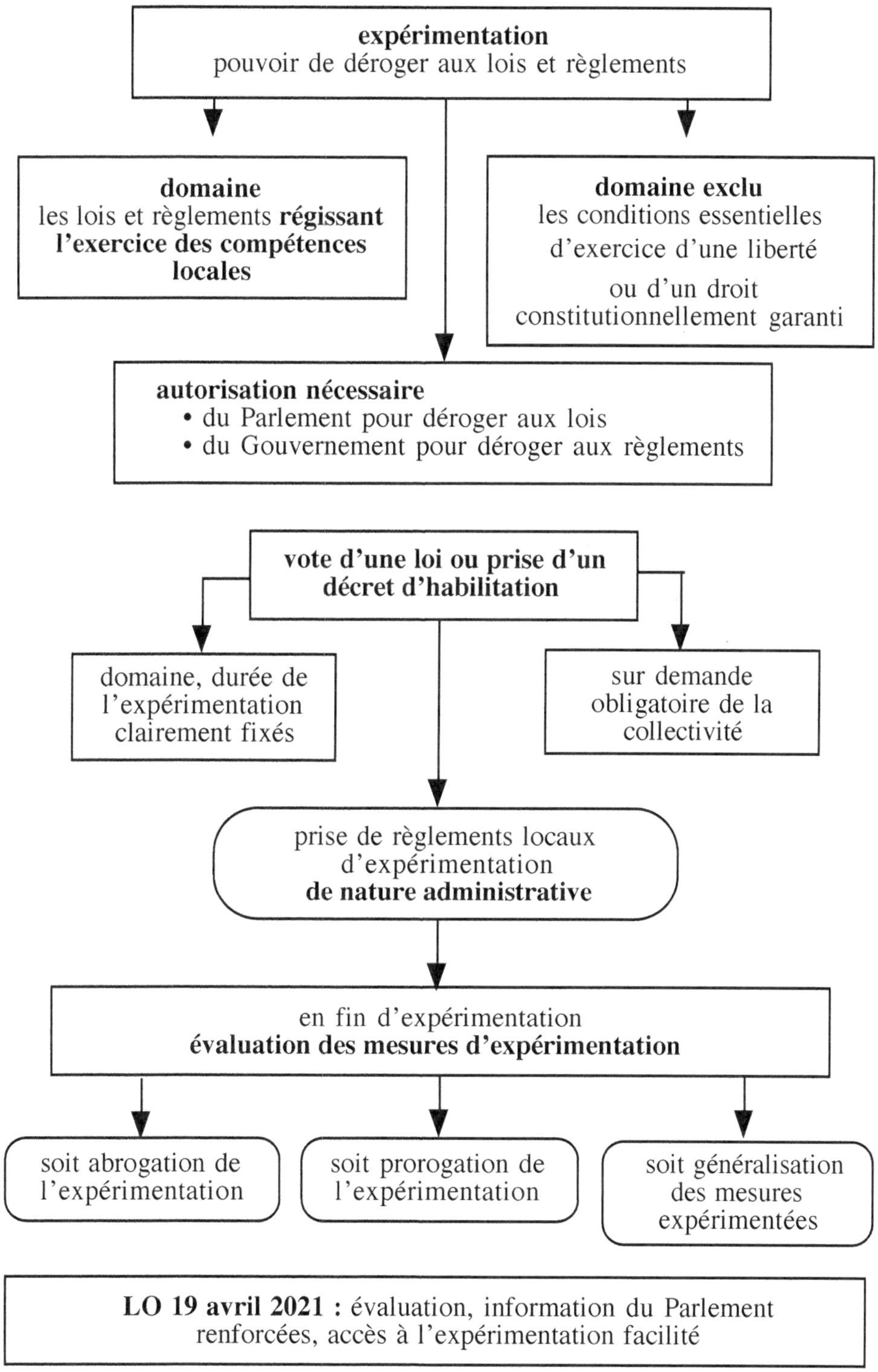

Section 2. L'État fédéral

L'État fédéral est une forme composée de l'État. C'est une superposition d'États. À l'étage inférieur, se trouvent les États fédérés. À l'étage supérieur, se trouve la Fédération, également appelée l'État fédéral. Deux situations de fait mènent généralement à la formule de l'État fédéral.

- On peut avoir une pluralité d'États indépendants qui se regroupent : c'est l'État fédéral **par association** (ex. : États-Unis).
- On peut avoir un État unitaire qui ne peut maintenir son unité en raison de la puissance et l'hétérogénéité des groupes humains qui le composent et/ou en raison de l'immensité du pays qui rend un gouvernement unifié impraticable : c'est l'État fédéral **par dissociation** (ex. : Inde).

C'est l'adoption d'une Constitution fédérale qui donne naissance à l'État fédéral. L'unité de l'État fédéral repose sur elle.

§ 1. Le principe d'autonomie : la diversité

Dans l'État unitaire, la décentralisation se construit à partir de l'unité de l'État pour y introduire une certaine diversité (les collectivités décentralisées).

Dans l'État fédéral, le mouvement se conçoit à l'inverse. La diversité des collectivités de base est le point de départ. C'est à partir d'elle que se construit un cadre unique, l'État fédéral. L'État fédéral englobe les entités étatiques fédérées mais elle ne les absorbe pas. Il y a superposition et non fusion.

Dès lors, le principe essentiel est celui qui exprime l'identité propre des États fédérés : le principe d'autonomie.

Section 2. L'État fédéral

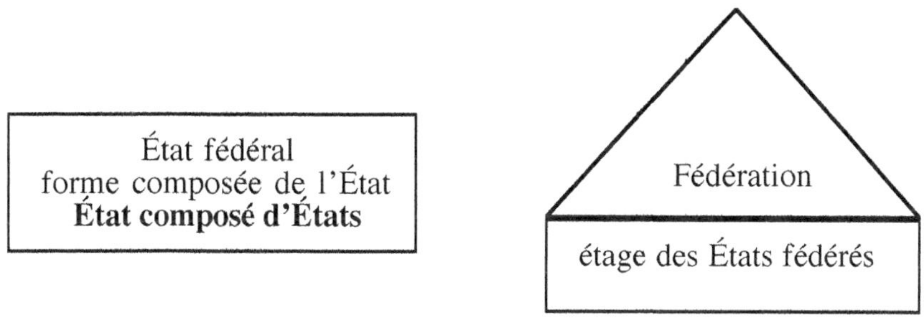

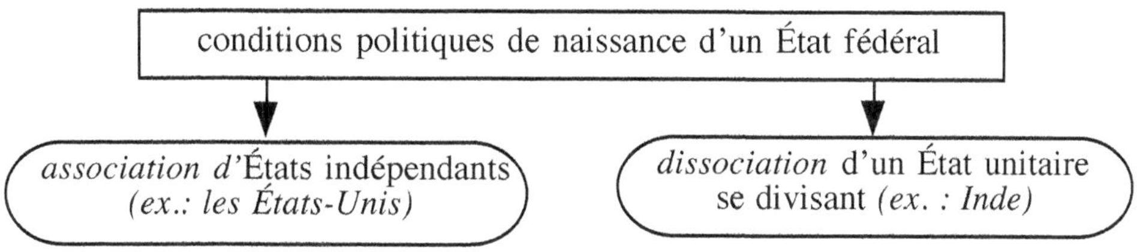

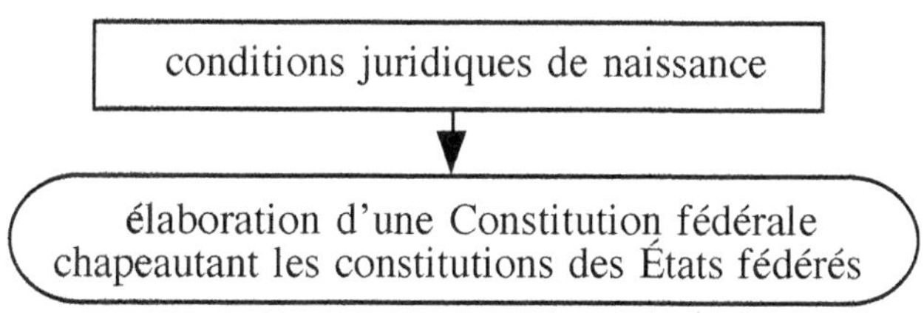

§ 1. Le principe d'autonomie : la diversité

État unitaire **État fédéral**

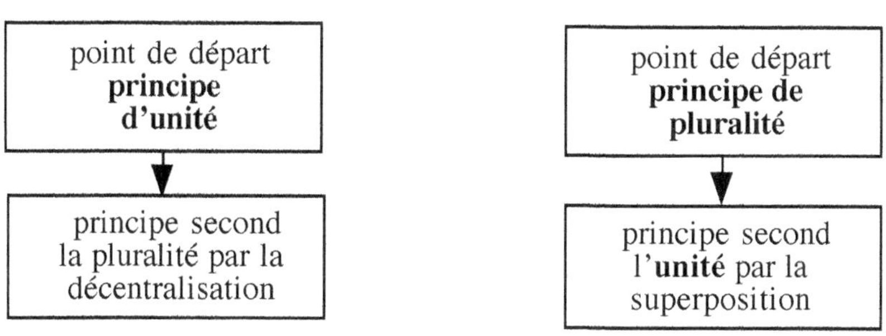

A. Le contenu de l'autonomie

a. Le pouvoir de se doter d'une Constitution propre

En tant qu'État, chaque entité fédérée a le droit d'établir sa propre Constitution. Chaque État membre de l'État fédéral peut ainsi définir son mode de gouvernement.

- La Constitution fédérale qui est supérieure aux Constitutions fédérées, ne contient pas de dispositions précises sur l'organisation constitutionnelle des États fédérés qui s'imposeraient à ces derniers.
- Cependant, certains principes généraux peuvent venir encadrer cette compétence constituante.

Chaque Constitution fédérée détermine les organes de l'État fédéré, les compétences et les rapports de ces derniers entre eux, comme le fait toute Constitution d'un État unitaire. En fait, chaque État fédéré ressemble à un État unitaire avec une déconcentration et, parfois, une décentralisation.

La détention d'un véritable pouvoir constituant originaire traduit le fait, qu'après la création de l'État fédéral, les entités politiques initiales sont restées effectivement des États et ne sont pas devenues de simples collectivités infra-étatiques.

b. L'absence de compétences internationales

Même si les États membres de l'État fédéral ont conservé leur nature d'État, ils ont perdu leur personnalité juridique propre sur le plan international.

En effet, le droit international public ne reconnaît pas la personnalité juridique des États fédérés. Il ne connaît que celle de l'État fédéral. Aussi, les Constitutions fédérales réservent à la Fédération l'ensemble des compétences internationales (représentation diplomatique, conclusion des traités).

Par exception, les Constitutions fédérales peuvent cependant prévoir l'exercice de certaines compétences internationales limitées au profit des entités fédérées.

- Ainsi, la conclusion d'accords de voisinage avec des pays frontaliers ou d'accords culturels avec certains États est-elle parfois autorisée.
- Ces accords internationaux conclus par les États fédérés sont la plupart du temps soumis à un contrôle des autorités fédérales.

Mais, en tout état de cause, d'un point de vue international, ces accords sont passés par l'État fédéral.

A. Le contenu de l'autonomie

a. Le pouvoir de se doter d'une Constitution propre

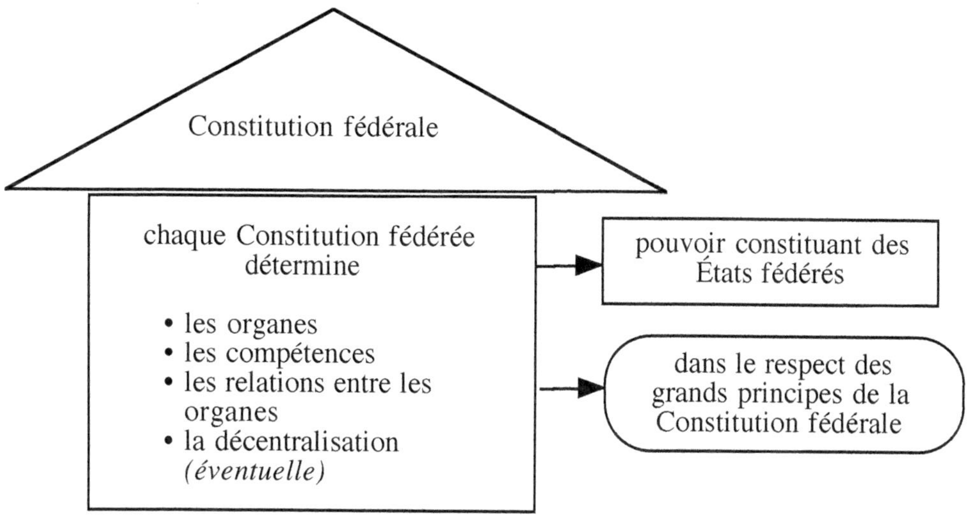

b. L'absence de compétences internationales

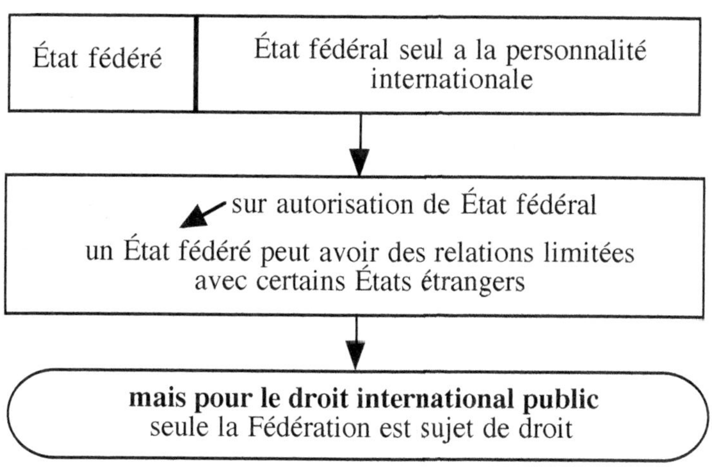

c. Le pouvoir de légiférer

Chaque État fédéré a son Parlement qui vote des lois ayant vocation à s'appliquer sur son territoire propre. Ces lois interviennent dans certains domaines : les domaines relevant de la compétence (locale) des États.

L'État fédéral a son propre Parlement qui vote des lois fédérales ayant vocation à s'appliquer sur tout le territoire national. Ces lois fédérales interviennent elles aussi dans certains domaines : les domaines de la compétence fédérale.

- Dans les matières fédérales, la législation des États ne pourra pas intervenir. C'est la législation fédérale qui s'appliquera sur le territoire des États fédérés.
- Dans les matières d'États, aucune législation fédérale ne pourra être prise, seule la législation de chaque État s'appliquera sur le territoire de chacun d'eux.

Le système de l'État fédéral exige donc la détermination des limites de ces deux domaines de compétence législative.

1. Le principe de répartition des compétences législatives

Les États fédérés ont une compétence de droit commun (ou compétence de principe) et la Fédération une compétence d'attribution (ou compétence d'exception).

- Cela signifie que tout ce qui n'est pas expressément attribué à la Fédération relève de la compétence des États.
- On notera toutefois qu'il est possible que certains États fédéraux ne suivent pas ce schéma et accordent la compétence de principe à la Fédération. C'est le cas du Canada.

2. La liste des matières législatives fédérales

Pour la mise en œuvre de la répartition des compétences, les Constitutions fédérales fixent une liste des matières qui relèvent de la compétence fédérale.

- D'un État fédéral à un autre, ce sont souvent les mêmes secteurs d'intérêt national qui sont réservés à la Fédération (économie, monnaie, défense nationale, moyens de communication, nationalité, droit commercial, droit de propriété…).
- La liste de ces matières attribuées à la Fédération est souvent extrêmement longue, rédigée en termes généraux de sorte que la compétence législative fédérale est en réalité très vaste (il peut même arriver qu'au bout du compte le domaine d'attribution de la Fédération soit plus vaste que le domaine de principe des États).

c. Le pouvoir de légiférer

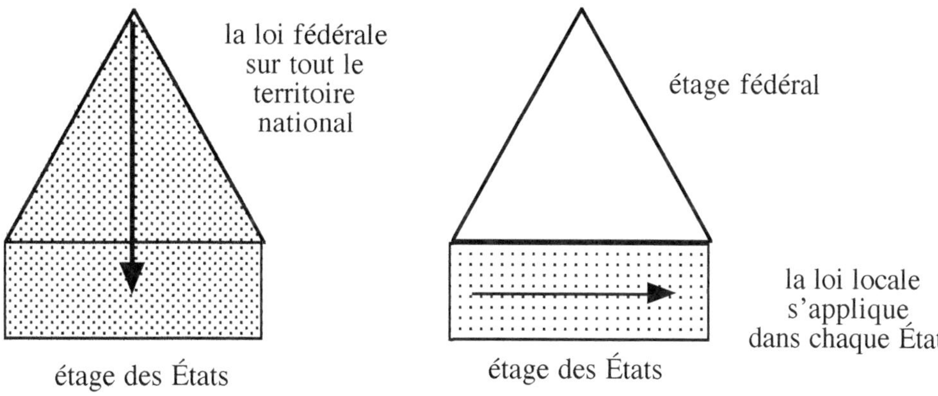

1. Le principe de répartition des compétences législatives

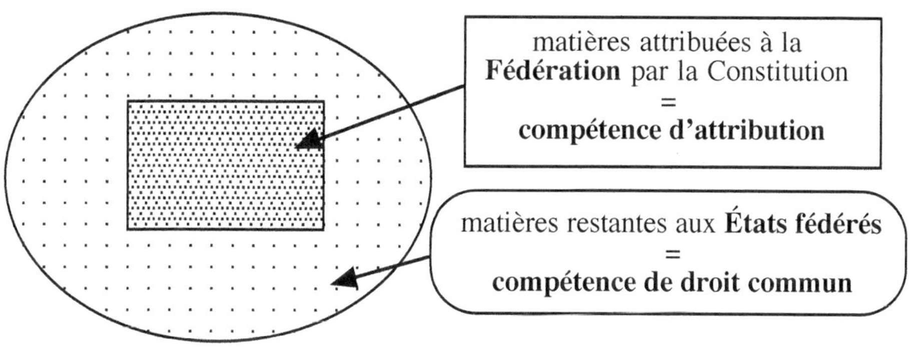

2. La liste des matières législatives fédérales

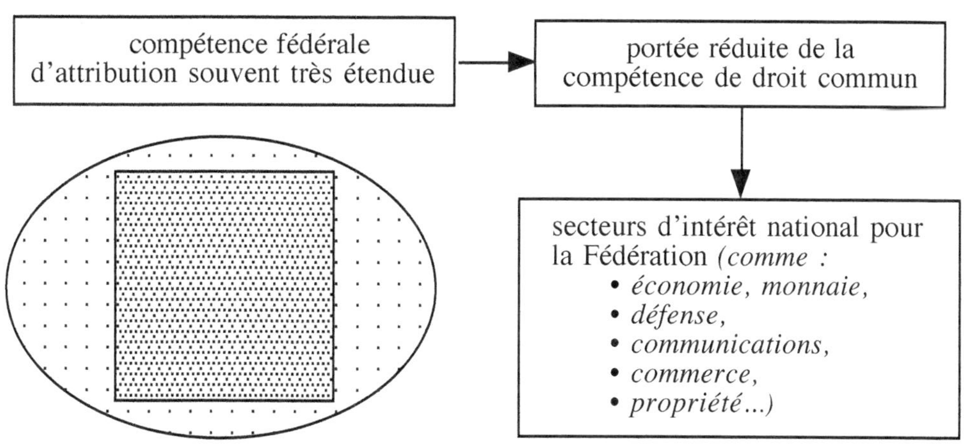

3. Les compétences concurrentes

La Constitution allemande (Loi fondamentale du 23 mai 1949) prévoit un système original de compétences concurrentes dans certaines matières (art. 72).

Initialement, dans des matières dont la liste est donnée par la Constitution fédérale, la compétence législative est exercée par les États fédérés (Länder). Mais la loi fédérale peut intervenir quand elle s'avère nécessaire :

- à la réalisation de conditions de vie équivalentes sur l'ensemble du territoire national ;
- pour la sauvegarde de l'unité juridique ou économique dans l'intérêt de l'ensemble de l'État.

Dès que la loi fédérale est intervenue, les Länder ne peuvent plus légiférer dans le domaine régi par la loi fédérale jusqu'à ce qu'une autre loi fédérale vienne les autoriser à légiférer à nouveau. Les États fédérés récupèrent alors la compétence législative qu'ils avaient perdue.

- Ce mécanisme de récupération est issu d'une révision constitutionnelle de 1992.
- Antérieurement, toute récupération de la compétence législative par les Länder était impossible, une fois la Fédération intervenue (les conditions d'intervention de la Fédération étaient également plus larges avant la révision).

Des mécanismes assez similaires existent dans d'autres États fédéraux (Autriche, Suisse, Russie). Ils manifestent tous que la Fédération est considérée comme responsable de l'unité de l'État tout entier et de son équilibre général.

3. Les compétences concurrentes

Loi fondamentale (Allemagne) du 23 mai 1949 (art. 72)

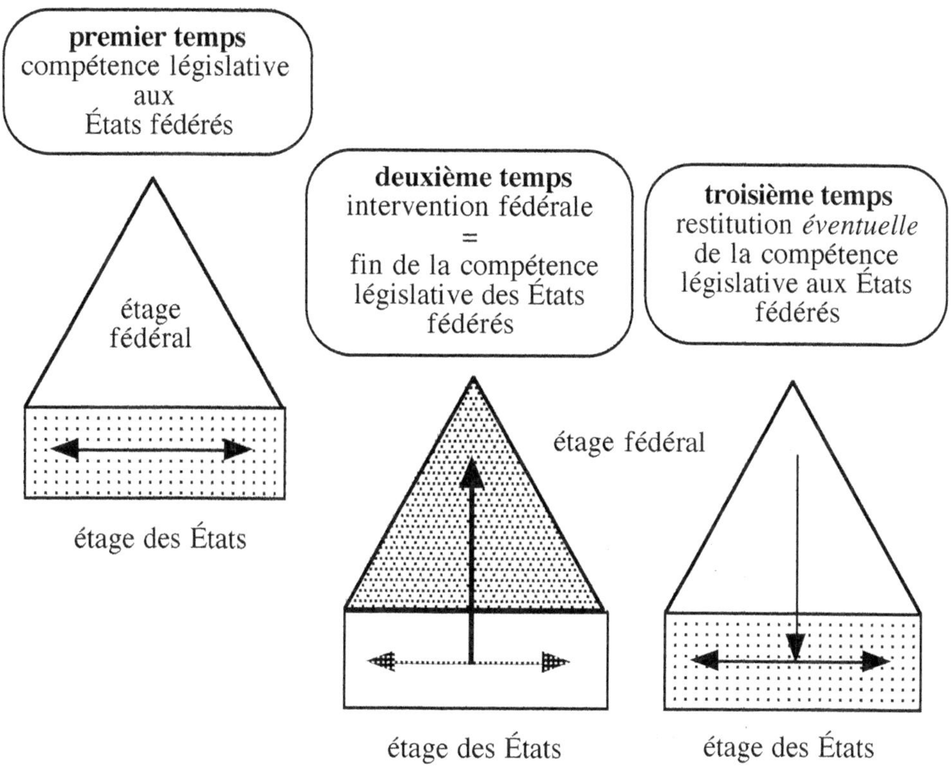

intervention fédérale conditionnée

↓

la loi fédérale n'intervient que si elle est nécessaire pour

- réaliser des conditions de vie équivalentes sur l'ensemble du territoire national ou
- sauvegarder l'unité du droit et de l'économie dans l'intérêt de l'État dans son ensemble

4. Les compétences implicites

La Constitution des États-Unis du 17 septembre 1787 dans sa section 8 (art. 1er) donne la liste de domaines attribués au Congrès (nom du Parlement américain).

Le dernier alinéa de la section conclut que le Congrès disposera, en outre, du droit de faire "toutes les lois que pourra nécessiter la mise à exécution des pouvoirs ci-dessus énumérés". Il en a été déduit qu'étaient ainsi conférées au Congrès des compétences "sous-entendues" par les compétences expressément attribuées.

- C'est ce qu'on a appelé des compétences implicites (ou pouvoirs implicites, *"implied powers"*) . C'est une théorie qui a été élaborée par la Cour suprême à partir de 1819 *(aff. Mc Culloh v. Maryland).* Ceci a permis une importante extension de l'intervention fédérale.

B. La protection de l'autonomie

a. La participation à la révision de la Constitution fédérale

Dans la plupart des Constitutions fédérales, les révisions constitutionnelles votées par le Parlement fédéral (ou l'ensemble de la population) ne sont définitivement adoptées que si elles sont acceptées par une majorité d'États fédérés, s'exprimant en tant que tels (vote de la révision par les Parlements locaux ou directement par les citoyens des États fédérés). Il s'agit là d'une **participation directe** à la révision constitutionnelle des États fédérés.

- Aux États-Unis, par exemple, le texte de révision n'est définitivement adopté que s'il obtient l'accord des trois quarts des États fédérés.

Cette participation à la révision constitutionnelle confère aux États fédérés la possibilité de s'opposer à toute modification constitutionnelle non conforme à leurs intérêts. Mais il arrive que cette participation directe des États fédérés ne soit pas prévue. Seule une **participation indirecte** existe.

- Dans ce cas, les États fédérés participent à la révision de façon indirecte, par l'intermédiaire de la chambre du Parlement fédéral qui les représente et qui vote la révision avec la chambre qui représente la Fédération.
- C'est ce que prévoit la Loi fondamentale allemande qui requiert un vote concordant des deux chambres à la majorité des deux tiers des voix.

4. Les compétences implicites

Constitution des États-Unis du 1er septembre 1787, section 8, art. 1er

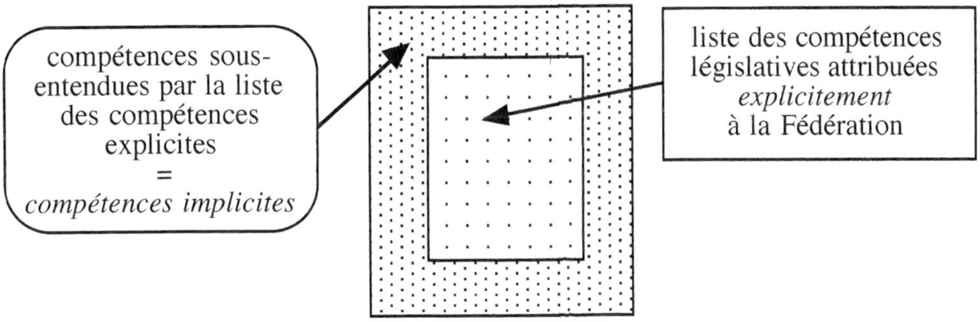

B. La protection de l'autonomie

a. La participation à la révision de la Constitution fédérale

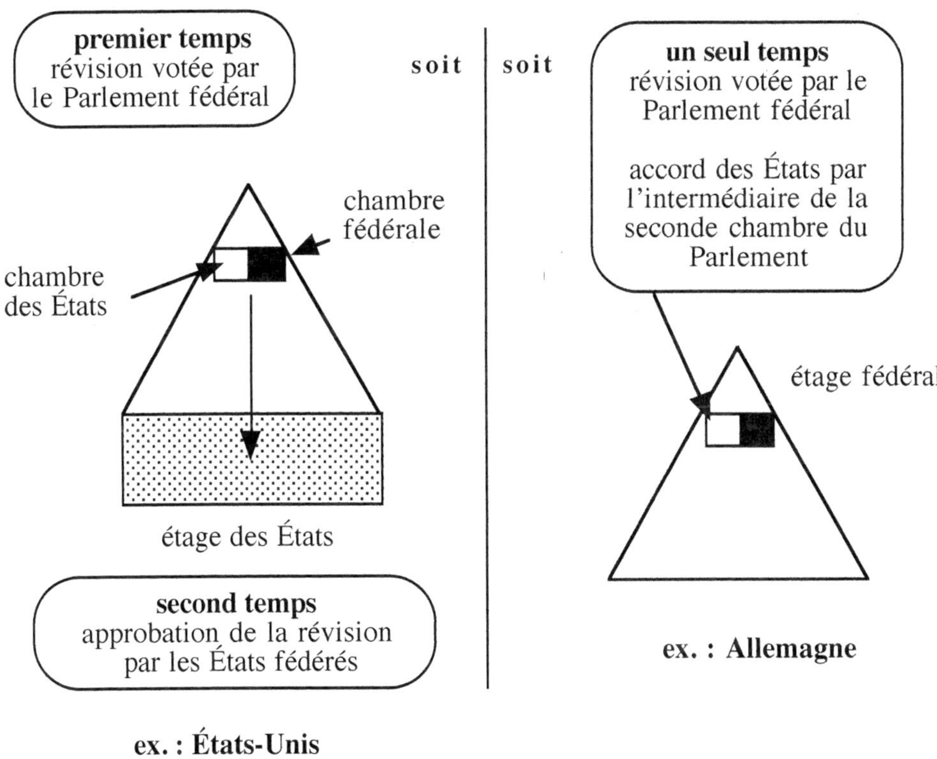

b. Le contrôle du respect de la Constitution fédérale

Il est essentiel que la Fédération et les États fédérés respectent la Constitution fédérale qui délimite leurs domaines d'intervention respectifs. C'est pourquoi, en État fédéral, il existe toujours un mécanisme de contrôle de ce respect (**contrôle de constitutionnalité**).

- Il concerne les lois fédérales qui pourraient empiéter sur le domaine des lois d'États.
- Il concerne aussi les lois d'États qui pourraient empiéter sur le domaine de la loi fédérale.

Ce contrôle est toujours effectué par des **organes juridictionnels**. Ainsi, par exemple :

- aux États-Unis, ce sont les juridictions des États fédérés qui peuvent se prononcer à l'occasion d'un litige ; puis, éventuellement, par la voie de l'appel, la Cour suprême des États-Unis, juridiction suprême de tout l'appareil judiciaire américain ;
- en Allemagne, c'est la Cour constitutionnelle, spécialisée dans le contentieux constitutionnel, qui est seule compétente.

§ 2. Les principes de participation et de superposition : l'unité

A. Le principe de participation

Ce principe doit assurer aux États fédérés une représentation (aspect organique) et un pouvoir d'action (aspect fonctionnel) au niveau de l'étage fédéral afin de leur permettre de participer à l'élaboration de la loi fédérale.

a. L'aspect organique

Dans tout État fédéral, il existe un Parlement bicaméral (à deux chambres). L'une des chambres représente l'ensemble de la population : c'est la **chambre fédérale**. L'autre représente les États fédérés : c'est la **chambre des États**.

La dénomination de cette dernière varie selon les pays : Sénat, aux États-Unis ; Bundesrat, en Allemagne ; Conseil des États, en Suisse ; etc.

Cette chambre des États est :

- soit composée d'**élus** (au niveau de chaque État membre), comme aux États-Unis ;
- soit composée de **membres nommés** par les gouvernements locaux, comme en Allemagne (dans ce dernier cas, les membres de la seconde chambre agissent sous l'autorité et selon les directives du Gouvernement local qui les a nommés).

Pour la représentation des États membres, le nombre des représentants à la seconde chambre par État fédéré est :

- soit **égal**, comme aux États-Unis (deux sénateurs par État) ;
- soit **inégal**, pour tenir compte des différences d'importance démographique entre les États fédérés, comme en Allemagne.

b. Le contrôle du respect de la Constitution fédérale

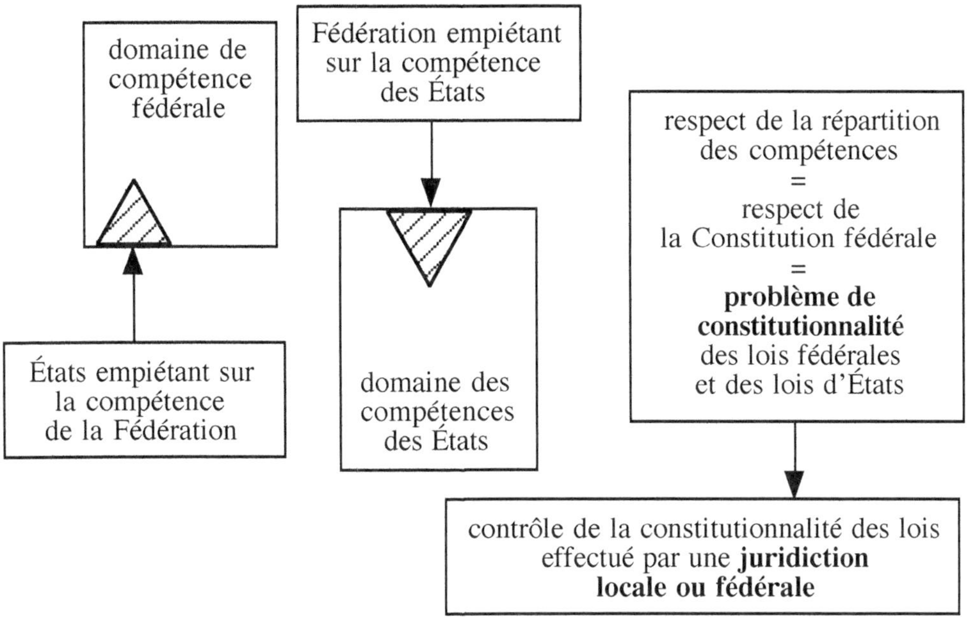

§ 2. Les principes de participation et de superposition : l'unité

A. Le principe de participation

a. L'aspect organique

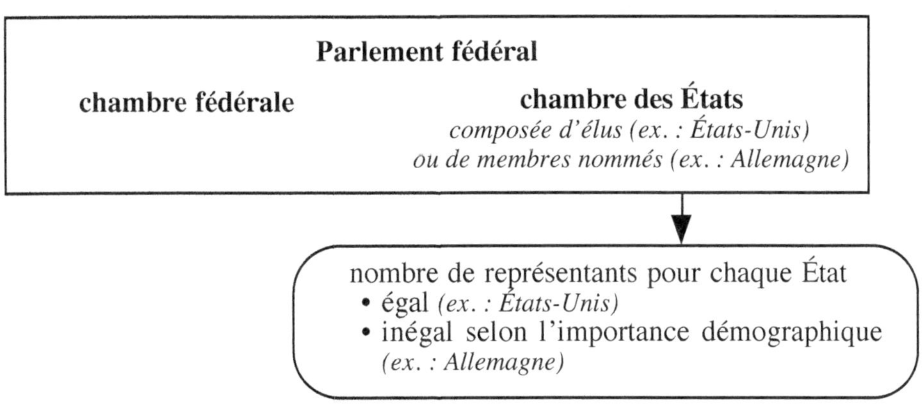

b. L'aspect fonctionnel

Les pouvoirs des deux chambres peuvent être égaux (**bicaméralisme égalitaire**).

- Cela signifie que toute loi doit être votée par les deux chambres en termes identiques. C'est un système simple qui garantit totalement les intérêts des États fédérés puisque la chambre des États peut empêcher l'adoption d'une loi fédérale en refusant de la voter (ex. : États-Unis).

Les pouvoirs peuvent être inégaux (**bicaméralisme inégalitaire)**.

- Dans ce cas, les deux chambres votent les lois. Mais, en cas de désaccord entre elles, la chambre fédérale (après une éventuelle phase de conciliation) adopte définitivement seule la loi, parfois à une majorité renforcée (ex. : Allemagne)

B. La superposition des étages étatiques

Le principe de superposition est à la base de la construction étagée que constitue l'État fédéral. La primauté de l'étage fédéral se manifeste à trois points de vue.

- En matière de législation :
  - La loi des États ne doit pas intervenir dans les matières relevant de la loi fédérale (en vertu de la répartition constitutionnelle des compétences) ; elle doit aussi respecter les droits et libertés garantis par la Constitution fédérale.
- En matière constitutionnelle :
  - Les principes généraux de gouvernement (relatifs à la forme, à la philosophie, du régime politique) inscrits dans la Constitution fédérale doivent se retrouver dans la Constitution des États ; par exemple, les principes constitutionnels d'un État socialiste devaient se retrouver obligatoirement dans les Constitutions des Républiques fédérées de l'ex-URSS.
- En matière politique :
  - L'intérêt fédéral (national) l'emporte sur l'intérêt fédéré (local). En conséquence, la répartition des compétences fixée par la Constitution sera interprétée dans un sens favorable à l'intervention fédérale dès qu'un intérêt national paraîtra être en jeu.
  - La Fédération ayant la charge de l'intérêt national, ceci permet de justifier l'existence de mécanismes de **contrainte fédérale** (constitutionnellement prévus) à l'encontre d'un État fédéré lorsque celui-ci manque aux obligations constitutionnelles qui lui incombent et que son manquement est susceptible de mettre en péril l'ensemble du pays (ex. : Allemagne, Loi fondamentale, art. 37).

b. L'aspect fonctionnel

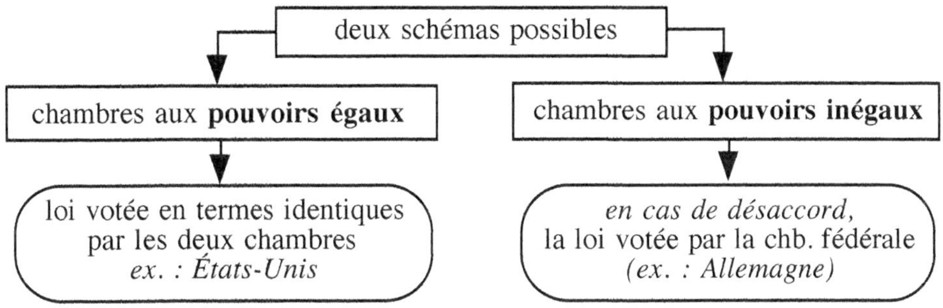

B. La superposition des étages étatiques

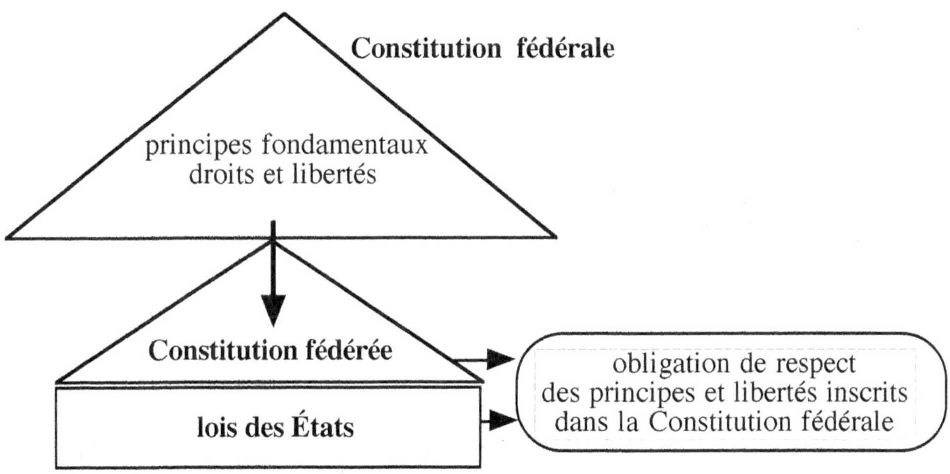

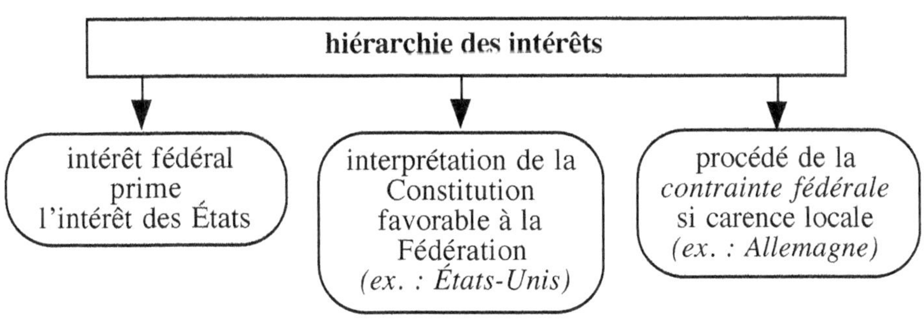

Section 3. Les formules intermédiaires

§ 1. L'État régional

L'État régional est un État unitaire qui réalise un tel degré de décentralisation qu'il se rapproche d'une organisation fédérale. Cela en fait une catégorie particulière d'organisation étatique entre l'État unitaire décentralisé et l'État fédéral.

Les deux modèles d'États régionaux sont l'Italie (Constitution du 22 décembre 1947) et l'Espagne (Constitution du 27 décembre 1978).

Cette forme d'État permet de répondre à de très fortes revendications d'autonomie émanant de groupes territoriaux aux particularismes prononcés. Sans quitter véritablement la forme unitaire, la formule régionaliste offre la possibilité de dépasser les limites de la décentralisation (auto-administration) pour doter les régions d'une véritable **autonomie politique** (auto-gouvernement) répondant aux attentes des groupes territoriaux. Ainsi, l'article 2 de la Constitution italienne affirme simultanément l'unité et le régionalisme : "La République, une et indivisible, reconnaît et favorise les autonomies locales."

A. L'autonomie régionale

a. La spécificité de l'autonomie régionale

1. Niveau constitutionnel

L'autonomie des régions n'est ni tout à fait celle des États fédérés, ni tout à fait celle des collectivités décentralisées.

- Les régions n'ont **pas de Constitution et donc pas de pouvoir constituant** car elles ne sont pas des États mais des collectivités infra-étatiques. Cela les rapproche des collectivités décentralisées et les distingue nettement des États fédérés. L'État régional demeure ainsi une forme d'État unitaire puisqu'il ne connaît qu'une seule Constitution.
- Les régions ont **un statut et un pouvoir d'auto-organisation.** Elles arrêtent elles-mêmes leur statut, par décision de leur Conseil régional. Cela les éloigne des collectivités décentralisées dont le statut est fixé, catégorie par catégorie de collectivités, par une loi votée par le Parlement.

Ainsi, l'article 123 de la Constitution italienne dispose : "Chaque région a un statut qui, en harmonie avec la Constitution, en fixe la forme de gouvernement et les principes fondamentaux d'organisation et de fonctionnement… Le statut est adopté et modifié par le conseil régional par une loi approuvée à la majorité absolue de ses membres…". L'article 143 de la Constitution espagnole donne la possibilité aux provinces "limitrophes présentant des caractéristiques historiques, culturelles et économiques communes de se constituer en Communautés autonomes et d'en élaborer les statuts".

Section 3. Les formules intermédiaires

§ 1. L'État régional

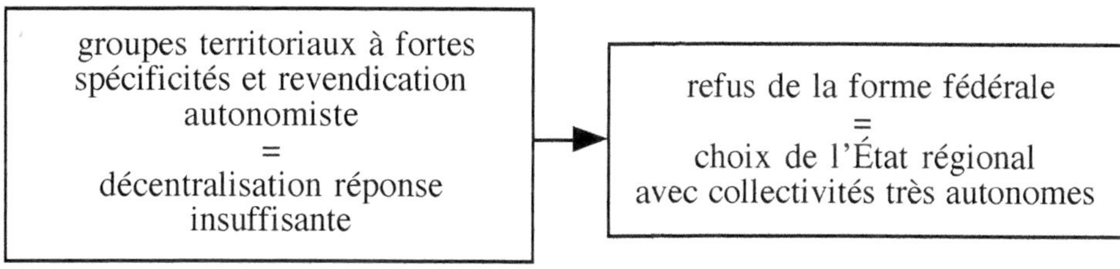

A. L'autonomie régionale

a. La spécificité de l'autonomie régionale

1. Niveau constitutionnel

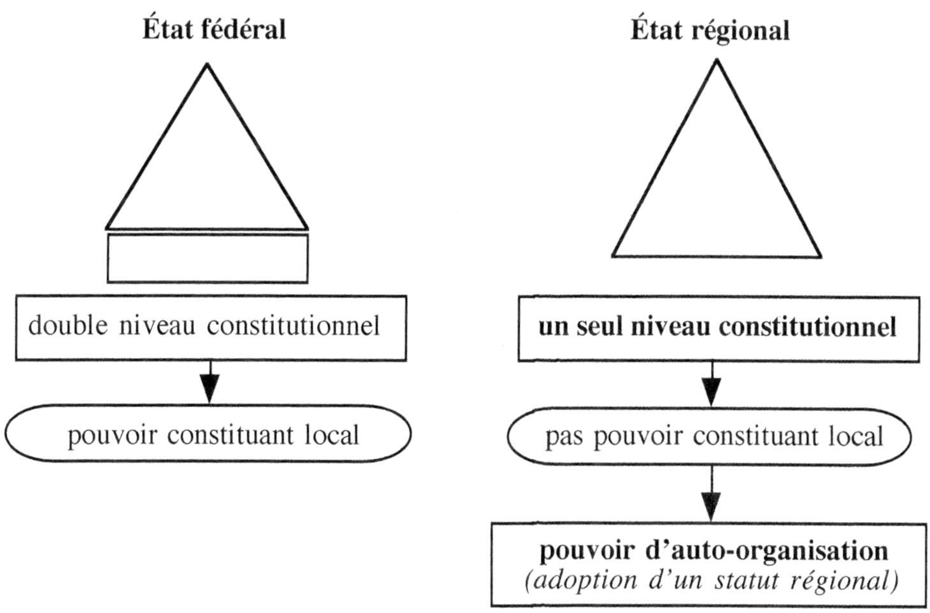

2. Niveau législatif

Les régions ont **un véritable pouvoir législatif**, mis en œuvre par une assemblée élue sur le plan régional. En État décentralisé, au contraire, les collectivités territoriales ne disposent que d'un pouvoir de nature administrative.

De ce point de vue, l'État régional se rapproche de l'État fédéral. En conséquence, on trouve en État régional comme en État fédéral **deux niveaux de législation** : la législation nationale et la législation régionale qui ont leur propre domaine d'intervention. U**n système de répartition des compétences** entre les deux niveaux législatifs est fixée par la Constitution.

Parfois, conformément au principe rencontré en État fédéral, la compétence de principe appartient aux régions et la compétence d'attribution à l'État. Ainsi, l'article 149.3 de la Constitution espagnole dispose : "Les matières qui ne sont pas attribuées expressément à l'État par la Constitution peuvent appartenir aux Communautés autonomes en vertu de leurs statuts respectifs" et l'article 149.1 dresse la liste des matières réservées à l'État.

Mais ce n'est pas une règle absolue.

Ce n'était pas le cas en Italie avant la révision constitutionnelle du 18 octobre 2001. Désormais, l'article 117 de la Constitution italienne prévoit que "Dans toutes les matières qui ne sont pas expressément réservées à la législation de l'État, le pouvoir législatif échoit aux régions".

2. Niveau législatif

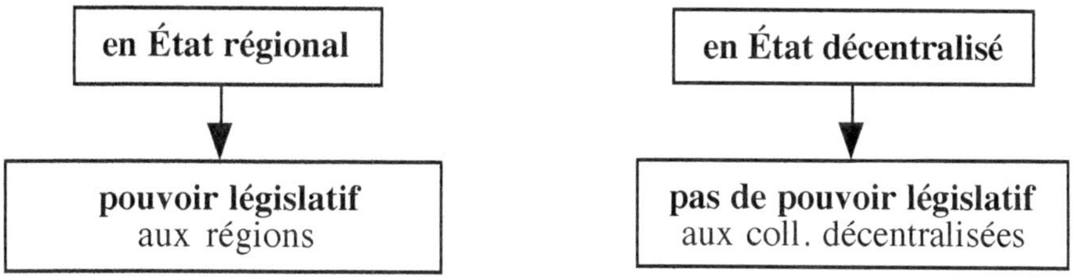

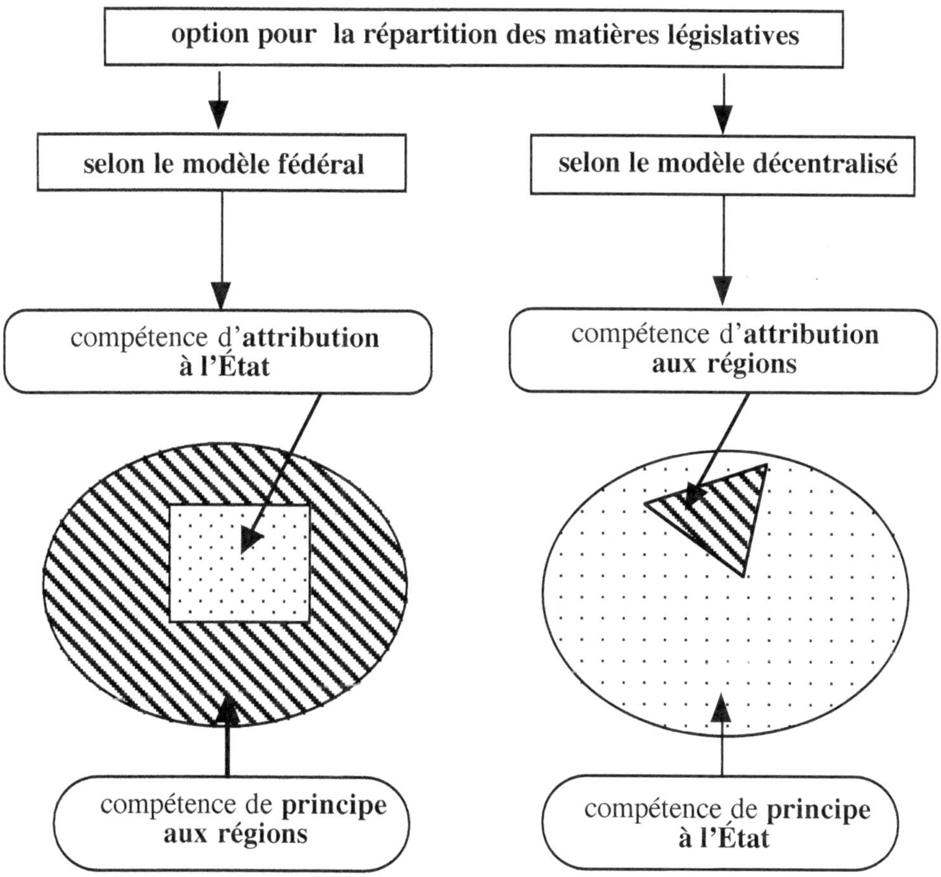

b. La protection de l'autonomie

1. La révision constitutionnelle

En matière de révision constitutionnelle, les régions ne participent pas forcément, en tant que telles, à l'adoption de la révision de la Constitution. La révision est généralement adoptée par le Parlement, au niveau national, sans approbation systématique et nécessaire au niveau régional.

Ainsi, la révision de la Constitution espagnole est simplement votée par le Parlement. Les Communautés autonomes n'ont pas à l'approuver par un vote séparé (titre X de la Constitution). De même en Italie, les régions n'approuvent pas la révision votée par le Parlement. Simplement, les Conseil régionaux (à condition d'être au nombre de cinq) ont le droit de demander un référendum d'approbation de la révision (art. 138 de la Constitution).

Certes, une des deux chambres des Parlements nationaux représente le niveau régional de sorte que l'on peut considérer que les régions, au travers d'elle, participent au vote de la révision de la Constitution. Mais il faut immédiatement restreindre la portée de cette participation indirecte en relevant que cette seconde chambre du Parlement ne représente pas toujours spécifiquement la région.

Ainsi, en Espagne, le Sénat représente “le territoire” et la base électorale est la province et non la Communauté autonome (art. 69). La Constitution italienne n'affirme pas que le Sénat représente les régions. Elle se contente de dire que la région est la base électorale du Sénat (art. 57).

2. Le respect de la Constitution

L'existence d'une juridiction constitutionnelle (comme la Cour constitutionnelle italienne ou le Tribunal constitutionnel espagnol) est un facteur de protection de l'autonomie régionale.

En effet, comme en État fédéral, le risque d'une intervention de la loi étatique au détriment de la loi régionale est le plus à craindre. Le recours au juge constitutionnel permet d'obtenir un **contrôle de la constitutionnalité** d'une loi (régionale ou nationale) pour mettre fin à un litige relatif à un empiétement de compétence. Cela rappelle l'État fédéral.

Ainsi, selon la Constitution espagnole, le Tribunal constitutionnel tranche les conflits de compétence entre l'État et les Communautés autonomes (art. 161). Il en va de même pour la Cour constitutionnelle italienne (art. 134).

b. La protection de l'autonomie

1. La révision constitutionnelle

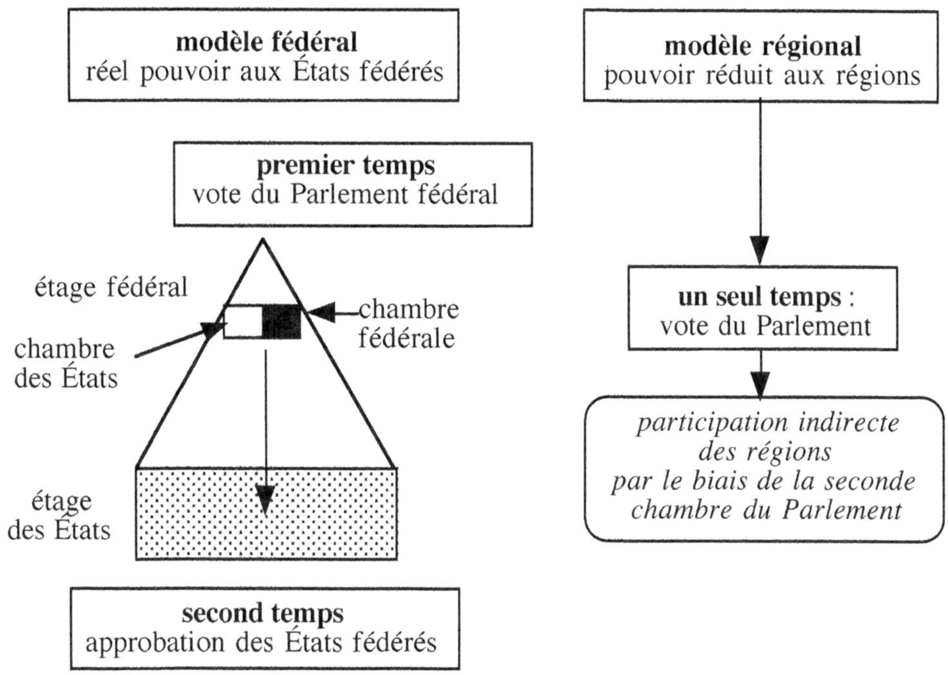

2. Le respect de la Constitution

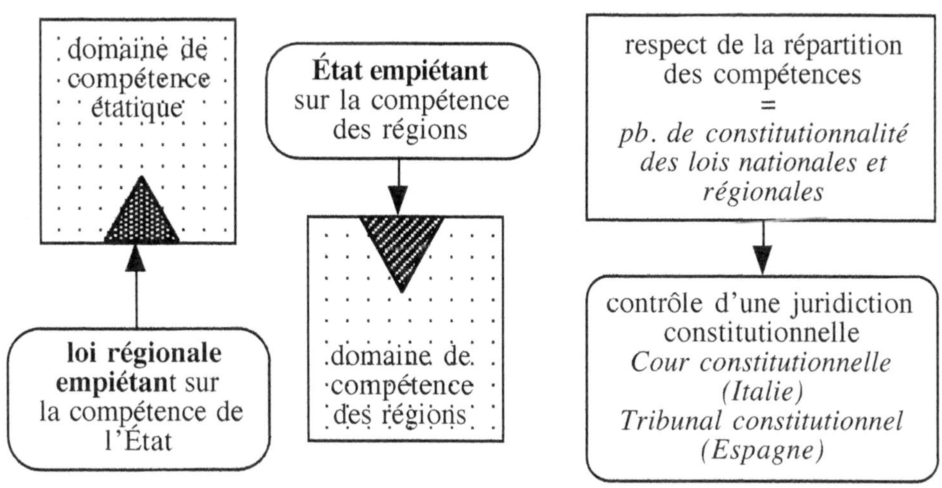

B. Le principe d'unité de l'État renforcé

a. L'autonomie statutaire très encadrée

En État régional, la Constitution limite beaucoup la compétence statutaire des régions. En effet, celle-ci précise de façon détaillée l'organisation et le fonctionnement des régions (schéma général, fonction, conditions de désignation des organes de la région...).

La **portée du pouvoir d'auto-organisation** des régions est donc **très réduite**, ceci afin d'assurer un maximum d'homogénéité à l'État malgré la diversité des régions. Ainsi, la Constitution italienne énumère les organes (législatif et exécutif) que toute région doit avoir (art. 121). L'article 152 de la Constitution espagnole fixe également des éléments d'organisation imposés aux Communautés autonomes (nom donné aux régions en Espagne).

En outre, le **statut** adopté par les régions est souvent **soumis à un contrôle**.

Ce contrôle peut avoir pour but de vérifier le respect du cadre imposé par la Constitution. Ainsi, en Italie, dans un délai de trente jours à compter de la publication du statut, le Gouvernement de la République peut saisir la Cour constitutionnelle d'une question de constitutionnalité (art. 123).

Ce contrôle peut également avoir un objet plus large, non exclusivement juridique. Dans ce cas, le Parlement national pourra l'exercer. Il prendra généralement la forme d'une loi d'approbation du statut (ex. : art. 151 de la Constitution espagnole).

b. Le contrôle des actes des régions parfois renforcé

En État régional, le contrôle des actes des autorités régionales peut se limiter à un contrôle juridique, exercé par un juge, comme en État fédéral. C'est la solution espagnole et italienne depuis 2001. Mais, il peut y avoir aussi un contrôle exercé par un représentant de l'État en vue de s'assurer que les actes régionaux ne portent pas atteinte à l'intérêt national. C'était le modèle italien avant 2001.

c. Le principe de participation "dilué"

En État régional, le Parlement d'un État régional est toujours bicaméral comme en État fédéral. En Italie, on trouve la Chambre des députés et le Sénat, en Espagne, le Congrès des députés et le Sénat. Mais la représentation des régions par la seconde chambre est à nuancer (voir *supra*, la révision de la Constitution). Cette relative dilution de la région dans l'ensemble des collectivités infra-étatique rappelle le modèle de l'État décentralisé.

B. Le principe d'unité de l'État renforcé

a. L'autonomie statutaire très encadrée

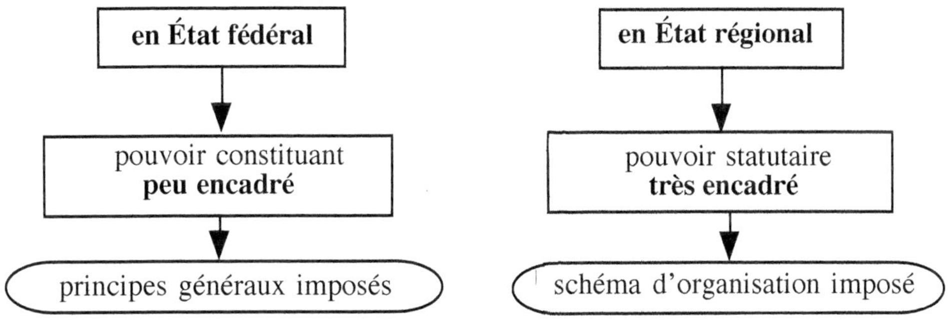

b. Le contrôle des actes des régions parfois renforcé

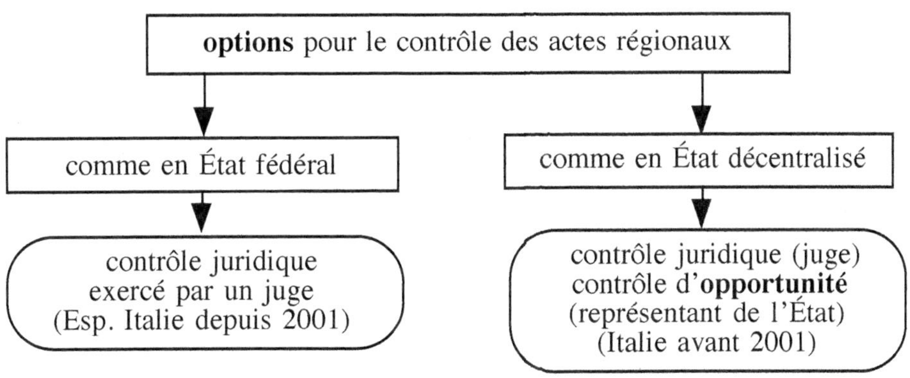

c. Le principe de participation "dilué"

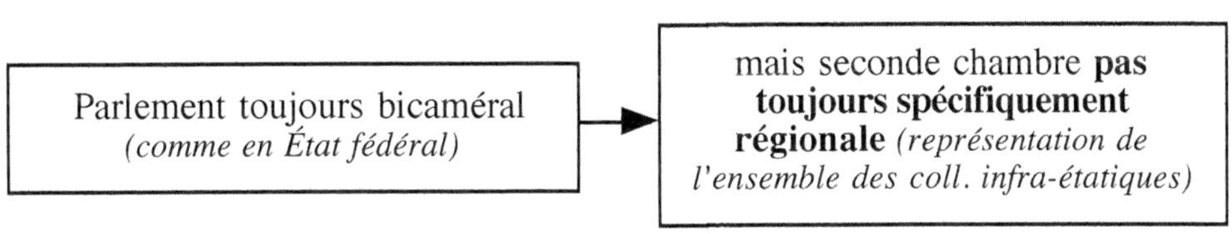

§ 2. La confédération d'États

A. Les éléments distinctifs de la confédération d'États

À la différence de l'État fédéral fondé sur une Constitution interne, la confédération d'États est une association d'États fondée sur un traité international. Elle ne forme ni un nouvel État, ni une organisation internationale : elle n'a donc pas de personnalité internationale.

En conséquence, en son sein, les États membres ne perdent pas leur personnalité juridique ni interne ni internationale. La confédération est une simple association d'États sans existence juridique propre.

Ses organes sont :

- intergouvernementaux, c'est-à-dire qu'ils sont composés de représentants des Gouvernements des États membres ;
- rarement permanents.

Leurs décisions sont :

- prises à l'unanimité ;
- sans effet direct sur les citoyens des États membres car elles ne sont pas directement applicables dans les ordres internes nationaux.

B. L'utilisation de la confédération d'États

Historiquement, la confédération a été une formule transitoire préparant le passage à l'État fédéral (ex. : les États américains formèrent une confédération de 1778 à 1787 avant d'adopter la formule de l'État fédéral).

Plus récemment, la confédération d'États a pris au contraire la suite de l'État fédéral disloqué. En effet, après la disparition de l'Union soviétique, onze des anciennes Républiques fédérées devenues indépendantes donnèrent naissance à une confédération, la Communauté des États indépendants (CEI). Créée à partir des accords de Minsk du 8 décembre 1991 et des accords signés à Alma Alta, le 21 décembre 1991, la Charte constitutive de la nouvelle entité a été adopté le 22 janvier 1993. Dès son premier article, la Charte déclare que la CEI "n'est pas un État." Elle se présente comme un cadre de coopération "dans les domaines politique, économique, écologique, humanitaire et autres".

§ 2. La confédération d'États

A. Les éléments distinctifs de la confédération d'États

les éléments distinctifs par rapport à l'État fédéral

- **pas de personnalité juridique internationale**
  =
  association d'États
- **absence de Constitution**
  =
  fondée sur un traité international
- **organes inter-gouvernementaux**
  non élus
  non permanents
  décisions à l'unanimité

B. L'utilisation de la confédération d'États

- **traditionnellement**
  → prépare le passage à l'État fédéral
  (*ex. : confédération des États américains précédant les États-Unis*)
- **récemment**
  → fait suite à la disparition d'un État fédéral
  (ex. : après la disparition de l'URSS, création de la CEI)

Titre 2. La Constitution

Chapitre 1. Le pouvoir constituant

Le pouvoir constituant désigne le pouvoir juridique relatif à la Constitution. Il a deux objets : soit l'élaboration de la Constitution, soit la modification de la Constitution en vigueur. Une Constitution peut être coutumière ou écrite. Dans le premier cas, son élaboration est progressive et sa modification ne suit aucune procédure précise. Dans le second cas, l'élaboration et la révision du texte constitutionnel sont formalisées. Nous allons étudier le pouvoir constituant dans le cadre des Constitutions écrites.

Section 1. Le pouvoir constituant originaire

Le pouvoir constituant originaire est le pouvoir de doter un État d'une Constitution. C'est un pouvoir initial. Il s'exerce lors de la création de l'État et à chaque changement de régime. Un processus constituant peut être déclenché par différents événements :

- une guerre (par exemple : la défaite de Sedan, en 1870, met fin au second Empire ; celle de juin 1940 à la IIIe République) ;
- un coup d'État (par exemple : le coup d'État du 18 brumaire an VIII met fin au Directoire et celui du 2 décembre 1851 met fin à la IIe République) ;
- une révolution (par exemple, la révolution de 1789 met fin à l'Ancien Régime ; celle de 1830 à la Restauration ; celle de 1848 à la monarchie de Juillet).

Le processus constituant se déclenche rarement par une **procédure de révision totale**, prévue par la Constitution. Quelques rares Constitutions prévoient une telle procédure (par exemple, les Constitutions françaises de 1793 et de 1848). La France a connu de nombreuses Constitutions depuis 1789.

- **Durant le XVIIIe siècle** : Constitutions du 3 septembre 1791, monarchie constitutionnelle (règne de Louis XVI) ; du 24 juin 1793, Ire République (jamais appliquée) ; du 22 août 1795 (*5 fructidor an III*), régime du Directoire ; du 13 décembre 1799 *(22 frimaire an VIII)* : Consulat devenu Empire le 18 mai 1804 *(28 floréal an XII)*.
- **Durant le XIXe siècle** : Charte du 4 juin 1814, monarchie constitutionnelle (règnes de Louis XVIII et Charles X) ; du 14 août 1830, monarchie de Juillet (règne de Louis-Philippe) ; Constitution du 4 novembre 1848, IIe République ; du 14 janvier 1852, République, transformée en Empire en novembre 1852 ; lois constitutionnelles des 24-25 février et 16 juillet 1875, IIIe République.
- **Durant le XXe siècle** : Constitution du 27 octobre 1946, IVe République et Constitution du 4 octobre 1958, Ve République.

Titre 2. La Constitution

Chapitre 1. Le pouvoir constituant

Section 1. Le pouvoir constituant originaire

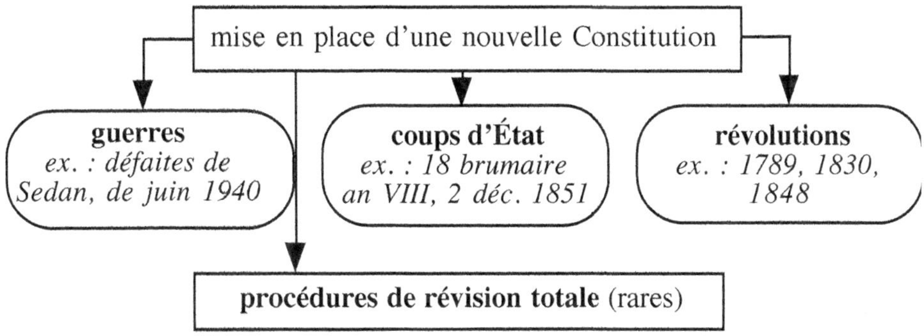

Constitutions françaises du XVIIIe siècle

- 3 sept. 1791, monarchie, règne de Louis XVI
- 24 juin 1793 (an I), Ire République, jamais appliquée
- 22 août 1795 (an III), Directoire
- 13 décembre 1799 (an VIII), Consulat, Ier Empire à partir de 1804

Constitutions françaises du XIXe siècle

- 4 juin 1814, Restauration, règnes de Louis XVIII, Charles X
- 14 août 1830, monarchie de Juillet, règne de Louis-Philippe
- 4 novembre 1848, IIe République
- 14 janvier 1852, République, transformée en second Empire
- 24-25 février, 16 juillet 1875, IIIe République

Constitutions françaises du XXe siècle

- 27 octobre 1946, IVe République
- 4 octobre 1958, Ve République

§ 1. Les organes constituants

Il existe deux options relatives aux organes chargés de la nouvelle Constitution. La première porte sur la nature de l'organe constituant, la seconde sur l'étendue de ses pouvoirs.

A. Assemblée constituante ou autorité constituante

a. La formule de l'assemblée constituante

Cet organe collégial peut être constitué de deux façons.

Le procédé le plus rapide et le plus simple consiste à utiliser une **assemblée déjà élue**. Celle-ci se transforme alors en assemblée constituante pour élaborer elle-même la nouvelle Constitution. En France, la formule sera utilisée à plusieurs reprises.

- En 1791, l'assemblée du tiers état, composée de députés élus pour siéger aux États généraux, se transforma en l'Assemblée nationale constituante.
- En 1795, après la chute de Robespierre, la Convention (assemblée législative) se transforma en assemblée constituante.
- En 1830, la Chambre des députés, en place sous la Restauration, se transforma en assemblée constituante.

Un autre procédé consiste à faire **élire** par les citoyens **une assemblée constituante** spécifique, spécialement et uniquement chargée de l'élaboration de la Constitution. Cette assemblée sera pleinement représentative des idées des électeurs sur la question de la nouvelle Constitution puisque ses membres auront été élus sur leur programme constitutionnel. C'est la **solution la plus démocratique**. Elle a été utilisée pour l'élaboration des Constitutions de 1793 (Ire République), 1848 (IIe République), 1875 (IIIe République) et 1946 (IVe République).

b. La formule de l'autorité constituante

Cette autorité constituante, chargée d'élaborer la Constitution, peut être :

- un **monarque** qui impose un texte constitutionnel, par exemple : la Charte de 1814 a été imposée par Louis XVIII ;
- le **responsable d'un coup d'État** qui met fin à un régime, par exemple : la Constitution du 22 frimaire an VIII a été élaborée par Bonaparte, responsable du coup d'État du 18 brumaire ; la Constitution du 14 janvier 1852 a été élaborée par Louis-Napoléon Bonaparte, responsable du coup d'État du 2 décembre 1851 ;
- une **autorité désignée démocratiquement**, par exemple : la loi du 3 juin 1958 votée par les députés de la IVe République, chargeant le général de Gaulle, chef du Gouvernement, d'élaborer la nouvelle Constitution.

§ 1. Les organes constituants

A. Assemblée constituante ou autorité constituante

a. La formule de l'assemblée constituante

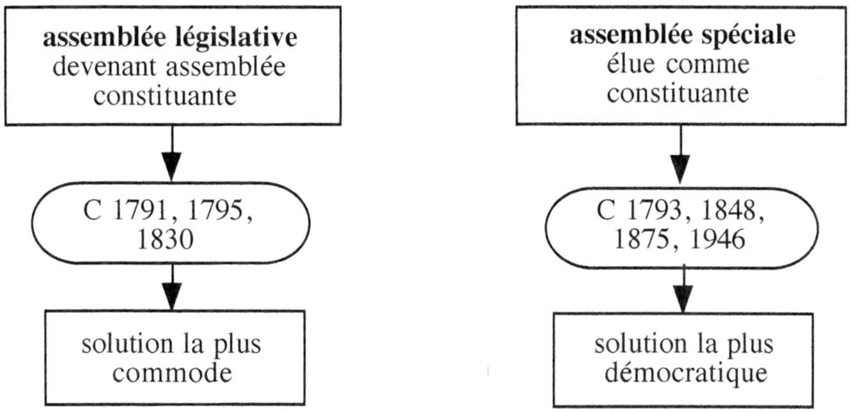

b. La formule de l'autorité constituante

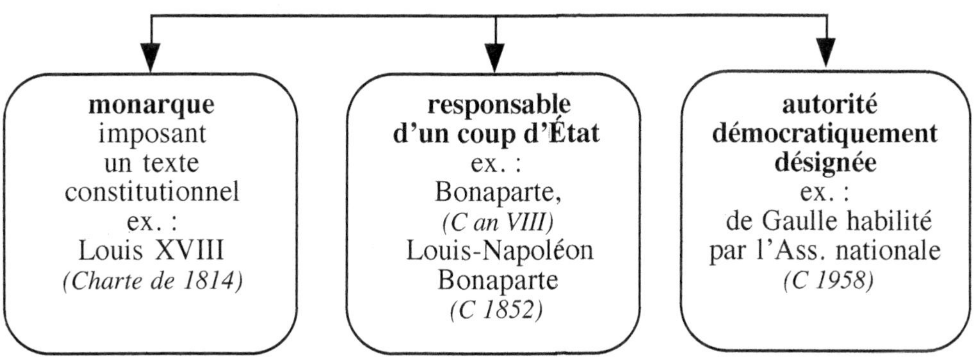

B. L'étendue des pouvoirs de l'organe constituant

a. Assemblée aux pouvoirs limités

Une fois élues, les assemblées constituantes travaillent généralement en toute liberté. Ainsi, l'assemblée constituante, élue en 1871, a pu travailler jusqu'en 1875 à l'élaboration de la nouvelle Constitution sans aucune contrainte et décider de ne pas soumettre les lois constitutionnelles à l'approbation populaire.

Mais il peut arriver que les électeurs souhaitent limiter les pouvoirs de l'assemblée constituante qu'ils désignent. Ce n'est pas une solution courante mais elle est parfaitement réalisable. Ainsi, par référendum du 21 octobre 1945, les électeurs français choisirent d'élire une assemblée constituante aux pouvoirs limités. La **loi du 2 novembre 1945** imposa donc à cette dernière un cadre contraignant :

- une **limite temporelle** : l'assemblée constituante n'avait que sept mois pour arrêter un projet constituant ; si elle n'y parvenait pas dans ce délai, elle était dissoute et une autre assemblée constituante était désignée ;
- une **limite procédurale** : l'assemblée ne pouvait pas adopter définitivement son projet qui devait être soumis à l'approbation des électeurs par référendum (en cas de rejet, une autre Constituante était élue).

b. Autorité constituante aux pouvoirs limités

Cette autorité constituante est rarement limitée car, la plupart du temps, elle se désigne elle-même comme organe constituant et s'estime totalement libre. Par exemple, Louis XVIII a octroyé la Charte de 1814 qu'il avait rédigée à son goût.

Mais, quand il arrive qu'une telle autorité soit désignée démocratiquement, alors il n'est pas impossible qu'on lui impose des limites. Ainsi, la **loi du 3 juin 1958** qui conférait au général de Gaulle le soin d'élaborer le projet constituant, comportait trois types de limites :

- une **limite temporelle** : la durée de l'élaboration du projet était limitée à six mois ;
- une **limite de fond** : le projet devait prévoir un ensemble de dispositions (le suffrage universel, la séparation des pouvoirs, la responsabilité du Gouvernement, l'indépendance de l'autorité judiciaire et l'organisation des rapports avec les peuples associés) ;
- des **limites procédurales** : les parlementaires devaient être associés au projet au travers d'un comité consultatif et le projet arrêté devait être soumis à l'approbation populaire.

B. L'étendue des pouvoirs de l'organe constituant

a. Assemblée aux pouvoirs limités

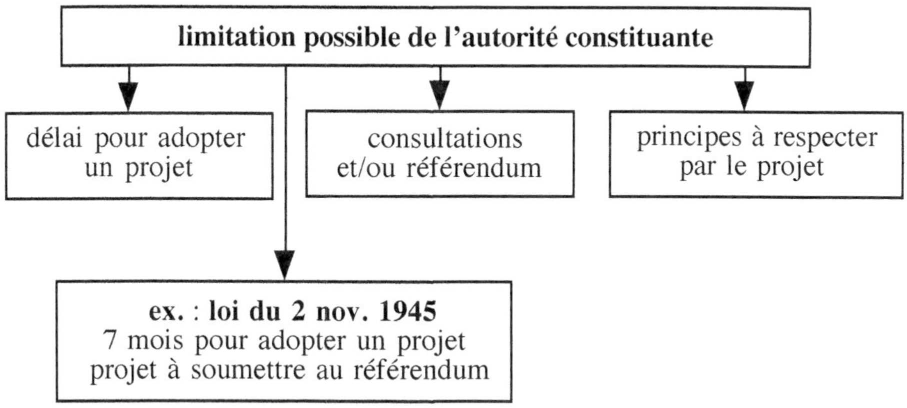

b. Autorité constituante aux pouvoirs limités

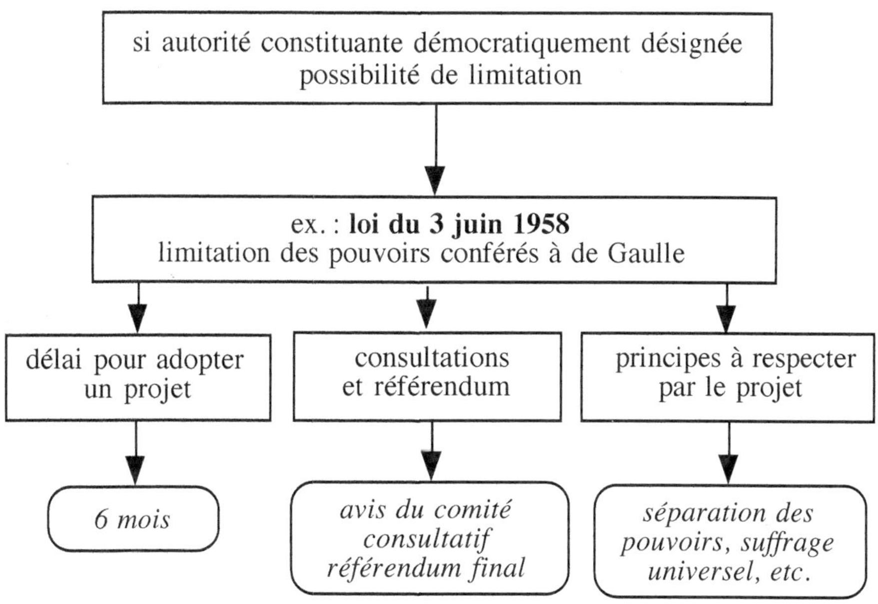

§ 2. L'adoption de la nouvelle Constitution

Lorsqu'une assemblée constituante a été démocratiquement élue, on peut comprendre qu'un vote populaire sur le projet n'ait pas lieu car la volonté populaire s'est déjà exprimée au travers de l'élection des députés à la Constituante. En revanche, dans tous les autres cas, l'absence d'intervention des électeurs témoigne d'une procédure non démocratique.

A. L'adoption avec intervention populaire

Le projet arrêté par l'assemblée constituante ou l'autorité constituante est soumis à l'approbation populaire qui prend la forme d'un **référendum constituant**. Les électeurs doivent se prononcer par “oui” ou par “non” sur le texte qui leur est soumis. Leur vote est décisif. Si le “non” l'emporte, le projet est rejeté. Quatre Constitutions françaises ont été définitivement adoptées de cette façon : celle de 1793 (Ire République), de 1795 (Directoire), de 1946 (IVe République) à partir de projets élaborés par des assemblées constituantes ; celle de 1958 (Ve République) à partir du projet d'une autorité constituante.

Il faut signaler qu'en 1946, le projet de la première assemblée constituante fut rejeté par le référendum du 5 mai 1946 et qu'une nouvelle assemblée fut élue le 2 juin 1946. C'est le projet de cette dernière qui fut approuvé par le référendum du 13 octobre 1946.

Cependant, lorsque la question posée au peuple ne porte pas vraiment sur le projet constitutionnel mais sur la confiance accordée par le peuple à son rédacteur, il n'y a plus de véritable référendum. Il s'agit alors d'un **plébiscite**.

Ce fut le cas pour la Constitution napoléonienne de l'an VIII (Consulat) approuvée par un plébiscite (qui eut lieu après la mise en place de la Constitution), et pour la Constitution impériale de 1852 (née de la transformation de la Constitution républicaine), approuvée par plébiscite du 21 novembre 1852.

B. L'adoption sans intervention populaire

L'absence d'intervention populaire est totale quand il n'y a pas eu d'élection de Constituante et qu'il n'y a pas non plus de référendum final.

Ce fut le cas en 1814, quand Louis XVIII revint au pouvoir et qu'il imposa “sa” Charte et, en 1830, quand la Charte fut adoptée uniquement par les députés en place.

En revanche, quand le projet a été élaboré par une Constituante aux membres élus, la démocratie est sauve, même s'il n'y a pas de référendum final.

Ce fut le cas en 1791, en 1848, en 1875.

§ 2. L'adoption de la nouvelle Constitution

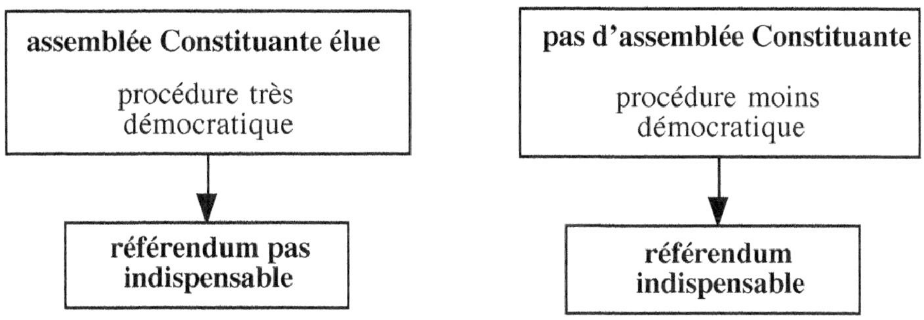

A. L'adoption avec intervention populaire

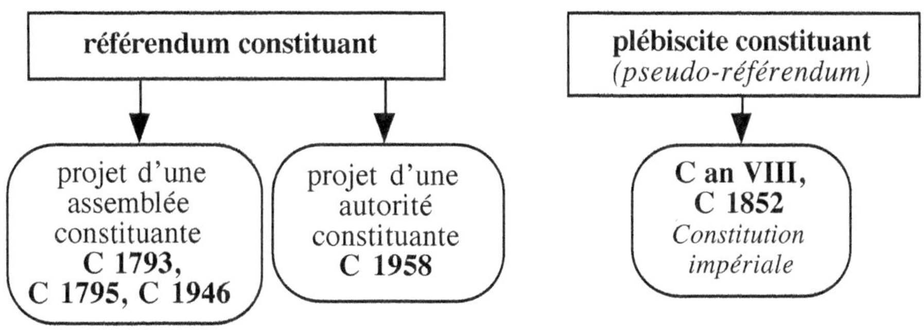

B. L'adoption sans intervention populaire

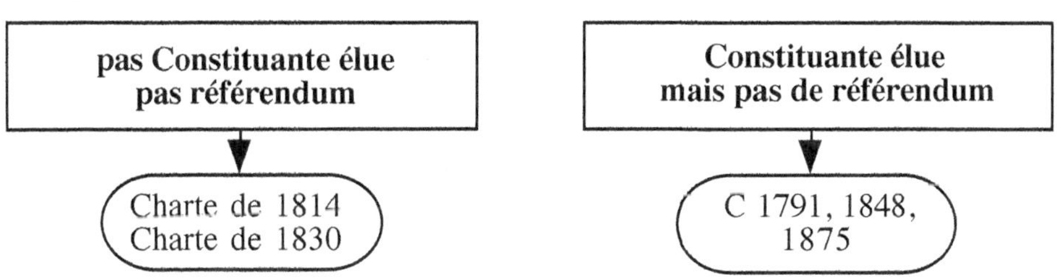

Section 2. Le pouvoir constituant dérivé

Le pouvoir constituant dérivé s'oppose au pouvoir constituant originaire. Son objet est d'apporter des **modifications partielles** à un texte constitutionnel qui reste en vigueur.

- On dit qu'une Constitution est "**souple**" lorsque sa révision peut s'effectuer selon la procédure législative ordinaire ou de toute autre manière sans formes particulières. C'est le cas des Constitutions coutumières.
- Quand une procédure de révision spécifique est prévue, on dit que la Constitution est "**rigide**". Les Constitutions écrites sont normalement rigides (plus ou moins selon la complexité de la procédure de révision).

La spécificité de la procédure de révision des Constitutions écrites manifeste la séparation entre le pouvoir constituant dérivé et le pouvoir législatif et la supériorité de la Constitution sur la loi. Acte suprême, au-dessus des lois, la Constitution ne doit pas pouvoir être modifiée comme une simple loi ordinaire ; la loi de révision constitutionnelle doit être élaborée et votée d'une manière plus solennelle que pour une loi ordinaire.

Il convient de distinguer l'étape de l'initiative de la révision qui déclenche le processus révisionnel et l'adoption de la loi constitutionnelle de révision.

§ 1. L'initiative de la révision

La révision constitutionnelle est un acte politiquement grave puisqu'on touche à l'acte qui organise les institutions politiques. Dans l'agencement procédural, il faut rechercher un équilibre :

- ne pas rendre la révision trop difficile, pour éviter un blocage institutionnel par impossibilité d'adaptation ;
- ne pas la rendre trop facile, pour éviter l'instabilité institutionnelle.

Section 2. Le pouvoir constituant dérivé

pouvoir constituant originaire → élaboration d'une Constitution

pouvoir constituant dérivé → révision d'une Constitution

révision **partielle** de la Constitution

Constitution souple

procédure législative ou tout autre mode informel

schéma normal des **Constitutions coutumières**

Constitution rigide

procédure particulière complexe

schéma normal des **Constitutions écrites**

§ 1. L'initiative de la révision

équilibre à assurer
car la révision constitutionnelle est un acte grave

révision **pas trop difficile**

pour ne pas créer de blocage institutionnel

révision **pas trop facile**

pour ne pas créer d'instabilité institutionnelle

A. Le déclenchement de la procédure de révision

a. L'initiative populaire

Il est assez rare que les citoyens puissent déclencher une révision constitutionnelle. Cependant, certaines Constitutions prévoient une **initiative populaire** de révision constitutionnelle : de nombreuses Constitutions d'États fédérés américains ; la Constitution fédérale suisse ; en France, la Constitution de 1793.

b. L'initiative parlementaire

Généralement, l'initiative appartient au Parlement. Si ce dernier est composé de deux chambres, l'initiative peut être accordée aux deux chambres (ex. : art. 89 C, droit d'initiative pour les membres de l'Assemblée nationale et du Sénat) ; ou à l'une des deux (ex. : art. 90, C 1946, droit d'initiative à l'Assemblée nationale seule). Mais la décision parlementaire de réviser la Constitution **peut être rendue difficile** par le vote répété, à intervalles précis, d'une résolution de révision, éventuellement à une majorité renforcée, c'est-à-dire dépassant la moitié des voix. Par exemple :

- C 1791 : trois votes espacés de deux ans chacun ;
- C 1848 : trois votes de l'Assemblée nationale, aux trois quarts des suffrages exprimés, à un mois d'intervalle chacun, le nombre des votants devant être de 500 au moins ;
- C 1875 : vote de chaque assemblée à la majorité des voix (dans ce cas, risque de blocage si l'une des deux assemblées refuse de voter la résolution de révision) ;
- C 1946 : deux votes de l'Assemblée nationale, à la majorité absolue de ses membres, à trois mois d'intervalle ; ou bien, après le premier vote, à la demande de l'Assemblée nationale, un vote du Conseil de la République (seconde chambre du Parlement) à la majorité de ses membres. Dans ce cas de bicaméralisme, il y a inégalité des assemblées et donc absence de risque blocage puisque l'Assemblée nationale peut voter seule la résolution de révision.

c. L'initiative de l'Exécutif

Il arrive que certaines Constitutions confèrent au Gouvernement et/ou au chef de l'État la possibilité de déclencher une procédure de révision. Par exemple :

- l'article 8 de la loi constitutionnelle du 25 février 1875 (IIIe République) prévoyait une initiative présidentielle de révision et précisait que, durant la durée du mandat du Président de la République Mac Mahon, seul ce dernier pouvait déclencher la révision constitutionnelle ;
- l'article 89 C prévoit aussi la possibilité d'une demande de révision émanant du Président de la République, mais sur proposition du Premier ministre. Le Président ne peut prendre seul l'initiative.

A. Le déclenchement de la procédure de révision

a. L'initiative populaire

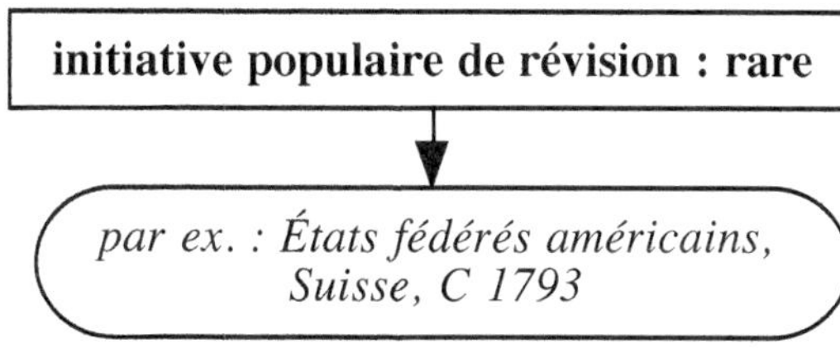

b. L'initiative parlementaire

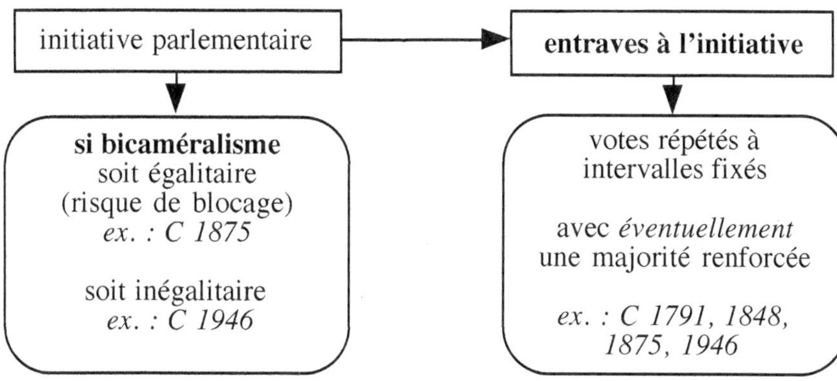

c. L'initiative de l'Exécutif

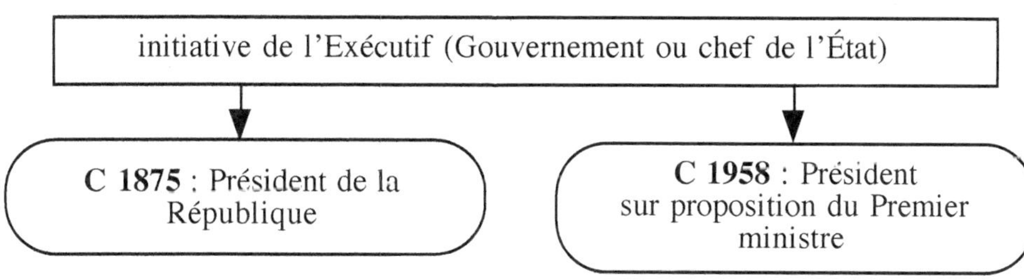

B. Les limitations apportées au pouvoir de révision

a. Les limitations dans le temps

La révision constitutionnelle étant un acte important et politiquement délicat, voire dangereux, il peut être souhaitable de l'interdire à certains moments critiques. Trois exemples de limitation temporelle du pouvoir constituant dérivé sont donnés par la Constitution de 1958.

- Selon l'**article 89, al 4 C**, “aucune procédure de révision ne peut être engagée ou poursuivie lorsqu'il est porté **atteinte à l'intégrité du territoire**”. L'origine de cette disposition réside dans la révision constitutionnelle de 10 juillet 1940 par laquelle les députés, poussés par la peur, donnèrent les pleins pouvoirs au maréchal Pétain alors que la France était envahie. L'interdiction de l'article 89, al. 4 C vise à empêcher que ne se reproduise la même chose.
- L'**article 7 C** interdit toute révision à partir du moment où la présidence de la République n'a plus de titulaire (par décès, démission, déchéance, empêchement définitif du Président) et où se met en place une **présidence intérimaire**, assurée par le Président du Sénat. La révision ne redevient possible qu'après l'élection du nouveau Président.
- Selon une interprétation de **l'article 16 C**, donnée par le Conseil constitutionnel (CC, 2 septembre 1992), l'utilisation de cet article qui confère au Président les pleins pouvoirs (v. P. 2. T. 2, Ch. 2) interdit toute révision.

b. Les limitations sur le fond

Il s'agit ici de limitations qui portent sur le contenu de la révision (limitation matérielle). Elles ne sont pas rares. Il s'agit d'interdire la modification de certaines dispositions.

Ainsi, par exemple, toute révision de la **forme républicaine du gouvernement** est souvent interdite par les Constitutions. En France, cette interdiction est prévue à :

- l'article 8 de la loi constitutionnelle du 25 février 1875 ;
- l'article 95 de la Constitution de 1946 ;
- l'article 89 de la Constitution de 1958.

On la retrouve dans des Constitutions étrangères, comme dans la Constitution italienne (art. 139).

B. Les limitations apportées au pouvoir de révision

a. Les limitations dans le temps

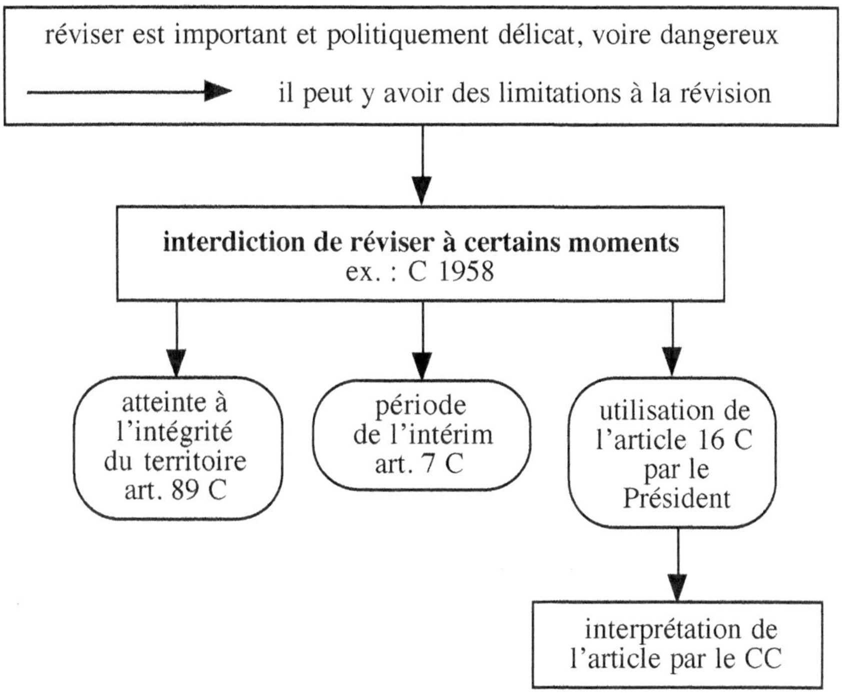

b. Les limitations sur le fond

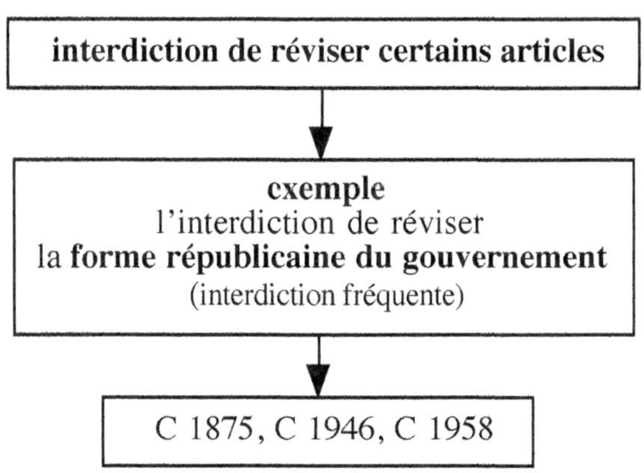

§ 2. L'adoption de la révision

A. L'adoption par une assemblée élue

Confier la révision aux **assemblées législatives** est la solution de facilité et de rapidité. C'est la solution des Constitutions de 1875, 1946 et 1958. Lorsque le Parlement est bicaméral, il est important de préciser les pouvoirs de chaque chambre.

- Si l'une des deux chambres peut voter la révision, malgré le désaccord de la seconde, la révision n'encourt pas de risque de blocage (art. 90, C 1946 : l'Assemblée nationale avait le dernier mot).
- Si les deux chambres votent à égalité la révision, le risque de blocage existe. En effet, le refus de l'une des deux empêche l'aboutissement de la procédure révision (art. 8, loi constitutionnelle du 25 fév. 1875, art. 89, al. 2 C).

Mais il est également fréquent de faire appel à une **assemblée constituante de révision**. Cette assemblée, spécialement élue pour effectuer la révision, se dissout dès la révision votée. Elle n'a aucun pouvoir législatif. Cette solution est plus démocratique que la précédente puisque les membres de l'assemblée de révision auront été élus sur leurs idées révisionnelles. Elle était prévue dans les Constitutions de 1793, 1795, 1948.

B. L'adoption avec intervention populaire

Après l'adoption de la révision par les assemblées législatives, un **référendum** de confirmation peut être prévu. Si le référendum est négatif, la révision n'est pas définitivement adoptée. Cependant, un tel référendum n'est **pas forcément obligatoire**. La **Constitution de 1946** prévoyait que le référendum n'avait pas lieu, si le projet de révision avait été adopté :

- soit, en seconde lecture, par l'Assemblée nationale, à la majorité des deux tiers des voix ;
- soit, à la majorité des trois cinquièmes des voix, dans chacune des deux chambres.

La **Constitution de 1958** (art. 89, al. 2 et 3) prévoit que :

- si la révision est d'origine parlementaire (proposition de révision), un référendum est obligatoire ;
- si la révision est d'origine gouvernementale (projet de révision), le Président de la République a le choix entre deux voies d'adoption de la révision :
  - soit un référendum ;
  - soit un vote des deux assemblées législatives, réunies en Congrès et votant ensemble (à la majorité des trois cinquièmes des voix).

La pratique montre que la voie du Congrès a été utilisée pour toutes les révisions de la Constitution de 1958 sauf une : la révision du 2 octobre 2000 sur la réduction du mandat présidentiel à cinq ans (quinquennat) qui a été soumise au référendum, le 24 septembre 2000 (v. liste des révisions constitutionnelles donnée en fin d'ouvrage).

§ 2. L'adoption de la révision

A. L'adoption par une assemblée élue

assemblées législatives
- C 1875
- C 1946
- C 1958

→ **pas de risque de blocage** si
- parlement monocaméral
- parlement bicaméral inégalitaire

(ex. : 90, C. 1946)

→ **risque de blocage** si
- parlement bicaméral égalitaire

(ex. : art 89 C)

assemblée de révision
- C 1793
- C 1795
- C 1848

→ assemblée **sans pouvoir législatif**

dissoute dès la révision votée

B. L'adoption avec intervention populaire

vote des assemblées législatives, puis :

→ **C 1946**
référendum **obligatoire**
sauf

si la révision a été votée à une majorité renforcée
à l'Ass nat. (2/3 des voix) ou dans les 2 chbs (3/5 des voix)

→ **C 1958**
référendum **obligatoire**
si proposition de révision

référendum **facultatif** si
projet de révision
=
le **Président décide**
réunion des deux chambres en Congrès (vote à maj. des 3/5) ou référendum

Chapitre 2. Le respect de la Constitution

Le contrôle de constitutionnalité désigne le contrôle de la conformité à la Constitution, acte suprême de l'ordre juridique. Ce contrôle concerne les actes inférieurs à la Constitution : les lois, les engagements internationaux et les règlements.

Le contrôle de constitutionnalité des lois est organisé par les Constitutions, sauf aux États-Unis pour une raison historique. C'est la Cour suprême des États-Unis qui a inventé le contrôle de constitutionnalité en 1803 *(aff. Marbury v/ Madison)*. La Constitution américaine n'a donc pas eu à l'instituer, la Cour suprême l'ayant imposé.

Section 1. Le contrôle de constitutionnalité des lois

En France, le contrôle de constitutionnalité des lois a été institué pour la première fois par les Constitutions du premier et du second Empire. Mais, dans le cadre de ces régimes impériaux, il servait en réalité un dessein politique : maîtriser étroitement la production législative afin d'assurer un pouvoir absolu à l'Empereur.

Par la suite, il faut attendre la Constitution de 1946 (avec la création du Comité constitutionnel) et surtout la Constitution de 1958 (avec la création du Conseil constitutionnel) pour assister à la mise en place d'un authentique contrôle de constitutionnalité des lois.

§ 1. Les organes de contrôle

A. Les organes juridictionnels

Aux États-Unis, toutes les juridictions judiciaires assurent le contrôle de la constitutionnalité des lois sous le contrôle ultime de la Cour suprême fédérale.

En Europe (sauf en France), des juridictions spécialisées ont été créées pour le contentieux constitutionnel. Leurs membres sont choisis parmi des juristes confirmés par diverses autorités politiques et judiciaires.

Par exemple, en Italie, les quinze juges de la Cour constitutionnelle sont désignés pour un tiers par les deux chambres du Parlement réunies en séance commune, pour un tiers par le Président de la République, pour un tiers par les juridictions suprêmes de l'ordre judiciaire et administratif.

Chapitre 2. Le respect de la Constitution

contrôle de constitutionnalité → contrôle de conformité à la Constitution

concerne les **actes infra-constitutionnels**
=
loi
traités et accords internationaux
règlements administratifs

contrôle **inventé aux États-Unis**
par la Cour suprême
en 1803

organisé ailleurs par les Constitutions

Section 1. Le contrôle de constitutionnalité des lois

France
première expérience : Empires napoléoniens
seconde expérience : Comité constitutionnel C 1946
troisième expérience : Conseil constitutionnel C 1958

§ 1. Les organes de contrôle

A. Les organes juridictionnels

États-Unis :
les juridictions judiciaires
(contrôle de la Cour suprême)
↓
composées des juges ordinaires des tribunaux
aucune juridiction spécialisée

Europe :
juridictions constitutionnelles spécialisées *(sauf en France)*
↓
composées de juristes confirmés, choisis par diverses autorités politiques et judiciaires

B. Les organes non juridictionnels

La tradition française en matière de contrôle de la constitutionnalité des lois écarte la solution juridictionnelle. Elle opte pour un **organe de nature politique**.

Les **Sénats impériaux** étaient des chambres composées de membres nommés, entièrement entre les mains de l'Empereur.

Le **Comité constitutionnel** de la Constitution de 1946 était composé :

- du Président de la République qui présidait le Comité ;
- des présidents de l'Assemblée nationale et du Conseil de la République ;
- de sept membres élus par l'Assemblée nationale (à la proportionnelle des groupes parlementaires et à chaque session annuelle) ;
- de trois membres élus par le Conseil de la République (à la proportionnelle des groupes parlementaires et à chaque session annuelle).

Le **Conseil constitutionnel** est composé (art. 56 C) :

- des anciens présidents de la République, membres de droit (ils peuvent refuser de siéger) ;
- de trois membres désignés par le Président de la République dont le président du Conseil qui a voix prépondérante en cas de partage ;
- de trois membres désignés par le président de l'Assemblée nationale ;
- de trois membres désignés par le président du Sénat.

Avant la révision de 2008, ces trois autorités de nomination agissaient à titre personnel : le Président de la République sans contreseing du Premier ministre et les présidents de chaque chambre sans vote ou avis préalable de leur assemblée sur les personnes à nommer.

Désormais ces nominations sont soumises à un avis : celles du Président à l'avis public de la commission parlementaire permanente compétente de chaque assemblée (art. 13 C) et celles des présidents d'assemblée à l'avis de la commission permanente compétente de leur assemblée respective (art. 56 C).

Cependant, encore aujourd'hui, **aucune condition de recrutement ne limite le choix des autorités de nomination** (si ce n'est la condition de nationalité française et la jouissance des droits civiques). Notamment, aucune qualification juridique n'est imposée. En pratique, cependant, les personnes choisies ont généralement reçu une certaine formation juridique.

B. Les organes non juridictionnels

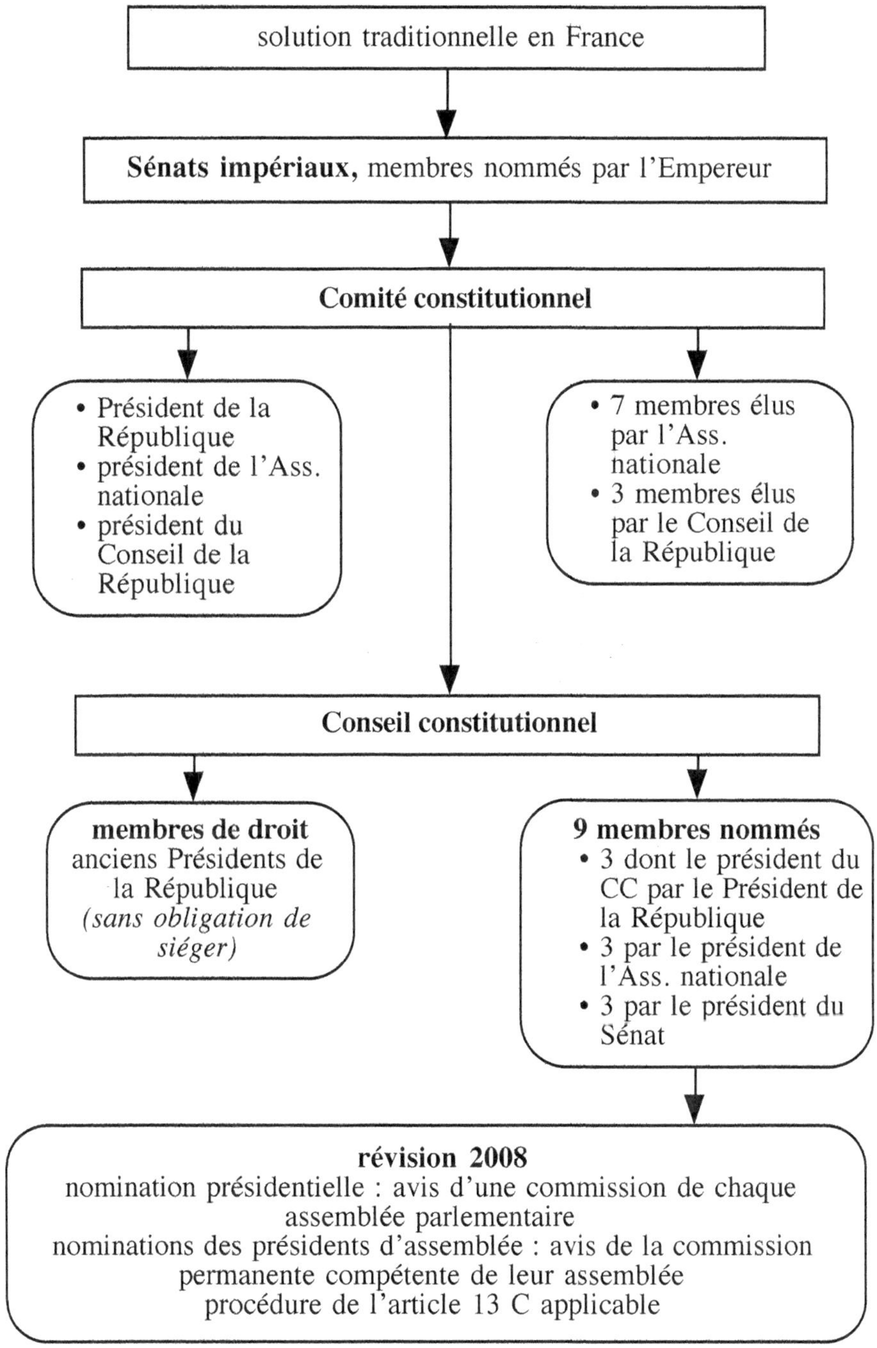

§ 2. Les mécanismes de contrôle

Il existe deux systèmes permettant de déclencher un contrôle de constitutionnalité : la voie d'exception et la voie d'action.

A. La voie d'exception

a. Le déclenchement du contrôle

Un **litige** doit être **en cours d'instance**. C'est dans le cadre du procès que le contrôle va se déclencher.

Pour ce faire, deux possibilités s'offrent :

- la demande peut émaner d'une des parties ou du ministère public ;
- le juge saisi du litige peut soulever de lui-même la question de la constitutionnalité, à titre de moyen d'ordre public (c'est-à-dire de moyen qu'il peut examiner sans qu'il ait été invoqué par une partie).

Dans les deux cas de figure, une **exception d'inconstitutionnalité** est soulevée. Elle doit porter sur un texte (ici une loi) nécessaire au jugement de l'affaire, objet du procès. Elle doit être tranchée avant que le juge ne tranche le litige lui-même.

b. Le jugement de l'exception

Deux cas de figure se présentent.

- Soit le juge du litige (juge du fond) est compétent pour juger de la constitutionnalité du texte contesté. Dans cette hypothèse, il tranche immédiatement la question. On dit que l'exception constitue pour le juge une **question préalable.** C'est le cas aux États-Unis où chaque juge du fond apprécie la constitutionnalité de la loi, de manière souveraine, mais sous le contrôle de la Cour suprême, en appel.
- Soit le juge du fond est incompétent. Dans cette hypothèse, il doit renvoyer la question au juge compétent : ce sera le juge constitutionnel. On dit que l'exception constitue pour le juge du fond une **question préjudicielle** (on trouve ce mécanisme dans de nombreux pays européens comme l'Espagne, l'Allemagne).

  Le juge constitutionnel ne doit statuer que sur la question de la constitutionnalité. Ceci une fois fait, le juge du fond peut trancher l'affaire au fond en suivant la décision du juge constitutionnel quant à la question de la constitutionnalité. Ainsi, si la loi a été déclarée inconstitutionnelle, le juge du fond ne devra pas l'appliquer.

§ 2. Les mécanismes de contrôle

A. La voie d'exception

a. Le déclenchement du contrôle

dans le cadre d'un litige

- une des parties
- le ministère public
- le juge lui-même à titre de moyen d'ordre public

soulève une exception d'inconstitutionnalité
- *à propos d'une loi concernant le procès*
- *qui doit être jugée avant le litige lui-même*

b. Le jugement de l'exception

juge saisi du litige **compétent** pour juger l'exception

question préalable
(ex. : États-Unis)

appel possible jusqu'à la Cour suprême qui tranche définitivement

juge saisi du litige **incompétent** pour juger l'exception

question préjudicielle
(ex. : Allemagne, Espagne)

renvoi à une **juridiction constitutionnelle** qui juge l'exception

renvoi au premier juge qui doit s'incliner devant le jugement de l'exception

c. La portée du jugement de l'exception

Dans le cadre de la voie d'exception, il y a deux possibilités.

- Le jugement de l'exception a une **autorité relative de la chose jugée.**
  - La loi déclarée inconstitutionnelle n'est pas annulée. Son application au cas d'espèce est simplement écartée. Elle pourra s'appliquer dans d'autres affaires, en théorie.
  - En pratique, quand la loi a été déclarée inconstitutionnelle par un arrêt d'une juridiction suprême (comme la Cour suprême des États-Unis), elle ne sera plus appliquée dans la mesure où un nouveau contentieux aboutirait au même résultat.
- Le jugement de l'exception a une **autorité absolue de la chose jugée**.
  - La loi déclarée inconstitutionnelle est immédiatement et définitivement retirée de l'ordre juridique.
  - Elle ne s'applique plus, ni au présent, ni dans l'avenir (ainsi les arrêts de la Cour constitutionnelle italienne ont autorité absolue de la chose jugée ; la loi déclarée inconstitutionnelle perd tout effet dès le lendemain de la publication de la décision de la Cour).

B. La voie d'action

C'est un **contrôle direct,** indépendant de tout procès préalablement en cours. Ainsi, le contrôle peut intervenir, soit avant l'entrée en vigueur des lois **(contrôle *a priori*)**, soit pendant l'application des lois **(contrôle *a posteriori*)**.

Selon les pays, les personnes autorisées à déclencher le contrôle doivent :

- soit avoir un intérêt personnel au contrôle du texte (la défense d'un droit ou d'une liberté constitutionnellement garantis) ;
- soit être des autorités nommément désignées (par exemple, le Premier ministre, des députés...).

Le recours contre la loi peut être déposé :

- soit devant une **juridiction spécialisée** dans le contentieux constitutionnel (comme le Tribunal constitutionnel espagnol) ;
- soit devant **toute autorité compétente** qui, sans avoir la qualité de juridiction, est habilitée à se prononcer sur la constitutionnalité (comme le Conseil constitutionnel).

La décision de l'organe de contrôle est définitive. Elle a **l'autorité absolue de la chose jugée**.

c. La portée du jugement de l'exception

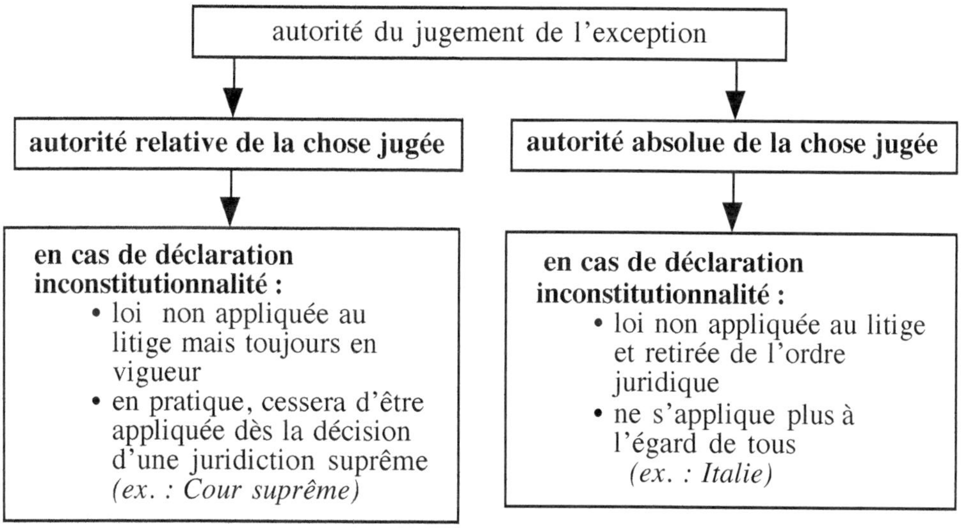

B. La voie d'action

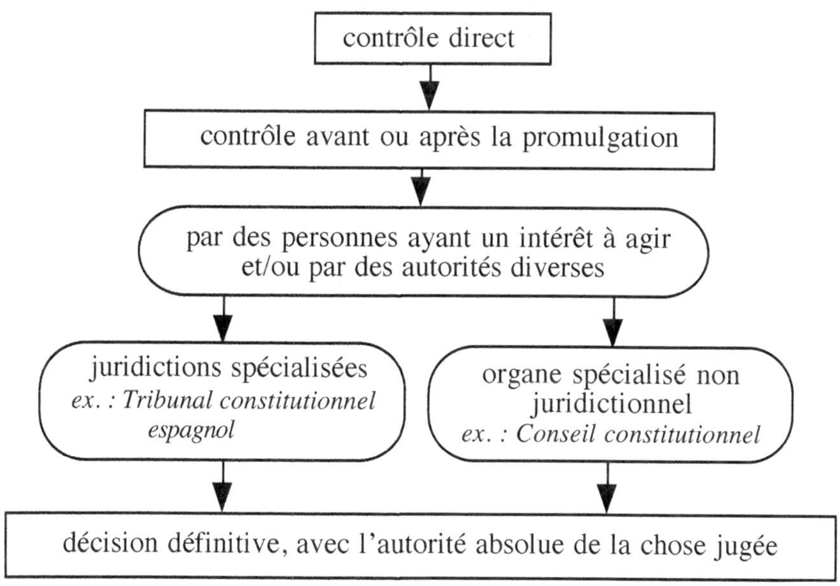

C. La voie d'action privilégiée en France

La voie d'action est le **procédé traditionnel** en France en matière de contrôle de constitutionnalité des lois. Ce procédé présente des **traits constants** :

- saisine de l'organe de contrôle dans le délai de promulgation (contrôle *a priori)* ;
- saisine exclusive d'autorités politiques en nombre limité ;
- mise à l'écart des autorités judiciaires et des citoyens ;
- aucune auto-saisine de l'organe de contrôle.

a. La saisine du Comité constitutionnel

Sous la IVe République, la saisine du Comité constitutionnel, effectuée dans le délai de promulgation de la loi, appartenait conjointement au Président de la République et au président du Conseil de la République, seconde chambre du Parlement (sur vote du Conseil à la majorité de ses membres). Ces deux autorités, agissant ensemble, étaient donc les seules à pouvoir demander un examen de la loi par le Comité constitutionnel.

b. La saisine par voie d'action du Conseil constitutionnel

L'article 61 C prévoit deux systèmes de saisine du Conseil constitutionnel pour un contrôle de constitutionnalité des lois :

- la **saisine obligatoire** pour les lois organiques (qui sont donc automatiquement contrôlées) ;
- la **saisine facultative**, dans le délai de promulgation, pour les lois ordinaires (qui ne sont donc pas automatiquement contrôlées). La saisine facultative appartient :
  - au Président de la République (agissant sans contreseing du Premier ministre) ;
  - au Premier ministre ;
  - au président de l'Assemblée nationale (agissant à titre personnel, sans vote préalable de son assemblée) ;
  - au président du Sénat (agissant à titre personnel, sans vote préalable de son assemblée) ;
  - à soixante députés ou soixante sénateurs (depuis la révision constitutionnelle du 20 octobre 1974).

(À noter que la même procédure s'applique pour le contrôle de constitutionnalité des traités et accords internationaux, art. 54 C).

La révision de 2008 met fin à cette exclusivité de la voie d'action. Elle institue en effet une possibilité de saisine du Conseil à l'occasion d'une instance en cours (art. 61-1 nouveau).

C. La voie d'action privilégiée en France

a. La saisine du Comité constitutionnel

saisine **avant la promulgation** →

saisine conjointe
- du président de la République
  et
- du président du Conseil de la République *(après un vote de son assemblée, à la majorité de ses membres)*

b. La saisine par voie d'action du Conseil constitutionnel

saisine **avant la promulgation** →

saisine **obligatoire** : lois organiques
saisine **facultative** : lois ordinaires

Président de la République *(sans contreseing)*

Premier ministre

Président de l'Assemblée nationale ou du Sénat *(sans vote préalable de l'assemblée)*

60 députés ou sénateurs (depuis 1974)

→ **saisine facultative** *applicable au contrôle des traités (art. 54 C)*

révision de 2008 : fin de l'exclusivité de la voie d'action

c. la saisine par voie d'exception du Conseil constitutionnel

L'idée d'introduire une saisine du Conseil constitutionnel par voie d'exception n'est pas nouvelle. Elle avait été lancée en 1990 et reprise en 1993 par le comité Vedel chargé de l'examen de la Constitution en vue de faire des propositions de révision constitutionnelle au Président. Mais, jusqu'ici, l'idée n'avait pas abouti.

La révision de 2008 institue enfin cette possibilité. Mais elle est limitée : à l'occasion d'une instance en cours, la **question prioritaire de constitutionnalité** (désormais couramment dite QPC) peut être soulevée à l'égard d'une disposition législative au seul motif qu'elle porterait atteinte aux droits et libertés garantis par la Constitution. Le Conseil constitutionnel pourra alors être saisi par le Conseil d'État ou la Cour de cassation (art. 61-1 C) dans les conditions prévues par **la loi organique du 10 décembre 2009.**

La procédure de la QPC se déroule en plusieurs temps.

- En première instance ou en appel, la question prioritaire de constitutionnalité peut être posée. Le juge du litige apprécie sa recevabilité au regard des conditions prévues par la loi organique du 10 décembre 2009 (1/ applicabilité de la loi contestée au litige, 2/ absence de déclaration de constitutionnalité par le Conseil constitutionnel sauf changement de circonstances, 3/ caractère sérieux de la question).
- La question recevable est transmise au Conseil d'État ou à la Cour de cassation selon la juridiction suprême dont relève la juridiction du fond. Le juge du fond sursoit à statuer jusqu'à la décision de sa juridiction suprême ou celle du Conseil constitutionnel.
- Dans un délai de trois mois, la juridiction suprême saisie statue sur le renvoi au Conseil constitutionnel.
  - Ce renvoi a lieu quand les deux premières conditions de recevabilité précitées sont remplies et que la question est nouvelle ou présente un caractère sérieux. À noter que la QPC peut être posée pour la première fois en cassation.
- Quand le Conseil constitutionnel est saisi de la QPC, il se prononce dans un délai de trois mois.
  - Si la loi contestée est déclarée inconstitutionnelle, elle est abrogée (en tout ou partie) immédiatement à compter de la publication de la décision du Conseil constitutionnel ou d'une date ultérieure fixée par la décision.

Le Conseil détermine en outre les conditions et les limites dans lesquelles les effets que la disposition a déjà produits sont susceptibles d'être remis en cause.

c. la saisine par voie d'exception du Conseil constitutionnel

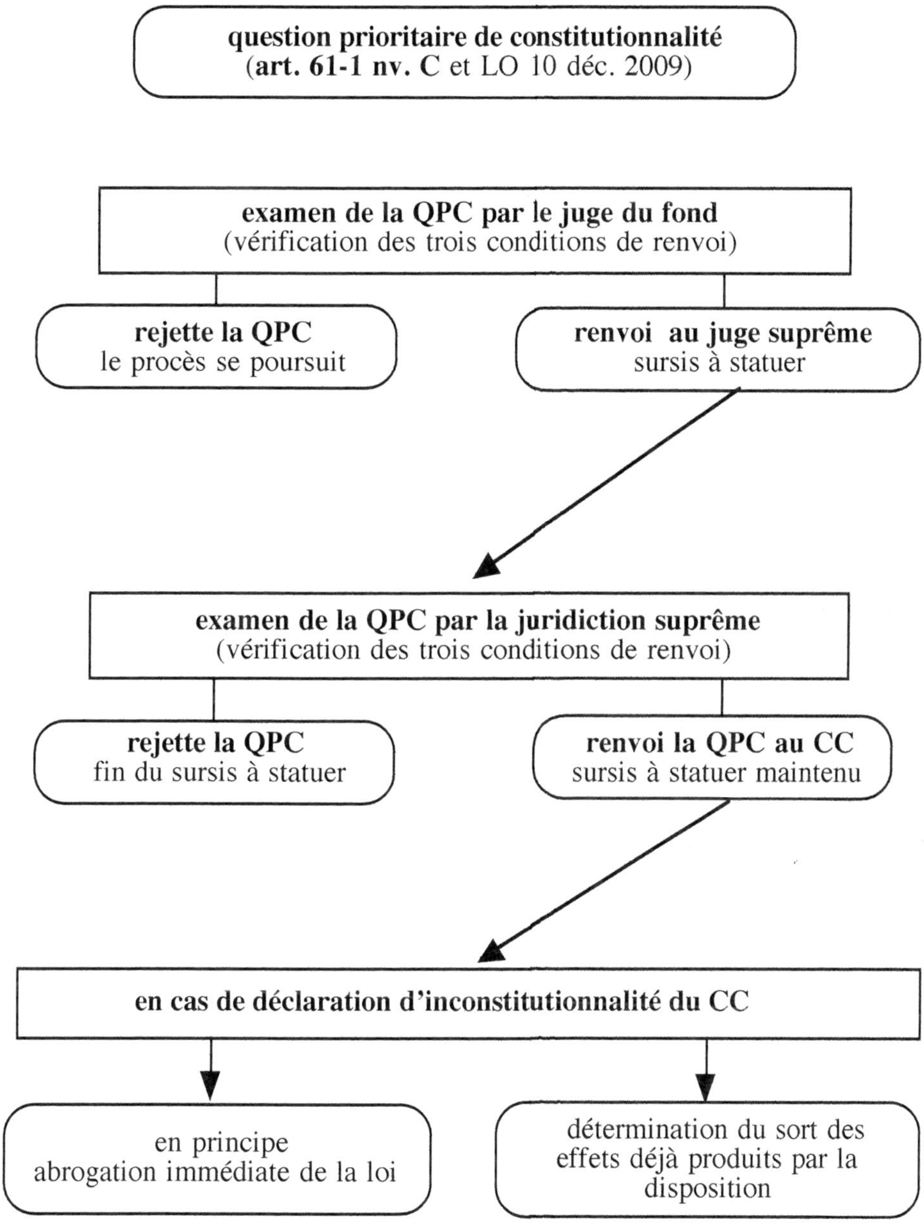

Section 2. Le Conseil constitutionnel

Le Conseil constitutionnel n'a pas été conçu sur le modèle juridictionnel mais comme un **organe indépendant** du Parlement et du Gouvernement. Afin de garantir cette indépendance, l'ordonnance organique du 7 novembre 1959 prévoit que ses neuf membres :

- sont **inamovibles**
  - (sauf démission volontaire ou démission d'office déclarée par le Conseil constitutionnel lui-même) ;
- ont un **mandat de neuf ans**, non renouvelable ;
  - (le renouvellement se fait par tiers tous les trois ans, chacune des autorités de nomination désignant alors un nouveau membre) ;
- ne peuvent être membre du Gouvernement, détenteur d'un mandat électoral, membre du Conseil économique, social et environnemental (**incompatibilités politiques**) ;
- sont soumis aux mêmes **incompatibilités professionnelles** que les parlementaires (v. P. 2, T. 1, Ch. 2).
  - (mais ils n'ont pas l'obligation de se consacrer à leur fonction et ils peuvent conserver une activité professionnelle compatible) ;
- prêtent **serment** de fidélité à la fonction ;
- sont soumis à divers **devoirs :**
  - de neutralité,
  - de réserve (par ex. : pas d'opinion publiquement exposée, pas de consultation sur des questions pouvant être évoquées ou ayant fait l'objet d'une délibération du Conseil),
  - de secret des délibérations.

Le Conseil constitutionnel est un organe aux multiples attributions. Parmi elles, le contrôle de constitutionnalité des lois tient une place éminente.

Section 2. Le Conseil constitutionnel

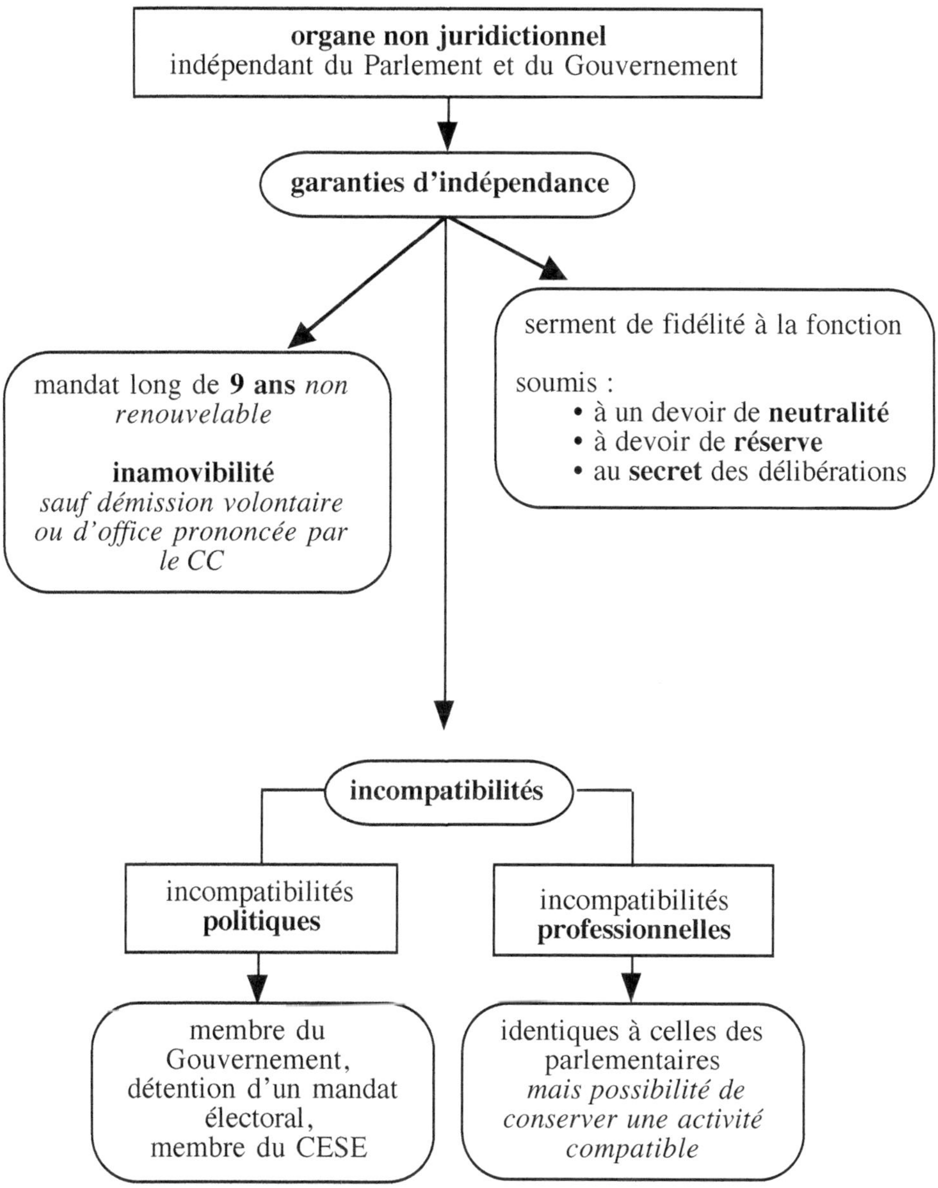

§ 1. Les diverses attributions du Conseil constitutionnel

A. Les attributions étrangères au contrôle de constitutionnalité

a. Les attributions concernant le Président de la République

1. Élections présidentielles

Le Conseil intervient à plusieurs stades de l'élection qui se déroule au suffrage universel direct depuis 1962.

Avant le scrutin :

- il règle le problème du décès ou de l'empêchement d'un candidat (art. 7 C) avant le premier tour ou avant le second tour ;
- il arrête la liste des candidats à l'élection, après vérification des parrainages (v. P. 2, T. 1, Ch. 3) et il tranche les réclamations contre ses propres décisions à propos de ladite liste ;
- il statue sur les requêtes dirigées contre les actes préparatoires au scrutin.

Après le scrutin,

- il contrôle le recensement des votes, proclame les résultats de l'élection (art. 58 C) ;
- il tranche les réclamations déposées dans les quarante-huit heures de la fin du scrutin (art. 58 C) ;
- jusqu'en 2006, il examinait la régularité des comptes de campagne des candidats (v. P. 2, T.1, Ch. 3).

2. Mandat présidentiel

Il constate l'**empêchement temporaire ou définitif du Président** à la demande du Gouvernement (art. 7, al. 4 C).

3. Utilisation de l'article 16 C

L'article 16 C est un article qui confère des pouvoirs exceptionnels au Président (v. P. 2, T. 2, Ch. 2). Le Conseil constitutionnel donne un avis (publié) au Président lorsque ce dernier envisage d'utiliser l'article 16 C et, ensuite, un avis (non publié) sur toutes les décisions prises par le Président au titre de l'article.

La révision de 2008 ajoute que le Conseil peut examiner, après trente jours d'exercice des pouvoirs exceptionnels, si les conditions d'utilisation de l'article 16 C sont encore réunies, sur saisine du Président de l'Assemblée nationale ou du Sénat ou de soixante députés ou sénateurs et qu'il procède de plein droit à cet examen et se prononce dans les mêmes conditions au terme de soixante jours d'exercice et à tout moment au-delà de cette durée.

§ 1. Les diverses attributions du Conseil constitutionnel

A. Les attributions étrangères au contrôle de constitutionnalité

a. Les attributions concernant le Président de la République

1. Élections présidentielles

avant le scrutin

- règle le cas du décès, de l'empêchement d'un candidat présidentiel
- établit la liste des candidats présidentiels, en assure le contentieux
- assure le contentieux des actes préparatoires au scrutin

après le scrutin

- recense les votes et assure la proclamation des résultats
- assure le contentieux des élections présidentielles
- examine les comptes de campagne des candidats (jusqu'en 2006)

2. Mandat présidentiel

sur demande du Gouvernement → constat de l'**empêchement** temporaire ou définitif du Président de la République

3. Utilisation de l'article 16 C

sur la réunion des conditions de recours à l'article

avis (publié) au Président avant le recours à l'article 16

2008 avis public sur saisine *du président de l'une des ass. ou 60 députés ou sénateurs)* après 30 jours d'exercice

avis de plein droit après 60 j. d'utilisation et à tout moment au-delà de cette durée

sur les conditions d'exercice des pouvoirs exceptionnels

avis (non publié) sur chaque décision prise au titre de l'article

b. Les attributions concernant les parlementaires

1. Élections parlementaires

Le Conseil constitutionnel est chargé du contentieux de l'élection des députés et de sénateurs, à la requête de tout électeur ou candidat de la circonscription, déposée dans les dix jours de la proclamation des résultats. À ce titre, il contrôle l'éligibilité des candidats au moment du scrutin.

Il examine également les comptes de campagne des candidats sur saisine de la Commission nationale des comptes de campagne et des financements politiques afin de s'assurer du respect des dispositions légales relatives aux dépenses de campagne électorale. Il prononce une sanction d'inéligibilité, en cas d'irrégularités (v. P. 2, T. 1, Ch. 3, S. 3, § 2).

2. La sanction des inéligibilités

Diverses situations empêchent une personne de se porter candidate. Ce sont les cas d'inéligibilité (v. P. 2, T. 1, Ch. 3, S. 3, § 2). Le Conseil constitutionnel apprécie l'inéligibilité révélée après l'expiration du délai de contestation de l'élection ou survenue en cours de mandat, sur saisine du bureau de l'assemblée concernée, du ministre de la Justice, du ministère public. Si l'inéligibilité est vérifiée, le Conseil prononce la déchéance du parlementaire.

3. Incompatibilités parlementaires

Les incompatibilités renvoient à des situations de cumul interdit entre des fonctions et/ou des mandats et le mandat parlementaire (v. P. 2, T.1, Ch. 2, S. 1, § 1). Le Conseil constitutionnel peut avoir à se prononcer sur une incompatibilité entre un mandat électif et le mandat parlementaire ou entre une activité professionnelle et le mandat parlementaire.

Il peut intervenir, soit après l'élection (lors de l'entrée en fonction du parlementaire), soit en cours de mandat. Le cas échéant, il prononcera la démission d'office du parlementaire si ce dernier n'a pas mis fin à l'incompatibilité reconnue.

b. Les attributions concernant les parlementaires

1. Élections parlementaires

les élections

↓

sur requête de tout électeur ou candidat de la circonscription *dans les 10 jours de la proclamation des résultats*

↓

contrôle l'élection et l'éligibilité des candidats

les comptes de campagne

↓

sur saisine de la Commission nationale des comptes de campagne et des financements politiques

↓

contrôle les comptes de campagne

2. La sanction des inéligibilités

se prononce sur les inéligibilités
- après l'expiration du délai de contestation de l'élection
- en cours de mandat

↓

sur saisine :
- du bureau de l'assemblée
- du ministre de la Justice
- du ministère public

→ prononce la **déchéance du parlementaire** en cas d'inéligibilité

3. Incompatibilités parlementaires

se prononce sur les incompatibilités entre le mandat parlementaire et :
- un mandat électif
- une activité professionnelle

↓

se prononce :
- après l'élection
- en cours de mandat

→ prononce la **démission d'office** du parlementaire *si l'incompatibilité est maintenue*

c. Le contrôle des projets de loi

Dans le cadre de la procédure législative, **la révision de 2008** crée un contrôle du Conseil constitutionnel qui porte sur les projets de loi du Gouvernement. Désormais, ces derniers doivent respecter les conditions de présentation fixées par une loi organique. Le Conseil est chargé du contrôle du respect de ces dispositions selon la procédure suivante : quand la conférence des présidents de la première assemblée saisie constate que le projet de loi ne respecte pas la loi organique, elle ne peut l'inscrire à l'ordre du jour. Si le Gouvernement n'est pas d'accord, lui ou le président de l'assemblée concernée, peut saisir le Conseil constitutionnel qui tranchera dans les huit jours.

d. Les attributions concernant les référendums

En matière de référendum législatif, le Conseil constitutionnel est chargé de donner un avis (non publié) sur le projet de loi sur lequel un référendum de l'article 11 C est envisagé sur initiative du Gouvernement ou des deux assemblées. **La révision de 2008** lui confie le soin de contrôler le respect des dispositions relatives au référendum d'initiative parlementaire et citoyenne (v. P. 2, T. 1, Ch. 2, S. 2, § 1).

Il donne également son avis sur les textes relatifs à l'organisation du référendum et sur la liste des organismes habilités à participer à la campagne référendaire.

Il veille à la régularité des opérations préliminaires et référendaires (art. 60 C). Il proclame les résultats du scrutin (art. 60 C) et il statue sur les contestations élevées, dans les quarante-huit heures du scrutin, par les électeurs ou le préfet.

B. Les attributions relatives au respect de la Constitution

Le Conseil constitutionnel assure le contrôle du respect de la Constitution dans le cadre de diverses procédures et à l'égard d'actes de nature différente. On peut distinguer les actes d'origine externe et les actes d'origine interne.

c. Le contrôle des projets de loi

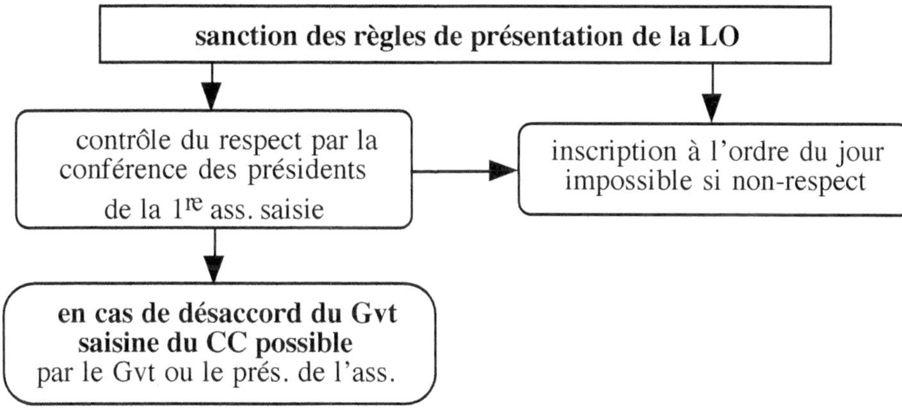

d. Les attributions concernant les référendums

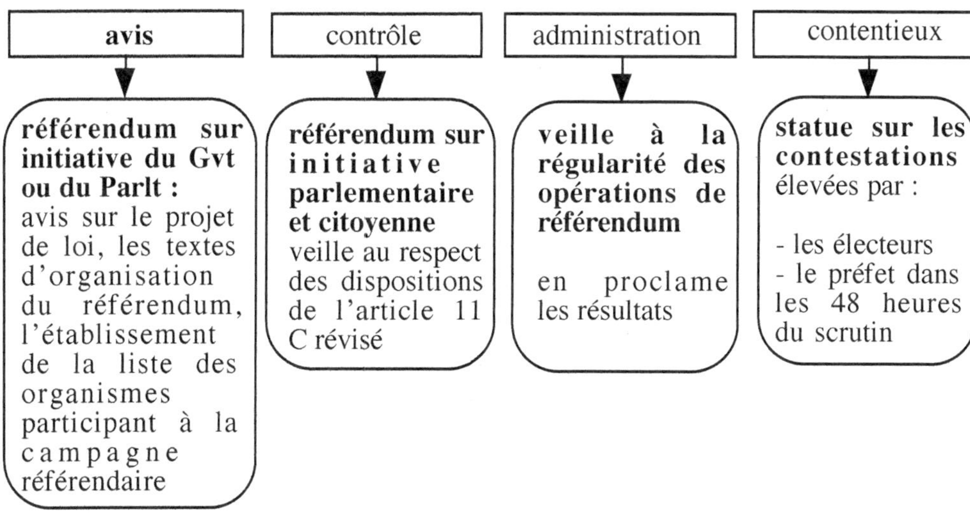

B. Les attributions relatives au respect de la Constitution

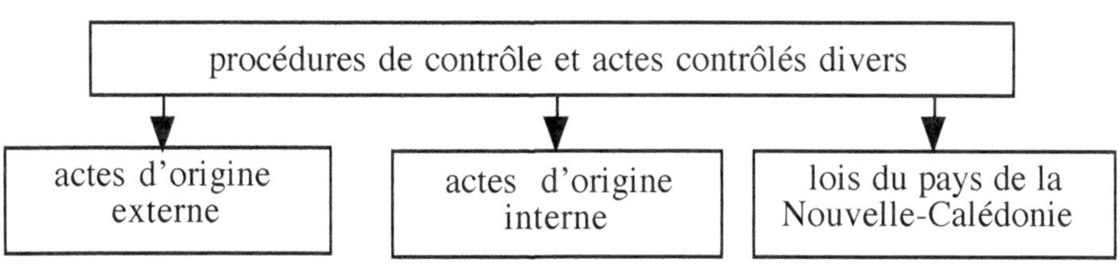

a. Le contrôle de constitutionnalité des actes d'origine externe

Ce contrôle intéresse les traités et accords internationaux. Il intervient avant que ne soit donnée l'autorisation de ratification (traités) ou d'approbation (accords) (art. 54 C).

Ce contrôle peut être demandé par :

- le Président de la République ;
- le Premier ministre ;
- le président de l'Assemblée nationale ;
- le président du Sénat ;
- soixante députés ou sénateurs (ajouté par la révision du 25 juin 1992).

Si, lors du contrôle, le Conseil constitutionnel découvre une clause contraire à la Constitution, l'autorisation de ratifier le traité ou d'approuver l'accord ne peut être donnée avant qu'une révision constitutionnelle n'ait fait disparaître la cause de la contrariété.

b. Le contrôle de constitutionnalité des actes d'origine interne

Le contrôle effectué par le Conseil constitutionnel concerne les règlements intérieurs des assemblées législatives, les propositions de loi de l'article 11, les lois nationales et les lois du pays de Nouvelle-Calédonie

1. Contrôle des règlements intérieurs des assemblées législatives

Les règlements intérieurs des assemblées parlementaires ont pour but d'organiser dans le détail le travail des assemblées. Sous ce prétexte, ils ne doivent pas porter atteinte à la Constitution. Ils font donc l'objet d'un contrôle automatique (direct et *a priori*) de la part du Conseil constitutionnel, avant leur mise en application (art. 61, al. 1 C).

2. Contrôle des propositions de loi de l'article 11 al. 3

La **révision de 2008** a créé la proposition de loi parlementaire soutenue par des citoyens (V. Ch. 2, S.2, § 1, A). L'article 11 al. 4 prévoit que Conseil constitutionnel vérifie les conditions de sa présentation et son respect des limites du domaine du référendum. La mise en œuvre de ce contrôle est précisée par la loi organique du 6 décembre 2013.

a. Le contrôle de constitutionnalité des actes d'origine externe

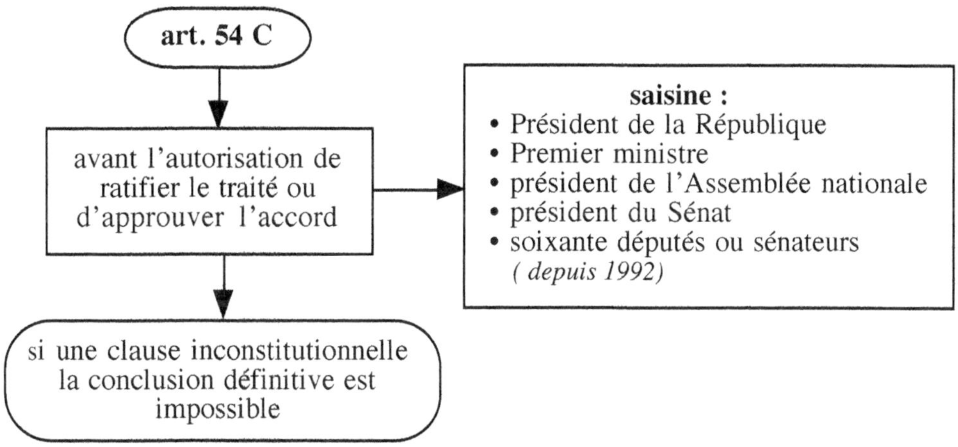

b. Le contrôle de constitutionnalité des actes d'origine interne

1. Contrôle des règlements intérieurs des assemblées législatives

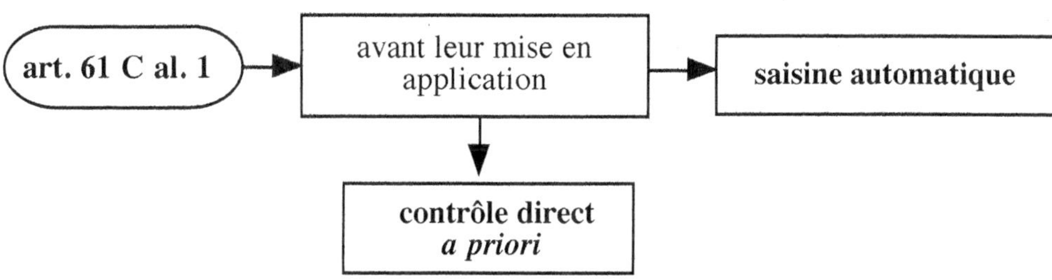

2. Contrôle des propositions de loi de l'article 11 al. 3

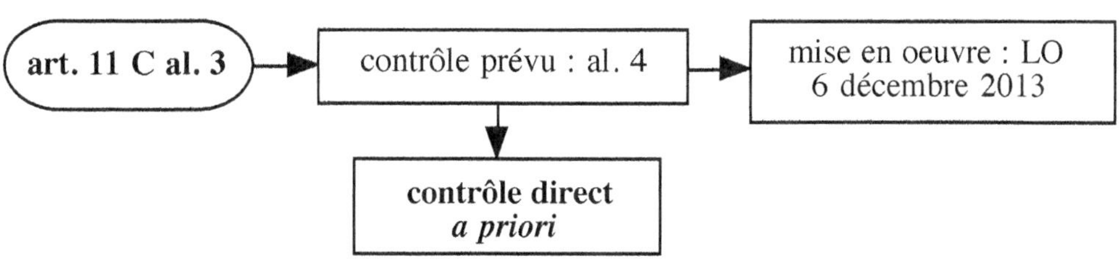

3. Contrôle des lois

Le Conseil constitutionnel contrôle **automatiquement les lois organiques** (art. 61, al. 1 C) et les **lois ordinaires** votées par le Parlement (art. 61, al. 2 C)

- **sur saisine** du Président de la République, du Premier ministre, du président de l'Assemblée nationale, du président du Sénat et de soixante députés ou sénateurs (depuis la révision du 29 octobre 1974)
- **et depuis la révision de 2008 dans le cadre de la voie d'exception** sur renvoi de la Cour de cassation ou du Conseil d'État (question prioritaire de constitutionnalité).

Le contrôle de constitutionnalité **par voie d'action** s'exerce **avant la promulgation** des lois par décret du Président de la République.

- La saisine doit intervenir dans le délai de promulgation, soit quinze jours à compter de la transmission au Gouvernement de la loi définitivement adoptée par le Parlement.
- La déclaration d'inconstitutionnalité empêche la promulgation.

Ainsi, **avant la révision de 2008,** les lois promulguées ne pouvaient normalement pas être susceptibles d'un contrôle de constitutionnalité. Cependant, le Conseil constitutionnel avait accepté d'exercer sur elles un contrôle indirect : à l'occasion du contrôle des dispositions d'une loi modifiant, complétant, une loi en vigueur ou en affectant le domaine, le Conseil avait accepté de vérifier la constitutionnalité des dispositions de la loi promulguée concernée.

Désormais, avec le contrôle par voie d'exception au travers de la question prioritaire de constitutionnalité, le contrôle des lois promulguées devient possible. Mais il est limité aux seules lois portant atteinte aux droits et libertés garantis par la Constitution.

Par ailleurs, de façon générale, le Conseil a décidé de ne pas exercer son contrôle sur :

- **les lois référendaires** (décision du 6 novembre 1962) au motif qu'elles sont votées par le peuple ;
- **les lois de révision constitutionnelle** (décision du 26 mars 2003) au motif que l'article 61 alinéa 2 ne lui donne compétence qu'à l'égard des lois ordinaires.

3. Contrôle des lois

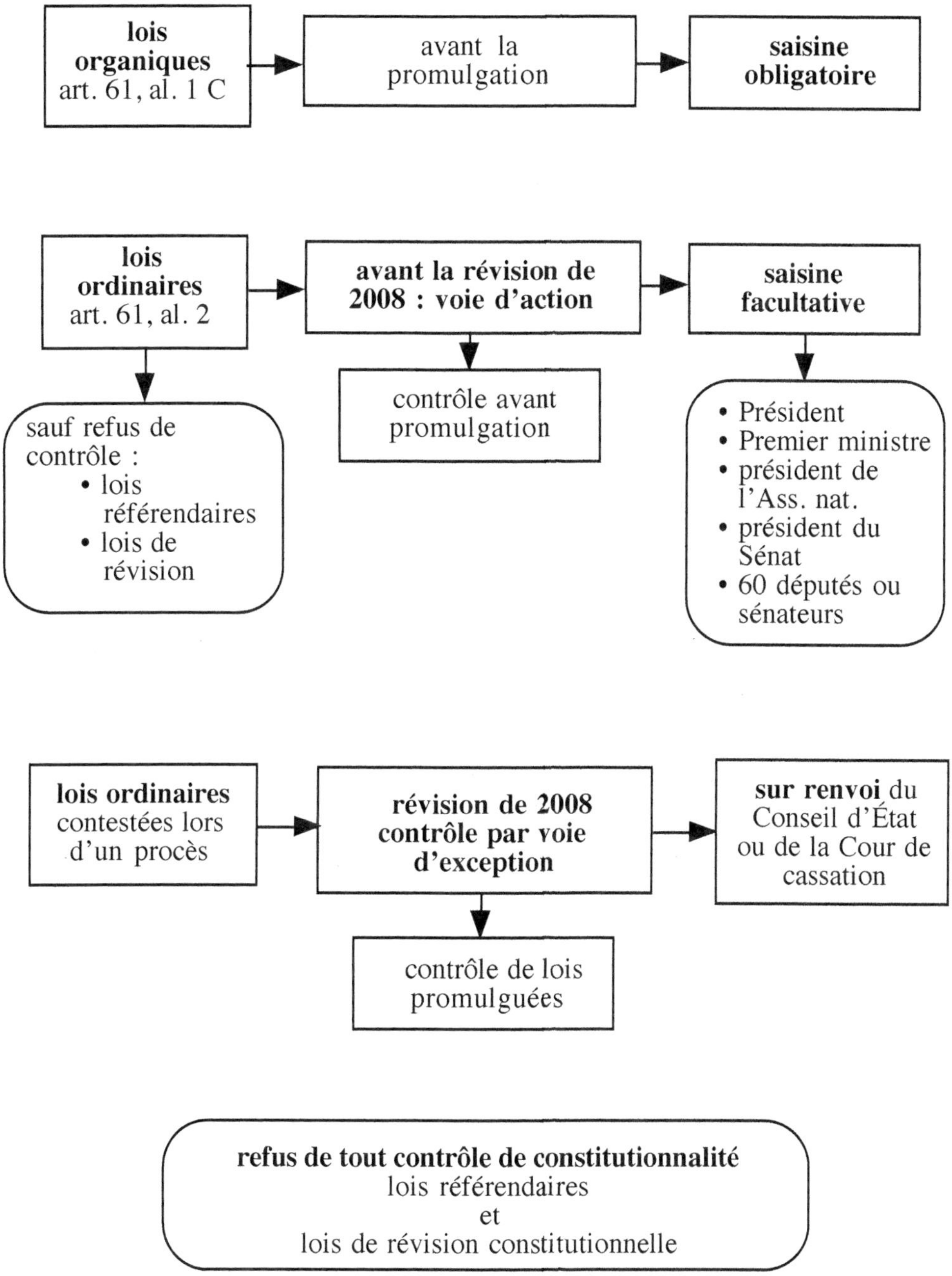

4. Contrôle des lois du pays de Nouvelle-Calédonie

La révision constitutionnelle du 20 juillet 1998 a doté la Nouvelle-Calédonie d'un statut inédit (titre XIII de la Constitution) qui lui permet de prendre des actes appelés lois du pays. Ces actes ont force de loi.

Ces lois du pays doivent être distinguées de celles que peut adopter l'assemblée de la Polynésie française dans le cadre de son nouveau statut de collectivité d'outre-mer dotée d'autonomie (catégorie prévue par l'article 74, al. 4 C).

En effet, les lois du pays de la Polynésie ont une nature réglementaire et restent soumises au contrôle du Conseil d'État.

La loi organique du 19 mars 1999, portant statut de la Nouvelle-Calédonie en application du titre XIII de la Constitution, organise le contrôle du Conseil constitutionnel dont l'objet est de vérifier la conformité des lois du pays à la Constitution et à la loi organique précitée.

La saisine du Conseil constitutionnel appartient concurremment :

- au Haut commissaire qui représente l'État ;
- au Gouvernement néo-calédonien ;
- au président de l'assemblée de Nouvelle-Calédonie, appelée Congrès ;
- au président d'une assemblée de province ;
- à dix-huit membres du Congrès.

La saisine ne peut intervenir qu'après une seconde délibération de la loi, demandée par l'une des autorités pouvant saisir le Conseil, dans le délai de promulgation de la loi (promulgation effectuée par le Haut commissaire).

4. Contrôle des lois du pays de Nouvelle-Calédonie

révision du 20 juill. 1998
crée un titre consacré à la Nouvelle-Calédonie

→

lois du pays de Nouvelle-Calédonie

cas exceptionnel

↓

- ont *force de loi*
- sont contrôlées par le **CC**

ne pas confondre

révision du 28 mars 2003
crée les *collectivités d'outre-mer dotées d'autonomie*

→

lois du pays de Polynésie française
(*collectivité d'outre-mer dotée d'autonome)*

↓

- de nature réglementaire
- sont contrôlées par le **CE**

lois du pays de Nouvelle-Calédonie

contrôle de constitutionnalité

↓

après une seconde délibération de la loi
et
dans le délai de promulgation de la loi du pays

→

sur saisine du :
- Haut commissaire
- Gouvernement local
- président du Congrès local
- président d'une ass. provinciale
- de 18 membres du Congrès

§ 2. Le contrôle de constitutionnalité des lois

Le contrôle de la constitutionnalité des lois mérite une étude particulière.

A. Un véritable contrôle-sanction

L'établissement d'un contrôle de constitutionnalité en France n'a pas été chose simple. Les antécédents (Sénats impériaux) ne plaidaient pas en sa faveur. L'expérience américaine faisait redouter le "gouvernement des juges" (v. P. 2, T. 2, Ch. 1). L'idéologie de la loi souveraine, expression de la volonté générale (et donc forcément irréprochable), était fortement ancrée. Cependant, en 1946, le pas fut franchi à moitié. Il faut attendre la Constitution de 1958 pour assister à la mise en place d'un véritable contrôle-sanction de la loi.

a. Le contrôle de constitutionnalité du Comité constitutionnel

La Constitution de 1946 avait créé un mécanisme de contrôle de constitutionnalité des lois assez original qui tenait compte d'une donnée essentielle à l'époque : la **souveraineté parlementaire**. Ce principe empêchait que l'on mette en place un véritable contrôle de constitutionnalité, sanctionnant l'œuvre des députés, représentants de la nation. C'est pourquoi le contrôle organisé par la Constitution de 1946 apparaît ambigu et peu "franc".

Le contrôle se déroulait entre trois séquences.

- Après la saisine du Comité, s'ouvrait une **phase de conciliation** entre les deux chambres du Parlement, l'Assemblée nationale et le Conseil de la République (cette dernière chambre étant à l'origine de l'intervention du Comité constitutionnel, v. *supra)*. Si le Comité parvenait à la conciliation, son rôle s'arrêtait là.
  - Cette première phase, plus politique que juridique, semble incongrue dans le cadre d'un contrôle de constitutionnalité dont le but est une sanction du respect du droit. Elle jette une ombre d'ambiguïté sur l'objectif exact poursuivi au travers du contrôle de constitutionnalité.
- En cas d'échec de la conciliation, le Comité passait à la **phase d'examen de la loi** qui débouchait sur un **avis**. Il n'était pas question que l'avis se prononce directement sur la loi.
  - C'est ici que le contrôle manquait de "franchise". Pour ne pas parler (souveraineté du Parlement oblige) d'un défaut de la loi (de son inconstitutionnalité), la Constitution chargeait le Comité d'examiner si les lois votées "supposent une révision de la Constitution" (art. 91, C 1946).
- Si l'avis du Comité concluait à la nécessité d'une révision de la Constitution, la loi faisait l'objet d'un **renvoi devant l'Assemblée nationale** qui devait en dernier ressort décider du sort de la loi : maintenue, elle imposait une réviser la Constitution (art. 93, C 1946).

§ 2. Le contrôle de constitutionnalité des lois

A. Un véritable contrôle-sanction

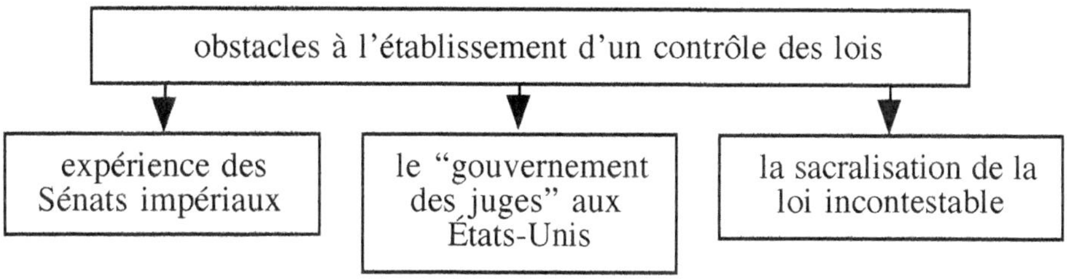

a. Le contrôle de constitutionnalité du Comité constitutionnel

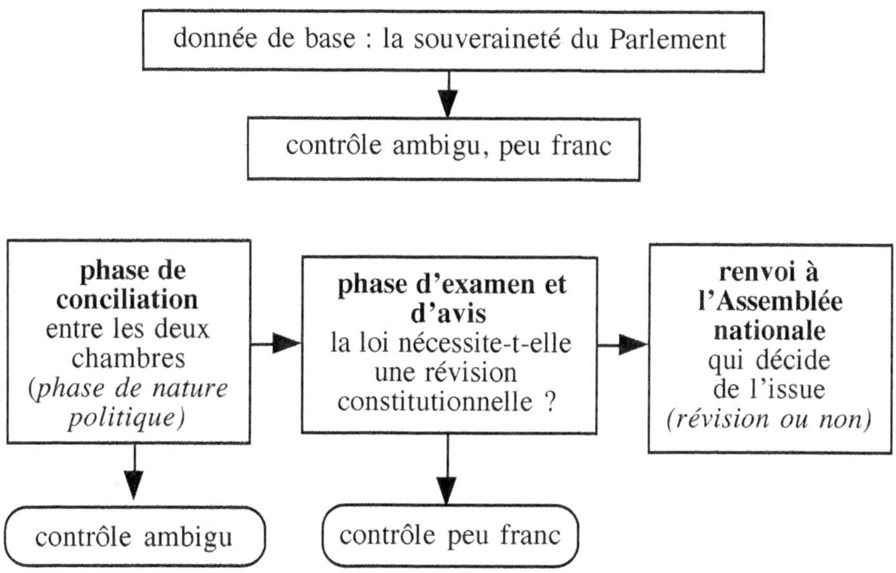

b. Le contrôle-sanction du Conseil constitutionnel

La Constitution de 1958 organise un véritable contrôle juridique, sans se préoccuper des éventuels problèmes relationnels entre les deux chambres du Parlement. Il n'y a plus de tentative de conciliation. Dès la saisine du Conseil, ce dernier se concentre sur l'examen du texte confronté à la Constitution. Le Conseil constitutionnel se prononce donc exclusivement sur la constitutionnalité des textes qui lui sont transmis.

- **La loi déclarée inconstitutionnelle sur saisine directe ne peut être promulguée.** Il n'y a donc plus de renvoi automatique devant le Parlement en cas d'inconstitutionnalité (mais le Parlement peut toujours décider de modifier la loi pour la rendre constitutionnelle ou décider de modifier la Constitution pour faire disparaître l'inconstitutionnalité).
- **La loi déclarée inconstitutionnelle sur question prioritaire de constitutionnalité, est abrogée.**

Dans le cadre des deux contrôles de constitutionnalité (par voie d'action ou d'exception) la loi inconstitutionnelle est donc également sanctionnée.

Toute décision du Conseil constitutionnel est insusceptible de recours. Elle s'impose aux pouvoirs publics, à toutes les autorités administratives et juridictionnelles.

B. Les articles constitutionnels non utilisés

Normalement, l'ensemble des articles de la Constitution sert au contrôle de constitutionnalité des lois. C'est le schéma normal. Cependant, il existe deux cas particuliers. Dans ces deux cas, il existe une procédure particulière de contrôle.

a. La procédure de l'article 41 C excluant le contrôle de l'article 61 C

L'article 34 C fixe une liste de matières qui relèvent de la loi. Tout ce qui n'est pas énuméré à l'article 34 C, relève en principe du règlement. Pour s'assurer du respect des limites ainsi posées, la Constitution a prévu un **contrôle spécifique, en cours de procédure législative**, à l'encontre des propositions et amendements parlementaires (v. P. 2, T. 3, Ch. 2).

Une fois la loi votée, il ne sera plus possible d'invoquer la violation de l'article 34 C à l'appui d'une demande de contrôle de constitutionnalité, faite au titre de l'article 61 C (CC, 30 juillet 1982). Le respect de cet article ne passe donc pas par le contrôle de constitutionnalité normal.

b. Le contrôle-sanction du Conseil constitutionnel

après la révision de 2008 ajouter :

B. Les articles constitutionnels non utilisés

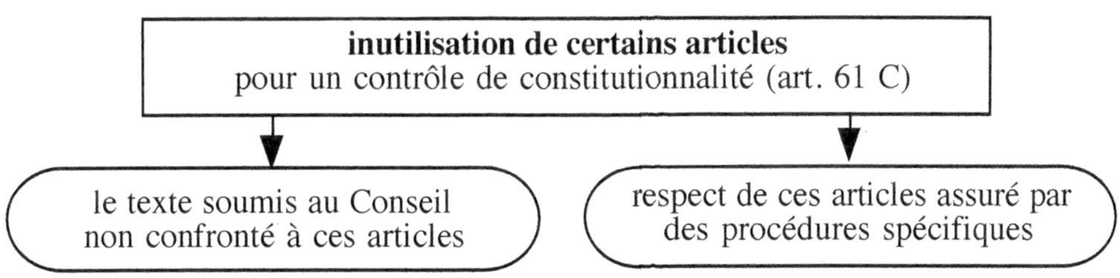

a. La procédure de l'article 41 C excluant le contrôle de l'article 61 C

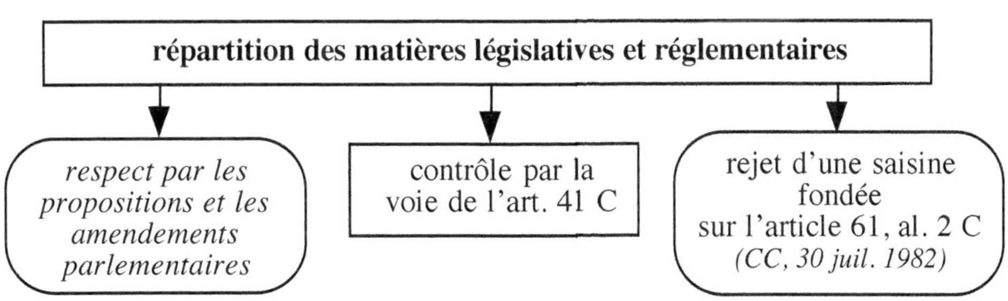

b. L'article 55 C

L'article 55 C concerne la place des engagements internationaux vis-à-vis des lois. Le contrôle du respect de cet article est une question délicate en raison des termes mêmes de l'article 55 C. Le Conseil constitutionnel l'a résolue, d'abord par un refus de contrôle. Puis, une autre voie a été trouvée pour s'assurer du respect des dispositions de l'article 55 C : le **contrôle de conventionnalité**.

1. La position du problème

L'article 55 C dispose que "les traités et accords régulièrement ratifiés ou approuvés ont, dès leur publication, une valeur supérieure aux lois sous réserve pour chaque accord ou traité de son application par l'autre partie". Ceci sous-entend que la place d'un traité ou d'un accord international peut varier dans le temps selon l'état de son exécution :

- si celle-ci est réciproque, l'engagement international est supérieur à la loi ;
- dès qu'elle ne l'est plus, l'engagement international perd sa supériorité vis-à-vis des lois.

Cette condition de réciprocité d'exécution introduit un aléa qui rend impossible la fixation définitive et absolue de la place de chaque engagement international dans la hiérarchie juridique.

2. La solution du problème

Étant donné cet aléa, le Conseil a d'abord refusé de contrôler la conformité des lois à l'article 55 C (CC, 15 janvier 1975). Mais, dans un second temps (CC, 21 octobre 1988), le Conseil constitutionnel a eu recours à un autre procédé de contrôle qui permet, au cas par cas, de sanctionner le non-respect d'un engagement international (dont l'exécution est réciproque au moment du contrôle). Il s'agit du contrôle de conventionnalité des lois.

Un tel contrôle peut être **exercé par tout juge** (administratif, judiciaire, électoral) **à l'occasion d'un litige** dans lequel sont simultanément invoqués un engagement international et une loi qui lui est contraire :

- après avoir constaté la supériorité de l'engagement international (condition de réciprocité remplie), le juge fera prévaloir l'engagement international sur la loi française incompatible ;
- la loi inconventionnelle n'est pas retirée de l'ordre juridique, elle est **simplement écartée** par le juge qui n'en tient pas compte pour le règlement du litige qui lui est soumis.

Ce procédé de contrôle a été utilisé dès 1975 par la Cour de cassation (Cass. 24 mai 1975). Le Conseil d'État ne s'y est résolu qu'en 1989 (CE, 20 octobre 1989).

b. L'article 55 C

1. La position du problème

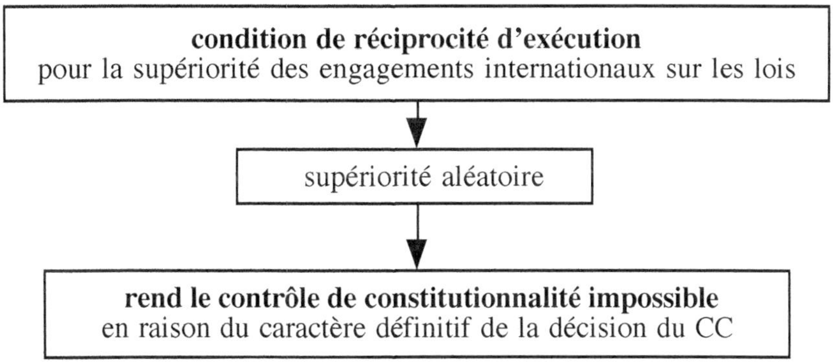

2. La solution du problème

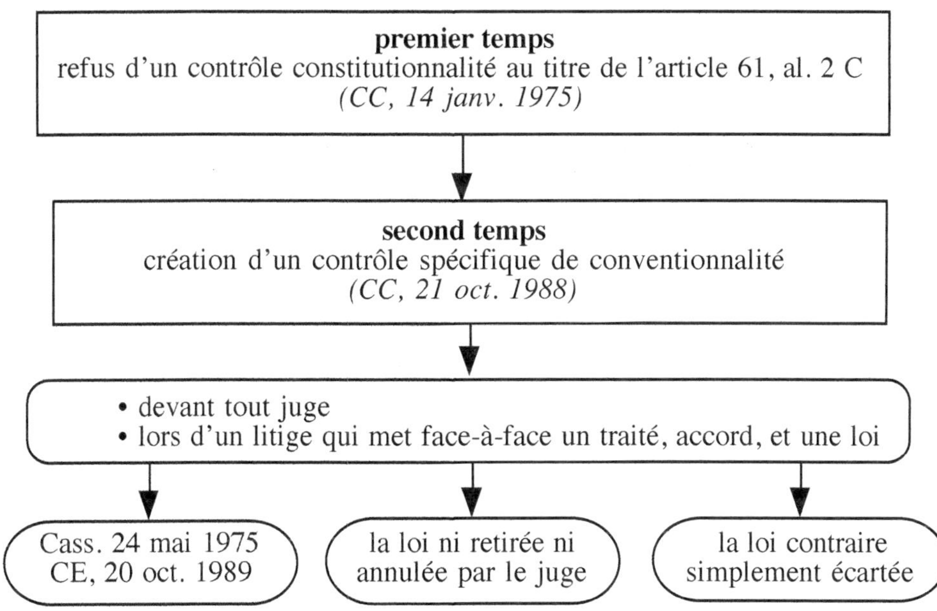

C. Le bloc de constitutionnalité

On désigne sous la formule “bloc de constitutionnalité” l’ensemble des normes de référence dont le Conseil constitutionnel se sert pour effectuer le contrôle de constitutionnalité.

Outre les articles de la Constitution, ce bloc comprend le préambule de la Constitution (et les trois textes auquel il renvoie), les principes fondamentaux reconnus par les lois de la République, les principes et les objectifs à valeur constitutionnelle.

a. Le préambule de la Constitution de 1958

Le préambule d’une Constitution constitue une introduction générale qui précède les articles de la Constitution. Formellement, le préambule de la Constitution de 1958 est donc nettement distinct du reste de la Constitution. Il est composé de deux alinéas.

Dans le premier alinéa, le peuple français proclame son attachement :

- aux droits de l’homme et aux principes de la souveraineté nationale tels qu’ils sont définis dans la Déclaration de 1789, confirmée et complétée par le préambule de la Constitution de 1946 ;
- aux droits et devoirs définis dans la Charte de l’environnement (révision du 1er mars 2005).

Le second alinéa rappelle, qu’en vertu des principes précédents et de celui de la libre détermination des peuples, les peuples des territoires d’outre-mer ont eu la possibilité de choisir librement d’accepter les nouvelles institutions de la Ve République.

Après quelques débats doctrinaux sur la valeur juridique ou simplement politique du préambule de la Constitution, le Conseil constitutionnel a tranché en faveur de sa valeur juridique (CC, 16 juillet 1971).

Ainsi, le Conseil constitutionnel effectue-t-il le contrôle de constitutionnalité des lois en utilisant le préambule de la Constitution de 1946 (décision précitée) et la Déclaration de 1789 (CC, 27 déc. 1973) et la Charte de l’environnement (CC, 28 avril 2005).

C. Le bloc de constitutionnalité

a. Le préambule de la Constitution de 1958

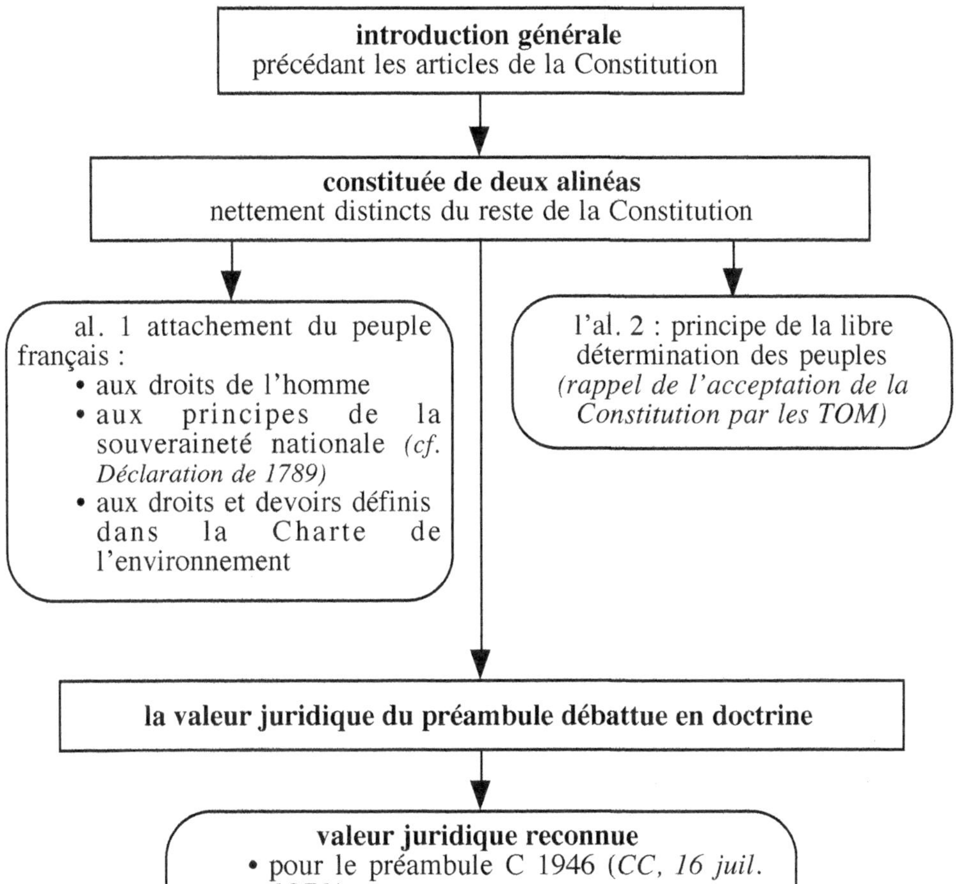

b. Les principes fondamentaux reconnus par les lois de la République

Le préambule de la Constitution de 1946 mentionne les principes fondamentaux reconnus par les lois de la République pour les réaffirmer solennellement, au même titre que les droits et libertés de la Déclaration de 1789.

La formule désigne les principes posés par des lois antérieures à la IVe République et bénéficiant d'une réelle continuité (ils ne doivent pas avoir eu d'exceptions). Ils expriment la tradition républicaine.

Le Conseil constitutionnel les dégage par interprétation, il ne les crée pas lui-même.

Il en est allé ainsi, par exemple, pour la liberté d'association (CC, 16 juillet 1971), pour les droits de la défense (CC, 2 décembre 1976).

c. Les principes et les objectifs à valeur constitutionnelle

Les principes à valeur constitutionnelle sont dégagés par le Conseil constitutionnel à partir d'une interprétation de l'esprit d'un certain nombre de dispositions. Ils ne reposent pas sur des textes précis. Le Conseil est demeuré très prudent dans leur "découverte".

Les objectifs à valeur constitutionnelle ne sont pas à proprement parler des normes. Ce sont des orientations générales dégagées par le Conseil et auxquelles ce dernier confronte les lois. À ce titre, les objectifs à valeur constitutionnelle appartiennent au bloc de constitutionnalité. Mais, en tant que moyens de contrôle forgés par la Conseil, leur étude relève des techniques de contrôle.

b. Les principes fondamentaux reconnus par les lois de la République

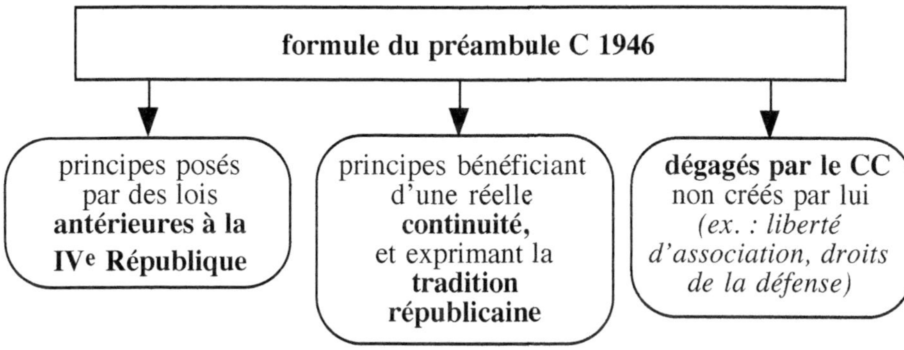

c. Les principes et les objectifs à valeur constitutionnelle

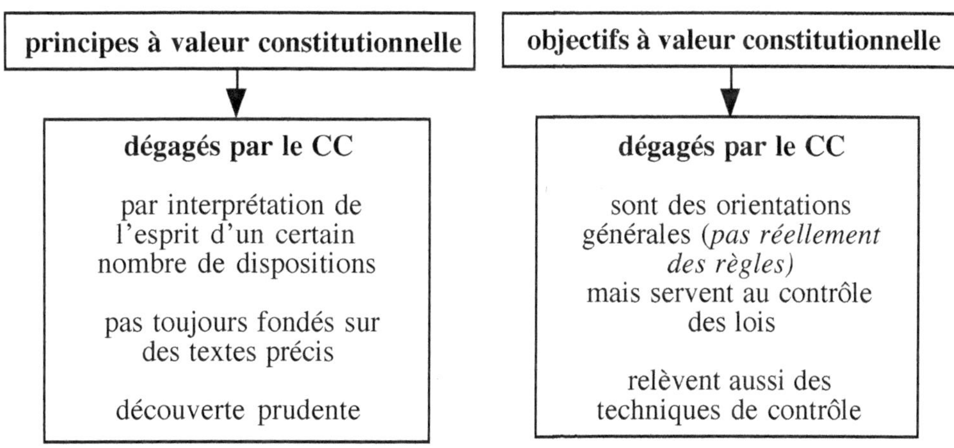

C. Les techniques de contrôle de constitutionnalité

Le Conseil a mis au point des techniques de contrôle qui lui permettent, soit de "sauver" la loi d'une déclaration d'inconstitutionnalité, soit d'intensifier son contrôle sur elle.

a. Les réserves d'interprétation : le "sauvetage" de la loi

Il s'agit de procédés qui permettent d'éviter une déclaration d'inconstitutionnalité de la loi grâce à une interprétation parfois audacieuse de ses dispositions. Le texte contrôlé fait alors l'objet d'une "réserve d'interprétation" qui peut être de trois différents types.

- Avec les réserves **directives,** le Conseil se contente d'indiquer un principe constitutionnel, plus ou moins précis, qui doit guider impérativement les autorités administratives chargées de l'application de la loi.
- Avec les réserves **restrictives**, le Conseil retient l'unique interprétation qui rend le texte législatif conforme à la Constitution ou bien il exclut impérativement une interprétation déterminée du texte législatif qui, si elle était adoptée, rendrait la loi inconstitutionnelle.
- Avec les réserves **constructives**, le Conseil ajoute à la loi en sous-entendant des éléments non présents dans le texte ou bien il transforme le sens du texte de la loi en substituant un sens non prévu par le législateur. Sans un tel ajout ou sans une telle transformation, la loi serait inconstitutionnelle.

b. Les moyens d'intensification du contrôle

Le Conseil refuse en principe de contrôler les finalités du Législateur car il ne dispose pas d'un pouvoir d'appréciation générale identique à celui du Parlement. Cependant, il pratique, dans certains cas, un contrôle aux limites du contrôle d'opportunité. En effet, avec le **contrôle de proportionnalité**, il recherche si les moyens choisis par le Législateur ne sont pas excessifs par rapport aux buts poursuivis. Le domaine des sanctions est particulièrement concerné par ce type de contrôle.

Par ailleurs, le Conseil apprécie la constitutionnalité de restrictions aux droits et libertés à la lumière des objectifs de valeur constitutionnelle qu'il dégage lui-même. Par exemple, le droit de propriété peut subir des atteintes au nom de la lutte contre le tabagisme et l'alcoolisme qui est un objectif de valeur constitutionnelle (CC, 13 août 1993).

C. Les techniques de contrôle de constitutionnalité

a. Les réserves d'interprétation : le "sauvetage" de la loi

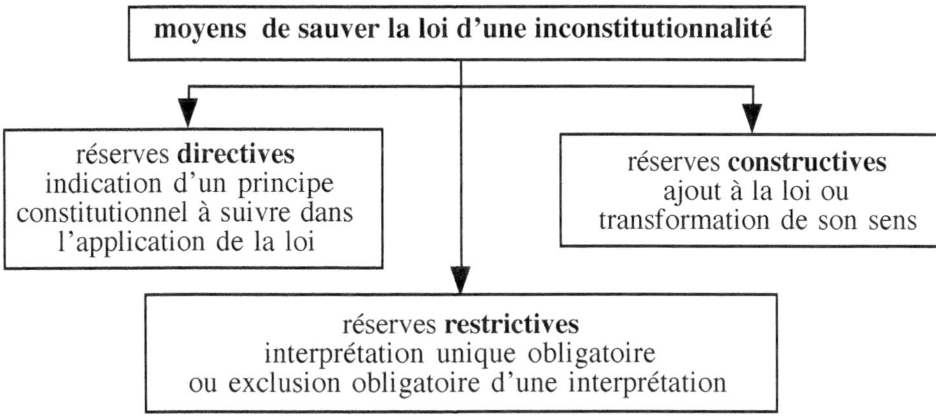

b. Les moyens d'intensification du contrôle

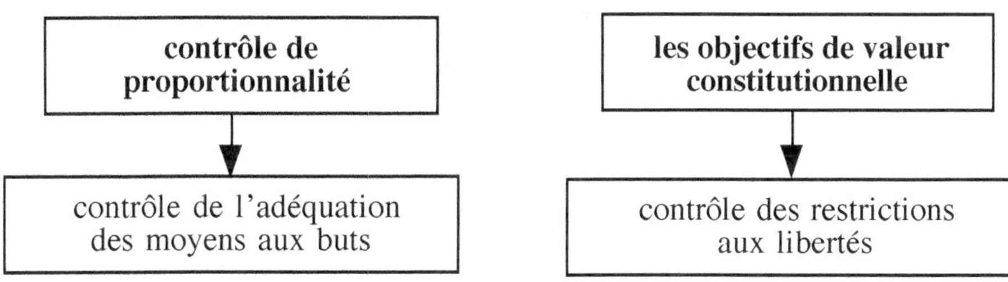

Deuxième partie

La démocratie pluraliste

La démocratie désigne, selon la formule d'Abraham Lincoln, "le gouvernement du peuple, par le peuple, pour le peuple". Trois types de régime démocratique se sont mis en place : la démocratie libérale pluraliste qui admet la contradiction, la démocratie césariste qui repose sur le pouvoir absolu d'un chef protecteur et la démocratie populaire (jacobine ou marxiste) qui est totalement homogénéisée par un parti unique. La démocratie pluraliste est le centre de notre étude.

Titre 1. Le droit de suffrage

Le droit de suffrage est au cœur de la démocratie qu'elle soit pluraliste ou non. Il permet de voter. Le degré de la démocratie varie dans l'espace et dans le temps. L'étendue du droit de suffrage est une des mesures du degré atteint par la démocratie dans un pays.

Chapitre 1. L'étendue du droit de suffrage

Dans une démocratie, les citoyens sont réputés juridiquement égaux. Le principe d'égalité est une des bases de la démocratie, pluraliste ou non.

Cependant, malgré cette égalité de principe, il arrive que le droit de suffrage ne soit pas conféré à tous les citoyens et qu'une élite politique soit reconnue seule apte à voter. Il n'y a donc pas forcément suffrage universel dans une démocratie. Il peut y avoir suffrage restreint (mais il va sans dire que, dans cette hypothèse, le degré atteint par la démocratie est faible). Seul le suffrage universel permet de satisfaire la démocratique au moins en principe.

Section 1. Souveraineté nationale et suffrage restreint

§ 1. La souveraineté nationale justifiant le suffrage restreint

La théorie de la souveraineté nationale attribue le pouvoir suprême et inconditionné à la nation. Les gouvernants, quels qu'ils soient, tiennent leur pouvoir de celle-ci dont ils sont les représentants. En effet, comme la nation est une entité abstraite, elle ne peut agir elle-même directement. Elle est obligée d'agir par représentants interposés qui seront élus par les citoyens. C'est la démocratie représentative.

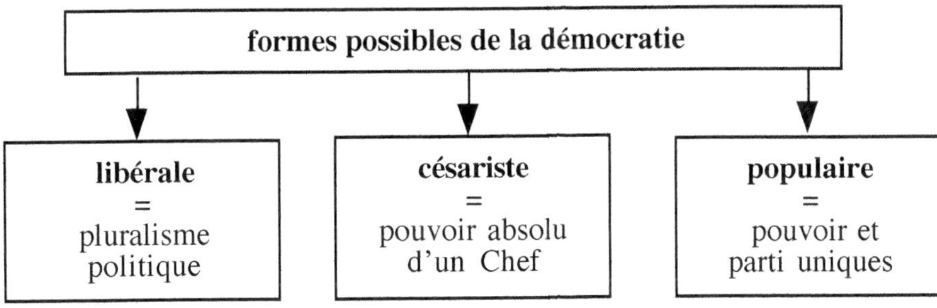

Titre 1. Le droit de suffrage

Chapitre 1. L'étendue du droit de suffrage

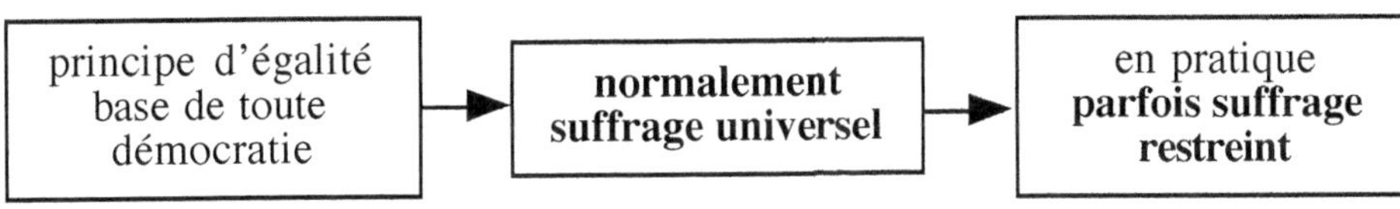

Section 1. Souveraineté nationale et suffrage restreint

§ 1. La souveraineté nationale justifiant le suffrage restreint

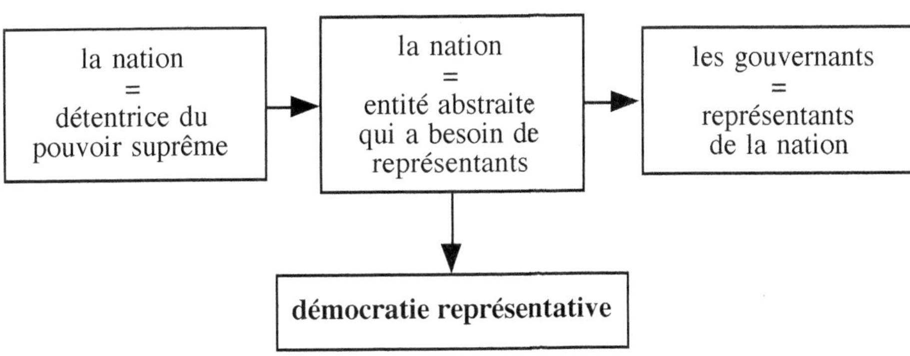

A. Du système représentatif à l'électorat-fonction

Dans la démocratie représentative, le rôle des électeurs est exclusivement de désigner les représentants de la nation. Pour ce faire, l'électeur doit être capable de discerner et de choisir parmi les candidats, ceux qui sont aptes à défendre l'intérêt national. Ce faisant, l'électeur doit être conscient de sa responsabilité envers la nation. Voter est donc considéré comme une **fonction** bien avant que d'être un droit. C'est la conception de "**l'électorat-fonction**".

Aussi, il apparaît logique de poser des conditions d'aptitude à l'accomplissement de cette fonction. Tout citoyen n'est pas forcément électeur. Il faut nettement distinguer la **détention** du droit de vote et l'**exercice** du droit de vote. L'électorat-fonction débouche sur le suffrage restreint.

B. L'instauration du suffrage censitaire en France

Le suffrage restreint est immédiatement mis en place par la première Constitution révolutionnaire. En 1791, la Constitution prévoit en effet que seuls peuvent voter les citoyens payant une contribution directe au moins égale à la valeur de trois journées de travail. Ces citoyens-contribuables sont les **"citoyens actifs"**, les seuls à pouvoir voter. Les autres citoyens sont les **"citoyens passifs"**. Ils ne peuvent pas voter.

Ce système sera appelé le suffrage censitaire parce qu'il repose sur le paiement de l'impôt direct, appelé le cens. Il permet en pratique de réserver l'exercice du droit de vote aux citoyens aisés, à ceux qui contribuent à la prospérité commune par leur activité professionnelle et/ou leur patrimoine foncier (ce dont témoigne leur qualité de contribuable). Corrélativement, ce système écarte des urnes les plus modestes, les humbles et les indigents. Cependant, ses défenseurs soulignent qu'aucun système de caste n'est ainsi créé puisque tout citoyen peut s'enrichir, devenir contribuable, et donc électeur, quelle que soit sa naissance.

Le suffrage restreint sera utilisé en France, non seulement sous la monarchie constitutionnelle de 1791, mais également sous le Directoire (C 1795), la Restauration (Charte de 1814) et la monarchie de Juillet (Charte de 1830) afin de restreindre le corps électoral et la portée démocratique des élections. Il disparaîtra définitivement avec l'instauration du suffrage universel en 1848.

A. Du système représentatif à l'électorat-fonction

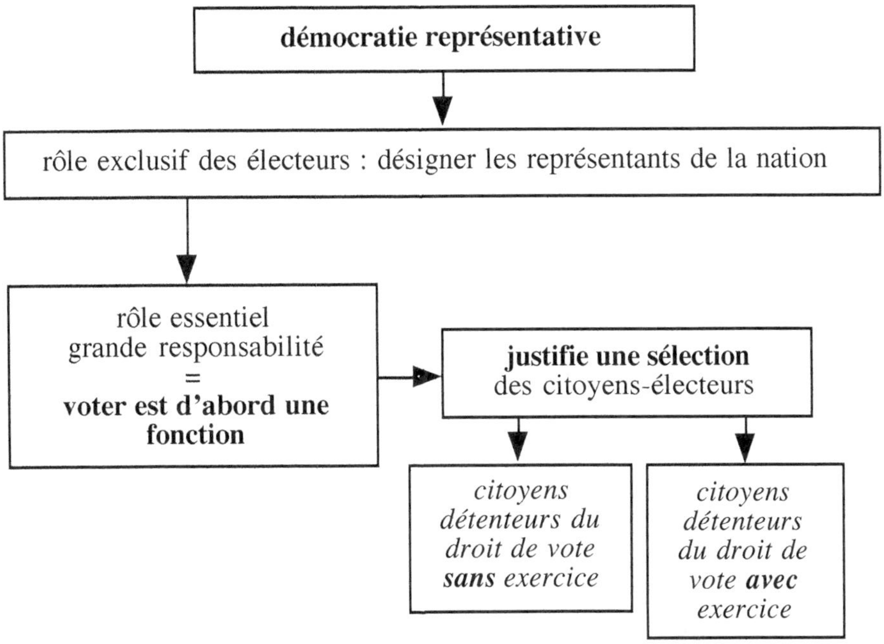

B. L'instauration du suffrage censitaire en France

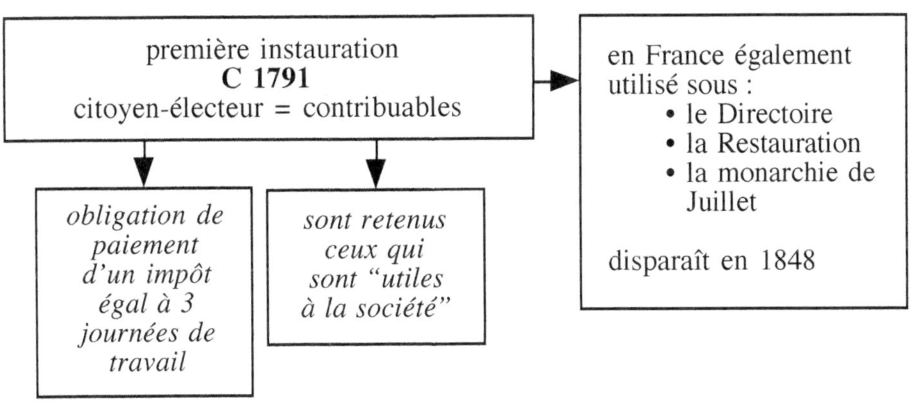

§ 2. La diversité pratique du suffrage restreint

Le suffrage peut être restreint sur la base de divers critères qui se rattachent à l'idée d'une élite sociale. Le critère de la condition sociale est parfois utilisé. Ainsi, en URSS de 1917 à 1936, tous les anciens bourgeois étaient exclus du droit de vote. Mais les deux modes de restriction du suffrage les plus utilisés sont fondés sur le critère économique ou sur celui de l'instruction.

A. Le suffrage censitaire

Avec le suffrage censitaire, pour être électeur, il faut payer un certain **montant d'impôt** ou bien acquitter une **taxe électorale**. Ce système est **très souple** car il permet de restreindre ou d'élargir le corps électoral en jouant sur le montant de l'impôt ou de la taxe électorale.

Il a été utilisé non seulement en France mais également en Grande-Bretagne où il a disparu avec l'établissement du suffrage universel en 1918. Le système de la taxe électorale a été utilisé aux États-Unis jusqu'à ce que le 24e amendement à la Constitution fédérale (en 1964) vienne l'interdire.

B. Le suffrage capacitaire

Il est également possible de limiter le droit de suffrage en fonction de la capacité (suffrage capacitaire). Le droit de vote est réservé à ceux qui ont un certain **niveau d'instruction**. On peut considérer que ce système a sensiblement le même résultat que le suffrage censitaire dans la mesure où le niveau d'instruction va souvent de pair avec les moyens financiers (surtout quand il n'y a pas d'instruction publique gratuite dans un pays ou aucun système de bourses).

C'est un procédé que l'on peut rendre **plus ou moins restrictif** selon le degré d'instruction exigé (savoir simplement lire et écrire ou bien posséder des diplômes universitaires). En pratique, on observe que le suffrage capacitaire sert à écarter des urnes les citoyens nouvellement naturalisés qui ne maîtrisent pas bien la langue et les citoyens de couleur qui sont souvent moins instruits que les Blancs. Il fut utilisé dans ce but dans certains États fédérés américains jusqu'à ce qu'une loi du 6 août 1965 l'interdise.

Mais le suffrage capacitaire est **d'utilisation ambivalente** car il peut aussi se combiner avec le suffrage censitaire pour en nuancer les effets et accroître le nombre des électeurs. Ainsi, des personnes exclues de l'exercice du droit de suffrage par le système censitaire peuvent cependant voter si leur niveau d'instruction est suffisant.

§ 2. La diversité pratique du suffrage restreint

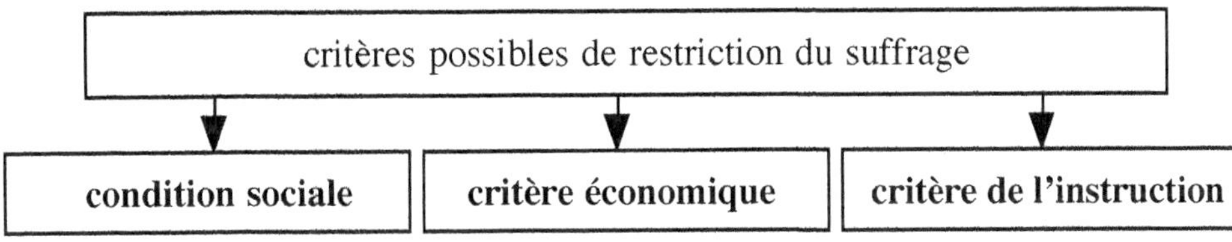

A. Le suffrage censitaire

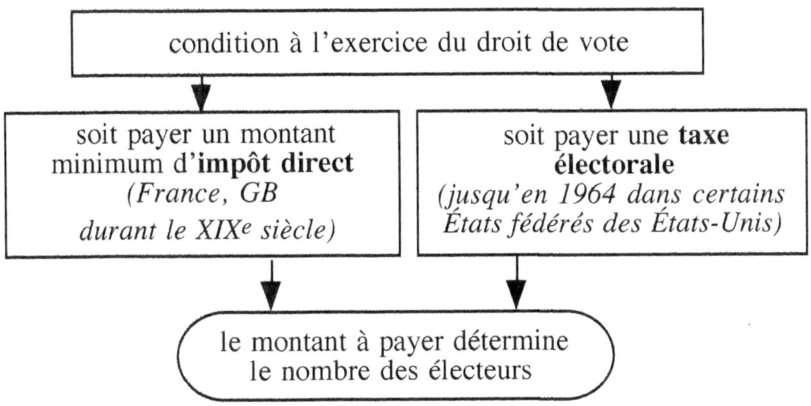

B. Le suffrage capacitaire

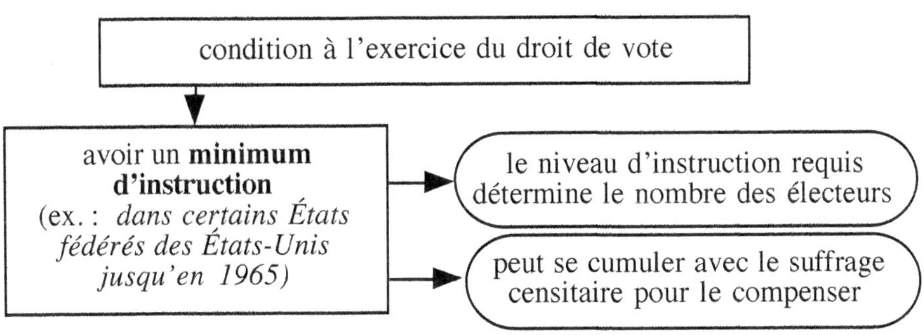

Section 2. Souveraineté populaire et suffrage universel

Le suffrage universel permet à tous les citoyens de voter. Il apparaît comme un gage évident de démocratie. Cependant, il ne faut pas se fier aux apparences. Sa finalité comme sa portée démocratique peuvent être déviées.

§ 1. La souveraineté populaire justifiant le suffrage universel

La théorie de la souveraineté populaire, issue des idées de Jean-Jacques Rousseau, défendue par Robespierre et les Jacobins durant la Révolution française, s'oppose diamétralement à celle de la souveraineté nationale.

Selon cette théorie, la souveraineté appartient au peuple concret (non à une entité, la nation). Elle appartient à **"l'universalité des citoyens"**. Chaque citoyen est détenteur d'une parcelle de souveraineté (**souveraineté parcellaire**).

Voter devient un droit (**électorat-droit**). Ce n'est plus une fonction réservée à une élite (électorat-fonction de la théorie de la souveraineté nationale). Le suffrage universel en découle. Mais l'universalité du suffrage admet des limitations qui aboutissent à exclure certains citoyens du droit de vote.

Par ailleurs, le suffrage universel s'inscrit dans une conception de la démocratie dans laquelle le vote devrait servir exclusivement à voter les lois (**démocratie directe).** Mais, en raison de l'impossibilité de confier aux citoyens le soin de voter toutes les lois, une représentation par des élus est admise dans le cadre d'une **démocratie semi-directe**, qui sert de cadre logique au suffrage universel.

A. Les limitations apportées à l'universalité du suffrage

Le suffrage universel n'interdit pas certaines exclusions, considérées comme ne remettant pas en cause le caractère universel du suffrage. En effet, ces exclusions se présentent comme des exceptions au principe de l'universalité du suffrage. Elles ne se présentent pas comme une sélection visant à écarter par principe des citoyens sur tel ou tel critère défini par référence à une conception de l'élite citoyenne (suffrage restreint). Dans le cadre du suffrage universel, fondé par l'égalité des citoyens, les privations du droit de vote se justifient par le fait que voter est un acte civique qui suppose une capacité, une dignité et nécessite la nationalité du pays.

C'est cette conception qui s'exprime à l'article 3, al. 4 de l'actuelle Constitution française qui dispose que : "sont électeurs, dans les conditions déterminées par la loi, tous les nationaux majeurs des deux sexes, jouissant de leurs droits civils et politiques".

Section 2. Souveraineté populaire et suffrage universel

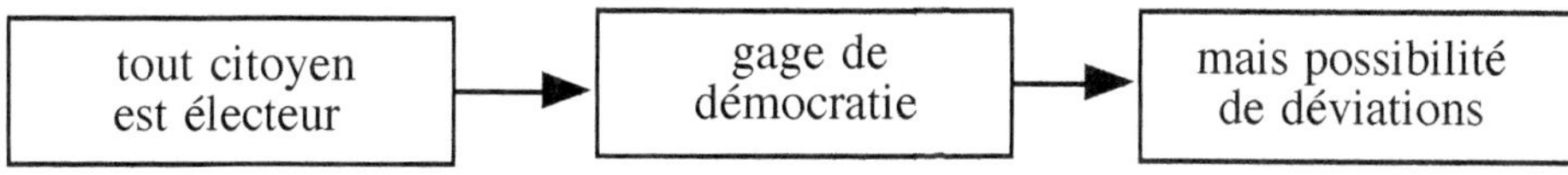

§ 1. La souveraineté populaire justifiant le suffrage universel

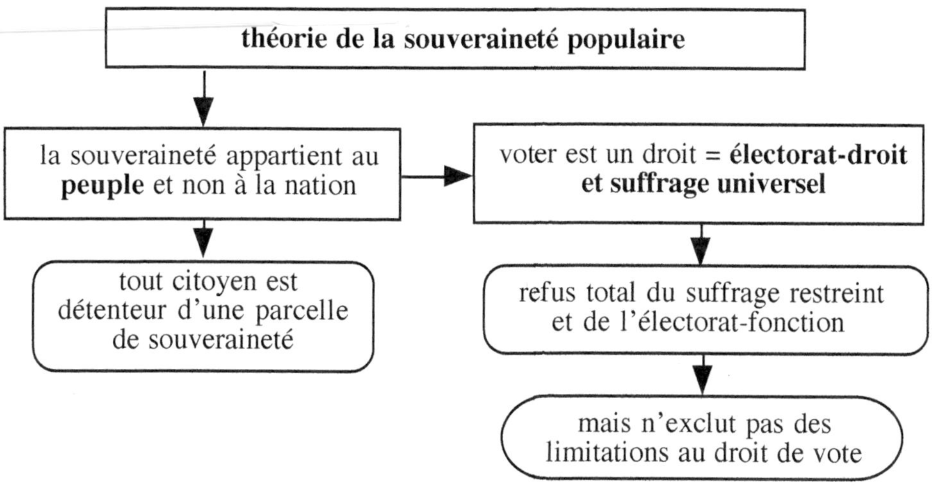

A. Les limitations apportées à l'universalité du suffrage

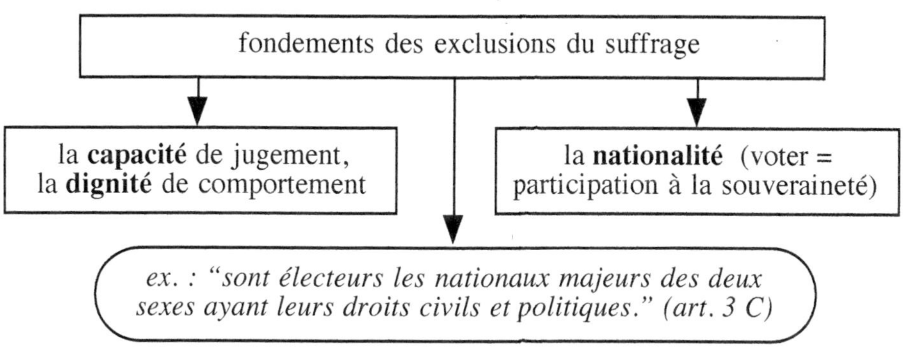

a. Les exclusions tenant à l'incapacité

Les femmes ont longtemps été considérées comme incapables en matière politique. Mais le suffrage féminin a été finalement admis progressivement, par exemple :

- en 1918, pour la Grande-Bretagne ;
- en 1919, pour l'Allemagne et le Canada ;
- en 1920, pour les États-Unis (au plan fédéral) ;
- en 1931, pour l'Espagne ;
- en 1945, pour la France.

Voter suppose d'avoir atteint un certain âge qui permette la réflexion et le choix politique : c'est la **majorité électorale**. La tendance générale de l'évolution va dans le sens d'un abaissement de l'âge de la majorité électorale (qui ne coïncide pas forcément avec l'âge de la majorité civile). Elle est fixée à 18 ans dans de nombreux pays comme :

- la Grande-Bretagne, depuis 1969 ;
- l'Allemagne, depuis 1970 ;
- la France, le Luxembourg, les Pays-Bas, depuis 1974 ;
- l'Italie, depuis 1975.

Dans le même ordre d'idées, en raison de leur état de santé mentale, les **majeurs sous tutelle** ne peuvent voter, sauf autorisation du juge des tutelles.

b. Les exclusions tenant à l'indignité

L'exercice du droit de vote suppose également un comportement respectueux des lois. Sans aller jusqu'à priver du droit de vote tous ceux qui sont condamnés par les tribunaux, il est admis que la condamnation pour certains **crimes et délits de droit commun** puisse entraîner une privation (définitive ou temporaire) du droit de vote, à titre de peine complémentaire à la peine pénale.

Il arrive également que la privation du droit de vote sanctionne des crimes et délits politiques. Ce fut le cas, en France, en 1871 pour les participants à la Commune de Paris et à la Libération pour les parlementaires ayant voté les pleins pouvoirs au maréchal Pétain et les collaborateurs avec l'occupant allemand.

a. Les exclusions tenant à l'incapacité

les femmes
↓
capacité admise tardivement
1918 : GB
1919 : États-Unis
1931 : Espagne
1945 : France

les mineurs
↓
majorité électorale nécessaire
(actuellement 18 ans dans de nombreux pays)

majeurs sous tutelle
↓
ne peuvent voter *sauf sur autorisation du juge des tutelles*

b. Les exclusions tenant à l'indignité

perte du droit de vote à titre de sanction du comportement

↓

certains **crimes, délits de droit commun**
privation définitive ou non
(à titre de peine complémentaire)

↓

crimes et délits politiques
↓
- *en 1871, les Communards*
- *les parlementaires ayant voté les pleins pouvoirs au maréchal Pétain, les collaborateurs*

c. Les exclusions tenant au défaut de nationalité

La condition de nationalité s'impose pour pouvoir voter dans presque tous les pays car la qualité d'électeur fait participer à la souveraineté.

Cependant, à l'occasion de la création de l'Union européenne, le **traité de Maastricht** a prévu un double droit de vote (et d'éligibilité) pour les ressortissants des pays membres de l'Union européenne, promus **citoyens européens**. Désormais, ceux-ci doivent pouvoir participer aux **élections européennes** et aux **élections municipales** dans le pays où ils résident.

Le Conseil constitutionnel, saisi du traité de Maastricht, en vue de l'examen de sa compatibilité avec la Constitution, a répondu que :

- le vote des ressortissants européens aux élections européennes ne posait aucun problème de constitutionnalité dans la mesure où le Parlement européen n'est pas une institution de la République française ;
- qu'en revanche, leur participation aux élections municipales nécessitait une révision de la Constitution (**CC, 9 avril 1992**).

Une révision constitutionnelle a donc eu lieu (**25 juin 1992**). Elle rend possible le vote des ressortissants de l'Union européenne aux élections municipales. Mais il a été précisé que les ressortissants européens ne peuvent :

- exercer ni les fonctions de maire, ni d'adjoint ;
- participer aux élections sénatoriales (art. 88-3 C).

B. Le suffrage universel et la démocratie représentative

a. Le suffrage universel et son cadre logique

Selon la théorie de la souveraineté populaire, le suffrage universel n'est qu'un des éléments d'un régime authentiquement démocratique. Outre le suffrage universel, l'**idéal démocratique** voudrait que le peuple vote lui-même directement toutes les lois (**démocratie directe**) sans passer par des représentants. Mais c'est **irréalisable**.

Le peuple désignera donc des représentants pour des raisons purement pratiques mais ces représentants seront :

- élus au suffrage universel ;
- étroitement contrôlés dans leur activité législative ;
- et le peuple conservera son droit d'intervention directe selon diverses modalités (initiative législative, pétition, référendum législatif et constituant).

C'est la **démocratie semi-directe**, opposée à la démocratie purement représentative qui découle de la théorie de la souveraineté nationale (v. chapitre suivant, S. 2).

Cependant, on doit constater qu'en pratique le suffrage universel a été institué dans des démocraties représentatives, en dehors de ce cadre logique.

c. Les exclusions tenant au défaut de nationalité

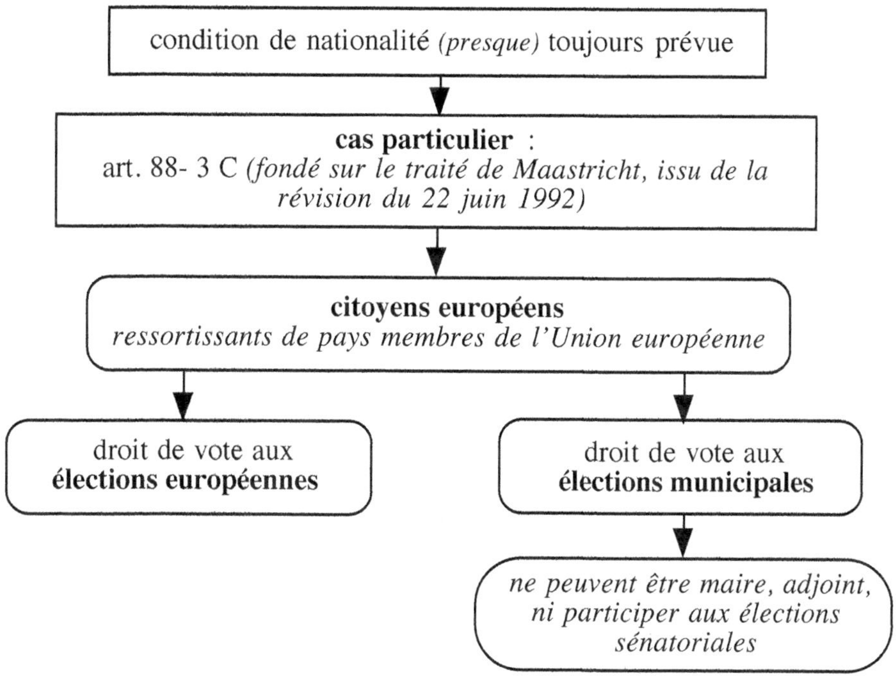

B. Le suffrage universel et la démocratie représentative

a. Le suffrage universel et son cadre logique

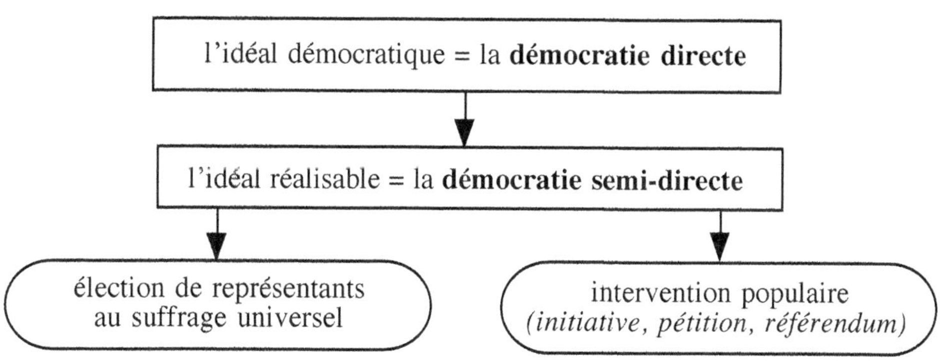

b. Le suffrage universel hors de son cadre logique

Ainsi, en France, **seule la Constitution de 1793,** d'inspiration purement jacobine, mettra en place un suffrage universel dans un **cadre logique** de souveraineté populaire affirmée et de procédés de démocratie semi-directe (initiative populaire, référendum). Les autres Constitutions instituant le suffrage universel ne reproduiront pas son cadre logique. Ce cadre sera :

- **trahi avec la Constitution de 1848** (art. 24) qui rétablit définitivement le suffrage universel et affirme la souveraineté du peuple mais... qui elle ne fait aucune place aux procédés de démocratie semi-directe ;
- **déformé avec la Constitution impériale de 1852** qui admet également le suffrage universel mais dans le cadre d'un régime césariste, pratiquant une forme dévoyée de démocratie semi-directe : le plébiscite (v. P. 2, T. 2, Ch. 2) ;
- **absent avec la Constitution de 1875** qui confirme le suffrage universel mais... qui institue un régime purement représentatif, reposant sur la souveraineté nationale et ignorant tout des procédés de démocratie semi-directe.

En revanche, les **Constitutions de 1946 et 1958** trouveront un habile compromis (le **compromis démo-libéral**) entre souveraineté nationale et populaire dont témoigne la formule : "La souveraineté nationale appartient au peuple" (art. 3. C 1946 et art. 3 C 1958).

Ces deux Constitutions font ainsi une certaine place aux procédés de démocratie semi-directe (sous la forme du référendum constituant et/ou législatif) dans le cadre d'une démocratie qui reste cependant essentiellement représentative.

§ 2. Les déviations du suffrage universel

Une fois le suffrage universel institué, il est extrêmement difficile politiquement de revenir au suffrage restreint. Aussi, des moyens de manipulation ont-ils été imaginés en vue d'atténuer la portée démocratique du suffrage universel, à défaut de pouvoir le supprimer.

A. Les manipulations du suffrage universel

a. L'atteinte à l'égalité du vote

Le principe de l'égalité des citoyens débouche sur celui de l'égalité du vote de chaque citoyen. Cela signifie que chaque électeur ne dispose que d'une seule voix. Pourtant, il a été instauré, dans certains régimes politiques, un système dans lequel certains citoyens disposent de plusieurs voix. C'est ce que l'on a appelé le **vote plural.** On peut citer l'exemple du vote familial qui proportionne le nombre de voix au nombre d'enfants de l'électeur ou le système qui attribue plusieurs voix, soit aux porteurs de rentes de l'État, soit aux titulaires de certains diplômes.

b. Le suffrage universel hors de son cadre logique

C 1793
unique cadre logique
intégral

→

souveraineté populaire
démocratie semi-directe
(initiative populaire, référendum)

suffrage universel hors cadre logique

cadre **trahi** C 1848	cadre **déformé** C 1852	cadre **absent** C 1875	**compromis** C 1946, 1958
souveraineté populaire mais démocratie purement représentative	régime césariste pseudo-démocratie semi-directe	souveraineté nationale et démocratie purement représentative	souveraineté nationale **et** populaire avec démocratie représentative et semi-directe

§ 2. Les déviations du suffrage universel

A. Les manipulations du suffrage universel

a. L'atteinte à l'égalité du vote

principe	**manipulation**
égalité des citoyens = "un homme, une voix"	vote plural *certains citoyens disposent de plusieurs voix*

b. Le système des listes de confiance

Ce système a été expérimenté sous le Consulat et sous le Premier Empire.

- Au point de départ du processus, tous les citoyens français votent au niveau d'une circonscription électorale correspondant à un arrondissement communal.
  - Il y a donc suffrage universel. Mais le but du vote est d'établir **une liste** de nouveaux électeurs, c'est-à-dire de personnes qui vont voter à leur tour, lors d'un nouveau scrutin.
  - Ces électeurs du second degré sont les personnes que les citoyens de l'arrondissement communal considèrent comme "les plus propres à gérer les affaires publiques". Ils représentent un dixième des électeurs de la circonscription communale et ils vont constituer **la liste communale**.
- Puis, ils vont à leur tour procéder à l'élection d'un dixième d'entre eux qui composeront une seconde liste de confiance, la **liste départementale**.
- Enfin, les membres de liste départementale vont désigner à leur tour un dixième d'entre eux qui composeront la **liste nationale**. C'est à partir d'elle que le **Sénat** désignera les députés et les consuls.

Ainsi, l'effet démocratique du suffrage universel était-il noyé dans un système échelonné de votes désignant des électeurs aboutissant à une nomination effectuée par un organe non démocratique (puisque le Sénat n'était pas élu).

c. Les conditions de déroulement des élections

Les conditions de la campagne électorale et du déroulement du scrutin peuvent influer sur la portée du suffrage universel.

Ainsi, de nombreux moyens ont été utilisés pour orienter le vote des électeurs (notamment en 1792 et sous le Second Empire) :

- suppression de la presse d'opposition ;
- interdiction des réunions politiques publiques ;
- abus de propagande ;
- absence de secret du vote ;
- intimidation des électeurs.

Les opérations électorales peuvent aussi être manipulées :

- bourrage des urnes
- dégradation de votes pour les invalider
- décompte des voix faussé par disparition d'enveloppes.

b. Le système des listes de confiance

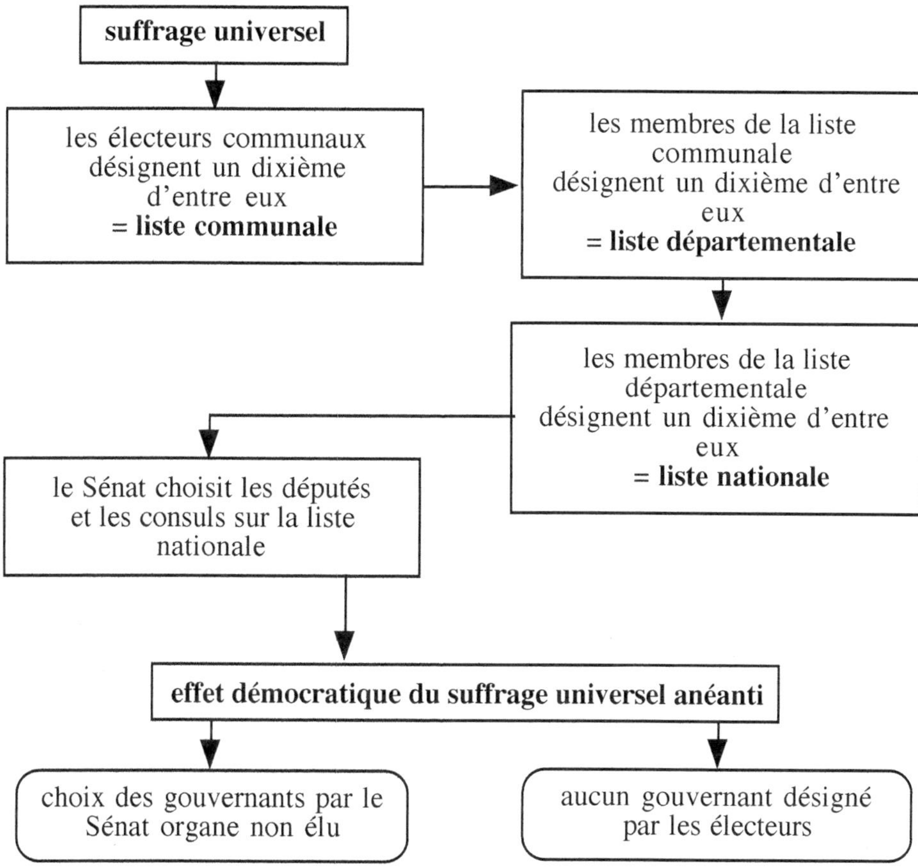

c. Les conditions de déroulement des élections

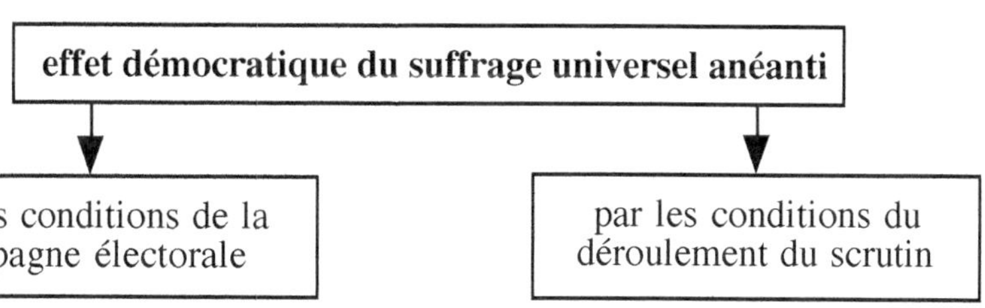

d. Le *gerrymandering*

La géographie électorale est une science des comportements électoraux qui permet de dégager les facteurs expliquant, par zone géographique, les résultats électoraux. On peut ainsi mettre en évidence, par exemple, que les circonscriptions comprenant des zones essentiellement rurales votent traditionnellement plus à Droite (tendance conservatrice) tandis que les circonscriptions à forte concentration industrielle votent traditionnellement plus à Gauche (tendance réformiste, progressiste).

Il a donc été imaginé un système de découpage des circonscriptions électorales fondé sur ces enseignements : le *gerrymandering* (né aux États-Unis). Il a pour but de favoriser la victoire du parti en place par une manipulation du découpage électoral. La délimitation des circonscriptions doit permettre de noyer les foyers d'opposition dans des circonscriptions majoritairement favorables au parti au pouvoir.

B. La maîtrise des manipulations

a. La liberté de vote

La liberté de vote doit être distinguée de la liberté de voter.

La liberté de voter signifie que le fait d'aller voter est une décision du citoyen. Le devoir civique n'est pas juridiquement sanctionné. L'abstention n'est donc pas poursuivie pénalement. Mais cette liberté de voter ou de s'abstenir n'est pas reconnue partout. Dans certains pays, l'abstention est sanctionnée par des amendes (ex. : Australie, Luxembourg, Belgique, Grèce).

La liberté de vote signifie que le choix politique de l'électeur peut s'exprimer totalement et sans restriction. C'est une condition nécessaire pour la **sincérité de l'élection**.

- Le **secret du vote** en est la garantie la plus ancienne. Il se concrétise par le passage obligatoire dans l'isoloir (en France, depuis 1913), l'absence d'identification du sens du vote lors du dépôt dans l'urne (pas d'urnes séparées selon les candidats, pas d'enveloppe transparente), par l'anonymat du vote (pas de signature du bulletin de vote).
- La **réglementation des sondages préélectoraux** est également une garantie contre la pression (présumée) exercée sur les électeurs par les sondages. C'est pourquoi, en France la loi du 19 juillet 1977 interdisait la diffusion et le commentaire de tout sondage pendant la semaine qui précède chaque tour de scrutin et pendant le déroulement du scrutin. La loi du 19 février 2002 a réduit l'interdiction à la veille et au jour du scrutin pour tout sondage, même publié et commenté auparavant.

d. Le *gerrymandering*

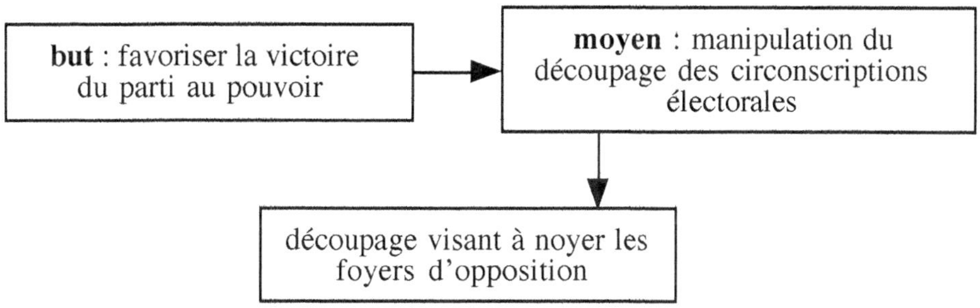

B. La maîtrise des manipulations

a. La liberté de vote

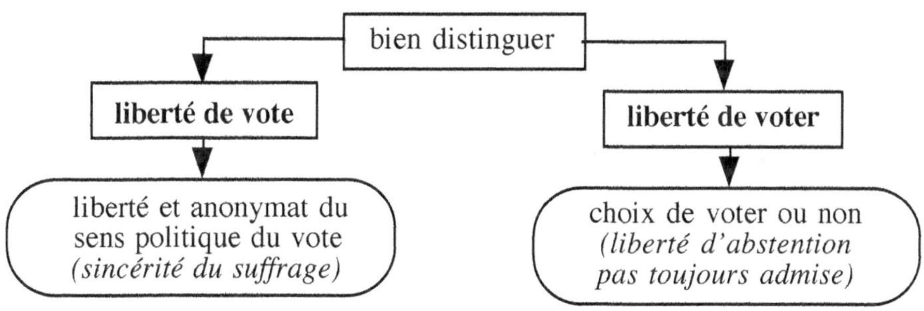

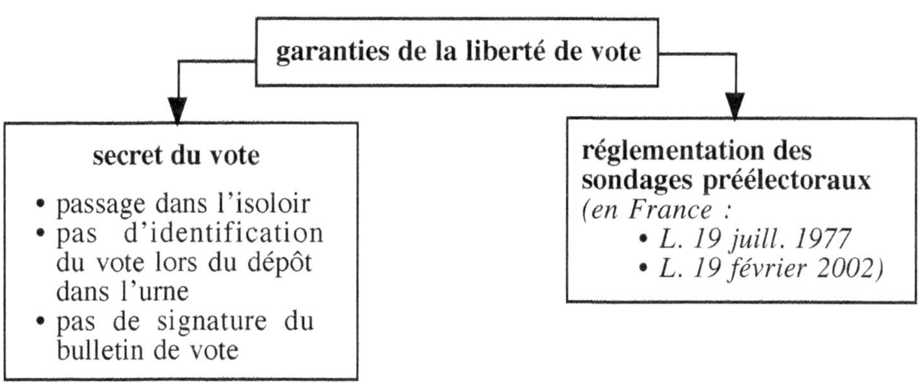

b. Le problème du découpage électoral

Pour que le découpage soit démocratique, il faut une absence de prise en compte de la géographie électorale. C'est la **neutralité du découpage électoral**. Il faut aussi que chaque élu représente un nombre sensiblement égal d'habitants. C'est l'**égalité de la représentation**. Il s'agit d'une exigence démocratique bien reconnue qui impose une révision périodique du découpage des circonscriptions pour tenir compte de l'évolution démographique. En France, par le biais du contrôle de constitutionnalité des lois, le Conseil constitutionnel est amené à vérifier le respect de ces principes démocratiques.

Selon le Conseil, pour les élections législatives, le découpage électoral doit se faire sur des **bases essentiellement démographiques**, c'est-à-dire en tenant compte du nombre des habitants et non des électeurs, ce qui condamne trois choses :

- les découpages inadaptés à l'évolution démographique (une révision périodique des circonscriptions est ainsi exigée) ;
- les découpages inégalitaires aboutissant à une surreprésentation de certaines populations et une sous-représentation d'autres (certains écarts de représentation sont cependant permis à condition de n'être “ni manifestement injustifiables ni disproportionnés de manière excessive”) ;
- les découpages arbitraires dictés par des considérations politiques (c'est ce que le Conseil appelle le principe de l'équilibre politique, de l'égalité entre les formations politiques (CC, 8 et 23 août 1985, 1er-2 juillet et 18 novembre 1986)). La **révision de 2008** institue une commission indépendante qui se prononce par un avis public sur les projets de texte et les propositions de loi délimitant les circonscriptions électorales pour l'élection des députés ou modifiant la répartition des sièges de députés ou de sénateurs.

Cependant, le découpage électoral doit reposer sur “des bases *essentiellement* démographiques” et non pas *exclusivement* démographiques. Ainsi, la prise en compte par l'autorité compétente d'autres impératifs d'intérêt général est autorisée mais dans une mesure limitée. Pour les élections sénatoriales, dans sa décision du 6 juillet 2000, le Conseil constitutionnel a raisonné différemment. Il a considéré que la fonction du Sénat étant la représentation des collectivités locales (art. 24 C), l'essentiel était d'assurer la représentation de chaque catégorie de collectivités.

b. Le problème du découpage électoral

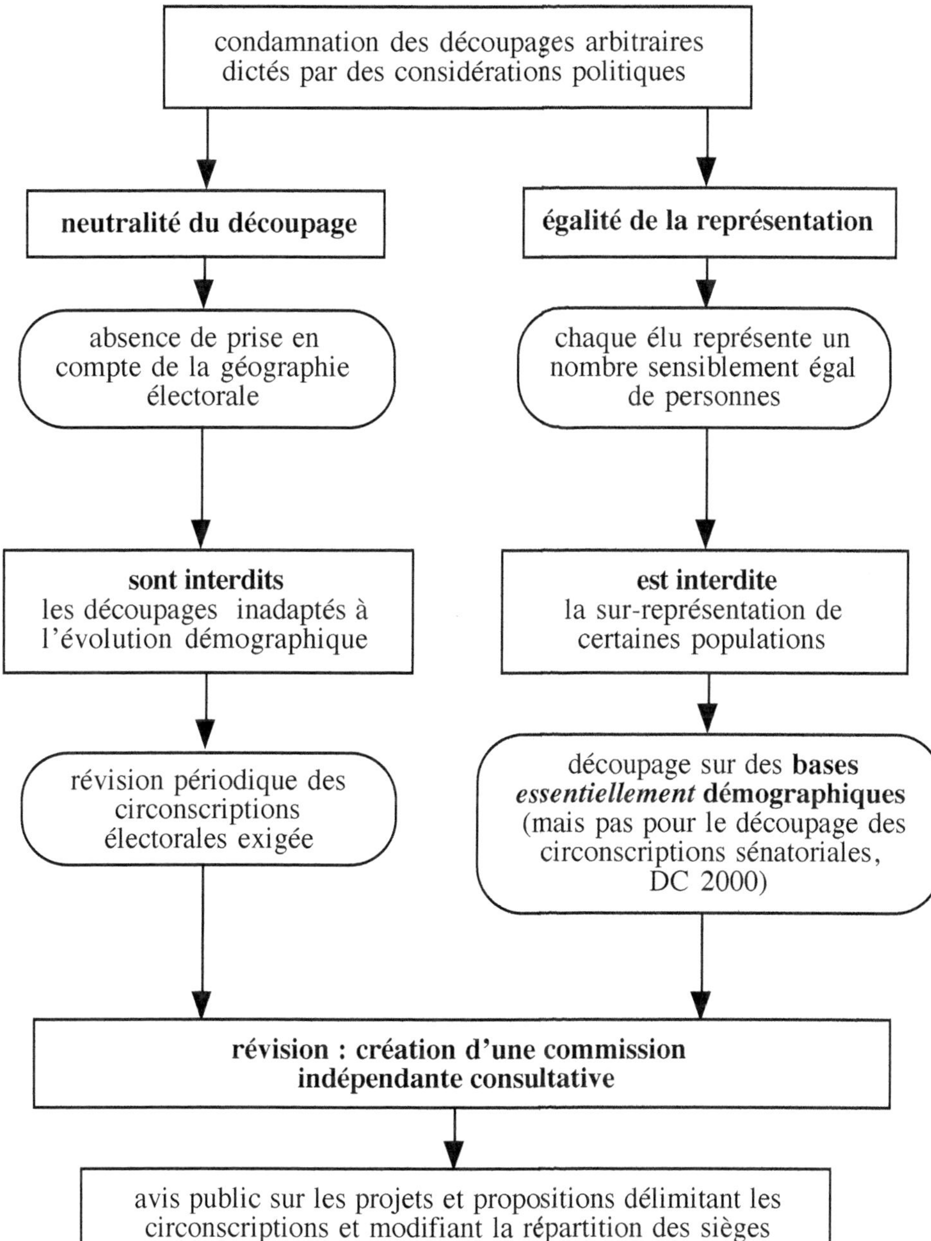

Chapitre 2. Les deux objets du droit de suffrage

Le droit de suffrage sert à désigner les représentants de la nation ou les représentants du peuple, selon les cas. Mais ce premier objet du droit de suffrage n'épuise pas la fonction des électeurs dans le cadre d'une démocratie semi-directe ou dans le cadre d'une démocratie représentative qui fait une place aux procédés de démocratie semi-directe (cas des Constitutions de 1946 et de 1958). Le droit de suffrage sert alors également à exprimer directement la volonté des électeurs en matière normative (constituante ou législative).

Section 1. Le choix des gouvernants. La démocratie représentative

La démocratie représentative charge les électeurs de la désignation des représentants de la nation. C'est leur seul rôle. Ainsi, s'établit un lien de représentation entre l'élu et la nation, générateur d'un statut protecteur de l'élu dans l'exercice de sa fonction de représentant.

§ 1. Le lien de représentation

Le lien de représentation est engendré par l'élection d'un représentant. Il existe indépendamment du contexte dans lequel la représentation politique est mise en place :

- contexte de démocratie semi-directe fondée sur la souveraineté populaire (dans laquelle la représentation politique est considérée comme un pis-aller justifiée par les nécessités pratiques) ;
- contexte de démocratie représentative fondée sur la souveraineté nationale (dans laquelle la représentation est justifiée par principe, en tant que conséquence naturelle de la souveraineté attribuée à une entité abstraite, la nation, qui ne se confond pas avec les citoyens réels).

Mais, en raison des différences de contextes, le lien de représentation présente des spécificités propres dans chacune de ces deux hypothèses.

Chapitre 2. Les deux objets du droit de suffrage

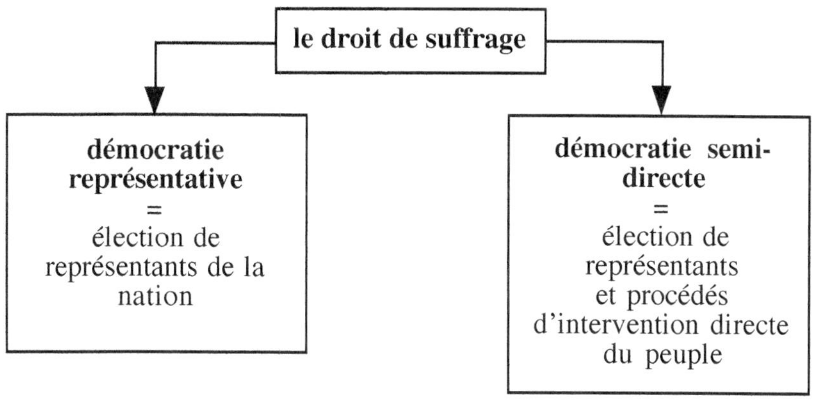

Section 1. Le choix des gouvernants. La démocratie représentative

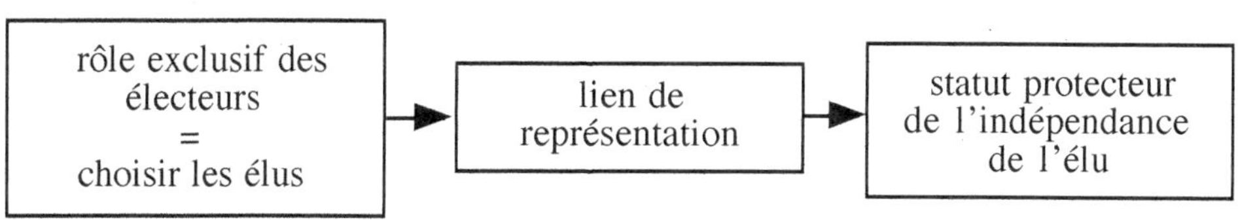

§ 1. Le lien de représentation

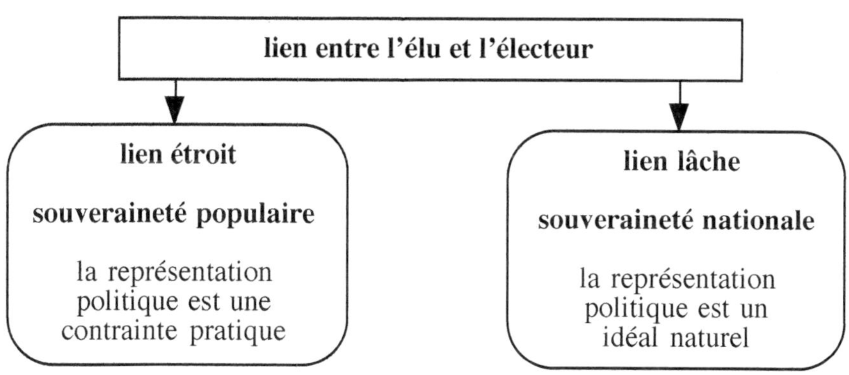

A. Représentation et souveraineté populaire

Dans le cadre de la théorie de la souveraineté populaire, les représentants sont regardés par principe avec méfiance. Ils sont considérés comme les **mandataires du peuple**. Ils ont un **mandat impératif** dont les termes les lient avec les électeurs. Ils ne sont pas libres d'agir à leur guise. Durant leur mandat, ils ont des comptes à rendre à leurs électeurs. S'ils manquent au respect de leur mandat impératif, s'ils trahissent la confiance de leurs électeurs, ces derniers n'auront pas à attendre les prochaines élections pour administrer une sanction (sous la forme de la perte du pouvoir par non-réélection). Les électeurs disposeront en effet, à tout moment, d'un **droit de révocation** de l'élu.

La révocation des élus est pratiquée dans les cantons suisses (dans ce cas, la particularité tient à ce que cette révocation est collective et non individuelle puisque ce sont tous les députés de l'assemblée cantonale qui sont révoqués, à l'initiative d'un certain nombre d'électeurs). On trouve aussi ce droit de révocation des élus en cours de mandat dans de nombreux États fédérés américains (c'est la procédure du *recall* dont la mise en œuvre est cependant rendue difficile).

En France, les Constitutions fondées sur la souveraineté populaire (C 1793, C 1848) repoussèrent le système du mandat impératif et la procédure de révocation des élus en cours de mandat. Le mandat impératif a même été formellement interdit par la Constitution de 1848 (art. 35).

B. Représentation et souveraineté nationale

La théorie de la souveraineté nationale n'établit pas de lien de représentation entre l'élu et électeur. Ce lien n'existe qu'entre la nation et l'élu car ce dernier n'est pas le mandataire de ses électeurs : il est le représentant de la nation. Les électeurs confèrent aux élus un mandat de représentation de la nation ou **mandat représentatif** (et non pas un mandat impératif qui est strictement interdit). Dès lors, l'élu n'a pas de comptes à rendre durant son mandat à ses électeurs. Il a le droit de représenter la nation comme il l'entend, sans consulter ses électeurs. Aucune sanction en cours de mandat n'est donc possible de la part des électeurs mécontents. Ces derniers ne pourront manifester leur mécontentement que lors des élections suivantes en ne réélisant pas les élus qui les ont trahis ou déçus. C'est la **sanction par la non-réélection**.

§ 2. Le statut du parlementaire

Le statut de l'élu reflète sa fonction de représentant de la nation. Il doit se consacrer à son mandat parlementaire et à la défense de l'intérêt général national (d'où des **incompatibilités**). Il doit pouvoir remplir sa mission en toute sérénité (d'où des **immunités**). Il doit être intègre (d'où un **contrôle de son patrimoine**).

A. Représentation et souveraineté populaire

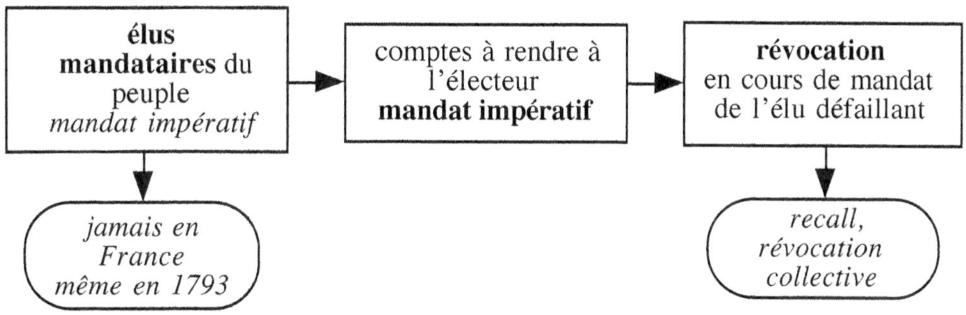

B. Représentation et souveraineté nationale

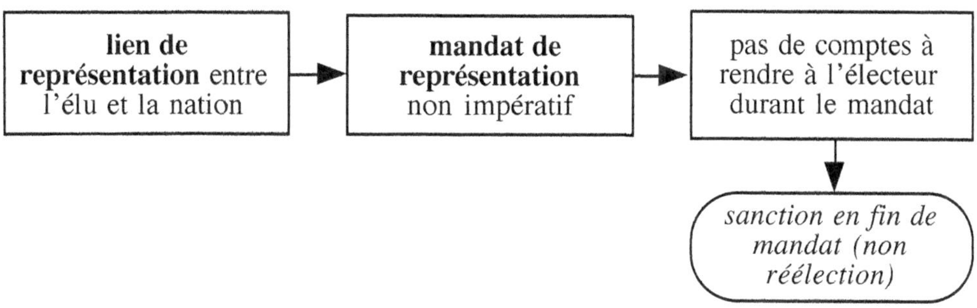

§ 2. Le statut du parlementaire

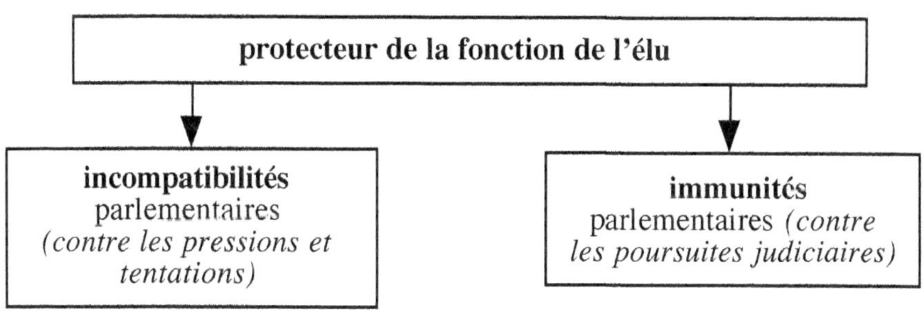

A. Les incompatibilités parlementaires

L'incompatibilité se définit comme l'interdiction faite à une personne de cumuler plusieurs fonctions ou activités. C'est un procédé d'application générale (ex. : les incompatibilités qui frappent les membres du Conseil constitutionnel). Appliquée aux membres du Parlement, l'incompatibilité parlementaire empêche le cumul du mandat parlementaire avec d'autres mandats ou fonctions électives, certaines fonctions ou activités professionnelles.

Il faut noter que se trouver dans une situation d'incompatibilité avant l'élection (incompatibilité potentielle) n'empêche pas de se présenter comme candidat et l'incompatibilité après l'élection (incompatibilité effective) ne remet pas en cause la validité de l'élection. L'incompatibilité oblige simplement l'élu à choisir entre son mandat et la fonction incompatible, sous peine d'être déclaré démissionnaire d'office.

En vertu de l'article 25 C, le régime des incompatibilités parlementaires est fixé par une loi organique. L'ensemble des lois organiques a été codifié dans le Code électoral (*cf.* les articles LO cités plus bas).

a. Les cas d'incompatibilité avec le mandat parlementaire

1. L'incompatibilité avec la fonction publique élective

Le cumul horizontal de mandats est interdit. Un député ne peut être sénateur et inversement (art. LO 137). Le cumul du mandat parlementaire avec celui de député européen est interdit également (art. LO 137-1).

Pour le cumul vertical avec des mandats locaux (auquel les parlementaires restent attachés, surtout les sénateurs en tant que représentants des collectivités locales), la solution retenue est une possibilité de cumul limitée. Le mandat parlementaire ne peut se cumuler qu'avec **un seul mandat local** parmi les mandats suivants (art. LO 141) :

- conseiller régional ;
- conseiller à l'assemblée de Corse, celle de Guyane et de celle de Martinique ;
- conseiller départemental ;
- conseiller de Paris ;
- conseiller municipal d'une commune d'au moins 1 000 habitants.

Il faut considérer que le cumul des mandats crée souvent des conflits d'intérêts. Il freine le renouvellement du personnel politique. Il entraîne un manque de disponibilité des élus. C'est pourquoi, dès la loi organique du 30 décembre 1985, le Législateur français a commencé à interdire certains cumuls. La loi organique du 5 avril 2000 est allée encore un peu plus loin dans la limitation des cumuls. La **loi organique du 14 janvier 2014** interdit le cumul avec tout mandat exécutif local (à compter de 2017).

A. Les incompatibilités parlementaires

incompatibilité = cumul interdit du mandat parlementaire et de certaines fonctions ou activités *(art. 25 C)*

- avant l'élection → l'existence d'une incompatibilité **permet la candidature**
- après l'élection → l'incompatibilité ne vicie pas l'élection mais **oblige à la faire cesser**

a. Les cas d'incompatibilité avec le mandat parlementaire

1. L'incompatibilité avec la fonction publique élective

inconvénients du cumul des mandats électifs

- personnel politique peu renouvelé
- conflits d'intérêts
- manque de disponibilité

totalement prohibé

- avec tout mandat exécutif local
- avec mandat de sénateur et député européen

cumul limité

cumul avec **un seul mandat local** *(conseiller régional, départemental, à l'ass. de Corse, de Guyane, de Martinique, conseiller de Paris, conseiller municipal d'une commune d'au moins 1000 hab.)*

2. L'incompatibilité avec une fonction publique nominative

Afin de garantir l'indépendance de l'élu, certaines fonctions de nature publique, obtenues par une nomination, sont incompatibles avec le mandat parlementaire. Il s'agit notamment des fonctions de membre :

- du Conseil constitutionnel ;
- du Conseil économique, social et environnemental ;
- du Conseil supérieur de la magistrature.

L'incompatibilité du mandat parlementaire avec la fonction ministérielle n'existait pas avant la Constitution de 1958 en ce sens que le parlementaire qui devenait ministre ne perdait pas son siège durant sa présence au Gouvernement. Il était remplacé par son suppléant. Après avoir quitté le Gouvernement, le parlementaire recouvrait son siège au Parlement.

Mais, en 1958, le général de Gaulle voulut que le parlementaire devenu ministre perde en même temps son siège au Parlement et soit **remplacé définitivement** jusqu'aux prochaines élections par son suppléant. **La révision de 2008** permet désormais au parlementaire de **recouvrer son siège** un mois après la fin de ses fonctions ministérielles (art. 25 C)

Enfin, sont incompatibles diverses fonctions de direction dans les entreprises nationales, les établissements publics nationaux, au sein d'autorités administratives ou publiques indépendantes (art. LO 145).

3. L'incompatibilité avec l'état de fonctionnaire

Les fonctionnaires ne peuvent conserver leur poste durant un mandat parlementaire (art. LO 142). Ils sont en effet soumis à un contrôle hiérarchique qui inclut une obligation d'obéissance et exclut toute indépendance à l'égard du pouvoir en place. Les fonctionnaires concernés sont placés en position de détachement ou équivalent prévu par leur statut.

Mais la règle d'incompatibilité ne concerne pas :

- les professeurs de faculté titulaires, en vertu d'un principe traditionnel d'indépendance affirmé par le Conseil constitutionnel (CC, 20 janvier 1984) et le Conseil d'État (CE, 29 mai 1992) ;
- les ministres du culte en Alsace et Moselle ;
- les parlementaires chargés officiellement d'une mission temporaire de six mois maximum (art. LO 144).

2. L'incompatibilité avec une fonction publique nominative

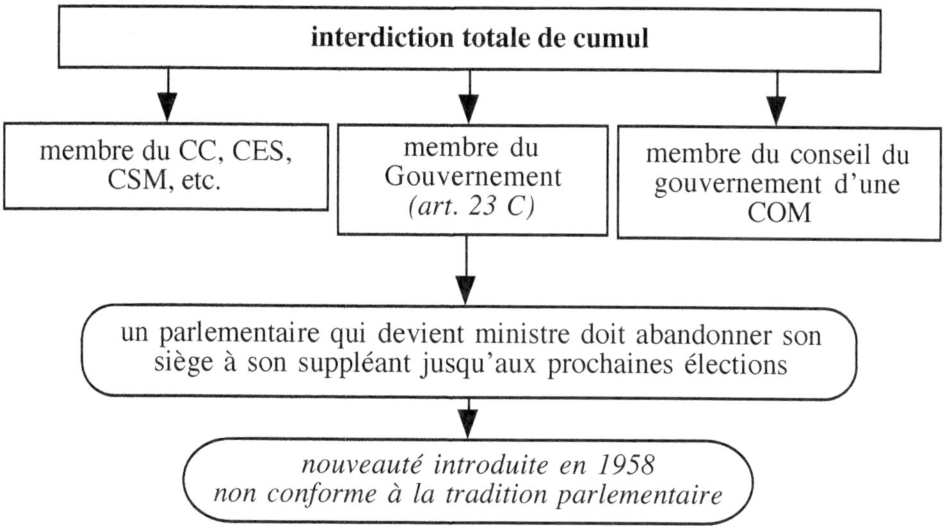

3. L'incompatibilité avec l'état de fonctionnaire

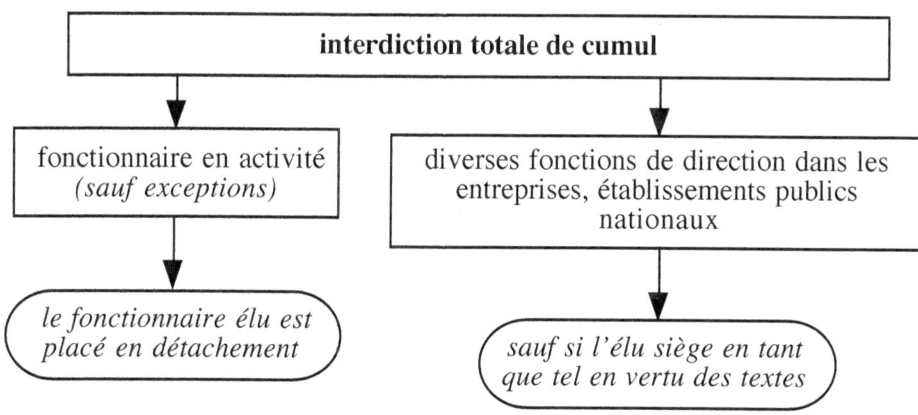

4. L'incompatibilité avec des activités privées

En matière d'activités privées, il existe un régime classique d'incompatibilité et un régime d'interdiction de certains actes liés à une activité privée, reconnue pourtant compatible avec le mandat parlementaire. L'interdiction de cumul avec le mandat parlementaire concerne (art. LO 146) les fonctions de chef d'entreprise, de président de conseil d'administration, de président et de membre de directoire, de président de conseil de surveillance, d'administrateur délégué, de directeur général, directeur général adjoint ou gérant exercées dans les sociétés, entreprises ou établissements :

- jouissant, sous forme de garanties d'intérêts, de subventions ou, sous forme équivalente, d'avantages assurés par l'État ou par une collectivité publique, sauf dans le cas où ces avantages découlent de l'application automatique d'une législation ou d'une réglementation générale ;
- ayant un objet financier et faisant appel publiquement à l'épargne privée ainsi que les sociétés civiles autorisées à faire publiquement appel à l'épargne et les organes de direction, d'administration ou de gestion de ces sociétés ;
- dont l'activité consiste principalement dans l'exécution de travaux, de fournitures ou de services pour le compte ou sous le contrôle de l'État, d'une collectivité ou d'un établissement public ou d'une entreprise nationale ou d'un État étranger ;
- dont l'objet est l'achat ou la vente de terrains destinés à des constructions, quelle que soit leur nature, ou qui exercent une activité de promotion immobilière ou, à titre habituel, de construction d'immeubles en vue de leur vente ;
- ayant un capital constitué pour plus de 50 % par des participations détenues dans les sociétés, entreprises ou établissements ci-dessus énumérés.

Ces dispositions sont applicables à toute personne qui, directement ou par personne interposée, exerce en fait la direction d'une société, entreprise, d'un établissement précités.

Les interdictions d'actes particuliers dans le cadre d'une activité compatible concernent l'**activité d'avocat** (art. LO 149).

Les parlementaires inscrits au barreau ne peuvent accomplir aucun acte de leur profession dans les affaires pénales où les poursuites visent des crimes et des délits contre la nation, l'État et la paix publique (sauf devant la Haute Cour de justice et la Cour de justice de la République), en matière de presse et d'atteinte au crédit ou à l'épargne. Ils ne peuvent plaider ou donner des consultations pour le compte des sociétés, entreprises, ou établissements précités s'ils n'étaient pas déjà leur conseil avant leur mandat. Sauf exceptions, ils ne peuvent plaider contre l'État, les sociétés nationales, les collectivités et établissements publics. Enfin, la loi du 19 janvier 1995 a ajouté qu'il est interdit à un parlementaire de commencer une activité de conseil qui n'était pas la sienne avant son élection (art. LO 146-1).

4. L'incompatibilité avec des activités privées

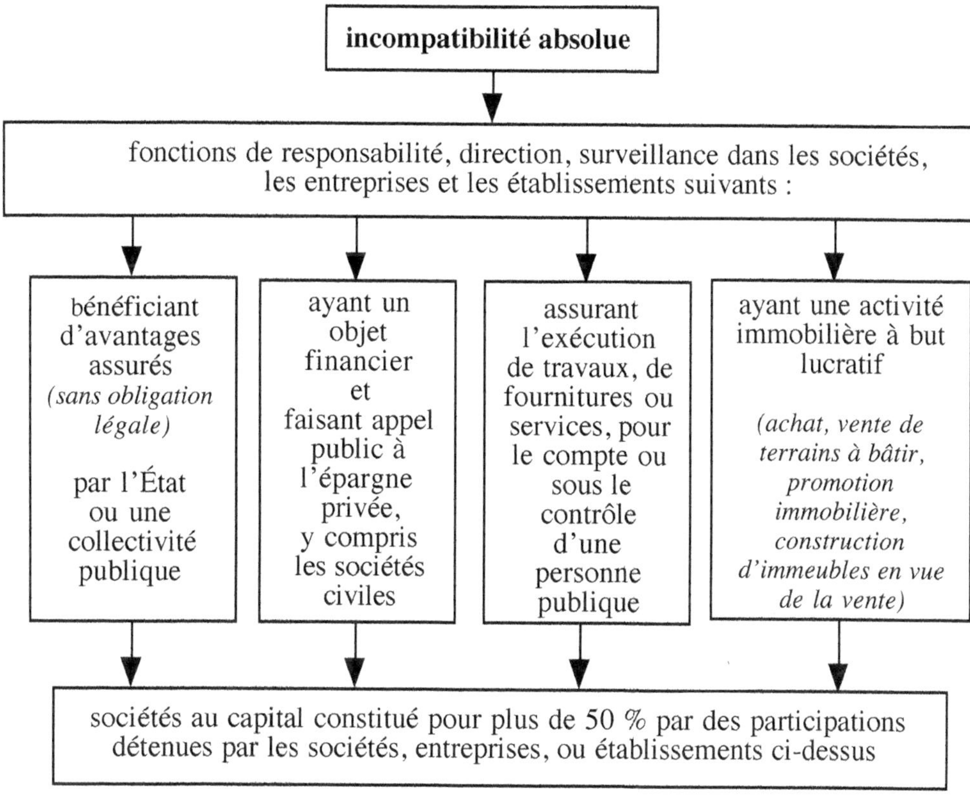

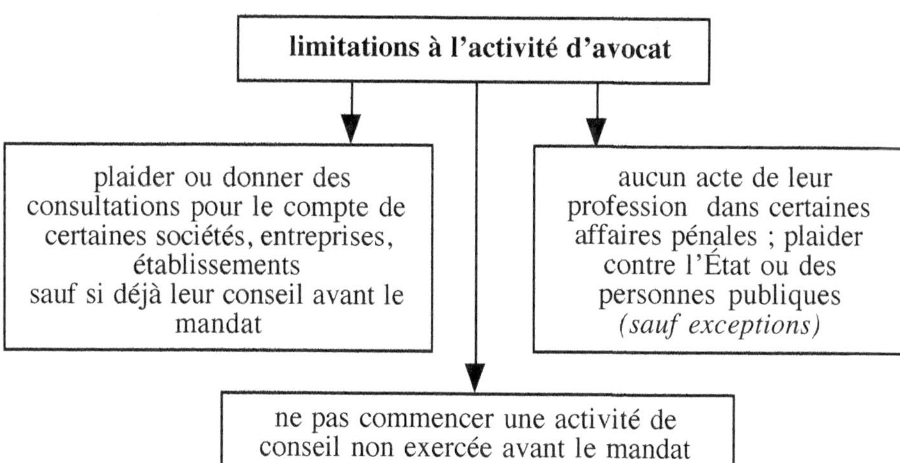

d. Le respect des incompatibilités

Les modalités du respect des incompatibilités sont variées. Elles dépendent de l'origine de l'incompatibilité.

1. Incompatibilité à raison d'une fonction publique nominative

Le régime de ces cas d'incompatibilité n'est pas unifié. Il dépend de celui de l'organe ou de la fonction concernée. On se limitera à deux exemples : celui de membre du Gouvernement et membre du Conseil constitutionnel.

- Le parlementaire qui devient ministre perd automatiquement son siège au Parlement s'il n'a pas démissionné de sa fonction ministérielle dans le mois qui suit (art. LO 153).
- Le parlementaire qui est nommé au Conseil constitutionnel, perd son siège de parlementaire s'il n'a pas démissionné du Conseil constitutionnel dans un délai de huit jours (art. LO 152).

2. Incompatibilité à raison d'un mandat électif

Il faut distinguer selon le moment de la détention du mandat incompatible.

- Un parlementaire qui se trouve dans un cas d'incompatibilité liée à un mandat électoral (ou une fonction élective) **lors de son élection,** dispose d'un délai d'option de trente jours. À défaut d'option, il pourra être déclaré démissionnaire d'office par le Conseil constitutionnel, à la demande du bureau de son assemblée ou du ministre de la Justice.
- Un parlementaire qui acquiert un nouveau mandat (ou une fonction élective) incompatible **durant son mandat**, doit régulariser la situation dans un délai de trente jours. À défaut, le mandat local (ou la fonction élective) le plus ancien est automatiquement perdu (art. LO 151 issu de la LO du 14 avril 2011).

3. Incompatibilité à raison d'activités privées

La loi organique du 11 octobre 2013 a créé **la déclaration d'intérêt et d'activités** qui doit être adressé dans les deux mois de l'entrée en fonction (ou en cours de mandat) au bureau de l'assemblée de laquelle relève le parlementaire. Le **bureau de son assemblée** examine les activités et statue sur l'existence d'une incompatibilité.

En cas de doute ou de contestation de la décision du bureau de l'assemblée, le bureau lui-même, le ministre de la justice et l'intéressé peuvent saisir le **Conseil constitutionnel** qui statuera définitivement.

Dans le cas où l'incompatibilité est confirmée par le Conseil constitutionnel, le parlementaire doit régulariser sa situation dans le délai de trente jours à compter de la notification de la décision du Conseil constitutionnel. À défaut, ce dernier le déclarera **démissionnaire d'office** (art. LO 151-2).

d. Le respect des incompatibilités

1. Incompatibilité à raison d'une fonction publique nominative

si nommé au Gouvernement
démission dans le mois
ou perte du mandat

si nommé au CC
démission dans les 8 jours
ou perte du mandat

2. Incompatibilité à raison d'un mandat électif

détention d'un mandat incompatible

lors de son élection
délai d'option de 30 jours

à défaut d'option,
à la demande du bureau de son assemblée
ou du ministre de la justice
déclaré démissionnaire d'office
par le CC

pendant le mandat
délai d'option de 30 jours

à défaut d'option,
perte automatique du
mandat local le plus ancien
(LO 14/4/2011)

3. Incompatibilité à raison d'activités privées

envoi de la déclaration d'intérêts et d'activités

au bureau de l'assemblée
dans les 2 mois suivant
l'entrée en fonction
ou au cours du mandat

décision du bureau
sur l'existence d'une
incompatibilité
(appel possible devant le CC)

si incompatibilité déclarée par CC
régularisation dans les 30 jours
ou déclaré démissionnaire d'office
par le CC

B. Les immunités parlementaires

De manière générale, l'immunité est un privilège qui protège son bénéficiaire des actions judiciaires pour des actes commis par lui, soit dans sa vie privée, soit dans sa fonction.

a. L'irresponsabilité

Cette immunité protège l'élu de toutes poursuites fondées sur ses opinions et ses votes afin de lui garantir une liberté totale d'opinion et d'expression. L'article 26, al. 1 C énonce : "Aucun membre du Parlement ne peut être poursuivi, recherché, détenu ou jugé à l'occasion des opinions ou votes émis dans l'exercice de ses fonctions" .

Cette irresponsabilité est :

- **perpétuelle** (elle continue à produire effet après la fin du mandat) ;
- **invocable devant tout juge** (c'est un moyen d'ordre public soulevable d'office) ;
- **absolue,** elle couvre tous les actes de la fonction dans l'enceinte du Parlement. Elle ne couvre donc pas les propos tenus lors d'une interview, de meetings, etc. Mais l'irresponsabilité ne les met pas à l'abri des sanctions internes prévues par les règlements intérieurs de chaque assemblée, sanctions administrées soit par le président de l'assemblée (rappel à l'ordre, rappel à l'ordre avec inscription au procès-verbal), soit par l'assemblée elle-même (censure, censure avec exclusion temporaire).

b. L'inviolabilité

Cette immunité sert à protéger le parlementaire de toute poursuite pénale, abusive ou vexatoire, pour des **actes étrangers à sa fonction** d'élu, actes constituant des crimes ou des délits. Ne sont donc concernées ni les actions civiles, ni les actions contraventionnelles, jugées insuffisamment graves pour perturber le parlementaire.

À la différence de l'irresponsabilité, l'inviolabilité est purement procédurale. Elle consiste à entourer de **garanties procédurales** la mise en œuvre de l'action judiciaire (art. 26 al. 2 et 3 C). En effet, l'inviolabilité n'a nullement pour but de soustraire l'élu à l'application de la loi. Elle a pour unique objet de **protéger le mandat** octroyé par le suffrage universel (ce qui explique que les ministres n'aient pas la même protection).

L'idée de fond est que le parlementaire ne doit pas être distrait (physiquement ou intellectuellement) de son mandat par des actions judiciaires précipitées, inconsidérées, injustifiées. Ces dernières doivent donc donner lieu à une **levée de l'immunité**, décidée par la chambre à laquelle appartient le parlementaire. Ainsi, le bien-fondé de l'action pénale pourra être vérifié.

B. Les immunités parlementaires

a. L'irresponsabilité

protection de l'élu de toutes poursuites fondées sur ses opinions et ses votes

garantit une liberté totale d'opinion et d'expression à l'élu (art. 26, al. 1C)

absolue
couvre tous les actes de la fonction
dans l'enceinte du Parlement

perpétuelle
et
générale

moyen d'ordre public

limitée
car
ne protège pas des sanctions internes aux assemblées

b. L'inviolabilité

protection contre des poursuites *pénales*
pour des actes *étrangers* à la fonction d'élu

uniquement pour **crimes ou délits**
ni pour les contraventions
ni actions civiles

garanties procédurales
dans la mise en œuvre de l'action judiciaire

but :
protection du mandat
octroyé par le suffrage

les mesures judiciaires nécessitent une levée de l'immunité
(art. 26, al. 2 et 3 C)

1. L'étendue de l'inviolabilité

Les mesures judiciaires nécessitant une levée d'immunité peuvent varier selon les Constitutions. La Constitution de 1958 avait initialement prévu un régime différencié pour les périodes de session parlementaire et pour les périodes d'intersession. Durant la session parlementaire, la levée d'immunité était requise pour la poursuite et l'arrestation du parlementaire. En dehors de la session, seule l'arrestation la nécessitait.

Depuis la **révision du 4 août 1995**, la Constitution de 1958 (art. 26, al. 2 C) prévoit un régime indifférencié. À quelque moment que ce soit (durant la session parlementaire ou en dehors d'elle), seule l'arrestation ou une mesure privative ou restrictive de liberté (comme le contrôle judiciaire) requiert une demande de levée d'immunité.

Par ailleurs, conformément à la tradition, l'immunité ne joue pas en cas de crime ou de délit flagrant ou de condamnation définitive.

2. La levée de l'immunité

La mesure judiciaire envisagée doit faire l'objet d'une **demande de levée de l'immunité** présentée par le procureur général près la Cour d'appel compétente et transmise au président de l'assemblée concernée par le ministre de la justice.

Le bureau de l'assemblée constitue généralement une commission spéciale, chargée d'examiner la demande de levée d'immunité.

Cette commission auditionne le parlementaire et fait un rapport dans lequel elle ne doit se prononcer que sur l'urgence des poursuites pénales (par rapport à la gêne occasionnée au mandat de l'élu) et sur le caractère non politique de l'action pénale. Elle ne doit en aucun cas se prononcer sur la question de la culpabilité du parlementaire.

L'autorité habilitée à lever l'immunité, au vu du rapport de la commission, peut varier selon les Constitutions. Initialement, la Constitution de 1958 conférait la compétence à l'assemblée elle-même, durant la session parlementaire, et au bureau de l'assemblée, durant l'intersession.

La **révision du 4 août 1995** a conféré à tout moment cette compétence au **bureau de l'assemblée**.

1. L'ÉTENDUE DE L'INVIOLABILITÉ

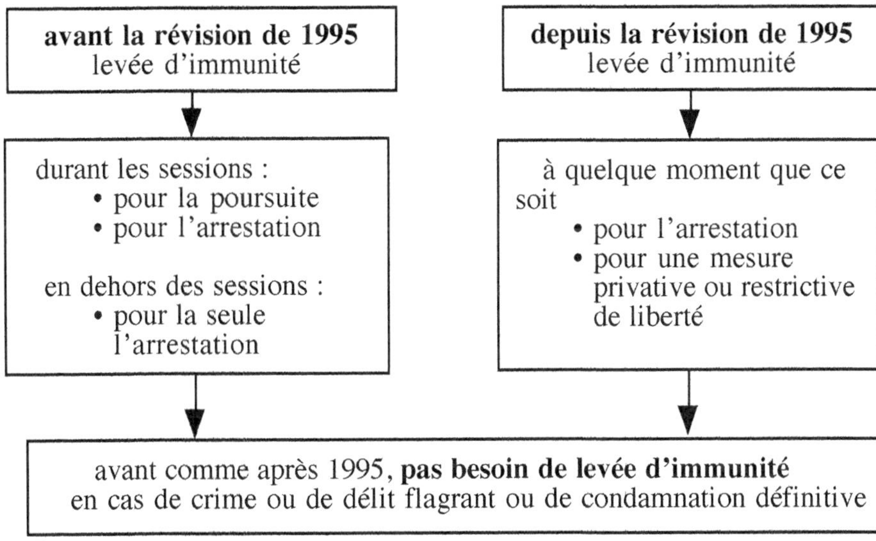

2. LA LEVÉE DE L'IMMUNITÉ

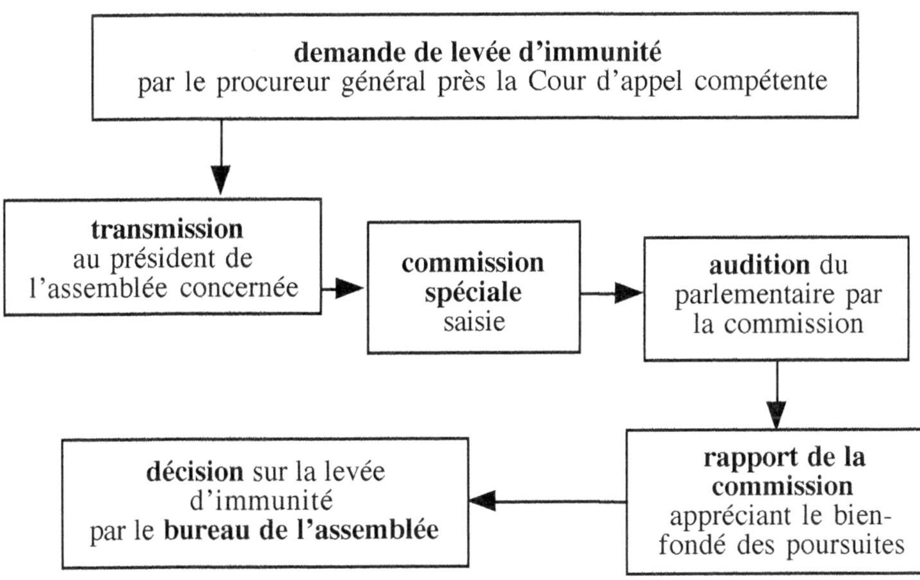

3. La suspension de l'action pénale

De manière classique, chaque chambre peut exiger et obtenir la suspension de la détention, des mesures privatives de liberté ou de la poursuite d'un de ses membres. Cette suspension ne dure que jusqu'à la fin de la session (depuis la révision du 4 août 1995) et non plus jusqu'à l'expiration du mandat.

C. Le contrôle du patrimoine des élus

La loi organique du 11 octobre 2013 a remplacé la Commission pour la transparence de la vie politique par la **Haute Autorité pour la transparence de la vie publique.**

- C'est cette dernière qui reçoit les **déclarations de situation patrimoniale** des parlementaires.
- Elle collabore avec l'administration fiscale et est dotée d'un pouvoir d'injonction lui permettant d'obtenir des compléments d'information ou des explications auprès de tout parlementaire au sujet de sa déclaration.
- Le refus de déférer à une de ses injonctions est pénalement sanctionné (amende et peine de prison).

Le dépôt de la situation patrimoniale a lieu dans les deux mois de l'entrée en fonction du parlementaire et sept mois au plus tôt et six mois au plus tard avant l'expiration du mandat ou dans les deux mois qui suivent une dissolution ou une cessation du mandat parlementaire pour toute autre raison. L'omission d'une part substantielle du patrimoine ou son évaluation mensongère est pénalement sanctionnée (amende et peine de prison).

- En l'absence de dépôt de la déclaration, la Haute Autorité saisit le bureau de l'assemblée concernée. Le Conseil constitutionnel, saisi par ce dernier, constate l'inéligibilité du député et le déclare démissionnaire d'office.
- Une publicité des déclarations de situation patrimoniale est prévue. Celles-ci peuvent être consultées par tout électeur inscrit sur une liste électorale mais il est interdit de publier ou de divulguer tout ou partie d'une déclaration de situation patrimoniale.

On peut ajouter que la loi **pour la confiance dans la vie politique (15 septembre 2017)** a renforcé le contrôle sur les parlementaires avec la suppression de la réserve parlementaire, (somme dont disposait librement l'élu pour favoriser des projets d'investissement locaux), substitution à l'indemnité représentative des frais de mandat d'un remboursement forfaitaire de certains frais liés à l'exercice du mandat, sur présentation de justificatifs et dans la limite d'un plafond fixé par chaque assemblée.

3. La suspension de l'action pénale

à la demande de l'assemblée, suspension de toute mesure engagée contre un de ses membres

- concerne : détention, mesures privatives de liberté et poursuites
- dure jusqu'à la fin de la session (*depuis la révision du 4 août 1995)*

C. Le contrôle du patrimoine des élus

LO 11 octobre 2013
Haute Autorité pour la transparence de la vie publique

- contrôle et publie les **déclarations de situation patrimoniale**
- contrôle et publie les **déclarations d'intérêts et d'activités**

Loi du 15 septembre 2017
sur la confiance dans la vie politique

- fin de la pratique de la réserve parlementaire
- fin de l'indemnité représentative de frais de mandat

Section 2. La législation populaire. La démocratie semi-directe

La théorie de la souveraineté populaire a pour idéal la démocratie directe dans laquelle toutes les lois, tous les règlements, sont faits par les citoyens eux-mêmes lors d'assemblées populaires. Cependant, cet idéal étant impraticable, les citoyens sont obligés de désigner des représentants. Mais la théorie prône alors la démocratie semi-directe dans laquelle des procédés particuliers permettent ponctuellement aux citoyens d'exercer eux-mêmes leur pouvoir de décision à la place de leurs représentants.

En effet, dans le cadre de la théorie de la souveraineté populaire, la nécessité d'une représentation politique ne doit pas justifier l'instauration d'une démocratie purement représentative.

§ 1. La nature juridique du pouvoir conféré au peuple

Juridiquement, le pouvoir du peuple se différencie selon qu'il porte sur un texte non encore voté (un projet) ou sur un texte déjà voté par les assemblées législatives.

A. L'intervention populaire relative aux projets de loi

Le terme de "projet de loi" est ici entendu de façon générique : texte qui contient les dispositions d'une future loi. Il n'est pas entendu au sens précis que lui donne la Constitution de 1958 : texte d'origine gouvernementale (par opposition à la proposition de loi qui est d'origine parlementaire).

Relativement aux projets de lois, l'intervention populaire peut prendre trois formes :

- un droit de proposition (**initiative populaire**) grâce auquel un certain nombre de citoyens proposent un texte de loi (soit aux assemblées législatives, soit à l'ensemble des citoyens) ;
- un droit exclusif de décision (**adoption populaire** du projet) permettant à l'ensemble des citoyens d'adopter le projet afin qu'il devienne une loi (que ce projet soit issu d'une initiative populaire préalable ou qu'il émane d'une autorité politique quelconque (par exemple : le Gouvernement)) ;
- un droit partagé de décision (**autorisation populaire d'adoption**) par lequel l'ensemble des citoyens se prononce sur le projet en vue de rendre possible son adoption ultérieure par les assemblées législatives. Si les citoyens répondent positivement, le projet passera devant les assemblées législatives en vue de son adoption définitive. Si les citoyens répondent négativement, le projet de loi est abandonné, les assemblées ne peuvent le voter.

Section 2. La législation populaire. La démocratie semi-directe

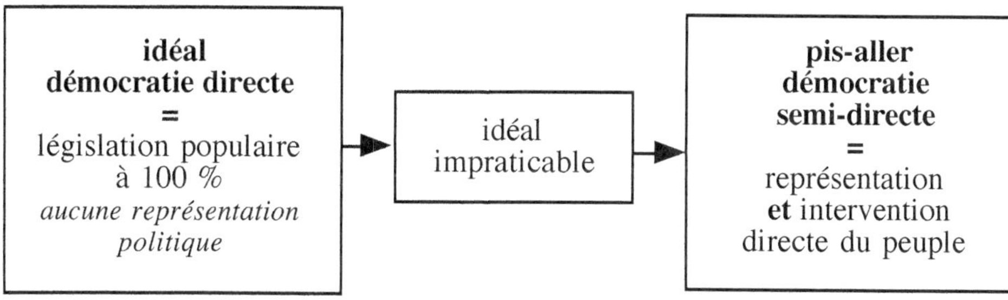

§ 1. La nature juridique du pouvoir conféré au peuple

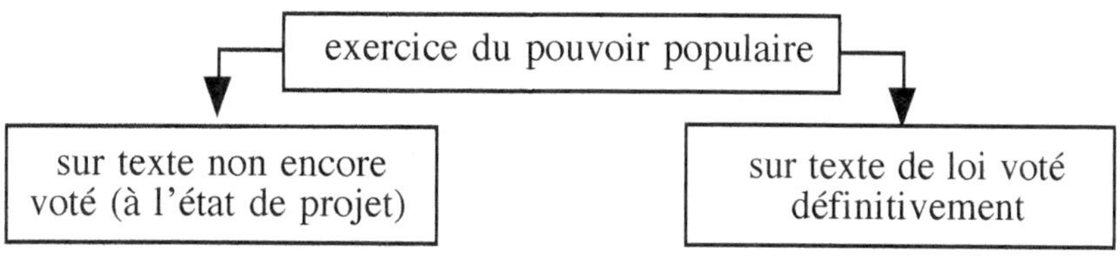

A. L'intervention populaire relative aux projets de loi

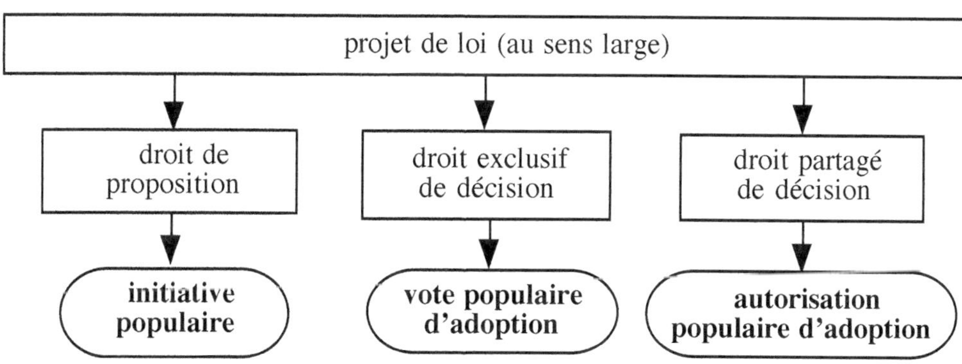

a. Le droit de proposition : l'initiative législative populaire

L'initiative populaire en matière législative connaît plusieurs modalités.

1. L'initiative populaire formalisée

Avec l'initiative formalisée, un certain nombre de citoyens proposent un **projet de loi entièrement rédigé**.

Ce projet populaire peut être :

- soit déposé devant les assemblées législatives pour être soumis à la procédure législative normale (ex. : art. 71, Constitution italienne) ;
- soit directement soumis à l'approbation de l'ensemble des citoyens par la voie d'un référendum (ex. : nombreux États fédérés américains comme Idaho, Washington, Alaska...).

Quelle que soit la voie suivie, l'initiative populaire permet d'éviter l'inertie et l'obstruction des élus face à certains problèmes.

2. L'initiative populaire non formalisée et contraignante

Avec l'initiative non formalisée, un certain nombre de citoyens signent une pétition demandant que le législateur intervienne sur une question précise et dans un sens précis mais **sans présenter un projet rédigé** (la rédaction d'un projet précis sur certaines questions techniques est presque impossible au niveau des citoyens ; c'est pourquoi cette procédure d'initiative sans projet formalisé est très intéressante).

Si les assemblées législatives refusent de légiférer conformément à la pétition, celle-ci est soumise au référendum. Si ce dernier est positif, le législateur est contraint à légiférer dans le sens indiqué par la pétition. Ce procédé permet aux citoyens de déclencher le processus législatif dans un sens précis et d'imposer son aboutissement (ex. : Constitution fédérale suisse).

3. L'initiative parlementaire soutenue par les citoyens

C'est le procédé introduit par la **révision de 2008** à l'article 11 al. 3 C (on parle de référendum d'initiative partagée). Un cinquième des membres du Parlement prend l'initiative d'un référendum sous la forme d'une proposition de loi. Cette initiative parlementaire doit être soutenue par un dixième des électeurs inscrits sur les listes électorales. Si la proposition de loi n'a pas été examinée au moins une fois par chacune des deux assemblées dans un délai de six mois (loi organique du **3 décembre 2013)**, le Président la soumet au référendum.

À noter que si la proposition n'est pas adoptée par le peuple, aucune proposition de référendum portant sur le même sujet ne peut être présentée avant l'expiration d'un délai de deux ans suivant la date du scrutin.

a. Le droit de proposition : l'initiative législative populaire

1. L'initiative populaire formalisée

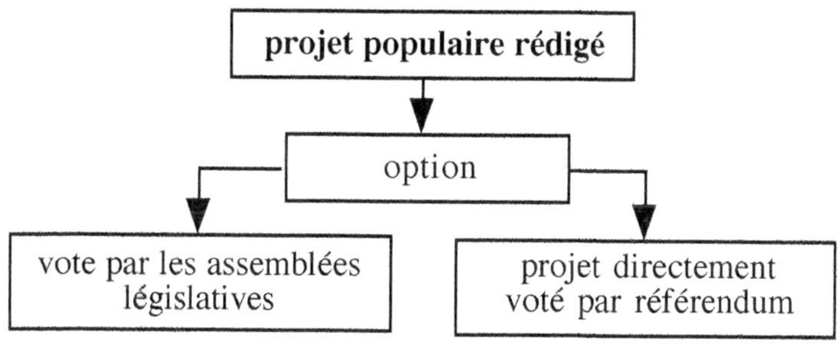

2. L'initiative populaire non formalisée et contraignante

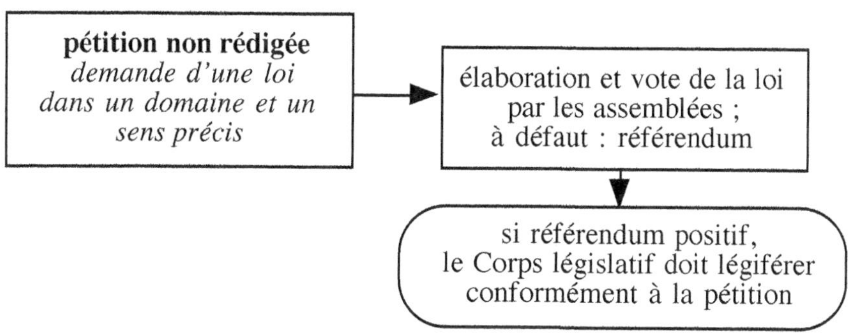

3. L'initiative parlementaire soutenue par les citoyens

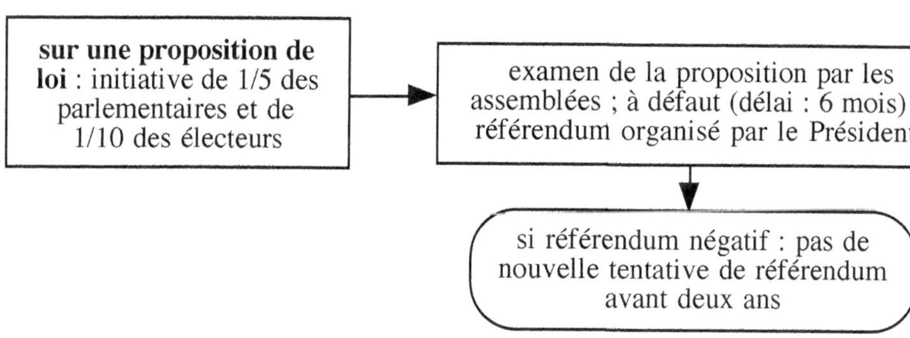

b. Le droit exclusif de décision : le vote populaire du projet de loi

Ce pouvoir permet aux citoyens d'adopter seuls un projet de loi. Ce dernier peut trouver son origine dans une initiative populaire. Il peut également ne pas émaner d'une initiative populaire. Dans ce cas, la plupart du temps, le projet de loi aura été préparé par le Gouvernement. C'est le schéma de **l'article 11 C prévu en 1958** :

- le Gouvernement doit avoir préparé un projet de loi ;
- le Président de la République doit avoir été saisi d'une demande de référendum soit par le Gouvernement, soit par les deux assemblées parlementaires (Assemblée nationale et Sénat) agissant conjointement ;
- le Président doit avoir accepté l'organisation du référendum (il est libre de sa décision qui n'est pas soumise au contreseing du Premier ministre) ;
- les citoyens se prononcent alors sur le projet : s'ils votent “oui” à la majorité des suffrages, le projet devient loi ; s'ils votent “non”, le projet ne devient pas une loi.

(Rappel : le Conseil constitutionnel refuse de contrôler la constitutionnalité de la loi ainsi votée par référendum (v. P. 1, T. 2. Ch. 2)).

c. Le droit partagé de décision : le vote autorisé par référendum

Ce mécanisme fait intervenir les citoyens sur un projet de loi qui sera voté, par la suite, par les assemblées législatives, si le référendum a été favorable au projet.

L'**article 53, al. 3 C** peut servir d'exemple.

- Il faut un projet de loi portant sur une cession, un ajout ou une adjonction d'une portion de territoire.
- Ce projet doit être soumis au consentement des populations intéressées.
- En cas de refus de consentement, le projet ne pourra être adopté.

Il ne faut pas confondre ce mécanisme de **consentement** populaire avec celui de la **consultation** populaire.

Avec la consultation populaire, les électeurs sont invités à donner un simple avis que le Parlement ne sera pas obligé de suivre. La révision constitutionnelle du 28 mars 2003 relative à la décentralisation a introduit un **article 72-4 C** qui offre un exemple de ces deux mécanismes distincts :

- à l'**alinéa 1**, est prévu un référendum de consentement pour le passage d'un département d'outre-mer au statut de collectivité d'outre-mer et inversement ;
- à l'**alinéa 2**, est prévu un référendum consultatif des électeurs d'une collectivité territoire d'outre-mer sur une question relative à son organisation, ses compétences ou son régime législatif.

b. Le droit exclusif de décision : le vote populaire du projet de loi

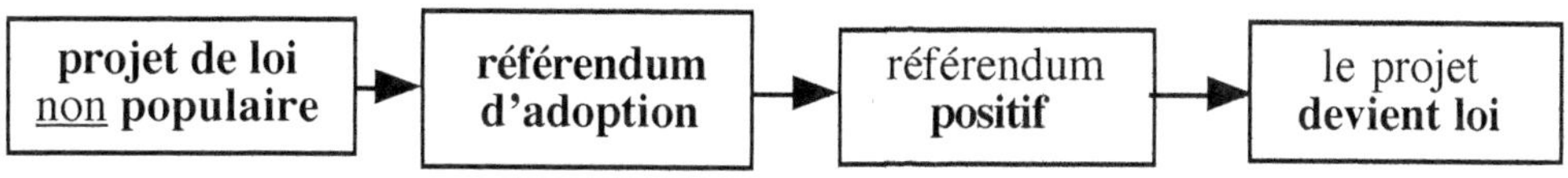

schéma de l'**art. 11 C**

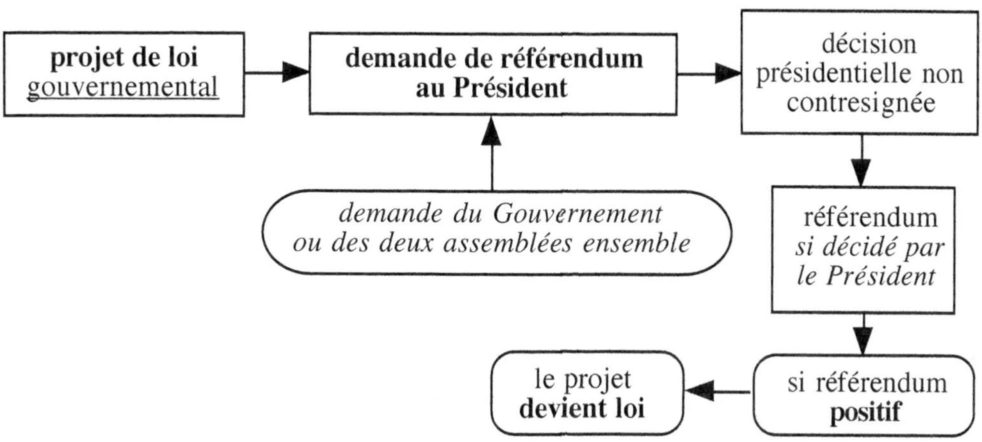

c. Le droit partagé de décision : le vote autorisé par référendum

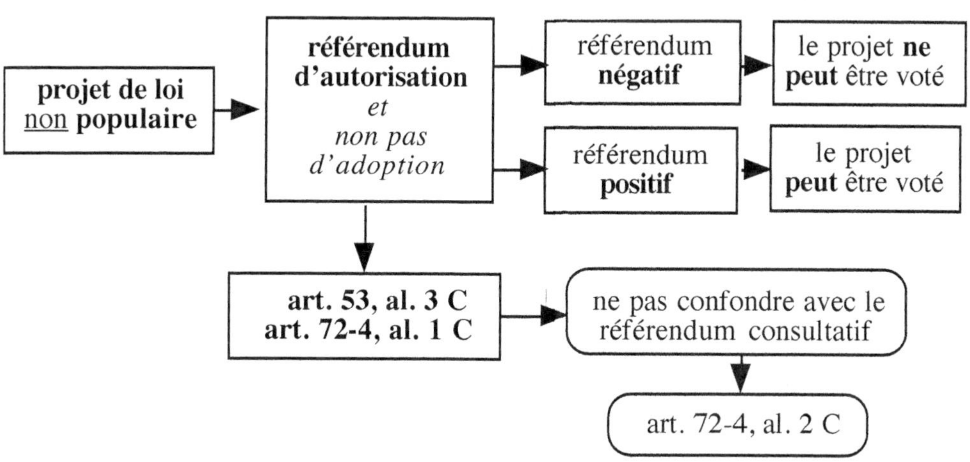

B. Le pouvoir d'approbation et d'abrogation des lois

a. Le référendum d'approbation des lois

Avec le référendum d'approbation, les citoyens vont se prononcer après leurs représentants pour confirmer ou infirmer le vote de la loi par ces derniers. Le référendum d'approbation n'est pas forcément automatique après le vote de chaque loi. S'il n'y a pas de référendum demandé dans le délai imparti pour le demander, la loi entre en vigueur. Si le référendum a lieu et si son résultat est positif, la loi entre en vigueur ; s'il est négatif, la loi n'entre pas en vigueur.

Ainsi, la **Constitution française de 1793** prévoyait, après le vote de chaque loi, un délai de quarante jours. Si, durant ce délai, dans la majorité des départements, un dixième des assemblées primaires (assemblées des électeurs au niveau communal) le demandait, un référendum était organisé pour approuver le texte voté.

b. Le référendum d'abrogation des lois

Le référendum d'abrogation des lois a pour but de décider de la disparition (non rétroactive) d'une loi en vigueur.

La **Constitution italienne** en offre un exemple (art. 75) : "Il y a référendum populaire pour décider de l'abrogation totale ou partielle d'une loi ou d'un acte ayant valeur de loi lorsque 500 000 électeurs ou cinq conseils régionaux le demandent". À noter que la prise en compte des résultats du référendum exige une participation de la majorité des électeurs.

Dans le cadre du référendum d'initiative parlementaire et citoyenne **(révision de 2008)**, la proposition de loi ne peut avoir pour objet l'abrogation d'une disposition législative promulguée depuis moins d'un an. Cela signifie qu'au-delà, une telle abrogation peut être demandée.

§ 2. La nature politique du pouvoir conféré au peuple

A priori, le pouvoir exercé par le peuple est forcément démocratique. Pourtant, les procédés de démocratie directe ne sont pas exempts d'inconvénients et de risques.

A. Le risque d'une dérive plébiscitaire : l'exemple de l'article 11 C

Le plébiscite se définit par deux éléments :

- une consultation populaire sous la forme d'un référendum où la question posée aux citoyens passe au second plan par rapport à celle (souvent non exprimée) de la confiance accordée à celui qui pose la question ;
- l'absence de liberté de parole des opposants et une propagande massive aboutissant à un résultat massivement positif et totalement prévisible.

En France, il existe une potentialité plébiscitaire de l'article 11, al. 1 C qui est toutefois limitée dans ses effets par l'existence d'une réelle liberté d'expression de la presse et des partis d'opposition.

B. Le pouvoir d'approbation et d'abrogation des lois

a. Le référendum d'approbation des lois

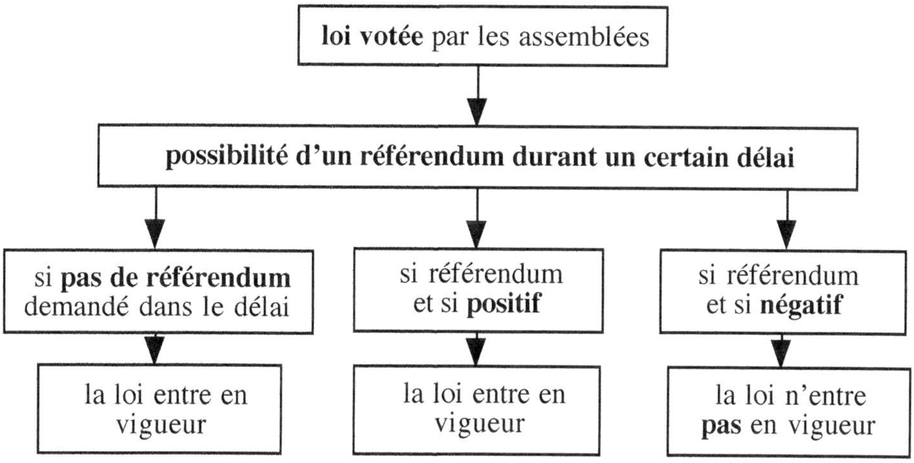

b. Le référendum d'abrogation des lois

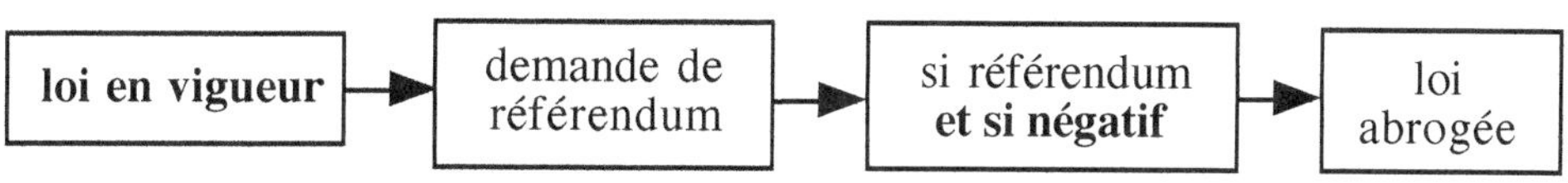

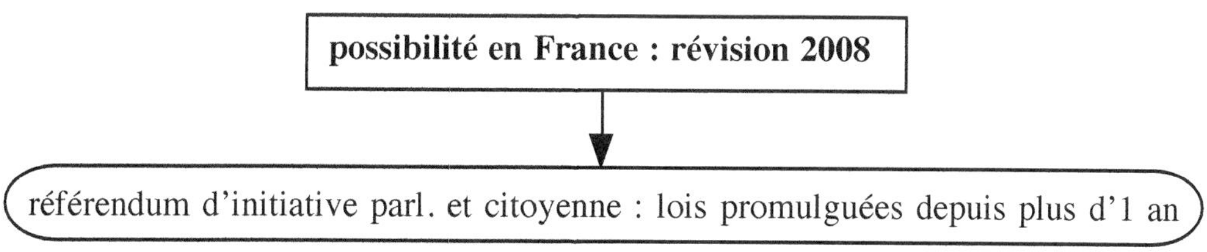

§ 2. La nature politique du pouvoir conféré au peuple

A. Le risque d'une dérive plébiscitaire : l'exemple de l'article 11 C

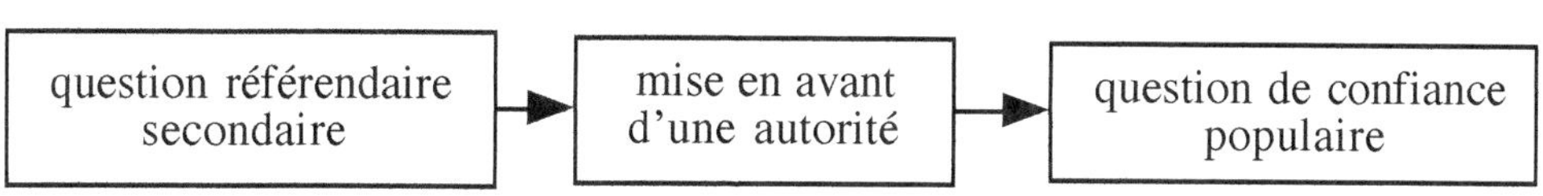

a. La décision juridique de recourir au référendum de l'article 11 C

L'initiative du référendum de l'article 11 C prend la forme d'une **demande** du Gouvernement ou d'une demande conjointe des deux assemblées, **adressée au Président** de la République. Celui-ci ne peut donc juridiquement décider seul de recourir au référendum. Mais la décision d'organiser le référendum est une **décision présidentielle**.

C'est en effet une décision que le Président prend librement, sans contreseing du Premier ministre, quelle que soit l'origine de la demande de référendum. Il peut ainsi facilement apparaître comme celui qui pose la question au peuple et la réponse peut être facilement influencée par les sentiments qu'il inspire personnellement aux électeurs. Le risque d'un plébiscite prend ici sa source.

L'article 11 C peut en réalité faire l'objet de deux approches. La première met l'accent sur les auteurs de l'initiative ; la seconde sur l'auteur de la décision d'organiser le référendum. C'est cette dernière qui met bien en lumière l'origine du risque de dérive plébiscitaire.

b. L'analyse de l'article 11 C plaçant le Président en retrait

L'article 11 C peut être analysé en plaçant le Président en retrait et en mettant l'accent sur les autorités qui demandent le référendum : le Gouvernement, auteur du projet de loi et le Parlement, appelé normalement à voter le projet dans le cadre de la procédure législative normale. L'hypothèse de l'article 11 C est que l'une de ces autorités souhaite une adoption populaire du projet de loi.

- **L'initiative parlementaire** suppose l'accord de la majorité des deux assemblées. Cela en fait une hypothèse très théorique. Elle pourrait correspondre à une volonté concertée des élus de laisser le peuple légiférer lui-même sur un problème délicat qui divise la majorité (ex. le problème de l'euthanasie).
- **L'initiative du Gouvernement** est plus envisageable. Le vote par référendum met le Gouvernement à l'abri du débat parlementaire qu'il peut redouter pour diverses raisons (on peut supposer que le Gouvernement se trouve dans une situation délicate, tendue, vis-à-vis de sa majorité de soutien dont il n'est pas certain qu'elle acceptera de voter son projet). Depuis la **révision du 4 août 1995,** le Gouvernement est tenu de faire, devant chaque assemblée, une déclaration qui est suivie d'un débat. Ainsi, se trouve-t-il contraint de s'expliquer sur son souhait de référendum qui privera les assemblées de toute possibilité de discussion et de vote du texte.

Quant au **Président**, en position d'**arbitre** impartial et non impliqué, saisi d'une demande de référendum, il appréciera objectivement (sans parti pris personnel) l'opportunité d'une intervention populaire dans le seul intérêt des institutions et de la démocratie. Le projet n'est pas le sien. Il se contente d'autoriser une procédure particulière de vote de la loi. Sa personnalité n'est pas en jeu. Il ne peut y avoir de dérive plébiscitaire.

a. La décision juridique de recourir au référendum de l'article 11 C

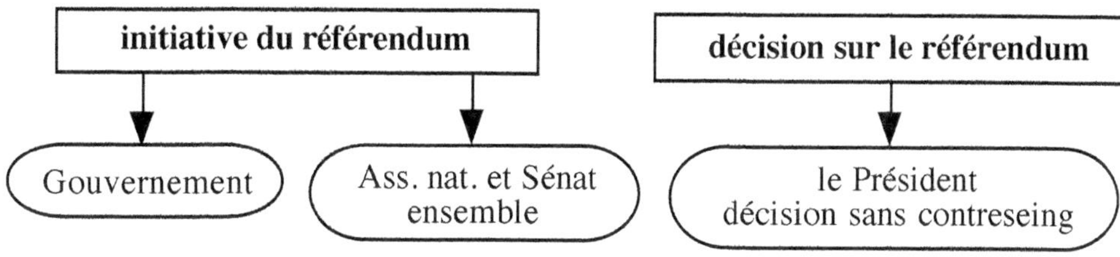

b. L'analyse de l'article 11 C plaçant le Président en retrait

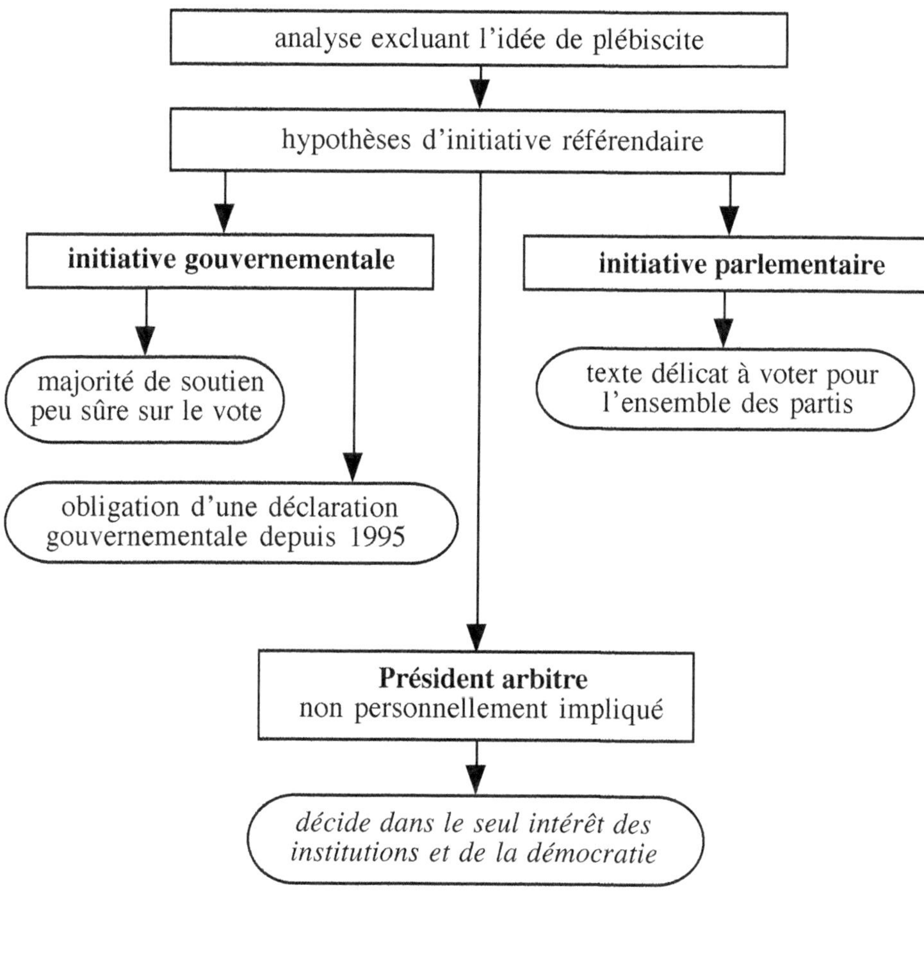

c. L'analyse du recours à l'article 11 C plaçant le Président en avant

L'article 11 C peut être appréhendé en tenant compte, d'une part, de l'ensemble institutionnel qui confère au Président de la République une place centrale et, d'autre part, de la pratique présidentialiste qui a largement prévalu durant la Ve République (v. P. 2, T. 3. Ch. 1, S. 1). Cette pratique montre que les Présidents ont toujours orienté de manière déterminante l'action du Gouvernement (sauf dans les périodes de cohabitation, v. P. 2, T. 3. Ch. 1, S. 2). Dans ces conditions, le procédé du référendum législatif se recentre sur le Président, de deux façons.

- L'initiative de référendum, qui appartient juridiquement au Premier ministre, n'est actionnée que sur demande (officieuse) du Président, ou tout au moins avec son accord préalable. La demande du Premier ministre est donc de pure forme.
- Le projet de loi gouvernemental à soumettre au référendum est conforme aux idées du Président. C'est autant le projet du Premier ministre que du Président lui-même.

Le référendum de l'article 11 C est dans cette exacte mesure un “référendum présidentiel”. Mais ce caractère n'en fait pas obligatoirement un plébiscite.

d. La potentialité de la dérive plébiscitaire

Pour qu'il y ait possibilité de plébiscite, il faut que l'autorité politique qui pose la question référendaire (ici le Président) demande aux électeurs d'exprimer leur adhésion à sa personne. Pour de Gaulle, il y avait en plus, une mise en jeu de sa fonction de par son engagement à démissionner en cas de résultat négatif. Le référendum acquiert alors la signification d'une **question de confiance**, ce qui porte encore davantage à voter sur la personne du Président plus qu'à la question posée.

Or, rien n'oblige le Président de la République à engager sa responsabilité sur l'issue du référendum. Même dans le cas où il a personnellement voulu le référendum et où le projet gouvernemental a officiellement reçu son approbation et son soutien, rien dans la Constitution ne l'y oblige. Mais rien non plus ne l'en empêche.

Cependant, généralement, la pratique montre que les Présidents n'engagent pas leur responsabilité sur l'issue du référendum.

c. L'analyse du recours à l'article 11 C plaçant le Président en avant

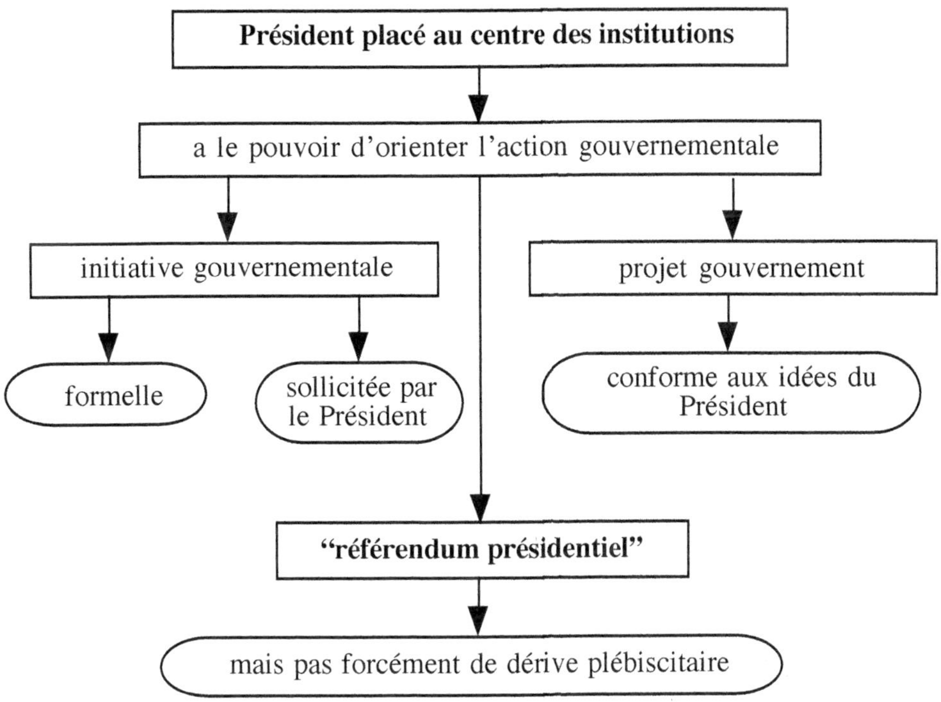

d. La potentialité de la dérive plébiscitaire

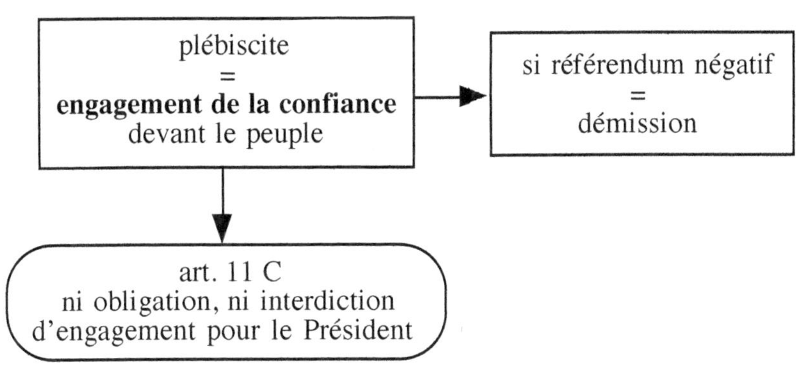

1. Le non-engagement du Président

Les différents Présidents qui ont eu recours à l'article 11 C ont clairement fait savoir qu'ils resteraient en fonction quel que soit le résultat du scrutin référendaire.

- Le Président Pompidou ne s'est pas engagé sur les résultats du référendum du **23 avril 1972** (projet de loi de ratification du traité européen d'élargissement de la Communauté européenne).
- Le Président Mitterrand ne s'est pas engagé sur les résultats du référendum du **6 novembre 1988** (autodétermination de la Nouvelle-Calédonie) ni sur ceux du référendum du **20 septembre 1992** (projet de loi d'autorisation de ratification du traité de Maastricht).
- Le Président Chirac ne s'est pas engagé sur les résultats du référendum du **29 mai 2005** (projet de loi portant autorisation de ratifier le traité "Constitution européenne").

2. Le cas particulier du Président de Gaulle

Le Président de Gaulle était convaincu de la nécessité pour le Président d'engager sa responsabilité politique quand il désirait faire adopter par référendum une réforme importante dont il était l'instigateur.

Il fut fidèle à ses idées. Il posa clairement la question de confiance aux Français à l'occasion de chacun des référendums qu'il organisa :

- référendum du **8 janvier 1961** (autodétermination algérienne) ;
- référendum du **8 avril 1962** (approbation des accords d'Évian) ;
- référendum du **28 octobre 1962** (mode d'élection du Président de la République) ;
- référendum du **27 avril 1969** (réforme du Sénat et de la région).

À chaque fois, il déclara qu'il démissionnerait en cas d'échec du référendum. Et, suite à l'échec du référendum du 27 avril 1969, il démissionna effectivement.

Cependant, les résultats extrêmement positifs des référendums précédents (en 1961 : plus de 75 % de oui ; en avril 1962, plus de 90 % de oui ; en octobre 1962, plus de 62 % de oui) avaient provoqué une controverse sur leur caractère plébiscitaire. Les adversaires politiques du Président de Gaulle firent valoir que la question de confiance présidentielle relevait du chantage politique et qu'elle faussait le référendum en superposant à la question référendaire proprement dite celle de l'approbation personnelle donnée au Président.

1. Le non-engagement du Président

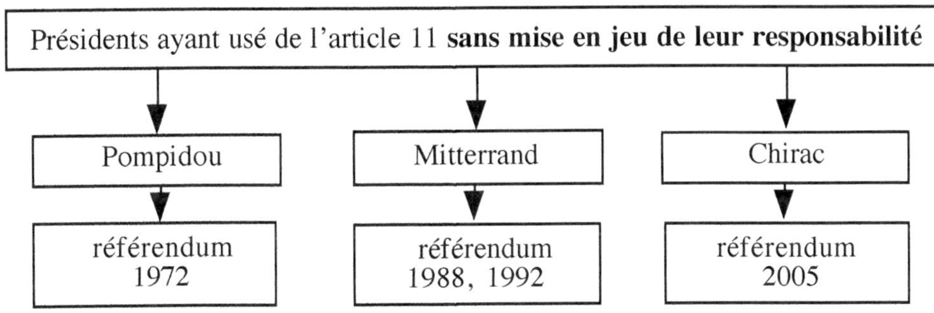

2. Le cas particulier du Président de Gaulle

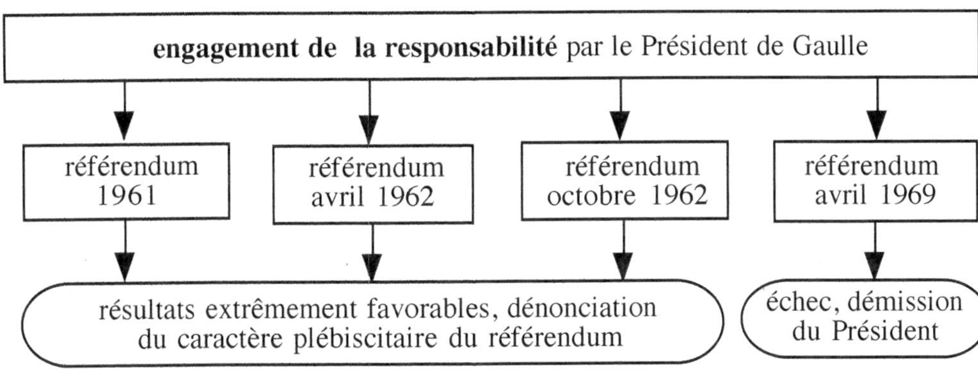

B. Le risque d'une pseudo-démocratie

a. Les problèmes de fonctionnement de la démocratie

Quand les électeurs ont à la fois l'initiative législative et le pouvoir d'adopter les projets populaires par référendum, on peut dire qu'il y a **deux législateurs concurrents** entre lesquels règne une rivalité potentielle : le législateur populaire et le législateur élu. C'est une source de perturbation du fonctionnement démocratique. En effet, sur un même sujet, les deux législateurs peuvent s'affronter en adoptant successivement des lois différentes. Non seulement cela jette le discrédit sur les élus mais cela génère une insécurité juridique insupportable. Pour éviter cette situation, on peut avoir recours à la "**préemption législative**". Avec ce procédé juridique, une matière ayant fait l'objet d'une loi populaire ne peut plus être régie que par des lois populaires. Les élus sont ainsi dépossédés de leur droit de légiférer soit définitivement, soit temporairement, selon les cas. La préemption législative est fréquemment mise en place dans les États fédérés américains qui pratiquent la législation populaire totale (initiative et vote populaire).

L'article 11 C révisé en 2008 ne prévoit pas une telle préemption dans le cadre du référendum d'initiative parlementaire et citoyenne. En revanche, rappelons qu'il interdit un référendum sur une proposition de loi visant à abroger une loi promulguée depuis moins d'un an, ce qui évite un démenti populaire trop rapide du vote parlementaire.

b. La négation de l'intérêt général et des valeurs de la démocratie

Le succès d'une initiative populaire suivie d'un référendum législatif est très largement influencé par les moyens disponibles pour soutenir la campagne référendaire.

Aux États-Unis, dans les États fédérés qui pratiquent la législation populaire, on a pu constater que les **groupes d'intérêts** économiques utilisaient celle-ci pour servir leurs intérêts en finançant un processus législatif dont ils étaient les initiateurs. Dans ce cas, la législation populaire est loin de la préoccupation de l'intérêt général. Elle exprime l'intérêt du *lobby* qui finance l'opération référendaire.

Par ailleurs, on a pu constater que les mécanismes de la législation populaire étaient utilisés par des **groupes extrémistes** pour promouvoir leurs idées contraires aux valeurs démocratiques. En lançant une campagne référendaire, même vouée à l'échec, de tels partis font parler d'eux et obtiennent ainsi une publicité et une diffusion à grande échelle de leur idéologie. En Suisse, on a constaté que les partis xénophobes utilisaient souvent ce procédé.

B. Le risque d'une pseudo-démocratie

a. Les problèmes de fonctionnement de la démocratie

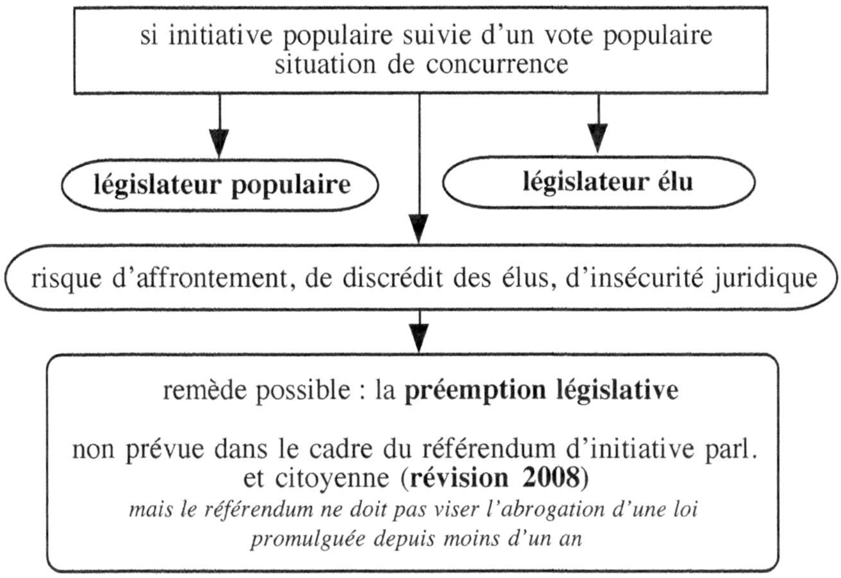

b. La négation de l'intérêt général et des valeurs de la démocratie

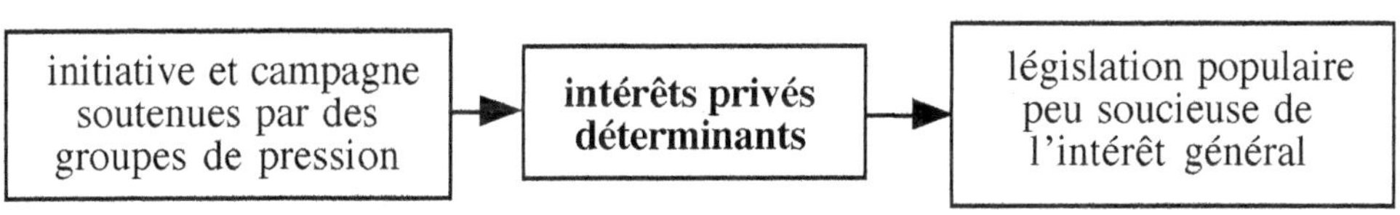

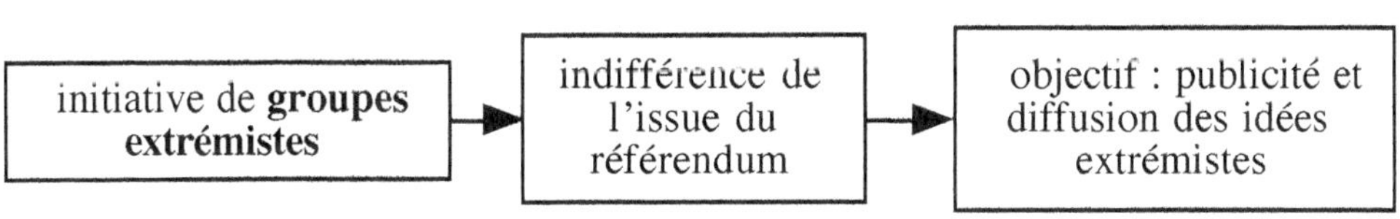

§ 3. Les limites du référendum législatif

Les limites du référendum en matière législative se définissent, d'une part, sous l'angle de l'objet du référendum et, d'autre part, sous l'angle des matières susceptibles d'être soumises à un référendum.

A. Le respect de l'objet législatif du référendum

Le référendum est un procédé qui peut s'insérer dans des procédures ayant un objet différent. Juridiquement, il importe donc de respecter, pour chaque référendum, la procédure exacte pour laquelle il a été institué. Ainsi, la Constitution de 1958 prévoit deux référendums nationaux : celui de l'article 89 et celui de l'article 11. Ces deux référendums sont très différents et il semble difficile d'utiliser l'un à la place de l'autre.

a. Les différences entre les articles 11 C et 89 C

Trois séries de différence opposent le référendum de l'article 89 et celui de l'article 11 (que ce soit avant ou après la révision de 2008).

- Le référendum de l'article 89 C porte sur un texte déjà voté par le Parlement ; celui de l'article 11 C porte sur un texte qui n'a pas été voté préalablement par le Parlement.
- Le référendum de l'article 89 C est donc un référendum d'**approbation** ; le référendum de l'article 11 C est un référendum d'**adoption**. Le premier suppose l'intervention (vote préalable) du Parlement, le second l'exclut totalement.
- L'article 89 C s'intègre dans la procédure de révision ; l'article 11 C institue une modalité particulière d'adoption de la loi. Le premier a donc un objet **constituant dérivé**, le second a un objet **législatif**.

b. L'usage de l'article 11 C pour réviser la Constitution

Le Président de Gaulle a utilisé par quatre fois l'article 11 C. Deux de ces référendums ont correspondu au domaine législatif tracé par l'article : le référendum du 8 janvier 1961 et celui du 8 avril 1962. En revanche, les deux autres référendums ont révisé la Constitution : référendum du **28 octobre 1962** sur l'élection du Président de la République au suffrage universel direct et référendum du **27 avril 1969** sur le Sénat et la région.

Dans ces deux cas, le recours à l'article 11 C avait pour but de **contourner l'opposition du Sénat** en évitant le vote de la révision par les deux chambres prévu par l'article 89 C. Politiquement, la manœuvre était habile. Mais juridiquement, la procédure suivie était contestable. L'opinion de la doctrine fut partagée sur la constitutionnalité de recours à l'article 11 pour réviser la Constitution. Le Conseil constitutionnel, quant à lui, n'eut pas l'occasion de se prononcer sur la question, considérant qu'il ne pouvait exercer de contrôle sur les lois référendaires (**CC, 6 novembre 1962**).

§ 3. Les limites du référendum législatif

A. Le respect de l'objet législatif du référendum

a. Les différences entre les articles 11 C et 89 C

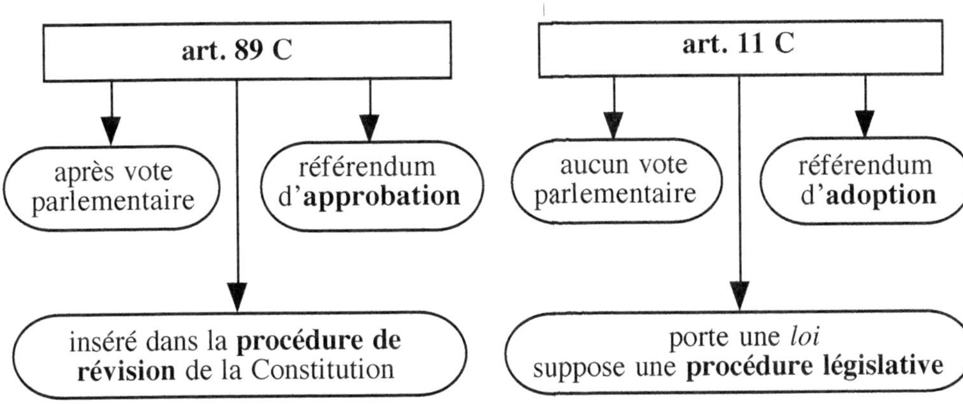

b. L'usage de l'article 11 C pour réviser la Constitution

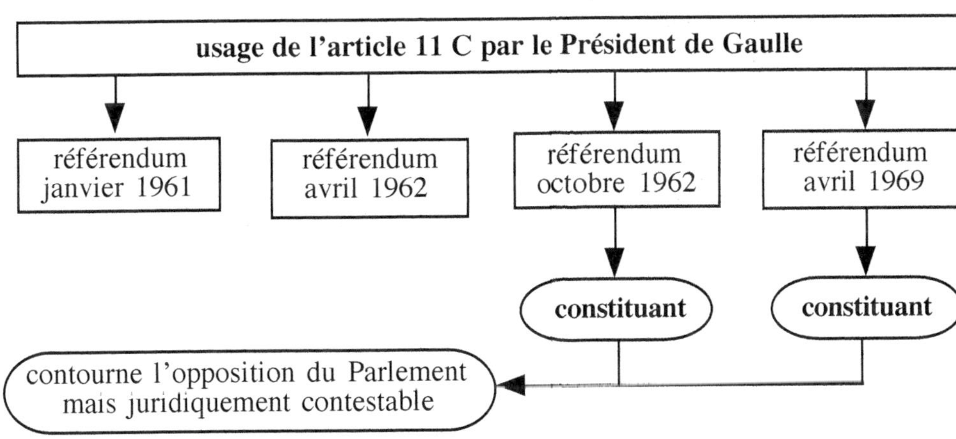

B. Le domaine du référendum législatif

Pour délimiter le champ d'application du référendum législatif, les Constitutions adoptent l'un ou l'autre des systèmes suivants :

- soit la législation populaire est par **principe possible** en tous domaines, sauf ceux où elle est explicitement interdite par la Constitution ;
- soit la législation populaire est **par principe interdite**, sauf dans les domaines où elle est expressément autorisée et prévue.

L'**article 11 C** met en œuvre ce dernier système. Dans sa rédaction originelle, l'article prévoit la possibilité d'un référendum sur un projet de loi portant sur :

- l'organisation des pouvoirs publics ;
- l'approbation d'un accord de Communauté (supprimé par la révision du 25 juin 1995) ;
- l'autorisation de ratifier un traité, qui sans être contraire à la Constitution, aurait des incidences sur le fonctionnement des pouvoirs publics.

En 1984, il y eut une première tentative d'élargissement du référendum aux questions concernant les libertés publiques. Le Sénat refusa de voter la révision. En 1993, il y eut une seconde tentative d'élargissement du référendum aux questions concernant les garanties fondamentales des libertés publiques. Le projet de révision ne fut pas discuté.

Ce fut la **révision du 4 août 1995** qui élargit enfin le champ d'application de l'article 11 C aux projets de lois "portant sur des **réformes relatives à la politique économique ou sociale de la nation et aux services publics qui y concourent**".

La révision de 1995 offre ainsi au référendum un domaine très vaste, mettant en jeu des questions techniques et complexes qui se prêtent assez mal à de simples réponses par "oui" ou par "non". Il n'est pas certain que cet élargissement ait une portée pratique réelle.

La révision de 2008 élargit le domaine du référendum aux **réformes environnementales**. Elle donne au référendum d'initiative partagée le même domaine que le référendum d'initiative gouvernementale ou parlementaire.

Mais, pour ce nouveau référendum, elle pose **une exclusion :** les lois promulguées depuis moins d'un an ne peuvent faire l'objet d'un référendum d'initiative partagée ayant pour objet leur abrogation.

B. Le domaine du référendum législatif

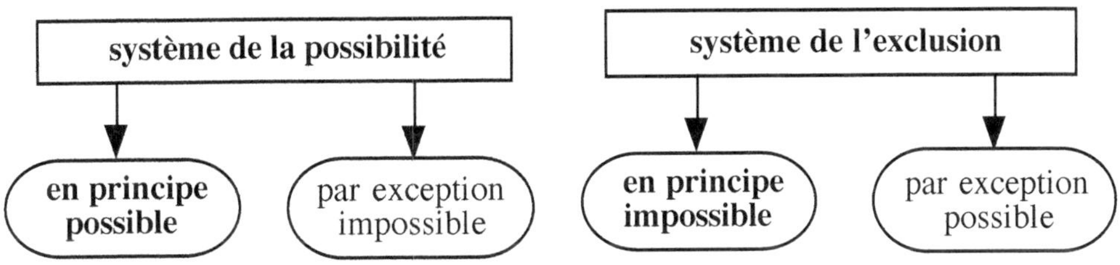

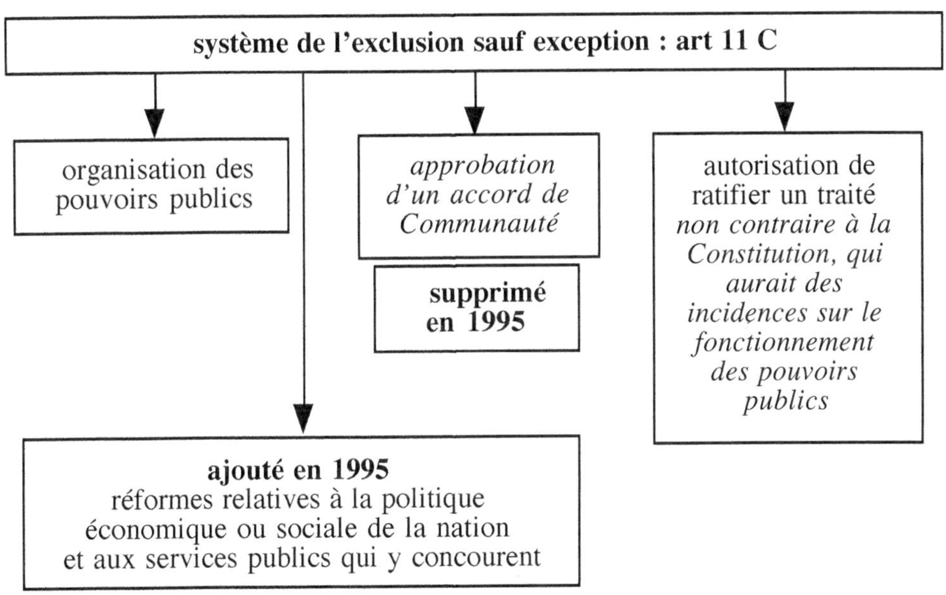

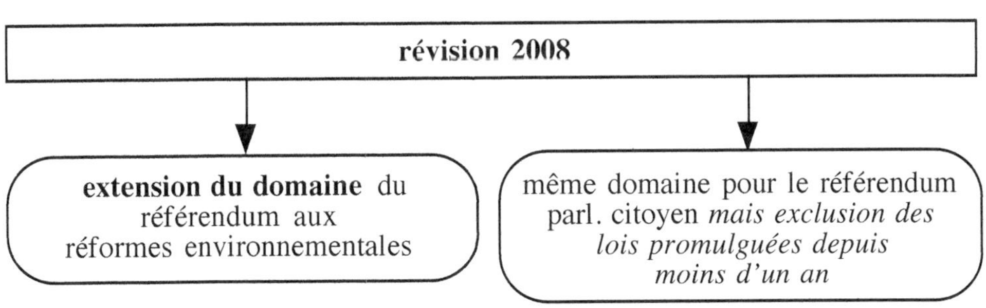

Chapitre 3. La mise en œuvre du droit de suffrage

Si le droit de suffrage est utilisé en dehors d'un référendum, pour un scrutin électif, il convient de déterminer :

- si les élus seront des gouvernants ou simplement les membres d'un corps électoral qui procédera à son tour à un scrutin électif (question du mode de suffrage) ;
- la façon dont l'élection sera acquise (question des modes de scrutin) ;
- le déroulement du processus électoral.

Section 1. Les deux modes du suffrage : direct et indirect

Que l'on soit dans un système de suffrage restreint ou de suffrage universel, lorsque les électeurs élisent immédiatement les gouvernants, on parle de suffrage direct ; lorsque les électeurs désignent les membres d'un collège électoral qui formeront un corps électoral du second degré, on parle de suffrage indirect (élection à plusieurs degrés).

Le suffrage direct confère aux élus une **légitimité démocratique directe** (maximale) et le suffrage indirect une **légitimité démocratique indirecte** (moindre). Normalement, l'intensité de la légitimité doit être en rapport avec l'intensité du pouvoir dont dispose l'autorité élue : plus les pouvoirs qui lui sont conférés sont importants, plus le degré de sa légitimité démocratique doit être élevé.

Le choix de l'un ou l'autre des modes de suffrage s'impose pour l'élection des membres des assemblées législatives et pour l'élection du Président de la République.

§ 1. L'élection parlementaire

La question du mode de suffrage se pose pour les assemblées législatives, sauf pour les chambres hautes aristocratiques (type Chambre des lords en Grande-Bretagne) dont les membres ne sont pas élus.

A. L'élection des députés

Les députés sont les élus chargés d'assurer la représentation de la nation ou du peuple (selon que l'on se trouve dans un régime fondé sur la souveraineté nationale ou populaire). Il semblerait normal qu'ils soient élus directement par les citoyens. Mais ce n'est pas toujours le cas. Les députés peuvent être élus indirectement. C'est même le mode de désignation indirect qui est choisi en premier, lors de la mise en place d'un système démocratique.

Chapitre 3. La mise en œuvre du droit de suffrage

Section 1. Les deux modes du suffrage : direct et indirect

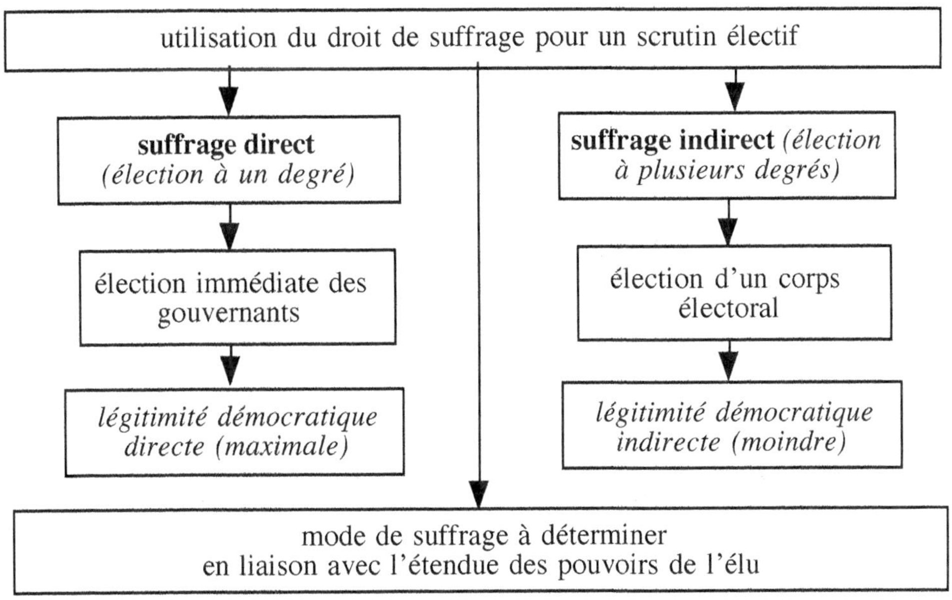

§ 1. L'élection parlementaire

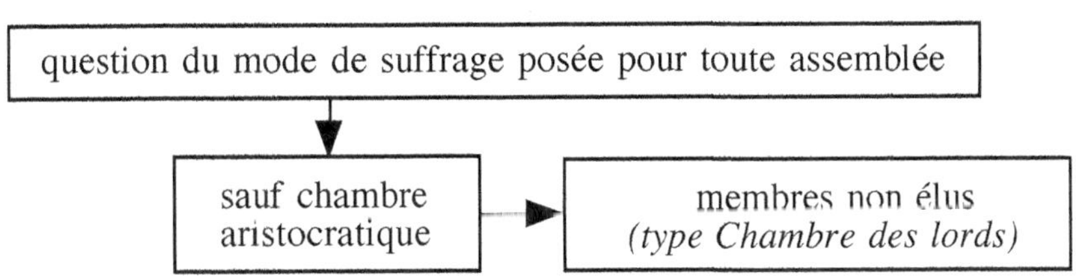

A. L'élection des députés

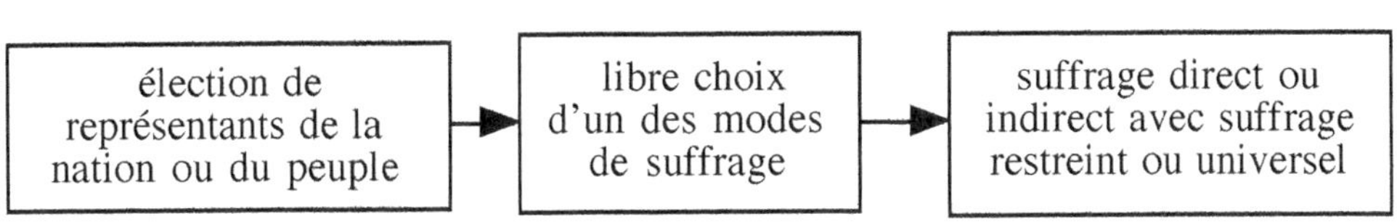

a. Le mode de suffrage indirect

Le suffrage indirect en lui-même atténue le degré de démocratie d'un système électif. Mais selon l'étendue du droit de suffrage, l'effet réducteur peut être plus ou moins prononcé.

La formule "**suffrage indirect et suffrage restreint**" est la moins démocratique : peu de citoyens votent et, parmi ce petit nombre, seuls certains (les électeurs du second degré) désignent les députés. Cette formule est utilisée quand le fait de désigner les gouvernants selon un mode électif est un procédé nouveau et redouté. Cela permet de restreindre fortement la portée de l'existence même du suffrage (ex. : Constitution française de 1791).

La formule "**suffrage indirect et suffrage universel**" est un peu plus démocratique : tous les citoyens votent mais... pour désigner les électeurs du second degré et non pas les députés. Cette formule est souvent utilisée lors de l'établissement du suffrage universel, quand on redoute un peu les résultats électoraux populaires. Cela permet d'atténuer la portée du suffrage universel en filtrant le vote populaire grâce aux élections du second degré. Les premières élections au suffrage universel, en 1792, furent réalisées selon un suffrage indirect.

b. Le mode de suffrage direct

Le suffrage direct en lui-même est propice à la démocratie. Mais, ici encore, il ne faut pas négliger l'impact de l'étendue du droit de suffrage. La formule "**suffrage direct et suffrage restreint**" n'est pas très démocratique. Même si les électeurs désignent eux-mêmes les députés... seuls certains citoyens sont électeurs. C'est ce qui se pratiquait sous la Restauration et la monarchie de Juillet. Le nombre des électeurs ayant été fortement réduit, le mode direct du suffrage ne semblait pas représenter un grand risque. La formule "**suffrage direct et suffrage universel**" est la seule pleinement démocratique. Tous les citoyens désignent directement les députés (en France, pratiqué depuis 1848).

B. L'élection des sénateurs

Les sénateurs ne représentent généralement pas la nation ou le peuple puisque cette fonction revient aux députés. La seconde chambre a une fonction de représentation spécifique. Elle ne fait pas double emploi avec la chambre basse. En État fédéral, la chambre haute est la chambre des États fédérés (ex. : le Sénat américain). En État unitaire décentralisé ou régional, elle est la chambre des collectivités territoriales (cf. art. 24, al. 2 C.). Le mode de désignation des sénateurs est fréquemment un mode indirect. Cependant, aux États-Unis, depuis 1913, les membres du Sénat (seconde chambre du Congrès) sont élus directement par la population (comme les membres de la chambre basse, la Chambre des représentants). De même, en Italie et en Espagne, les sénateurs sont élus au suffrage universel direct, comme les députés. La forme fédérale et régionale de ces États n'est pas étrangère à cette particularité.

a. Le mode de suffrage indirect

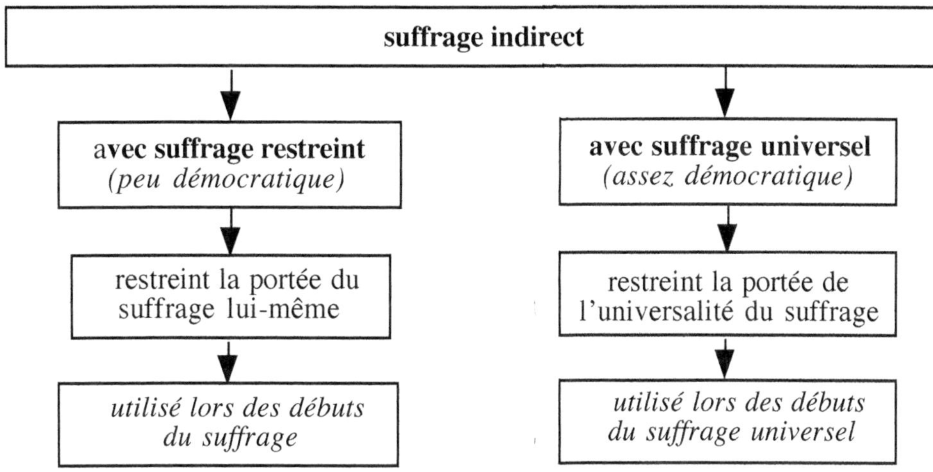

b. Le mode de suffrage direct

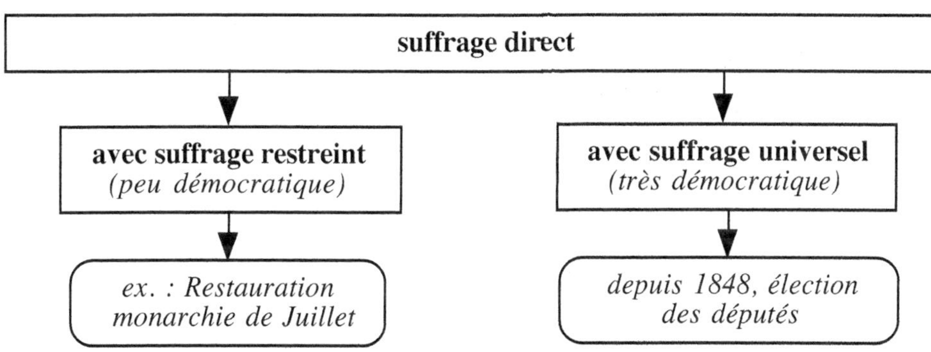

B. L'élection des sénateurs

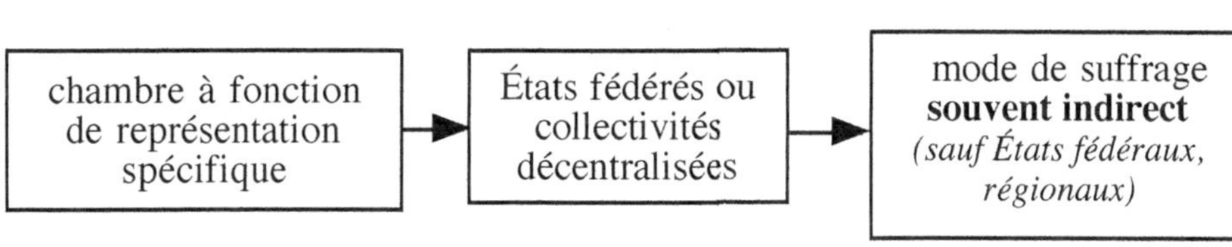

a. Le mode de suffrage indirect avec droit de suffrage universel

C'est le procédé utilisé en France depuis la IIIe République pour désigner le **Sénat** (la Ire et la IIe République étaient monocamérales).

1. La désignation des sénateurs de 1875 à 1884

La loi constitutionnelle du 24 février 1875 (art. 1er) prévoyait que sur trois cents sénateurs, deux cent vingt-cinq seraient élus au suffrage indirect et soixante-quinze seraient inamovibles, élus par l'Assemblée nationale, c'est-à-dire l'Assemblée constituante elle-même (puis, au fur et à mesure des vacances de siège, le Sénat pourvoirait lui-même au remplacement de ces inamovibles par cooptation).

Ce mode de désignation exprimait un compromis entre les républicains et les monarchistes. Les premiers avaient obtenu l'établissement d'une République et les monarchistes avaient obtenu un Sénat fort, qui se voulait une chambre très conservatrice, d'où l'idée des sénateurs inamovibles.

Mais la **révision** constitutionnelle du **14 août 1884** retira de la Constitution les articles relatifs au mode de désignation du Sénat. Ainsi, une **loi du 9 décembre 1884** put supprimer les sénateurs inamovibles. Dès lors, restaient exclusivement des sénateurs élus par un collège électoral d'élus locaux.

2. Le mode actuel de désignation des sénateurs

Ce mode de désignation est pratiquement celui de la IIIe République. Le collège électoral est constitué au niveau du département. Il comprend :

- les députés et les sénateurs élus dans le département ;
- les conseillers régionaux de la section départementale du département ;
- les conseillers départementaux ;
- les délégués des conseils municipaux (95 % du collège électoral). Le nombre de ces délégués varie selon les communes mais cette variation n'est pas strictement proportionnelle à la variation de la population. Comme sous la IIIe et la IVe République, le système adopté favorise la représentation des communes rurales. (Rappelons qu'en vertu de l'article 88-2 C, les conseillers municipaux, ressortissants européens, ne peuvent participer au processus électoral sénatorial, v. Ch. précédent, S. 2, § 1).

a. Le mode de suffrage indirect avec droit de suffrage universel

1. La désignation des sénateurs de 1875 à 1884

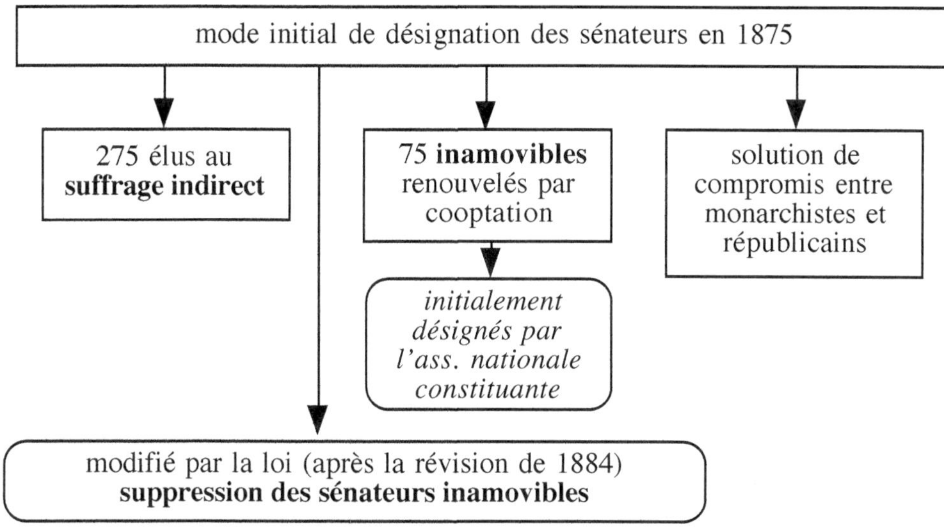

2. Le mode actuel de désignation des sénateurs

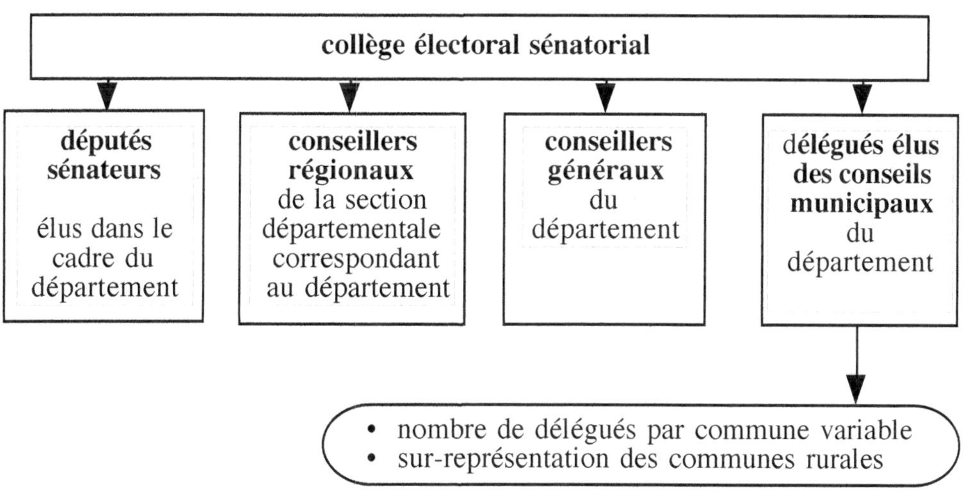

b. Le mode de suffrage indirect avec droit de suffrage restreint

Ce système signifie que les personnes composant le collège électoral sénatorial ont été élues par un corps électoral restreint. Ainsi, sous le Directoire, les assemblées primaires composées des seuls citoyens payant l'impôt (suffrage censitaire) élisaient les membres du Conseil des Anciens (chambre haute).

§ 2. L'élection présidentielle

A. L'élection présidentielle au suffrage indirect

a. L'élection du Président par les chambres législatives

Ce mode de désignation est très répandu en régime parlementaire car il est conforme au schéma classique de ce type de régime qui veut que le chef de l'État soit une autorité effacée. Disposant de peu de pouvoirs et ne gouvernant pas, ayant une fonction de représentation de l'État, le Président de la République n'a pas besoin d'une légitimité démocratique maximale. Il peut donc être choisi par le Parlement et non par les électeurs.

Ce fut le mode de désignation du Président sous la IIIe et la IVe République.

- L'article 2 de la loi constitutionnelle du 25 février **1875** décidait que le Président de la République était élu par la Chambre des députés et le Sénat réunis, par un vote à la majorité absolue des suffrages.
- L'article 29 de la Constitution de **1946** disposait que le Président était élu par le Parlement, c'est-à-dire l'Assemblée nationale et le Conseil de la République.

C'est également la solution choisie par de nombreux pays comme l'**Italie.**

b. L'élection du Président par un collège élargi

En 1958, le texte initial de l'article 7 C prévoyait un **collège électoral présidentiel élargi** par rapport aux Républiques précédentes. Outre les membres du Parlement (sénateurs et députés), élisaient le Président :

- les membres des conseils généraux ;
- les membres des assemblées des territoires d'outre-mer ;
- les représentants élus par les conseils municipaux dont le nombre dépendait de l'importance de la population de la commune.

L'ensemble représentait pour la métropole 76 000 électeurs présidentiels. Ce procédé de désignation avait été imaginé afin de **diminuer l'influence du Parlement** dans la désignation du Président.

b. Le mode de suffrage indirect avec droit de suffrage restreint

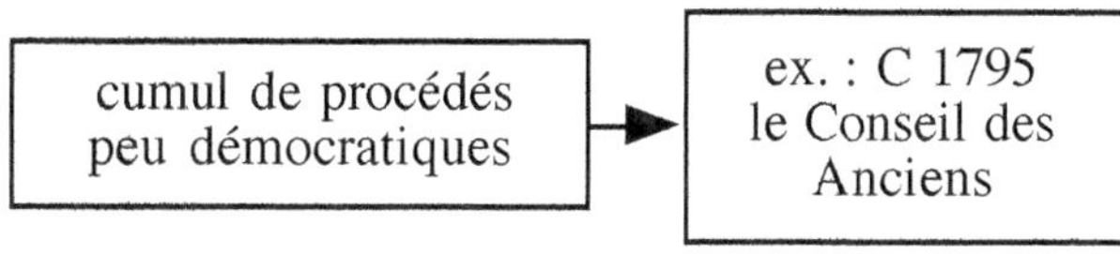

§ 2. L'élection présidentielle

A. L'élection présidentielle au suffrage indirect

a. L'élection du Président par les chambres législatives

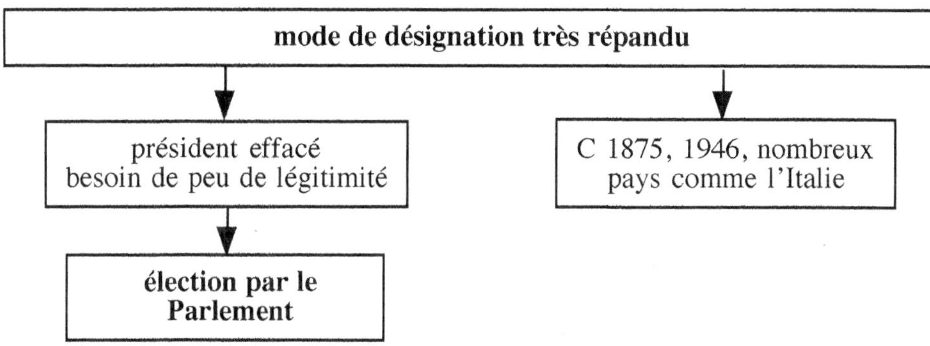

b. L'élection du Président par un collège élargi

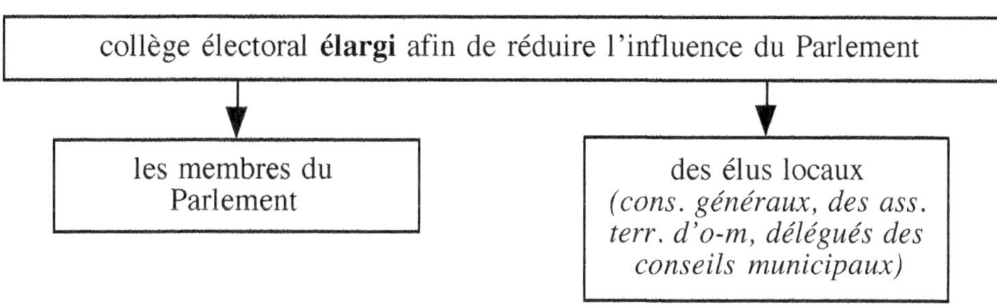

c. Le cas particulier de l'élection du Président des États-Unis

Techniquement, le Président des États-Unis est élu au suffrage indirect par un collège de **grands électeurs**.

- Chaque État fédéré désigne autant de grands électeurs qu'il a de membres au Congrès.
- Ces grands électeurs forment le collège électoral présidentiel.
- Ce collège électoral élit, à la majorité absolue des voix, le Président (et le vice-président qui est appelé à succéder au Président pour la durée du mandat à courir, en cas de vacance de la présidence).

Si aucun des candidats n'obtient la majorité absolue, la Chambre de représentants élit le Président parmi les trois candidats les mieux placés, le vote se faisant par État (ce pouvoir supplétif de la Chambre des représentants a été utilisé en 1800 et 1824). Le Sénat choisit le vice-président parmi les candidats les mieux placés.

Mais ce système est **trompeur**. Les candidats aux sièges de grands électeurs font campagne pour le candidat présidentiel de leur parti pour lequel ils s'engagent à voter (c'est un mandat impératif). Aussi, les citoyens, en votant pour tel candidat au collège électoral présidentiel, votent en réalité pour le candidat présidentiel que ce dernier soutient. Dans ces conditions, les résultats de l'élection des grands électeurs permettent de connaître le résultat de l'élection présidentielle. Le caractère indirect du suffrage n'a plus de réel effet politique.

Cependant, il peut arriver que le candidat élu par les grands électeurs ne soit pas celui qui l'aurait remporté à l'occasion d'un vote au suffrage direct. Cela peut se produire quand l'écart en nombre de voix entre les candidats est faible. Cela s'est effectivement produit en 1876, 1888 et en 2000 (330 000 voix de plus pour Al Gore). Des propositions de réformes pour introduire un suffrage direct n'ont pas abouti en raison de l'opposition du Sénat.

B. L'élection présidentielle au suffrage direct

En France, c'est la Constitution de **1848** qui introduisit un Président de la République élu au suffrage universel direct. Dans le discours de Bayeux, prononcé par le général de Gaulle, le 16 juin 1946, la désignation du Président au suffrage universel direct figurait comme l'un des éléments essentiels du régime souhaité par l'orateur. Mais de Gaulle dut attendre **1962** pour réaliser ses idées. Contournant l'opposition du Parlement à cette réforme, il eut recours à la voie (juridiquement contestable) de l'article 11 C (*cf. supra*) pour supprimer le collège électoral élargi prévu en 1958 et le remplacer par un suffrage direct. L'élection du Président au suffrage universel direct est une solution utilisée dans d'autres États qui mettent en avant le Président. C'est le cas de la Russie.

c. Le cas particulier de l'élection du Président des États-Unis

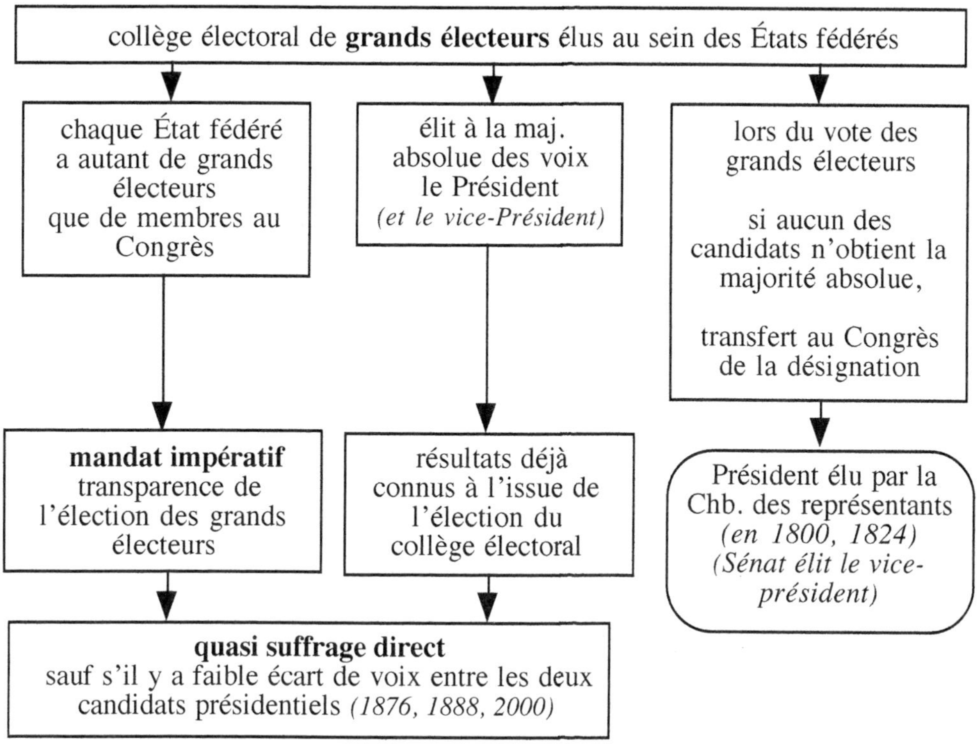

B. L'élection présidentielle au suffrage direct

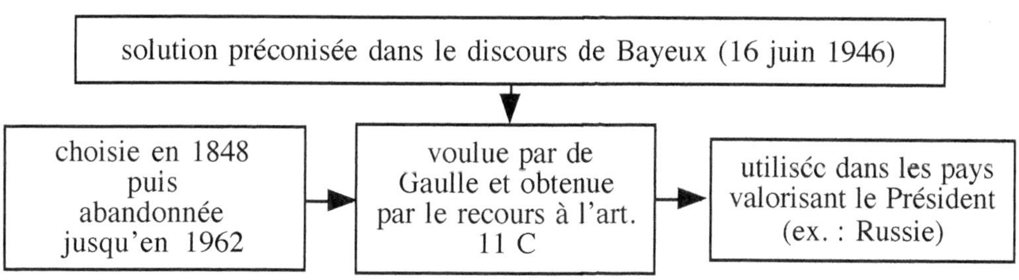

Section 2. Les deux modes de scrutin

Les modes de scrutin désignent la façon dont les suffrages seront comptabilisés et comment seront déterminés le résultat des élections. Deux logiques s'opposent : la logique majoritaire et la logique proportionnelle.

La première fait prévaloir la supériorité numérique selon une conception classique de la démocratie. La seconde, plus récente, fait prévaloir l'idée de l'équilibre représentatif entre les différentes tendances de l'opinion publique.

§ 1. Le scrutin majoritaire : la démocratie traditionnelle

A. L'organisation du scrutin majoritaire

a. Le mode de présentation des candidats

Le **scrutin uninominal** est celui dans lequel les candidats se présentent individuellement. Chaque voix va à un nom. Ce mode de présentation personnalise l'élection et favorise les notables locaux. Il permet des candidatures en dehors de toute formation politique (candidatures indépendantes).

La présentation collective sous la forme d'une liste de noms (**scrutin de liste**) a les effets inverses. Elle dépersonnalise le scrutin, elle accroît le rôle de partis politiques et empêche les candidatures indépendantes car les listes sont constituées par les partis politiques.

Cependant, le rôle des partis politiques peut être atténué en donnant à l'électeur la possibilité de modifier l'ordre des noms sur une liste électorale, sans rajouter de noms nouveaux (système du **vote préférentiel**) ou en lui laissant le soin de confectionner lui-même sa liste en se servant des listes présentées (système du **vote avec panachage**).

Section 2. Les deux modes de scrutin

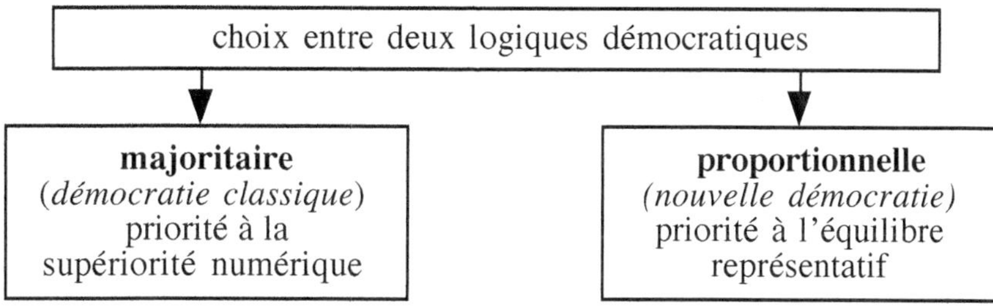

§ 1. Le scrutin majoritaire : la démocratie traditionnelle

A. L'organisation du scrutin majoritaire

a. Le mode de présentation des candidats

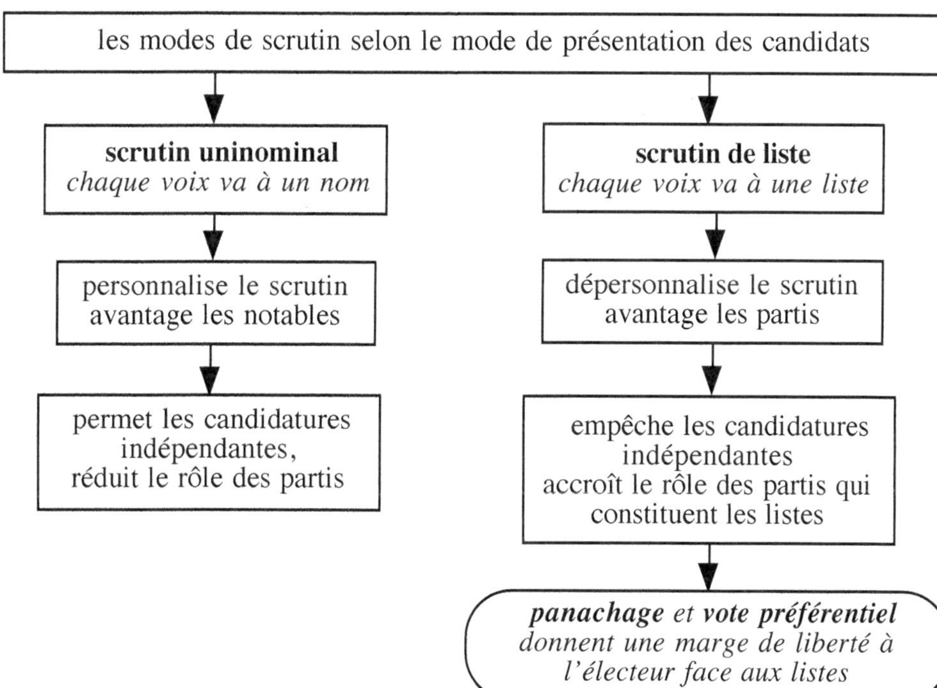

b. Le type de majorité et le nombre de tours de scrutin

Il existe deux façons de déterminer la majorité : la majorité relative et la majorité absolue.

Avec la **majorité relative**, est élu le candidat qui obtient le plus grand nombre de voix par rapport aux autres candidats. Un seul tour de scrutin suffit. L'avantage de ce système est que le résultat est simple et immédiat. Son inconvénient est une sorte de contrainte exercée sur l'électeur. En effet, on a pu constater, qu'en pratique, ce dernier aura tendance à préférer donner sa voix à un candidat qui a des chances de remporter l'élection plutôt qu'à un autre qui n'a aucune chance, même si ce dernier correspond davantage à ses idées. C'est ce que l'on nomme **"le vote utile"**.

Avec la **majorité absolue** est élu celui qui obtient la moitié des voix plus une. Comme cette majorité est difficile à obtenir, on prévoit deux tours de scrutin. Au premier tour, la majorité absolue des voix est exigée. Au second tour, on se contente de la majorité relative. L'avantage de ce système est que l'élu du premier tour a une très forte légitimité. L'inconvénient de ce système est que le second tour retarde l'élection et donne lieu à des manœuvres politiques parfois peu claires. En effet, les candidats non encore élus, dits "en ballottage", cherchent à obtenir des désistements d'autres candidats moins bien placés et politiquement proches afin de réduire le nombre des candidats au second tour, d'éviter l'émiettement des voix et d'accroître ainsi leur chance d'être élus.

La France a expérimenté les différentes formules du scrutin majoritaire pour les élections législatives :

- scrutin de liste départemental à un tour en 1848 et 1871, à deux tours en 1885 ;
- scrutin uninominal d'arrondissement majoritaire à deux tours en 1852, 1889, à partir de 1927 jusqu'en 1940, durant la Ve République (sauf entre 1985 et 1986).

B. Les effets du scrutin majoritaire

a. "L'injustice" du scrutin majoritaire

Ce mode de scrutin (surtout quand il est à un tour) engendre une disproportion entre le pourcentage des voix obtenues et celui des sièges remportés. On a pu constater en effet que le scrutin majoritaire génère un phénomène de surreprésentation du parti qui obtient le plus grand nombre de suffrages. Cette inégalité, plus ou moins marquée, est un phénomène constant. D'une manière générale, on l'a exprimée par la **loi du cube** qui s'énonce ainsi : si le rapport des voix obtenues par deux partis A et B s'exprime par le rapport A sur B, le rapport du nombre des sièges qu'ils auront respectivement obtenus, s'exprimera quant à lui par le rapport A^3 sur B^3. En outre, le scrutin majoritaire à un tour a parfois un curieux résultat. Le parti qui a obtenu le plus grand nombre de voix n'est pas celui qui obtient le plus grand nombre de sièges (ex. : aux élections de 1951 en Grande-Bretagne, le parti conservateur obtenait 231 067 voix de moins et 26 sièges de plus que le parti travailliste).

b. Le type de majorité et le nombre de tours de scrutin

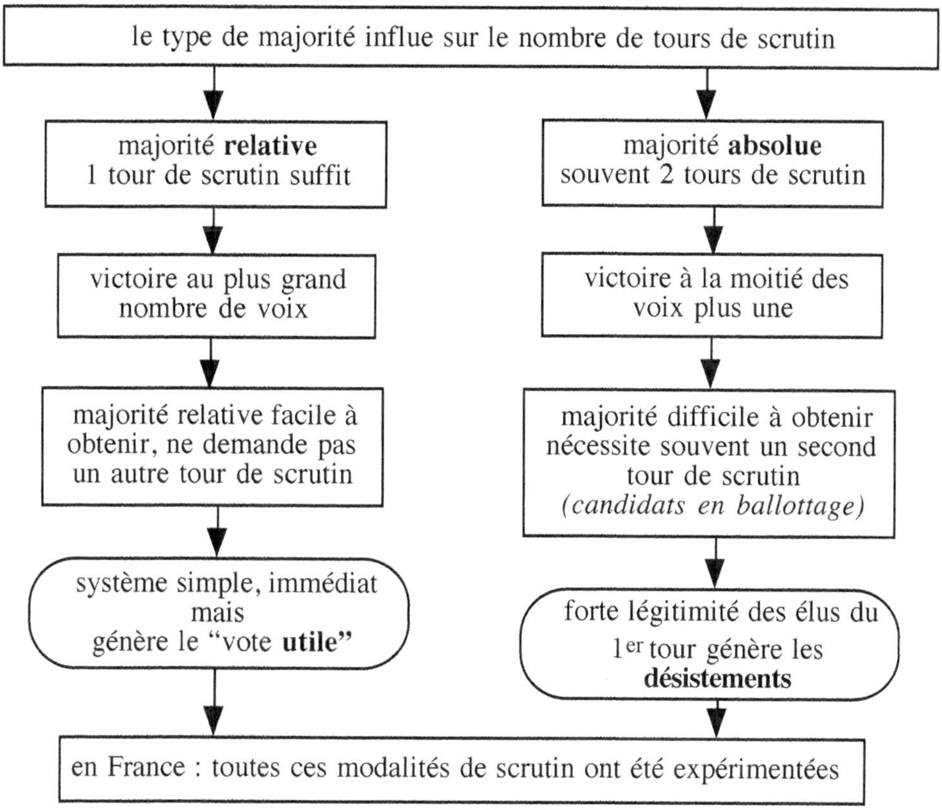

B. Les effets du scrutin majoritaire

a. "L'injustice" du scrutin majoritaire

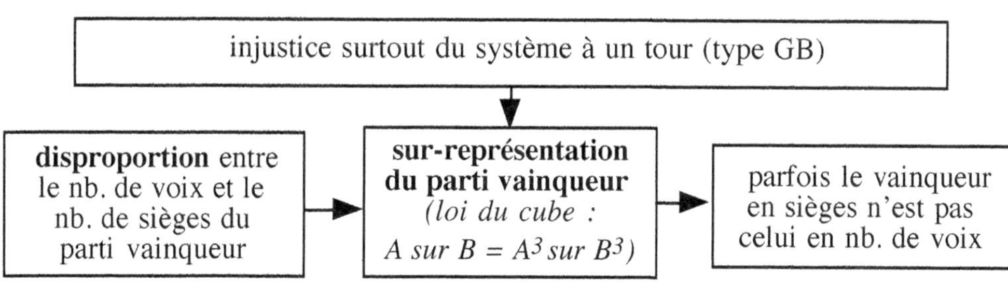

b. Le bipartisme conséquence du scrutin majoritaire à un tour

Les petites formations politiques sont les premières victimes de l'injustice du scrutin majoritaire. Elle les prive souvent de toute représentation malgré des résultats globaux satisfaisants en nombre de voix, en raison de l'éparpillement des voix qui ne leur permet pas de remporter des sièges dans beaucoup de circonscriptions. C'est pourquoi, avec un scrutin majoritaire à un tour, l'on aboutit souvent à un système bipartisan (comme aux États-Unis ou en Grande-Bretagne) dans lequel seuls deux grands partis sont susceptibles de gouverner.

L'injustice est un peu atténuée avec le scrutin à deux tours car le mécanisme du désistement crée une chance de représentation pour les petits partis (à condition que le report de voix se fasse correctement).

§ 2. La représentation proportionnelle : la nouvelle démocratie

A. L'organisation du scrutin à la proportionnelle

a. Les trois données de base

Le scrutin à la proportionnelle requiert pour sa mise en œuvre trois éléments indispensables.

- Il faut d'abord obligatoirement un **scrutin de liste**. Ces listes comportent normalement autant de noms que de sièges à pourvoir. Elles sont établies par les partis politiques, sauf dans une variante du système, le système de Hare.
- Ensuite, il faut des circonscriptions suffisamment vastes pour correspondre à plusieurs sièges à pourvoir.

Dans le système de la **proportionnelle intégrale**, la circonscription est unique : elle correspond au pays tout entier. Les listes sont nationales.

Dans le système de la représentation **proportionnelle approchée**, chaque circonscription correspond à trois ou quatre sièges (la circonscription correspond souvent au département).

Enfin, il faut un chiffre permettant une répartition des sièges. On utilise :

- soit le **"nombre uniforme"**, fixé avant le scrutin et identique pour toutes les listes ;
- soit le **quotient électorat,** fixé après le scrutin, dans chaque circonscription et égal à la division du nombre des suffrages exprimés par celui des sièges à pourvoir.

À partir de ces trois éléments de base, il est possible de mettre en place et de faire fonctionner un scrutin à la proportionnelle.

b. Le bipartisme conséquence du scrutin majoritaire à un tour

injustice très sensible pour les petites formations politiques

↓

fort handicap dû à l'éparpillement des voix → sous-représentation très nette par rapport au nb de voix → aboutit au bipartisme (ex. : GB, États-Unis)

§ 2. La représentation proportionnelle : la nouvelle démocratie

A. L'organisation du scrutin à la proportionnelle

a. Les trois données de base

scrutin de liste *nb. de noms = nb. de sièges à pourvoir de la circonscription*	**circonscriptions assez vastes** *plusieurs sièges pour chacune d'elles*	**chiffre répartiteur** *appliqué au nombre des voix de chaque liste*
↓	↓	↓
listes préétablies par les partis *sauf dans le système de Hare*	proportionnelle ***approchée*** si proportionnelle ***intégrale***, il y a une seule circonscription = le pays tout entier	fixé *avant* le scrutin : c'est le ***nombre uniforme*** fixé *après* le scrutin pour chaque circonscription : c'est le ***quotient électoral***

b. L'attribution des sièges

1. La répartition immédiate des sièges

La première opération permet d'attribuer définitivement un certain nombre de sièges à pourvoir. Pour chaque liste, le nombre de voix obtenues est divisé par le nombre uniforme ou le quotient électoral. Cependant, cette première division ne tombe pas juste. Elle fait toujours apparaître des restes pour chacune des listes. Ces restes de voix vont être utilisés pour répartir les sièges restant à pourvoir, lors d'une seconde opération.

2. La répartition des restes

La répartition des restes est la phase la plus complexe car il existe plusieurs méthodes pour réaliser cette opération. Seules deux de ces méthodes vont être présentées.

- La méthode de l'attribution des sièges **au plus fort reste** est la plus simple. Les sièges sont attribués, jusqu'à épuisement, dans l'ordre des listes disposant du plus grand nombre de voix restantes. Ce système avantage les petits partis.
- La méthode de l'attribution des restes **à la plus forte moyenne**. Ce système est plus complexe et il avantage les grands partis. On procède d'abord à l'attribution fictive d'un siège à chaque liste. Puis, le nombre de suffrages de chaque liste est divisé par le nombre de sièges qu'elle a obtenus (sièges attribués définitivement lors de la première répartition et le siège fictif). On obtient ainsi, pour chaque liste, une moyenne de suffrages exprimés. C'est la liste qui a la plus forte moyenne qui obtient définitivement le siège fictif. Ce système avantage les grands partis.

La représentation proportionnelle est un procédé techniquement assez complexe et divers. Il existe en effet d'autres mécanismes de représentation proportionnelle. Il est également possible de combiner le scrutin proportionnel avec le scrutin majoritaire (*cf. infra*).

b. L'attribution des sièges

1. La répartition immédiate des sièges

2. La répartition des restes

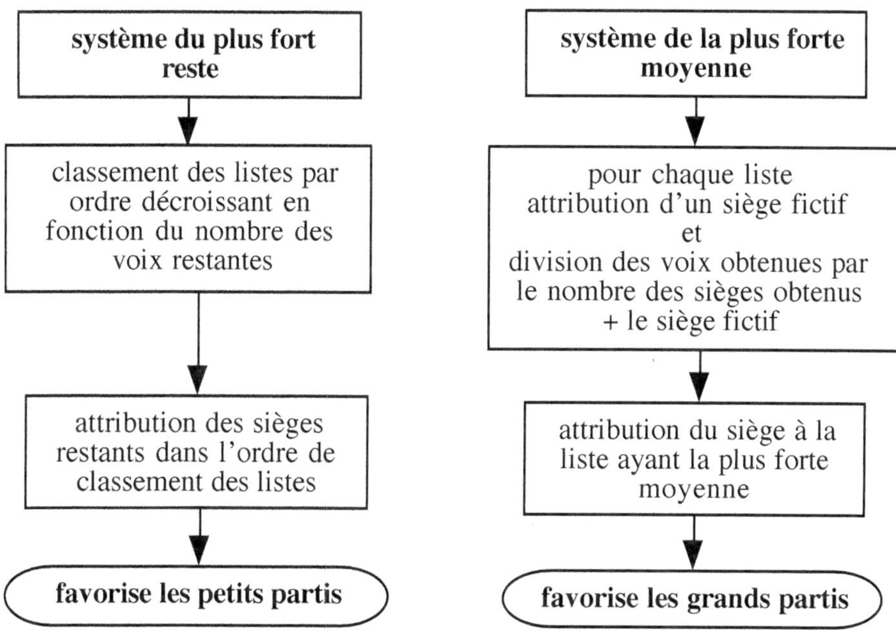

B. Les effets du scrutin à la proportionnelle

a. L'existence des formations politiques favorisée

La représentation proportionnelle engendre le **multipartisme** dans la mesure où elle favorise l'existence de petites formations politiques auxquelles elle permet d'obtenir des sièges que celles-ci n'obtiendraient pas avec un scrutin majoritaire (en raison du jeu de la prime majoritaire et du phénomène du vote utile).

Ce multipartisme, plus ou moins accentué selon que la répartition des restes se fait au plus fort reste ou à la plus forte moyenne, est une résultante constante de ce type de scrutin.

Ce dernier rend donc possible un renouvellement du paysage partisan en favorisant la montée de nouvelles formations. Par ailleurs, il assure à l'électeur un large choix et lui permet de trouver, dans le large éventail des partis existants, celui qui correspond le mieux à ses idées. De ce fait, l'électeur se sent mieux représenté.

Ces avantages démocratiques sont réels. Ils expliquent que de nombreux pays européens aient adopté ce mode de scrutin (notamment, la Belgique, les Pays-Bas, les pays scandinaves).

b. Les dangers du multipartisme

Au niveau du Parlement, le scrutin proportionnel favorise l'éparpillement des voix lors des élections législatives et il rend impossible la victoire d'un seul parti disposant de la majorité des sièges. Il en résulte la nécessité d'une majorité de coalition.

Au niveau du Gouvernement, la majorité de coalition parlementaire impose la formation d'un Gouvernement de **coalition**. Ceci entraîne une plus grande difficulté dans la constitution de l'équipe ministérielle et, souvent aussi, une politique de compromis sans direction nette afin de ménager les diverses tendances de la majorité. En outre, le Gouvernement est à la merci des ruptures de sa coalition de soutien. Les **chutes de gouvernement** sont favorisées.

La IVe République en est la parfaite illustration, de même que l'Italie jusqu'en 1993 (date à laquelle la part de représentation proportionnelle a été fortement réduite tant pour les élections législatives que sénatoriales).

Cependant, il faut reconnaître que le scrutin majoritaire à deux tours (très rarement à un tour) fait également apparaître des situations où aucun parti ne dispose de la majorité absolue et où un Gouvernement et une majorité de coalition doivent être constitués. Mais ceci n'est pas dans la logique du système majoritaire qui tend à la réduction de l'éventail de la représentation au profit de la stabilité gouvernementale.

B. Les effets du scrutin à la proportionnelle

a. L'existence des formations politiques favorisée

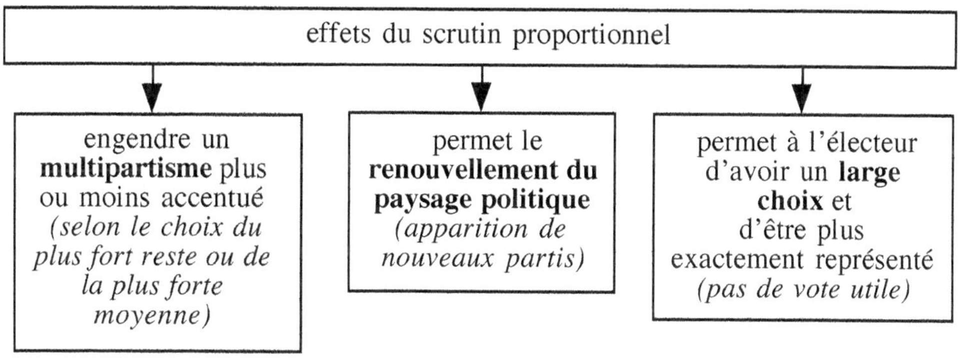

b. Les dangers du multipartisme

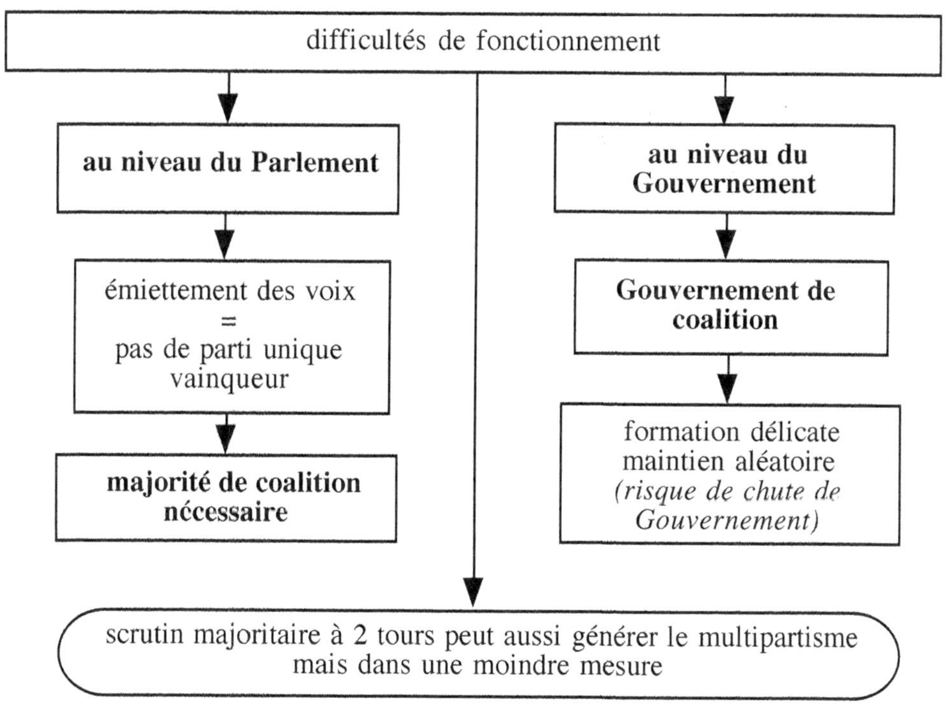

c. Le scrutin proportionnel pour les législatives en France

Pour les élections législatives, le scrutin proportionnel a été utilisé :
- de 1919 à 1927 sous la IIIe République ;
- durant toute la IVe République ;
- de 1985 à 1986 sous la Ve République.

On a pu constater, lors de son utilisation sous la IIIe et la IVe République, que la représentation proportionnelle renforçait la tendance du système politique français au multipartisme indiscipliné et à l'instabilité gouvernementale. Aussi, la représentation proportionnelle a-t-elle été tempérée par sa combinaison avec un scrutin majoritaire.
- Sous la IIIe République, la loi du 12 juillet 1919 a instauré un scrutin proportionnel avec un **correctif majoritaire** Si une liste remportait la majorité absolue des voix dans une circonscription, elle remportait tous les sièges de cette dernière. Ce système a été appliqué de 1919 à 1927.
- Sous la IVe République, la loi du 9 mai 1951 a introduit le système des **apparentements**. Si des listes, déclarées apparentées avant le scrutin, remportaient la majorité absolue des voix dans une circonscription, elles remportaient tous les sièges de cette dernière et se les répartissaient à la proportionnelle.

Ces correctifs n'ont pas tempéré l'effet multipartisan du scrutin proportionnel. Aussi, dans une volonté d'éliminer le multipartisme désordonné des deux Républiques précédentes, le scrutin majoritaire à deux tours a été choisi par la Ve République (sauf durant une brève interruption de 1985 à 1986).

d. Le scrutin proportionnel pour les sénatoriales (Ve République)

Pour les élections sénatoriales, les conséquences de la représentation proportionnelle sont moins périlleuses puisque le Sénat ne peut faire tomber les Gouvernements (sauf sous la IIIe République). Aussi, le scrutin proportionnel peut être choisi sans trop de risques de perturbation. Sous la Ve République, un système mixte a été mis en place. Le collège des électeurs sénatoriaux vote, dans certains cas au scrutin proportionnel, dans d'autres cas au scrutin majoritaire. Tout dépend du nombre de sièges de sénateurs attribués à la circonscription électorale départementale considérée.

En 1958, la représentation proportionnelle s'appliquait à partir de cinq sièges. Depuis, de nombreuses réformes ont fait varier ce chiffre : trois sièges (**loi du 10 juillet 2000 et loi du 2 août 2013**), quatre sièges (**loi du 30 juillet 2003**) et trois sièges **(loi du 20 août 2013)**.

c. Le scrutin proportionnel pour les législatives en France

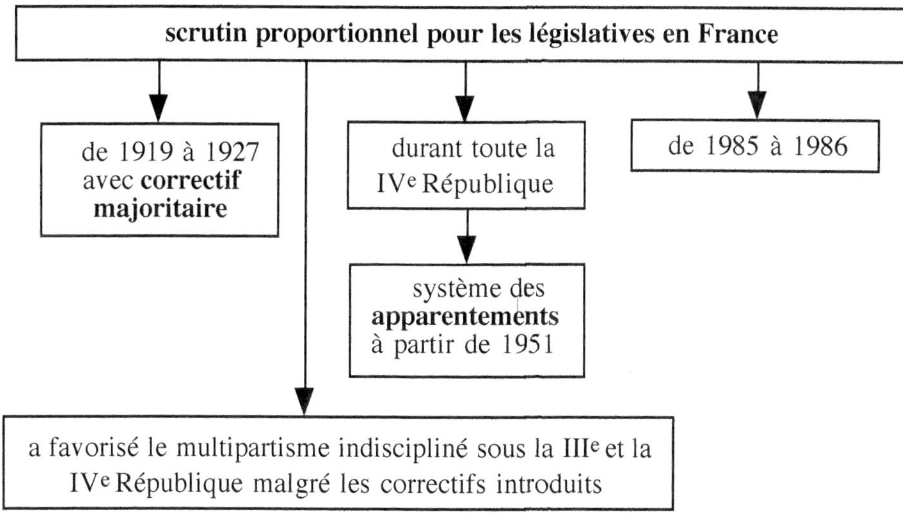

d. Le scrutin proportionnel pour les sénatoriales (Ve République)

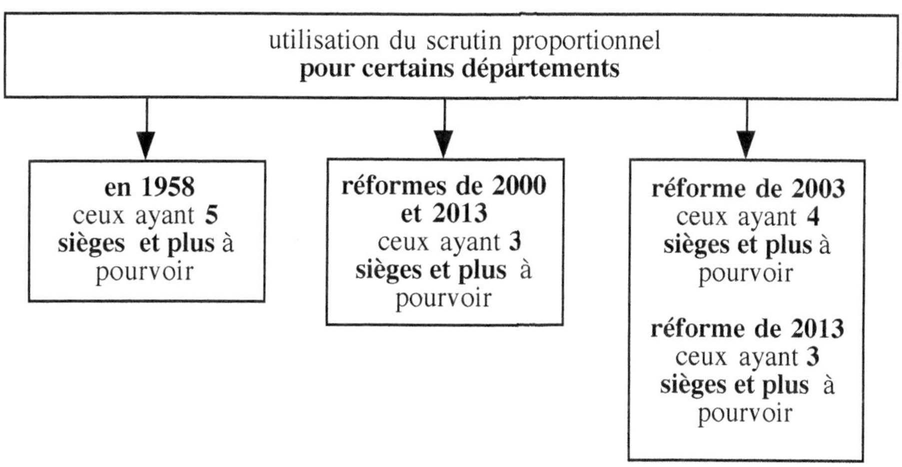

Section 3. Le processus électoral (Ve République)

Le processus électoral soulève trois séries de questions distinctes : celle de la périodicité des élections (durée des mandats) ; celle des possibilités de candidature aux élections (éligibilité et inéligibilité) ; celle du financement des campagnes électorales.

§ 1. La périodicité des élections ou la durée des mandats

Le processus électoral est scandé par la durée des mandats. Généralement, celle-ci dépend du degré d'intensité que l'on veut donner au contrôle des électeurs sur les élus. Si le mandat est long, cela signifie que l'on veut que ce contrôle soit léger et que l'élu soit dégagé des préoccupations électorales liées au souci de sa réélection. Si le mandat est bref, c'est qu'on veut l'inverse. L'importance des pouvoirs de l'élu est également un facteur important dans le choix de la durée du mandat. Si les pouvoirs sont faibles, un mandat long présente peu de dangers. Si les pouvoirs sont importants, un mandat bref est préférable.

A. La durée du mandat parlementaire

La durée du mandat des membres des deux assemblées législatives (en cas de bicamérisme) peut être identique (ex. : sous le Directoire, en Espagne, en Italie). Il peut aussi être différent. Dans ce cas, le mandat des membres de la chambre basse (chambre populaire) est plus bref que celui des membres de la chambre haute.

a. La durée du mandat des députés

Le choix de la brièveté du mandat des députés peut doublement se justifier.

- **Dans le cadre de la théorie de la souveraineté populaire**, le souci majeur est d'assurer aux électeurs une représentation fidèle à leurs souhaits. Grâce à une périodicité rapprochée des élections, le renouvellement rapide des représentants permet d'éviter que ces derniers n'entreprennent des politiques s'écartant des vues du peuple.
- **Dans le cadre de la théorie de la souveraineté nationale**, étant donné l'absence de moyens de sanction en cours de mandat sur les élus, la réélection ou la non-réélection sont les seuls moyens dont disposent les électeurs pour exprimer leur satisfaction ou leur insatisfaction à l'égard d'un élu. La brièveté du mandat rend la sanction efficace. Elle met les élus sous pression et les oblige à ne pas trop s'éloigner des vœux de leurs électeurs.

En France, la durée la plus brève du mandat d'un député a été de deux ans sous la Constitution de 1791 (même durée pour les membres de la Chambre des représentants aux États-Unis). Sous le Directoire, sous la IIe République, le mandat était de trois ans. Il est passé à quatre ans sous la IIIe République, à cinq ans sous la IVe République. La Constitution de 1958 a maintenu cette dernière durée.

Section 3. Le processus électoral (Ve République)

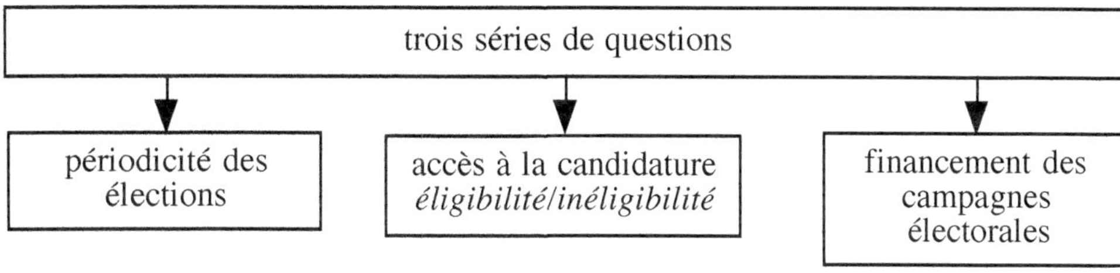

§ 1. La périodicité des élections ou la durée des mandats

A. La durée du mandat parlementaire

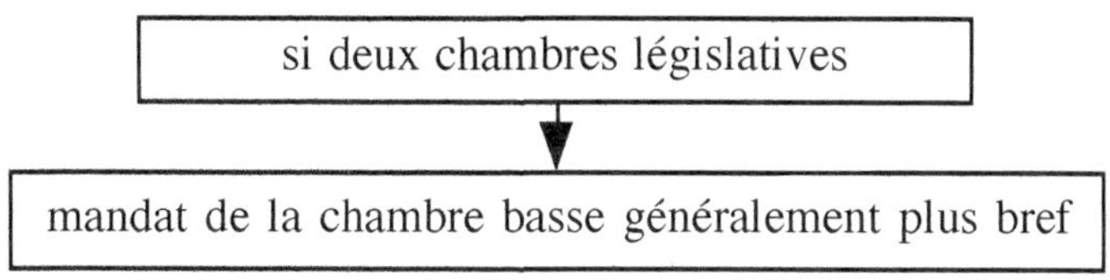

a. La durée du mandat des députés

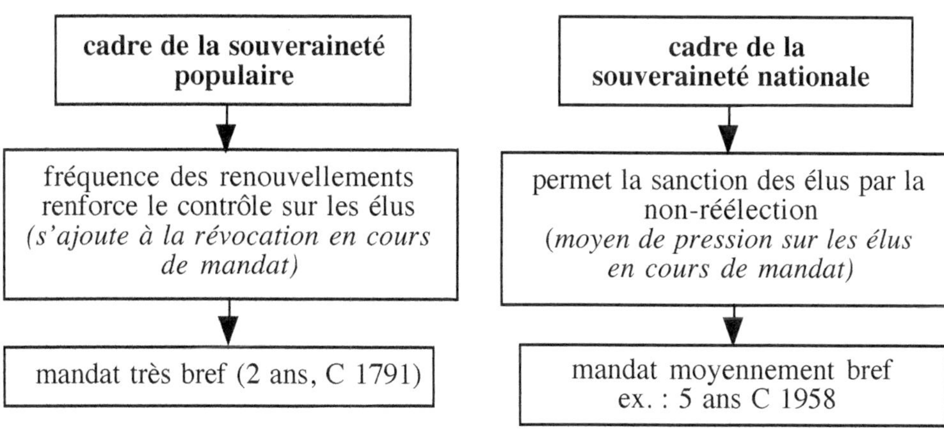

b. La durée du mandat des sénateurs

Lorsque les chambres hautes ont un mandat plus long que les chambres basses, cela signifie que l'on met l'accent sur leur spécificité de représentation. Cette spécificité, justifiant un mandat long, peut être envisagée sous deux angles.

- Les secondes chambres représentent la stabilité, la durée, la sagesse, la modération. Elles doivent contrebalancer la chambre basse populaire en tempérant ses élans de réforme. C'est pourquoi, ces chambres doivent avoir une composition relativement stable dans le temps. Un mandat long le permet.
- Les secondes chambres représentent généralement les collectivités territoriales (les États fédérés, en État fédéral). Souvent, elles sont élues au suffrage indirect par des élus de ces collectivités. Elles n'ont donc pas à suivre les fluctuations politiques de l'opinion publique. Un mandat long peut leur être donné.

Ainsi, le Sénat américain est élu pour six ans. Quant au **Sénat français**, la Constitution de 1875 lui conférait un mandat de neuf ans. Le Conseil de la République de la IVe République était élu pour six ans. Sous la Constitution de 1958, le Sénat était élu pour neuf ans. La **loi du 30 juillet 2003** a ramené le mandat à **six ans**.

B. La durée du mandat présidentiel

Généralement, la durée du mandat du Président de la République dépend de l'étendue des pouvoirs qui lui sont conférés.

- Dans le cas d'un Président effacé, la durée du mandat pourra être longue sans inconvénients (ex. : Italie, mandat de sept ans).
- Dans le cas d'un Président doté de pouvoirs importants, le mandat devra être relativement bref afin de soumettre le Président au verdict des urnes, seule voie de sanction puisque le Président est irresponsable politiquement (ex. : États-Unis : quatre ans).

En **France**, la durée du mandat du Président était de quatre ans (sur le modèle des États-Unis) dans la Constitution de 1848. Puis, pour des raisons conjoncturelles, le mandat présidentiel fut fixé à **sept ans** par la loi du septennat du 20 novembre 1873.

Cette durée fut ensuite maintenue par les Constitutions de 1875, de 1946, de 1958. Mais une réduction de la durée du mandat présidentiel à **cinq ans** a eu lieu (**révision** constitutionnelle du **2 octobre 2000**). L'objectif avoué de cette réduction était de réduire les risques de cohabitation (v. T. 3, Ch. 1, S. 2, § 3) par une coïncidence de la durée des mandats du Président et des députés.

b. La durée du mandat des sénateurs

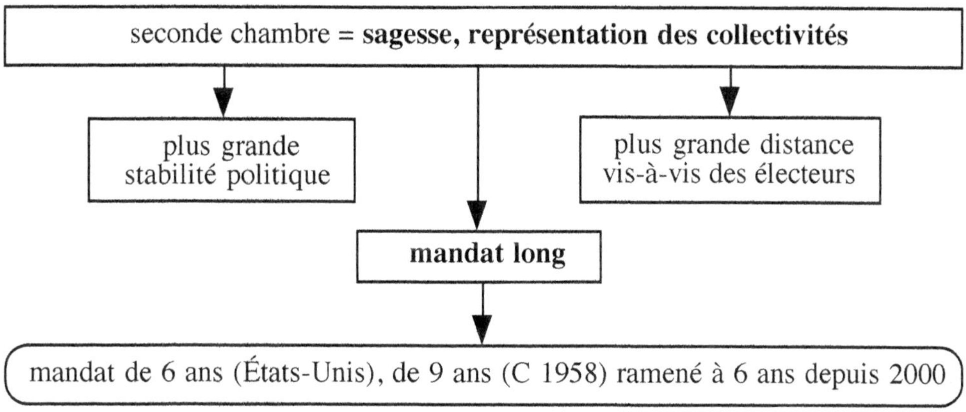

B. La durée du mandat présidentiel

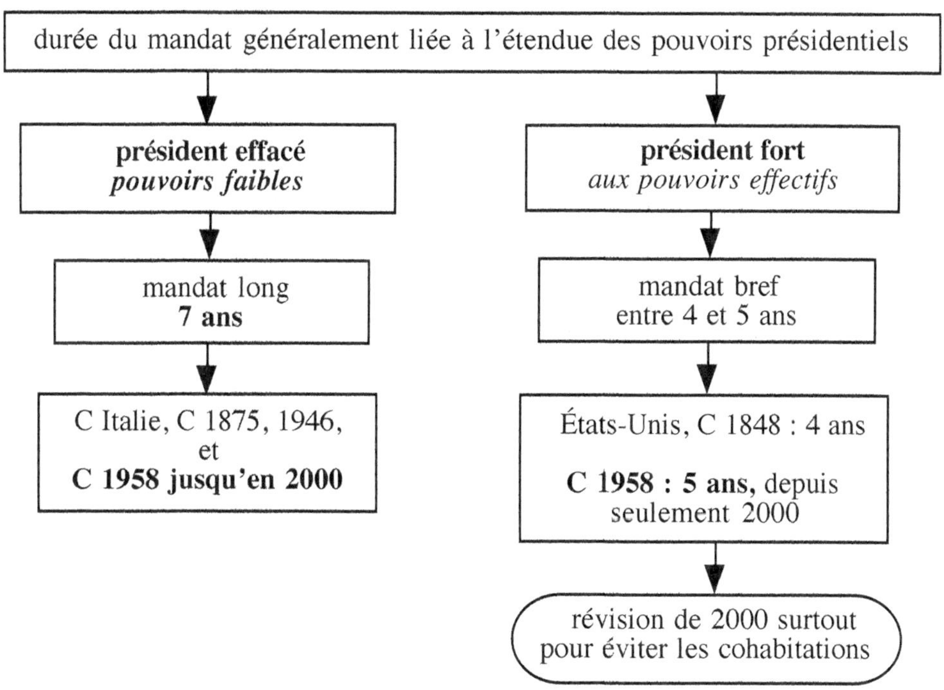

§ 2. L'accès à la candidature : éligibilité et inéligibilité (V^e RP)

Le droit d'être candidat (droit d'éligibilité) n'est pas toujours ouvert à tous les électeurs.

- Dans les régimes censitaires, les conditions prévues pour être électeur sont renforcées pour être éligible (augmentation du montant du cens à payer).
- Dans les régimes de suffrage universel, tous les électeurs sont éligibles dès lors qu'ils remplissent les conditions légales. L'égalité des citoyens-électeurs se prolonge dans celle des citoyens-éligibles.

Ce principe d'égalité est particulièrement strict. Il interdit toute discrimination positive en faveur d'une catégorie particulière de citoyens.

- C'est pourquoi le Conseil constitutionnel a censuré des lois introduisant des mesures spécifiques en faveur des candidatures féminines au motif qu'elles portaient atteinte à l'égalité des citoyens (**CC, 18 nov. 1982 et 14 janvier 1999**).
- La **révision** constitutionnelle du **8 juillet 1999** a désormais rendu possible de telles mesures en affirmant que "la loi favorise l'égal accès des femmes et des hommes aux fonctions et aux mandats". La loi du **6 juin 2000** a donc pu imposer, dans le cadre des élections au scrutin de liste, un certain nombre de candidatures féminines.

A. La candidature à un mandat parlementaire

a. Les conditions d'éligibilité

Pour être candidat à un mandat parlementaire, il faut remplir **trois conditions de fond**.

- Il faut avoir atteint l'âge de 18 ans (depuis la LO du 14 avril 2011 ; auparavant, 23 ans) Pour la candidature au mandat de sénateur, il faut avoir atteint 24 ans (depuis la LO du 14 avril 2011 ; auparavant : 30 ans).
- Il faut avoir rempli ses obligations militaires.
- Il faut être électeur. Les citoyens privés du droit de vote (incapables majeurs ou condamnés pour certains crimes ou délits) ne peuvent être candidats à une élection.

À ces conditions de fond, s'ajoute une **condition formelle pour les candidats à la députation seulement.** Tout candidat doit déposer **une déclaration de candidature** pour chaque tour de scrutin à la préfecture, remise personnellement par le candidat ou son suppléant. Nul ne peut déposer plus d'une déclaration de candidature.

§ 2. L'accès à la candidature : éligibilité et inéligibilité (Vᵉ RP)

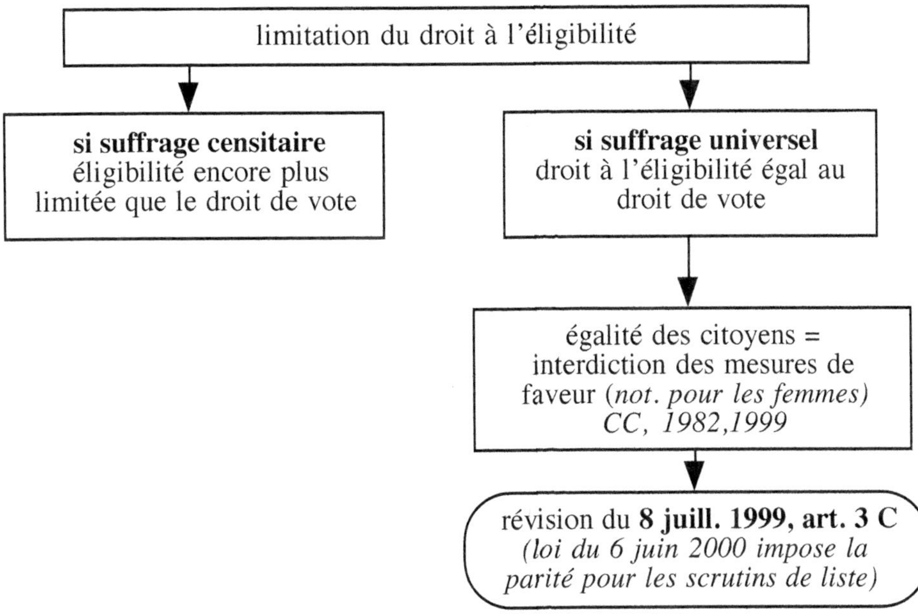

A. La candidature à un mandat parlementaire

a. Les conditions d'éligibilité

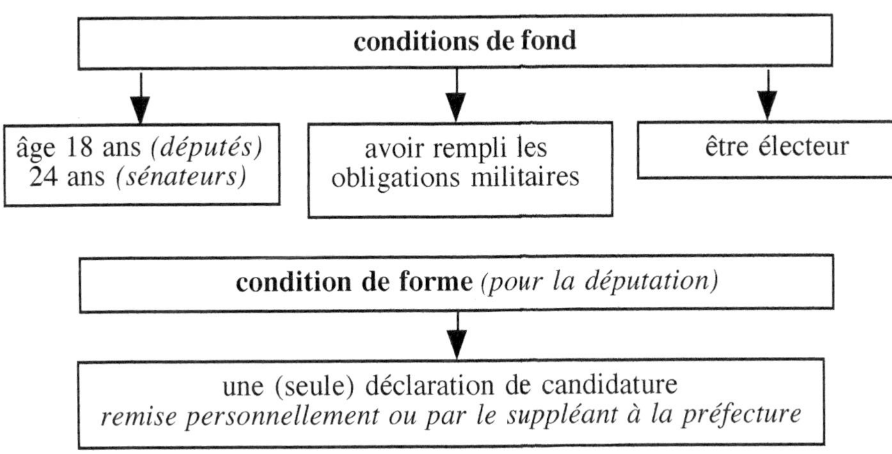

b. Les cas d'inéligibilité

À la différence des incompatibilités (v. Ch. précédent, S. 1), les inéligibilités interdisent de se porter candidat à une élection.

1. Les fonctionnaires d'autorité

L'idée est d'empêcher les fonctionnaires d'autorité (détenant un pouvoir de décision important, comme les préfets, les juges administratifs) de tirer avantage de leur poste actuel ou précédent pour se faire plus facilement élire. Ils sont donc déclarés **inéligibles dans certaines circonscriptions et pour une certaine durée.** C'est une inéligibilité limitée et temporaire. L'interdiction de candidature couvre toutes les circonscriptions comprises dans le ressort des fonctions administratives actuelles et précédentes exercées par le fonctionnaire. Plus les fonctions sont importantes, plus la durée de l'inéligibilité est longue (entre trois et un an depuis la LO du 14 avril 2011). Ce régime d'inéligibilité s'applique autant pour les députés que pour les sénateurs.

2. Les autorités administratives indépendantes

Le Défenseur des droits et le contrôleur général des lieux de privation de liberté, autorités administratives indépendantes, sont inéligibles en tout temps et tout lieu (LO du 14 avril 2011).

3. Les suppléants

L'incompatibilité entre le mandat parlementaire et la fonction de ministre (art. 23 C) oblige le parlementaire qui devient ministre à céder son siège à son suppléant. Avant la révision de 2008, ce remplacement durait jusqu'aux prochaines élections. **Depuis la révision de 2008,** le remplacement dure la durée des fonctions ministérielles (v. Ch. 2, S. 1, § 2).

Une inéligibilité relative frappe le **suppléant d'un parlementaire qui devient ministre**. S'il s'agit d'un député ou d'un sénateur élu au scrutin majoritaire, son remplaçant ne peut se présenter à la prochaine élection législative contre lui (art. LO 135). S'il s'agit d'un sénateur, élu scrutin proportionnel, son remplaçant peut se présenter sur la même liste que lui aux élections sénatoriales suivantes.

b. Les cas d'inéligibilité

1. Les fonctionnaires d'autorité

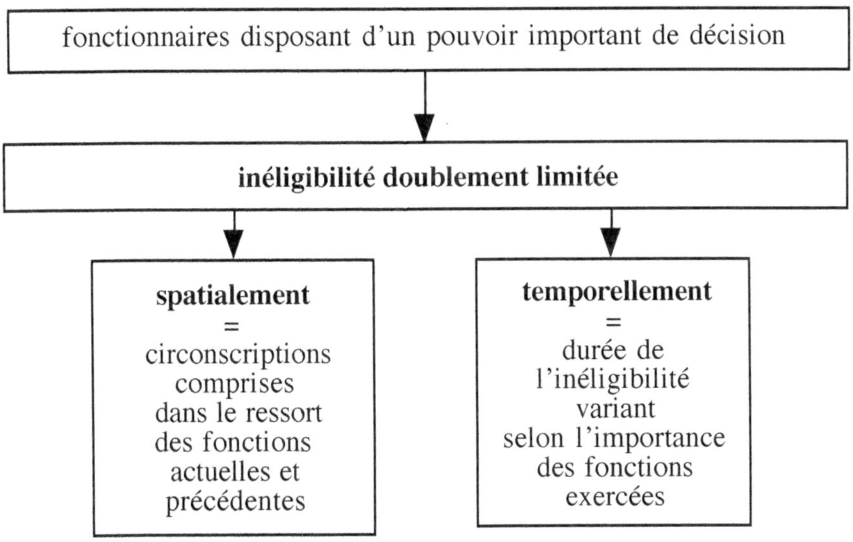

2. Les autorités administratives indépendantes

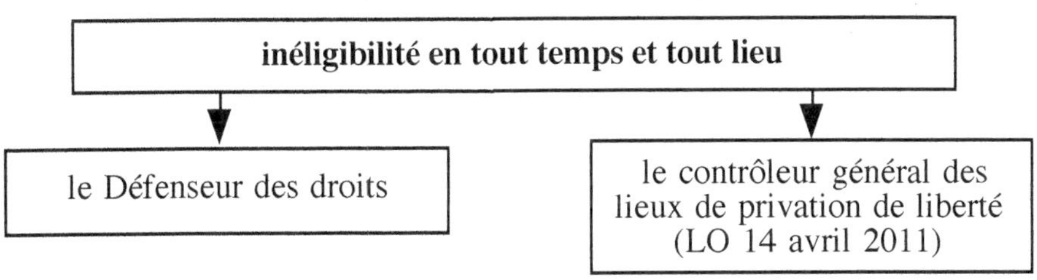

3. Les suppléants

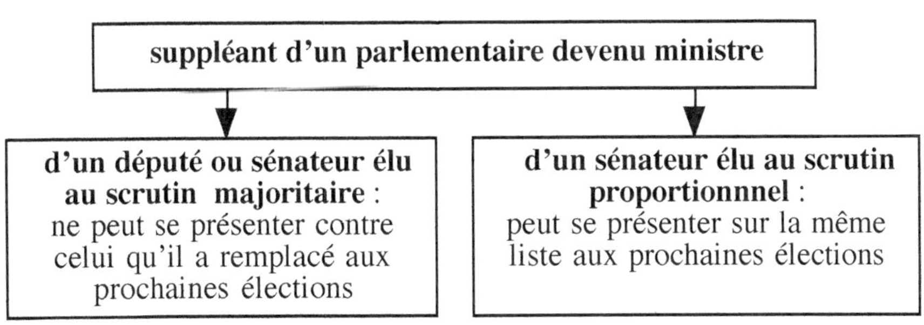

c. Le contrôle de l'éligibilité et la sanction des inéligibilités

Lorsqu'un candidat ne satisfait pas aux conditions requises, le préfet peut refuser l'enregistrement de la candidature et le candidat peut, dans les vingt-quatre heures, saisir le tribunal administratif qui statue dans les trois jours (LO 14 avril 2011 – auparavant, saisine par le préfet). Le jugement peut être contesté devant le Conseil constitutionnel saisi de l'élection.

Le Conseil constitutionnel est compétent pour prononcer la **déchéance du parlementaire** :

- dont l'inéligibilité se révélerait après la proclamation des résultats ou après l'expiration du délai pendant lequel l'élection peut être contestée ;
- qui se trouverait dans l'un des cas d'inéligibilité prévus par le Code électoral, en cours de mandat.

La déchéance est constatée par le Conseil constitutionnel, à la requête du bureau de son assemblée ou du ministre de la Justice. En cas de condamnation postérieure à l'élection, le ministère public près la juridiction qui a prononcé la condamnation peut également saisir le Conseil constitutionnel.

B. La candidature à un mandat présidentiel

Les conditions de fond sont très classiques : être de nationalité française et âgé de 18 ans (LO du 14 avril 2011 ; auparavant : 23 ans), avoir la qualité d'électeur. La **révision de 2008** ajoute une autre condition : ne pas avoir effectué deux mandats successifs.

Ce sont les conditions de forme qui sont plus originales.

a. Les conditions de forme

1. Les déclarations de situation patrimoniale, d'intérêts et d'activités

Chaque candidat doit déposer auprès du Conseil constitutionnel une déclaration de situation patrimoniale (si élu, une seconde aussi en fin de mandat) et une déclaration d'intérêts et d'activités, publiées en cas d'élection.

c. Le contrôle de l'éligibilité et la sanction des inéligibilités

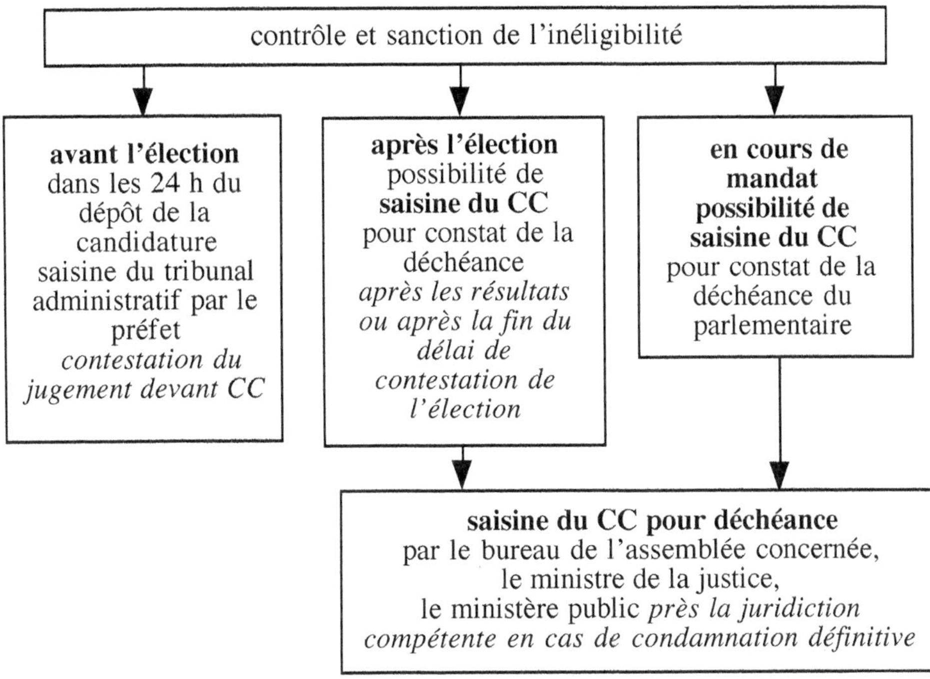

B. La candidature à un mandat présidentiel

a. Les conditions de forme

1. Les déclarations de situation patrimoniale, d'intérêts et d'activités

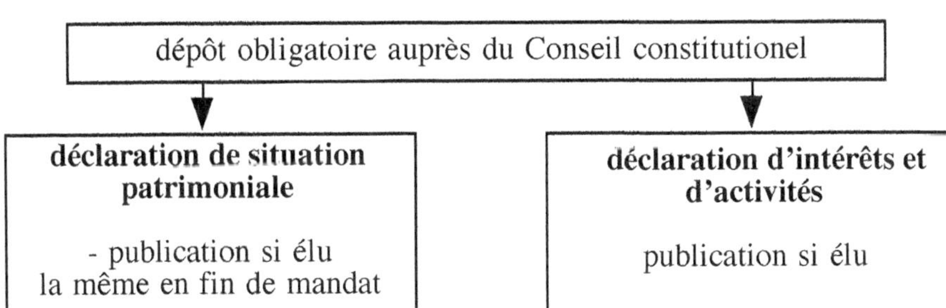

2. La présentation des candidats

Le candidat doit être présenté par des personnes habilitées, ceci afin d'éviter des candidatures trop nombreuses et peu crédibles. **Au plan national,** le droit de présentation appartient aux députés et sénateurs, députés européens, élus en France et de nationalité française, membres élus de l'Assemblée des Français à l'étranger. A**u plan local**, d'une part, il appartient aux **membres d'une assemblée délibérative** :

- élus de l'assemblée de Corse ;
- élus de l'assemblée de la Polynésie française ;
- élus du congrès et des assemblées de province de la Nouvelle-Calédonie ;
- élus de l'assemblée territoriale de Wallis-et-Futuna ;
- élus des conseils régionaux, départementaux et du conseil de Paris.

D'autre part, il appartient également aux **chefs d'exécutif locaux** :

- maires des communes, des arrondissements de Marseille et Lyon, maires délégués des communes associées ;
- présidents des organes délibérants des communautés urbaines, communautés d'agglomération et communautés de communes ;
- président de la collectivité et président du gouvernement de la Nouvelle-Calédonie.

Tout candidat doit recueillir au moins **cinq cents signatures d'élus** d'au moins trente départements ou collectivités d'outre-mer (les représentants des Français à l'étranger et les députés européens forment deux "départements fictifs"), sans que plus d'un dixième d'entre eux puisse être des élus d'un même département, d'une même collectivité d'outre-mer ou d'un des deux « départements virtuels » que constituent, d'une part, les sénateurs représentant les Français établis hors de France et les membres élus de l'Assemblée des Français de l'étranger et, d'autre part, les ressortissants français membres du Parlement européen élus en France. Le but de ces dispositions est d'écarter les gloires locales et de favoriser les candidats dont l'audience est de dimension nationale.

b. Le régime de la présentation

L'acte de présentation doit être effectué sur un formulaire adressé par les services préfectoraux à tous les présentateurs, quinze jours au moins avant le décret convoquant les électeurs. Il doit être revêtu de la signature de son auteur, certifiée conforme par un membre de l'assemblée ou du conseil auquel il appartient (pour le maire, le sceau de la mairie est apposé). La présentation est unique sous peine d'annulation. Elle ne peut faire l'objet d'un retrait. **Les présentations sont adressées par leur auteur au Conseil constitutionnel** qui les valide et les publie au fur et à mesure de leur réception deux fois par semaine (LO du 15 sept. 2017).

2. La présentation des candidats

présentation obligatoire *(filtrage des candidatures)*

par des détenteurs d'un mandat électif

députés, sénateurs, députés européens élus en France et français **élus de l'Assemblée des Français à l'étranger**

membres d'une assemblée délibérante locale *de Corse, d'outre-mer, régionale, départementale, du Conseil de Paris*

chefs d'exécutif *maires, présidents d'organes délibérants des regroupements de communes, président du gvt de Polynésie et de Nouvelle-Calédonie*

500 signatures d'élus d'au moins **30** départements ou collectivités d'outre-mer

obligation de diversification
pas plus d'un dixième de signatures d'élus d'un même département, d'une même collectivité d'outre-mer ou d'un des deux "départements virtuels"

b. Le régime de la présentation

formulaire envoyé par le préfecture à tous les parrains potentiels

présentation **unique** *et* **définitive** *(non retirable)*

signature certifiée obligatoire publication des parrainages *(depuis 1976) (QPC 17/02/2012)*

présentations adressées au CC par chaque présentateur toutes publiées par le CC

§ 3. Le régime financier des campagnes électorales

La volonté de moraliser la vie politique a engendré une législation relative aux dépenses de campagne électorale. Les sources de financement et le montant des dépenses électorales ont donc été encadrés par des dispositions au respect sanctionné. En contrepartie de ces contraintes et limites, un remboursement public des dépenses de campagne a été instauré. Ces dispositions codifiées aux articles 52-3 à 52-18 du Code électoral s'appliquent aux élections législatives, présidentielles et depuis la loi du 14 avril 2011 aux sénatoriales. Pour les présidentielles, au cadre général fixé par le Code électoral, il faut ajouter la loi n° 62-1292 du 6 novembre 1962 modifiée notamment par la loi organique n° 2006-404 du 5 avril 2006 et la loi organique n° 2011-410 du 14 avril 2011.

A. Les fonds destinés à la campagne électorale

Toute forme de financement (direct ou indirect) en provenance d'un État étranger ou d'une personne morale, à l'exception des partis et groupements politiques, est interdit. Les dons des personnes physiques sont plafonnés (art. L. 52-8) à 4 600 euros. Pendant l'année précédant une élection, la collecte des fonds doit obligatoirement se faire par un intermédiaire déclaré à la préfecture : **mandataire financier** nommément désigné par le candidat ou **association de financement électoral** (art. L. 52-4 à L. 52-7). Les dépenses électorales sont réglées et la collecte des fonds assurée par l'intermédiaire choisi. Les comptes tenus par ce dernier sont annexés au compte de campagne du candidat.

B. Les dépenses de campagne

a. Le plafonnement des dépenses de campagne

Ces dépenses s'entendent exclusion faite des dépenses de propagande (impression des bulletins de vote, affiches apposées sur les emplacements officiels) qui sont prises en charge par l'État. Elles sont plafonnées. Et la loi de finances de 2012 a gelé l'actualisation annuelle des plafonds jusqu'au retour à l'équilibre budgétaire.

Pour permettre le contrôle du respect du plafonnement, chaque candidat doit tenir un **compte de campagne** qui retrace exhaustivement toutes les recettes perçues et les dépenses effectuées l'année précédant l'élection. Après l'élection, le compte de campagne doit être transmis à la **Commission nationale des comptes de campagne et des financements politiques** (CNCCFP) qui est chargée de son contrôle. Les comptes de campagne des candidats à l'élection présidentielle, jusqu'en 2006, devaient être adressés pour contrôle au Conseil constitutionnel. Depuis la loi organique du 5 avril 2006, ils doivent l'être à la CNCCFP.

§ 3. Le régime financier des campagnes électorales

A. Les fonds destinés à la campagne électorale

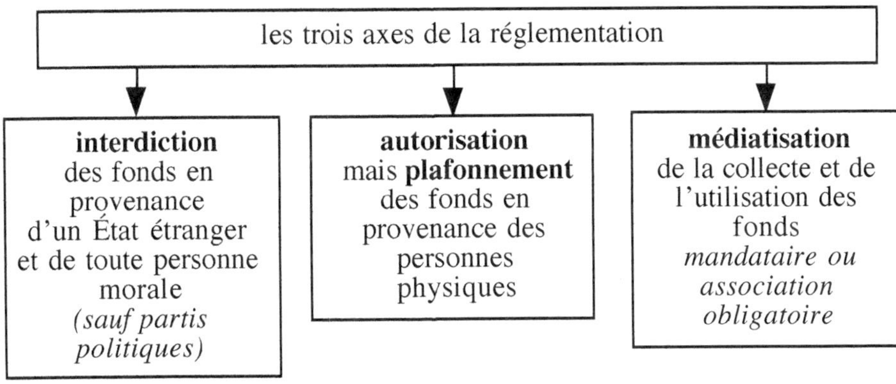

B. Les dépenses de campagne

a. Le plafonnement des dépenses de campagne

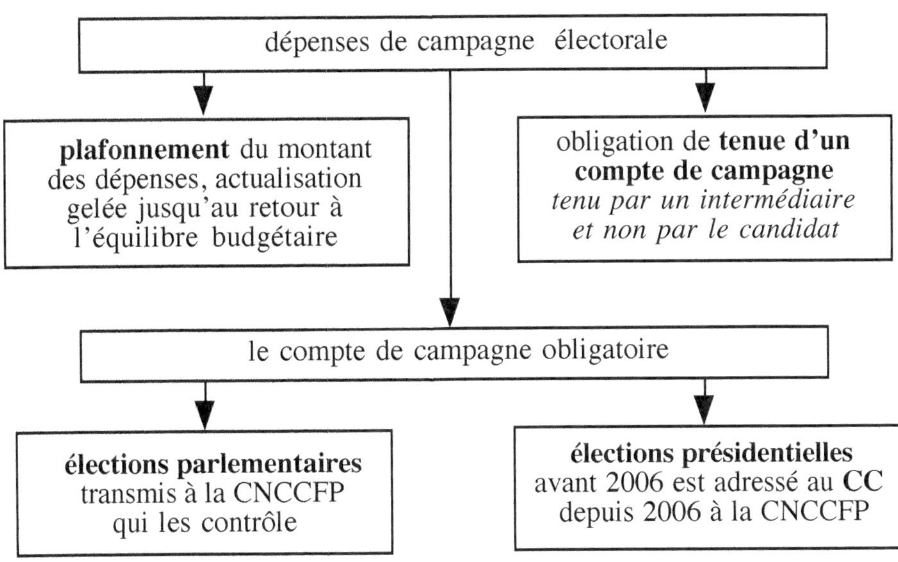

b. Le respect des dispositions relatives aux dépenses de campagne

La CNCCFP exerce un contrôle de régularité sur les comptes de campagne qu'elle peut approuver, rejeter ou réformer. Elle a l'obligation de saisir le juge de l'élection (le Conseil constitutionnel) :

- quand le compte de campagne n'a pas été déposé dans les délais ;
- quand il a été rejeté ;
- s'il fait apparaître un dépassement du plafond, après réformation.

Les candidats s'exposent à des sanctions s'ils ne respectent pas leurs obligations relatives au compte de campagne et au plafond des dépenses autorisées. Ces sanctions sont :

- **pécuniaires** (remboursement au Trésor public d'une somme égale au montant du dépassement et perte du droit au remboursement des frais de campagne) ;
- **pénales** (transmission du dossier au Parquet en cas d'irrégularités).

Le Conseil constitutionnel peut aussi prononcer une **inéligibilité de trois ans** (art. L. 118-3 du Code électoral). Cette sanction ne concerne pas les candidats à l'élection présidentielle.

c. Le remboursement forfaitaire des frais de campagne

Pour les élections législatives et sénatoriales, le remboursement est limité aux candidats obtenant 5 % des suffrages exprimés. Depuis la loi de finances pour 2012, il est passé de la moitié à 47,5 % du montant des dépenses autorisées.

Pour les présidentielles (LO du 23 février 2012) :

- pour tous les candidats, est prévu un remboursement égal à 4,75 % (au lieu de 5 % auparavant) du plafond des dépenses de campagne autorisées (une avance sur ce remboursement est prévue) ;
- pour les candidats ayant dépassé les 5 % de suffrages au premier tour, le remboursement est de 47,5 % (au lieu de la moitié auparavant) des dépenses autorisées.

Dans tous les cas, le remboursement ne peut dépasser le montant des dépenses effectivement engagées.

b. Le respect des dispositions relatives aux dépenses de campagne

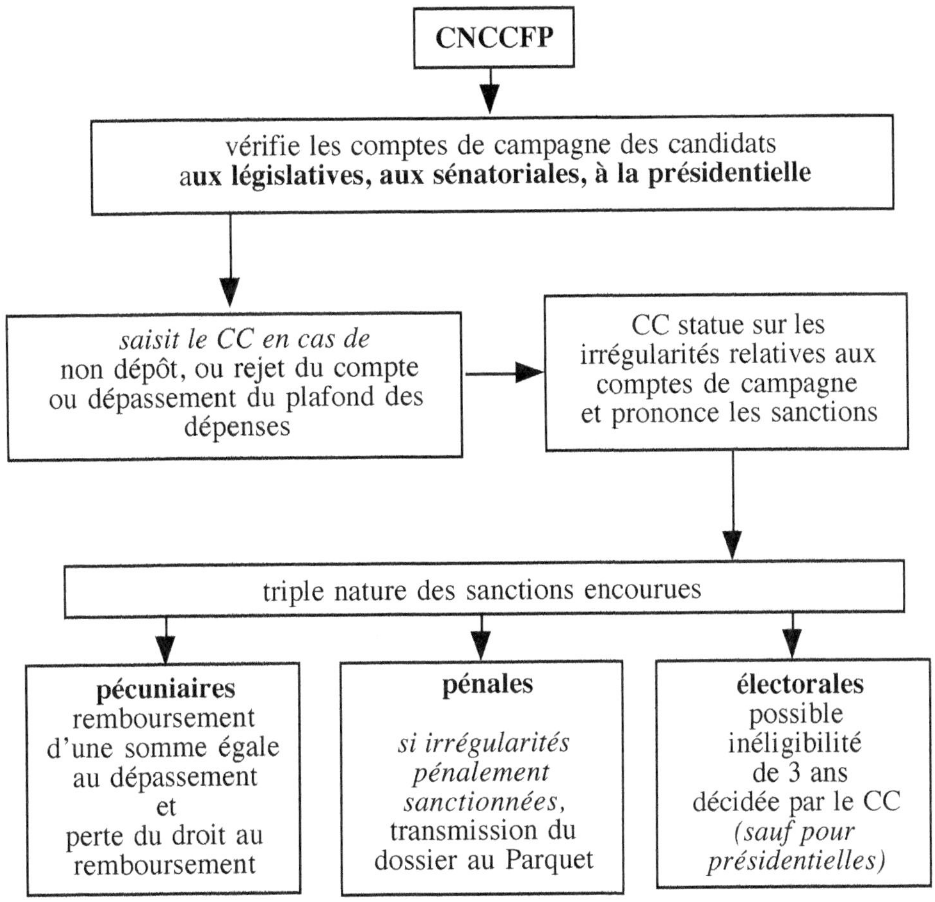

c. Le remboursement forfaitaire des frais de campagne

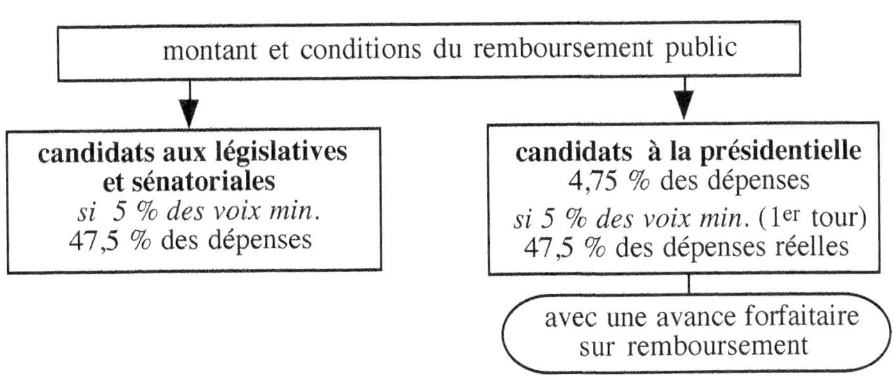

Titre 2. La séparation des pouvoirs

L'article 16 de la Déclaration des droits de l'homme et du citoyen de 1789 affirme : "Toute société dans laquelle la garantie des droits n'est pas assurée, ni la séparation des pouvoirs déterminée, n'a point de Constitution.". Pourtant, il existe des États qui n'instaurent pas une séparation des pouvoirs et qui ont cependant une Constitution. Ceci montre bien que l'affirmation de 1789 se voulait une pétition de principe et non l'énoncé d'une réalité.

La séparation des pouvoirs procède donc d'un choix politique. Elle ne relève pas d'une nécessité pratique. Elle a été mise en cause et parfois même niée dans sa valeur. Elle demeure néanmoins à la base de l'organisation de la plupart des États.

Chapitre 1. La théorie de la séparation des pouvoirs

Le **libéralisme politique du XVIIIe siècle** oppose à l'absolutisme de l'État monarchique sa vision d'un État dans lequel l'individu et sa liberté sont les valeurs fondatrices. La séparation des pouvoirs naît de la volonté de protéger ces deux valeurs contre les abus du pouvoir. La première opération consiste à diviser le pouvoir politique en trois pouvoirs (ce terme peut être compris dans un sens organique "pouvoir-organe" ou dans un sens fonctionnel "pouvoir-fonction"). Dans un second temps, il est indispensable de déterminer les relations entre les pouvoirs préalablement distingués.

Section 1. La mise en place de la séparation des pouvoirs

Montesquieu, en 1748, dans son ouvrage *L'esprit des lois*, divise le pouvoir en trois "puissances" (pouvoirs) correspondant à trois organes différents : la puissance législative, la puissance exécutive et la puissance judiciaire. Cette division va d'abord permettre de sortir de l'absolutisme. Mais son principe va guider également les solutions adoptées pour juger au pénal les membres du pouvoir exécutif (Président, membres de Gouvernement) pour les actes commis dans l'exercice de leurs fonctions.

§ 1. La distinction de trois pouvoirs

Pour Montesquieu, la division tripartite du pouvoir (sens fonctionnel) n'est pas simplement le résultat d'une analyse du phénomène politique. Elle lui paraît être également le meilleur moyen pour **empêcher l'usage abusif du pouvoir**. Pour cela, à la tripartition du pouvoir (sens fonctionnel) doit succéder sa répartition entre trois pouvoirs (au sens organique). Cependant, le cas particulier du pouvoir judiciaire doit être réservé.

Titre 2. La séparation des pouvoirs

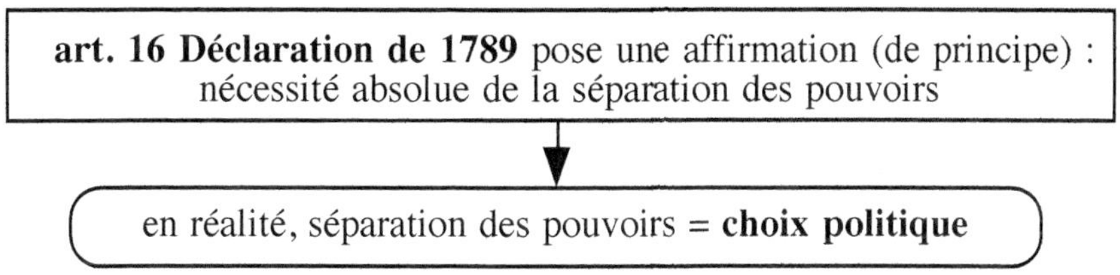

Chapitre 1. La théorie de la séparation des pouvoirs

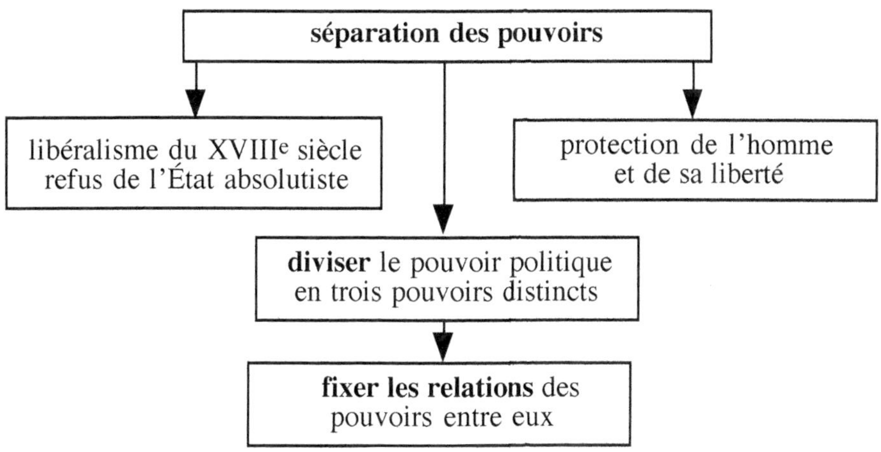

Section 1. La mise en place de la séparation des pouvoirs

§ 1. La distinction de trois pouvoirs

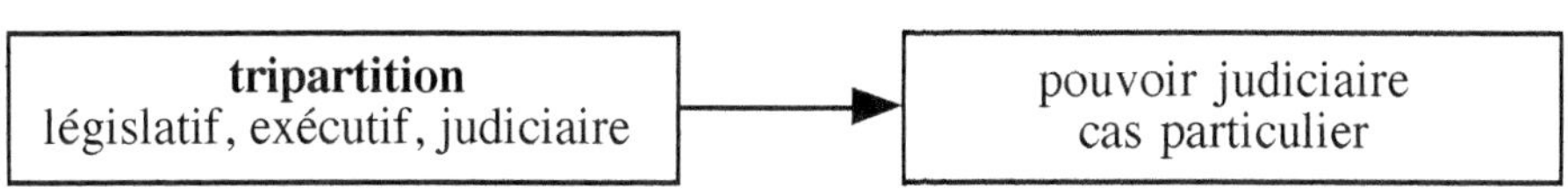

A. La séparation des pouvoirs et ses prolongements

L'essentiel est en effet d'éviter le cumul des trois pouvoirs entre les mains d'un seul, afin qu'un législateur ne puisse faire des lois tyranniques, les exécuter tyranniquement, les appliquer tyranniquement. Grâce à la séparation des pouvoirs, chaque autorité trouvera toujours sur son chemin un **contre-pouvoir** susceptible de s'opposer à elle.

La théorie de la séparation des pouvoirs repose donc sur un objectif d'équilibrage grâce à des mécanismes de freins et de contrepoids. L'objectif est un **gouvernement modéré**, seul garant de la liberté politique. Cette division tripartite du pouvoir politique est une division de base. Elle peut, si on le désire, la reproduire. On obtient ainsi une **démultiplication de la séparation**, donc de ses effets d'équilibrage et de limitation. Sur le plan du pouvoir législatif, l'instauration d'un **parlement bicaméral** réalise une division au sein du pouvoir législatif. Les deux chambres législatives se complètent et se contrebalancent, surtout quand elles ont un pouvoir égal. Sur le plan du pouvoir exécutif, un **bicéphalisme** peut également être mis en place avec un chef de l'État incarnant la continuité et un chef de Gouvernement incarnant la mutabilité. Ces deux autorités exécutives détiennent chacune une légitimité propre et des pouvoirs propres. Il y aura possibilité de contrôle mutuel. Quant au pouvoir judiciaire, en France la séparation des pouvoirs a servi de fondement au principe de la **séparation des autorités judiciaires et administratives**. Selon la vision française, en effet, un juge judiciaire (pouvoir judiciaire) qui jugerait l'administration (pouvoir exécutif) porterait atteinte à la séparation des pouvoirs en faisant œuvre d'administrateur. Ceci a donné naissance à l'ordre des juridictions administratives, distinct de l'ordre des juridictions judiciaires.

Toutes ces séparations constituent autant d'applications du principe de la séparation des pouvoirs. Mais celui-ci peut également se retrouver dans la **forme fédérale ou régionale** de **la décentralisation** de l'État dans la mesure où tous ces modes d'organisation introduisent des contre-pouvoirs locaux au pouvoir central. Enfin, sur le plan des rapports entre l'État et la société qu'il régit, le principe de la séparation des pouvoirs justifie la reconnaissance des **corps intermédiaires** (ordres professionnels, syndicats, groupes de pression, associations) qui constituent également des contre-pouvoirs au pouvoir de l'État.

B. La place particulière du pouvoir judiciaire

Montesquieu reconnaissait lui-même que le pouvoir judiciaire était en quelque sorte une **puissance "nulle".** En effet, le juge ne peut, en vertu de la séparation des pouvoirs, prendre de décisions à portée générale qui s'apparenteraient à des lois ou à des règlements (les arrêts de règlement sont proscrits). Il ne peut décider que pour le cas qui lui est soumis, dans la limite des prétentions des parties et dans le cadre de la stricte application de la loi. La reconnaissance explicite d'un "pouvoir" judiciaire n'est donc pas constante dans tous les régimes de séparation des pouvoirs.

A. La séparation des pouvoirs et ses prolongements

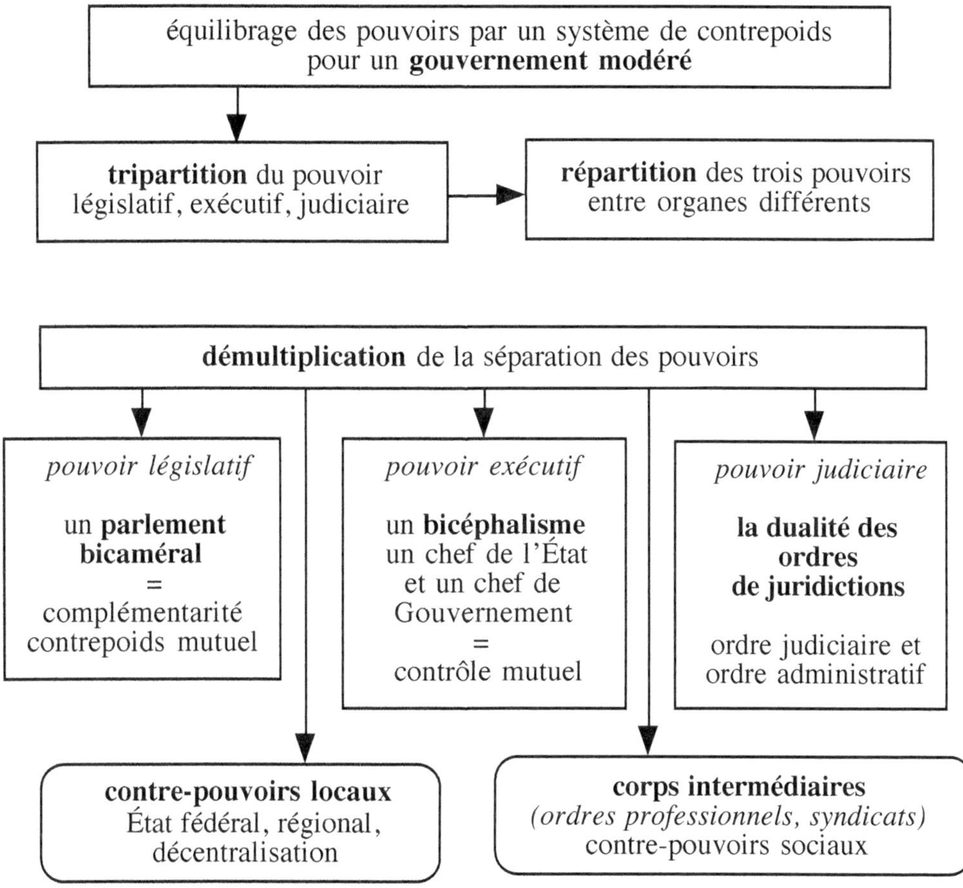

B. La place particulière du pouvoir judiciaire

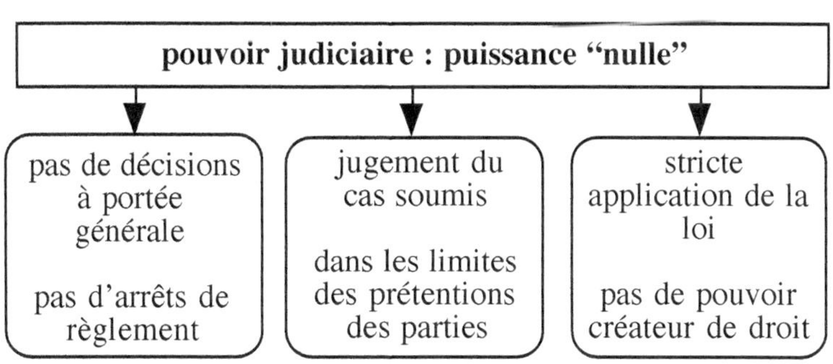

a. En France

Le pouvoir judiciaire est consacré en tant que tel dans les Constitutions de 1791, 1795, 1848. En revanche, la Constitution de 1958 ne parle que d'une "autorité judiciaire" dont l'indépendance est assurée par le principe de l'inamovibilité des magistrats du siège (art. 64, al. 4 C) et garantie par le Président de la République (art. 64, al. 1 C) avec l'aide du Conseil supérieur de la magistrature (CSM) (art. 64, al. 2 C). Initialement, le Conseil Supérieur de la Magistrature (créé par la Constitution de 1946) ne s'occupait que des magistrats du siège, seuls bénéficiaires du principe de l'indépendance de la magistrature (les magistrats du parquet n'ont aucune indépendance, ils sont soumis aux directives de leur hiérarchie et dépendent du ministère de la Justice). La Constitution de 1958 avait conçu en ce sens son CSM. Mais, depuis la révision constitutionnelle du **27 juillet 1993**, le Conseil supérieur de la magistrature comporte deux formations distinctes compétentes, l'une à l'égard des magistrats du siège et l'autre à l'égard des magistrats du parquet. La **révision de 2008** a modifié la composition de ces formations ainsi que la présidence du CSM. Elle crée une formation plénière. La modification apportée aux attributions du CSM est plus limitée.

1. Composition des formations du CSM

Avant la révision de 2008, la formation des magistrats du siège comprenait cinq magistrats du siège et un du parquet, un conseiller d'État désigné par le Conseil d'État ; la formation des magistrats du parquet comprenait cinq magistrats du parquet et un du siège, un conseiller d'État désigné par le Conseil d'État : **ceci reste inchangé après la révision**. S'ajoutaient, dans chaque formation, trois personnalités (n'appartenant ni au Parlement, ni à l'ordre judiciaire) désignées respectivement par le Président de la République (avec le contreseing du Premier ministre), le président de l'Assemblée nationale et le président du Sénat. **La révision apporte les modifications suivantes** : elle ajoute un avocat à chaque formation et elle remplace les trois personnalités par six "personnalités qualifiées" désignées par le Président de la République (deux), le président de l'Assemblée nationale (deux) et du Sénat (deux) et n'appartenant ni au Parlement, ni à l'ordre judiciaire, ni à l'ordre administratif (cette dernière exclusion étant ajoutée par la révision). Ces nominations sont soumises à une procédure d'avis :

- les nominations présidentielles sont soumises à l'avis de la commission prévue à l'article 13 C révisé (avis de la commission parlementaire compétente de chaque assemblée, voir T. 3, Ch. 2, S. 1, § 3) ;
- les nominations des présidents d'assemblée le sont à l'avis de la commission permanente compétente de leur assemblée respective.

a. En France

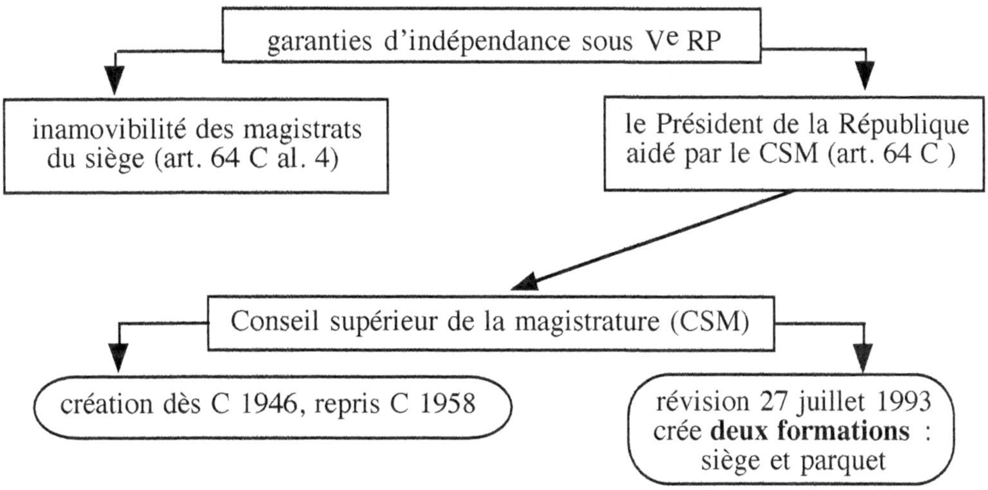

1. Composition des formations du CSM

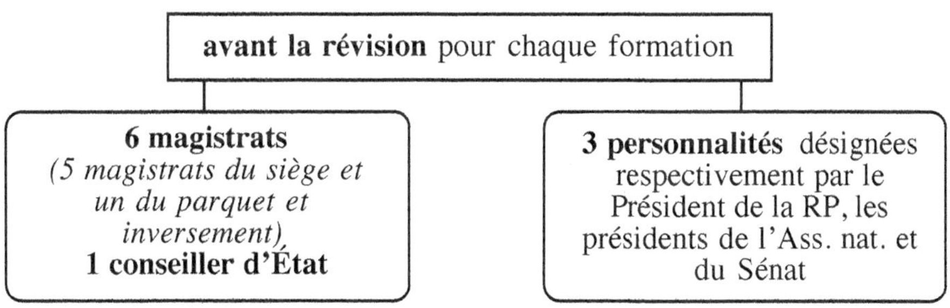

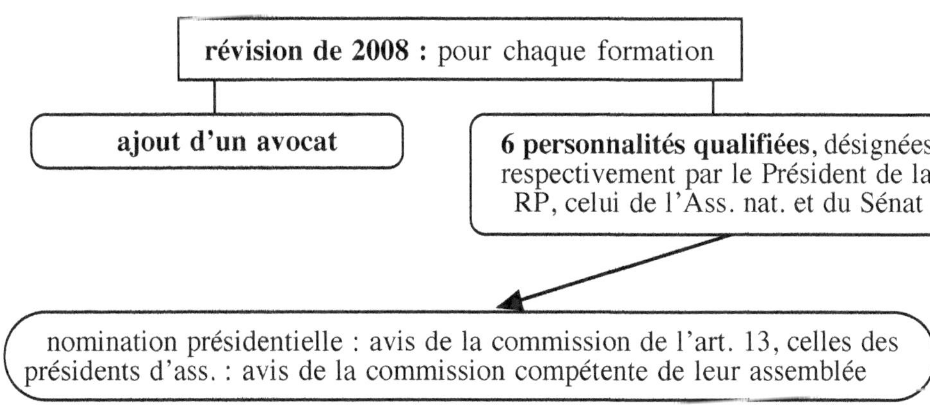

2. La présidence du CSM

Avant la révision de 2008, chacune de ces formations était présidée par le Président de la République (art. 65 C) et le ministre de la Justice était vice-président.

Avec la révision de 2008, la présidence de la formation des magistrats du siège revient au premier président de la Cour de cassation et celle de la formation des magistrats du parquet au procureur général près la Cour de cassation.

Le Président de la République ne fait plus partie du CSM mais le ministre de la justice peut toujours (sauf en matière disciplinaire) assister aux séances.

3. L'assemblée plénière du CSM

La formation plénière est une création de la révision de 2008. Elle comprend trois des cinq magistrats du siège de la formation des magistrats du siège et trois des cinq magistrats du parquet de la formation des magistrats du parquet ainsi que le conseiller d'État, l'avocat et les six personnalités qualifiées.

Elle est présidée par le président de la Cour de cassation, le procureur général près ladite Cour étant suppléant.

Elle a pour fonction de répondre :

- aux demandes d'avis du président de la République au titre de l'article 64 C ;
- de se prononcer sur les questions intéressant la déontologie des magistrats ainsi que sur toute autre question relative au fonctionnement de la justice dont la saisit le ministre de la Justice.

4. Attributions du CSM en matière de nomination

Pour les nominations de magistrats du **parquet,** la formation du parquet du CSM intervient par un **avis** (cet avis ne lie pas le Gouvernement). **Avant la révision**, les emplois pourvus en Conseil des ministres échappaient à sa consultation. La révision supprime cette réserve. Désormais, les avis de la formation du parquet pourront donc aussi porter sur la nomination des procureurs et des substituts.

Pour les magistrats du **siège**, la formation du siège du CSM intervient :

- par des **propositions** de nomination pour les présidents de tribunaux de grande instance, les premiers présidents de Cour d'appel et pour les magistrats à la Cour de cassation ;
- par un **avis conforme** (qui lie le Gouvernement) sur les nominations des autres magistrats.

2. La présidence du CSM

avant la révision

Président de la RP préside
ministre de la justice vice-président

révision

le 1er président de la C. cass. préside la formation du siège
le procureur gén. près la C. cass. la formation du parquet

3. L'assemblée plénière du CSM

composition

3 des 5 magistrats de la formation du siège, 3 des 5 de celle du parquet, le cons. d'État, l'avocat, les 6 personnalités

présidence le 1er président de la C. cass. ; suppléance : le procureur gén. près la C. cass.

attributions

avis au Président de la RP au titre de l'art. 64 C

se prononce sur les questions déontologiques

<u>sur saisine du min. de la justice</u>
se prononce sur toute question relative au fonctionnement de la justice

4. Attributions du CSM en matière de nomination

formation du parquet

avis (**révision** supprime la réserve des emplois pourvus en Conseil des ministres)

formation du siège

propositions *(présidents de TGI, 1ers présidents de CA, magistrats à la Cour de cassation)*
avis conforme *(autres magistrats)*

5. Attributions du CSM en matière disciplinaire

La formation des magistrats du parquet donne un avis sur les sanctions disciplinaires tandis que la formation des magistrats du siège statue en tant que conseil de discipline.

La révision de 2008 introduit deux modifications : elle crée un droit de saisine en matière disciplinaire au profit des justiciables dans les conditions fixées par une loi organique et elle prévoit que lorsque les formations du CSM statuent en matière disciplinaire :

- la formation des magistrats du **parquet** comprend, outre ses membres habituels, le magistrat du parquet appartenant à la formation compétente à l'égard des magistrats du **siège** ;
- la formation des magistrats du **siège** comprend, outre ses membres habituels, le magistrat du siège appartenant à la formation compétente à l'égard des magistrats du **parquet**.

b. Aux États-Unis

Le pouvoir judiciaire est reconnu en tant que tel par la Constitution fédérale. Il est confié à la **Cour suprême**, composée de neuf juges nommés à vie, choisis par le Président des États-Unis, avec l'accord du Sénat. La Cour suprême, placée au sommet de l'ensemble de l'appareil judiciaire américain, est une institution constituant un **véritable pouvoir**. Depuis qu'en 1803, elle s'est arrogée le droit d'exercer un contrôle de constitutionnalité *(aff. Marbury v. Madison*), à l'initiative de son président (le *Chief Justice* Marshall), elle a été en mesure d'exercer un véritable pouvoir et de faire souvent preuve d'audace. Ainsi, en 1954, elle a déclaré inconstitutionnelle la ségrégation raciale et a au contraire validé en 1977 l'avortement, en 2015 le mariage homosexuel. Elle a joué un rôle politique décisif en interrompant le recomptage manuel des voix en Floride lors de la présidentielle de 2000 et en déclarant le candidat républicain vainqueur (G. Bush) contre son adversaire démocrate (Al Gore).

5. Attributions du CSM en matière disciplinaire

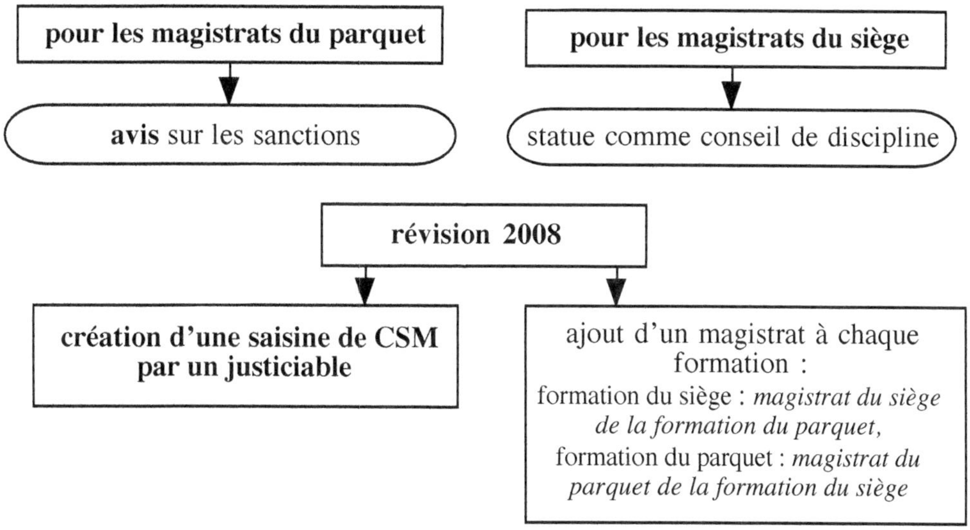

b. Aux États-Unis

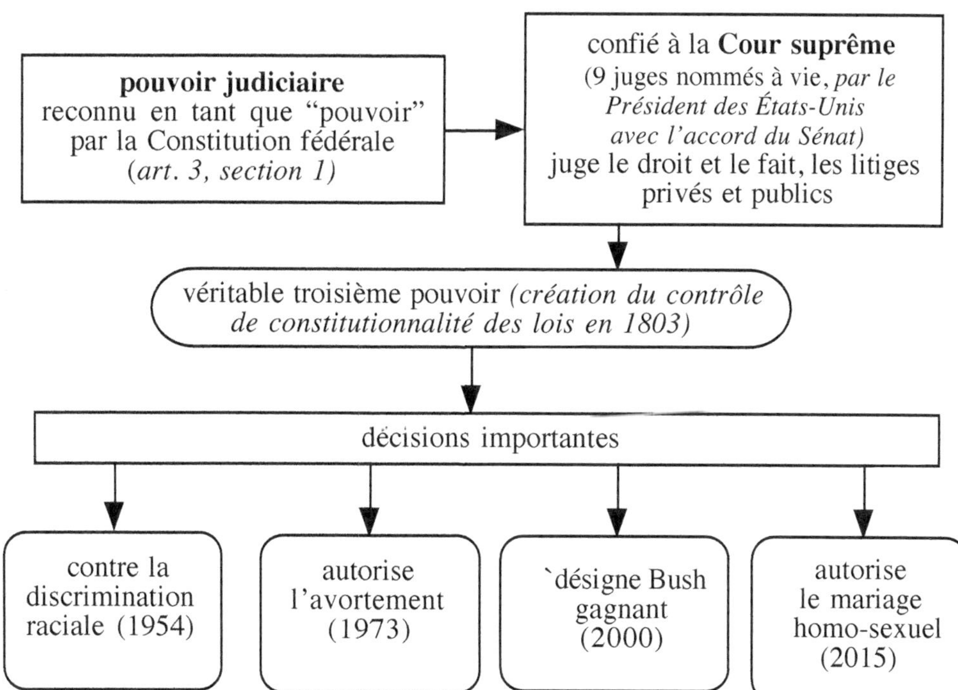

§ 2. La responsabilité pénale des membres de l'Exécutif

La responsabilité pénale des membres de l'Exécutif désigne la responsabilité des ministres, chefs de Gouvernement, Présidents de la République, pour des actes commis dans l'exercice de leurs fonctions et constituant des crimes et délits ou une haute trahison. Notons, dès à présent, que les monarques ne sont jamais soumis à une telle responsabilité. Leur personne est inviolable et sacrée. Ils ne sauraient être jugés, tant qu'ils conservent leur titre. Par ailleurs, la responsabilité pénale des membres de l'Exécutif doit être soigneusement distinguée de la responsabilité politique. Cette dernière sanctionne des erreurs, des échecs politiques. Normalement, ces deux sortes de responsabilité ne doivent pas interférer l'une avec l'autre. La question de la responsabilité pénale des membres de l'Exécutif intéresse la séparation des pouvoirs dans la mesure où la séparation de l'Exécutif et du Judiciaire paraît exclure la compétence des tribunaux pénaux ordinaires pour juger les ministres et les Présidents à raison des actes de leurs fonctions. C'est pourquoi les Constitutions prévoient un mode d'accusation et de jugement particulier. En France, plusieurs systèmes ont été successivement établis.

A. Les différents procédés prévus en France

a. La reprise du modèle anglo-saxon

En Grande-Bretagne et aux États-Unis, il est prévu une procédure d'***impeachment*** qui permet de juger au pénal les ministres (secrétaires d'État aux États-Unis) et le président des États-Unis. La mise en accusation appartient à la chambre basse (la Chambre des Communes, en Grande-Bretagne ; la Chambre des représentants, aux États-Unis). L'instance de jugement est la Chambre haute (la Chambre des Lords, en Grande-Bretagne ; le Sénat, aux États-Unis). Ce modèle anglo-saxon a été reproduit en France par les **Chartes de 1814 et 1830** et par la **loi constitutionnelle du 16 juillet 1875** qui visait les ministres et le Président de la République (pour haute trahison). La mise en accusation appartenait à la Chambre des députés et le jugement, sous les deux Chartes, à la Chambre des pairs et, sous la IIIe République, au Sénat.

b. Les juridictions pénales d'exception

Les Constitutions françaises, n'ayant pas choisi le modèle anglo-saxon, ont mis en place des systèmes différents ayant cependant certains points communs.

1. Les points communs des différents procédés

On peut relever trois points communs aux systèmes expérimentés jusqu'en 1993 :

- la mise en accusation par le Corps législatif (sauf exception dans la Constitution de janvier 1852 où elle appartient au Président, qui deviendra l'Empereur) ;
- les éventuelles victimes privées ne peuvent déclencher une mise en accusation ;
- le jugement de la juridiction spéciale n'est pas susceptible d'appel.

§ 2. La responsabilité pénale des membres de l'Exécutif

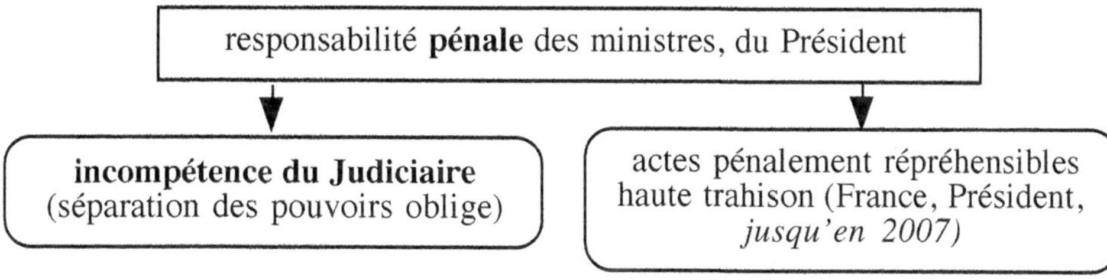

A. Les différents procédés prévus en France

a. La reprise du modèle anglo-saxon

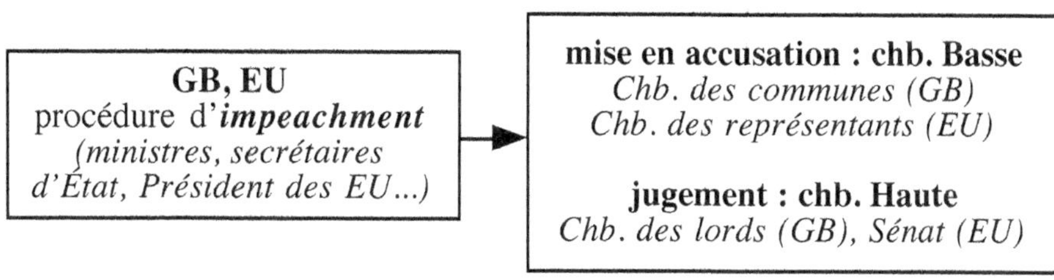

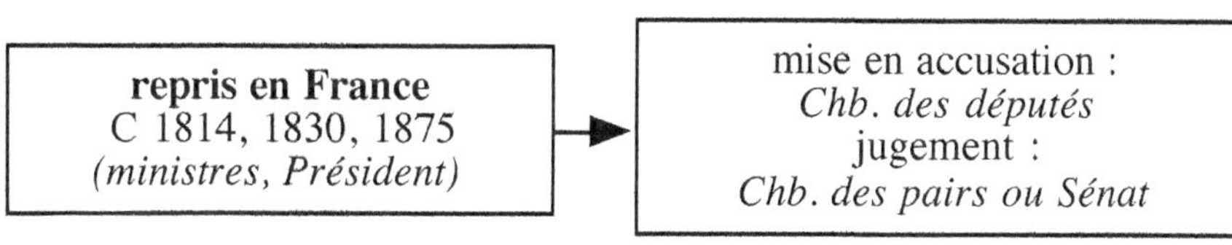

b. Les juridictions pénales d'exception

1. Les points communs des différents procédés

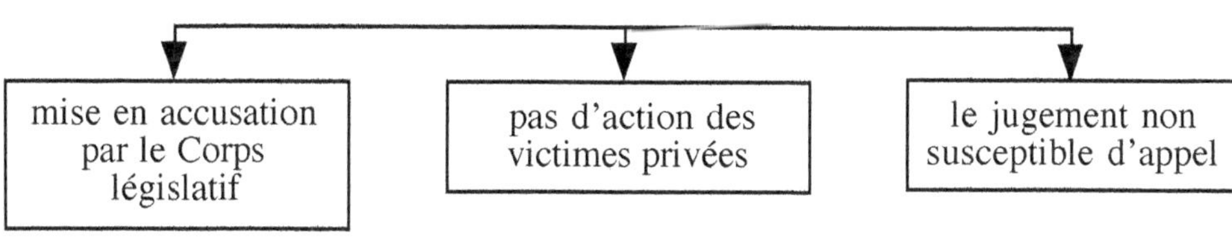

2. Les différentes juridictions

Les Constitutions de **1791, 1795, an VIII, 1848 et 1852** prévoyaient toutes des juridictions spéciales (Haute Cour ou Cour nationale) composées pour partie de magistrats issus du Tribunal de cassation et pour partie de citoyens, élus en tant que jurés. Cette **composition mixte** témoignait de la volonté de ne pas laisser le jugement des membres de l'Exécutif entre les seules mains des juges judiciaires. La présence déterminante d'un jury populaire permettait que le verdict soit en réalité rendu par des citoyens. Au contraire, en **1946**, la Constitution créa la Haute Cour de justice, composée **exclusivement de parlementaires** (un président, un vice-président, trente juges titulaires et trente juges suppléants, élus par l'Assemblée nationale). La mise en accusation était confiée à l'Assemblée nationale, votant au scrutin secret et à la majorité absolue de ses membres. La seconde Chambre du Parlement, le Conseil de la République, ne participait pas à la procédure.

En **1958**, la Constitution créa aussi une **Haute Cour de justice** (art. 67 C) composée de vingt-quatre juges titulaires et de douze suppléants, élus pour moitié par l'Assemblée nationale et pour moitié par le Sénat. La mise en accusation était confiée à l'Assemblée nationale et au Sénat (votant séparément, au scrutin public et à la majorité absolue de leurs membres).

Mais, depuis la révision constitutionnelle du **23 février 2007**, **c'est le Parlement qui se constitue en Haute Cour** (art. 68 al. 3). On ne parle plus de mise en accusation mais simplement de réunion de la Haute Cour. Cette réunion est décidée par un vote de chaque assemblée à la **majorité des deux tiers des membres** qui les composent. Par ailleurs, désormais, la Constitution indique la sanction encourue : la destitution, votée à la majorité des deux tiers des membres de la Haute Cour, à bulletins secrets. Aucune délégation de vote n'est autorisée. Seuls sont recensés les votes favorables à la proposition de réunion de la Haute Cour ou à la destitution.

2. Les différentes juridictions

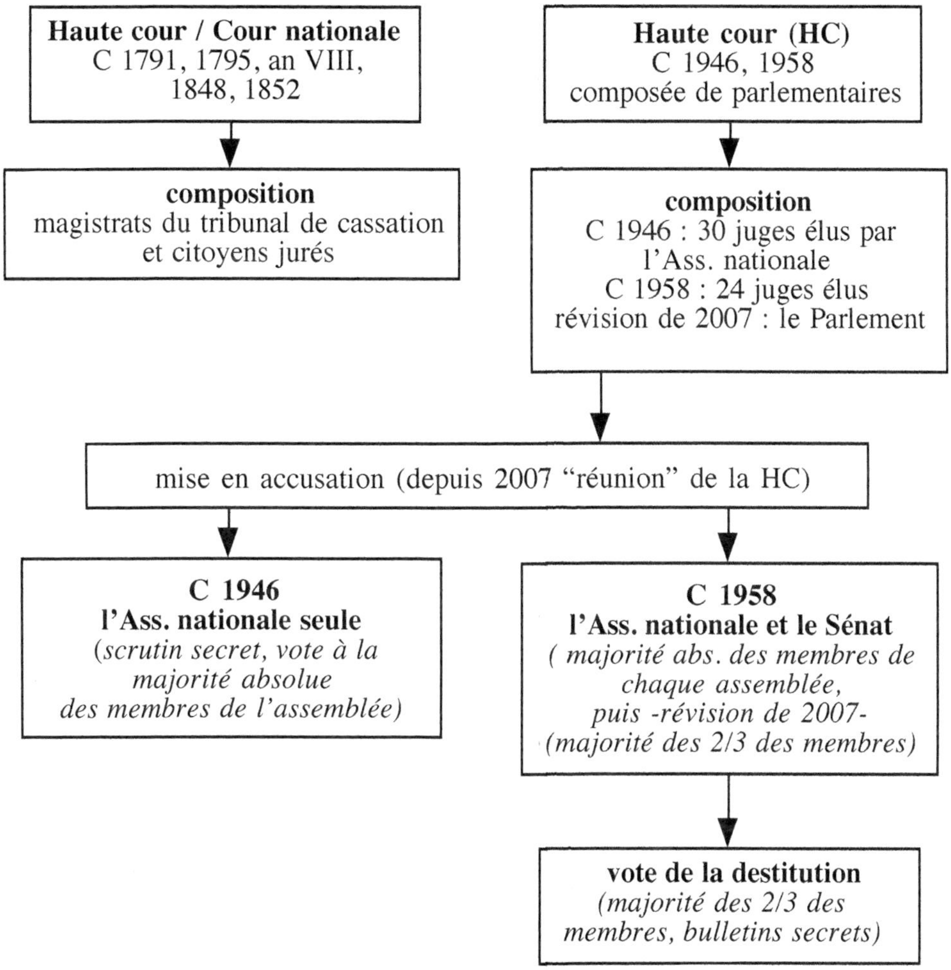

B. Le régime actuel de la responsabilité pénale des ministres

La Haute Cour de justice était compétente, jusqu'en 1993, à l'égard des ministres pour les crimes et délits commis dans leurs fonctions. Mais le système démontra ses faiblesses à l'occasion d'affaires mettant en cause des ministres qui ne furent jamais en état d'être jugées par la Haute Cour de justice. Afin d'améliorer la situation, la révision constitutionnelle du 27 juillet 1993 créa une juridiction nouvelle, la **Cour de justice de la République** (CJRP) spécialement chargée du jugement des ministres.

La composition de la Cour est **mixte** (c'est une première originalité).

- douze **parlementaires**, élus par l'Assemblée nationale et le Sénat en nombre égal, en leur sein et renouvelés en même temps que leur assemblée de désignation ;
- trois **magistrats** du siège de la Cour de cassation dont un préside (ils sont élus par leurs pairs).

Le mode de saisine est également original. Les parlementaires sont privés de tout pouvoir de saisine. En revanche, les victimes des agissements des ministres peuvent agir de même que le ministère public. La Constitution prévoit en effet que la **saisine** de la Cour de justice de la République est ouverte à **toute personne qui se prétend lésée** et au **procureur général près la Cour de cassation**. Cependant, la requête des victimes et celle du procureur doivent passer devant une **commission des requêtes**, composée de membres élus par leurs pairs, pour cinq ans :

- trois magistrats du siège hors hiérarchie de la Cour de cassation ;
- deux conseillers d'État ;
- deux conseillers maîtres à la Cour des comptes.

Cette commission est chargée de filtrer les requêtes des victimes. Elle a un double rôle :

- elle doit, après examen, se prononcer sur la recevabilité de la plainte émanant d'une victime privée et décider de la poursuite ou de l'abandon de la procédure engagée
- elle doit également donner un avis conforme au procureur général près la Cour de cassation afin que ce dernier puisse déposer un réquisitoire devant la commission d'instruction de la Cour.

À l'issue de l'instruction, la commission d'instruction décide du renvoi de l'affaire devant la Cour ou du non-lieu. Quand la Cour de justice de la République statue, ses arrêts sont susceptibles de recours en cassation devant la Cour de cassation. En cas de cassation, l'affaire est renvoyée à la Cour de justice de la République, composée de nouveaux juges. Cette possibilité de cassation n'existe pas devant la Haute Cour de justice.

B. Le régime actuel de la responsabilité pénale des ministres

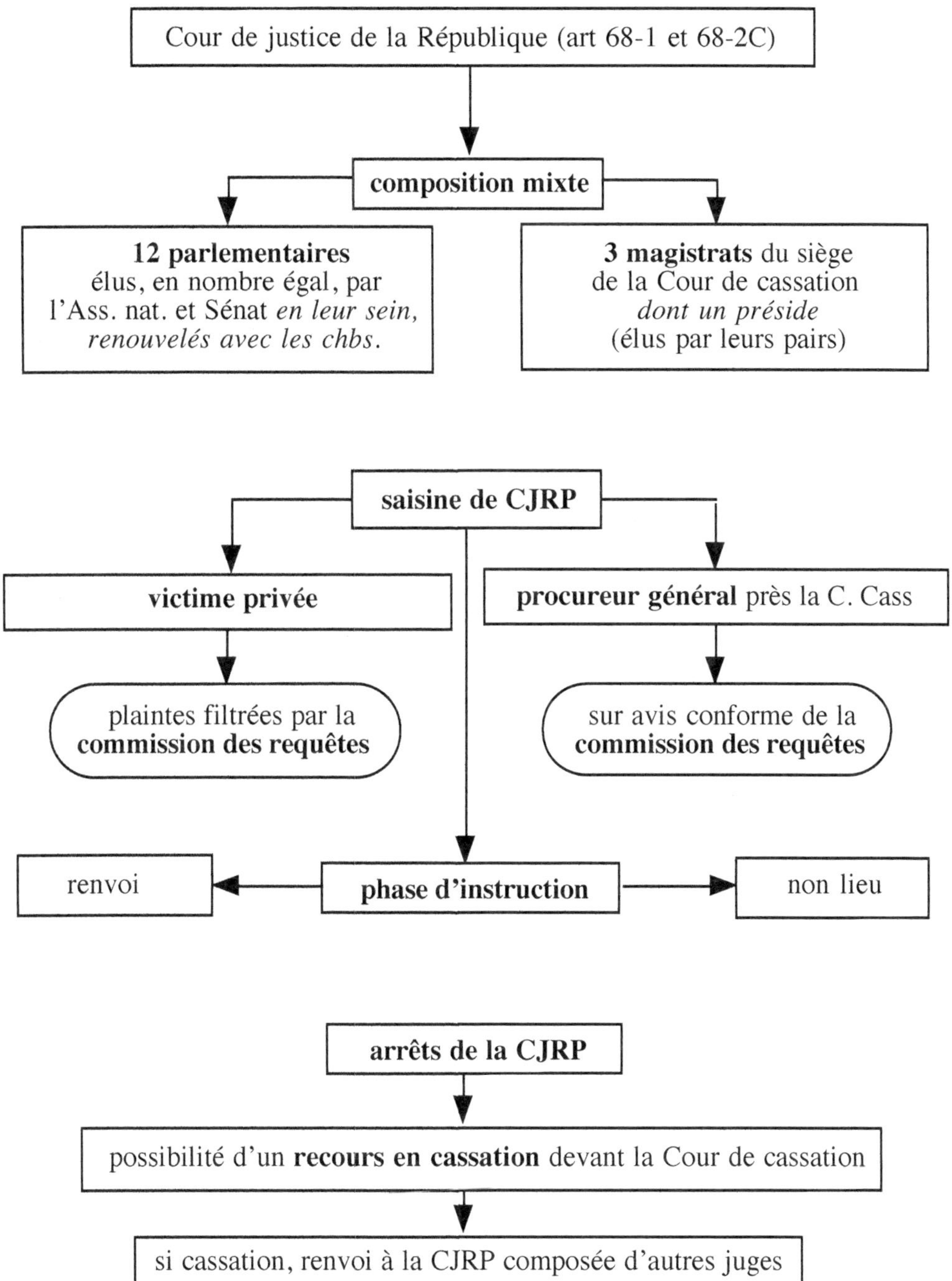

C. Le régime actuel de la responsabilité du Président

L'article 68 C a été modifié par la révision du **23 février 2007**. L'irresponsabilité politique de principe du Président est maintenue : "Le Président de la République n'est pas responsable des actes accomplis en cette qualité, sous réserve des dispositions des articles 53-2 et 68." Mais, par exception, il est responsable de certains actes accomplis dans le cadre de ses fonctions. Avant la révision de 2007, la Constitution parlait de "haute trahison". Ce terme ayant été jugé inapproprié, la révision de 2007 l'a supprimé. Désormais, le Président de la République répond d'un "manquement à ses devoirs manifestement incompatible avec l'exercice de son mandat."

En ce qui concerne les actes hors fonction, la révision apporte une clarification bienvenue. En effet, ces actes avaient été au centre d'une controverse née de la décision du Conseil constitutionnel du **22 janvier 1999**. Jusqu'à cette décision, il paraissait évident que l'article 68 C ne concernait pas les actes du Président commis en dehors de l'exercice de ses fonctions, c'est-à-dire des actes antérieurs au mandat présidentiel ou des actes détachables de la fonction présidentielle (actes privés du Président). Pourtant, de façon très inattendue, le **Conseil constitutionnel** avait estimé que le Président relevait, en toutes hypothèses, de la seule juridiction de la Haute Cour de justice, même dans le cas d'actes étrangers à la fonction présidentielle. Cette lecture de l'article 68 C suscita de nombreuses réactions critiques de la part de la doctrine et la **Cour de cassation** ne la retint pas dans son **arrêt du 10 octobre 2001**.

Finalement, la révision de 2007 s'inspire à la fois des solutions dégagées par la Cour de cassation et de celles suggérées par la commission Avril, chargée par le chef de l'État d'étudier la question de la révision du statut pénal du Président.

Le nouvel article 67, al. 2 prévoit une immunité totale du chef de l'État qui ne peut, durant son mandat et devant aucune juridiction ou autorité administrative française, être requis à témoigner. Il ne peut également pas faire l'objet d'une action, d'un acte d'information, d'instruction ou de poursuite. Cependant, les délais de prescription et de forclusion sont suspendus de telle sorte qu'à la fin du mandat, le cours des instances et procédures puisse reprendre normalement à l'égard du Président redevenu un simple citoyen à l'expiration d'un délai d'un mois suivant la cessation des fonctions (c'est ainsi que l'ancien Président de la République, Jacques Chirac, a été condamné dans l'affaire des emplois fictifs de la mairie de Paris, le 15 décembre 2011).

C. Le régime actuel de la responsabilité du Président

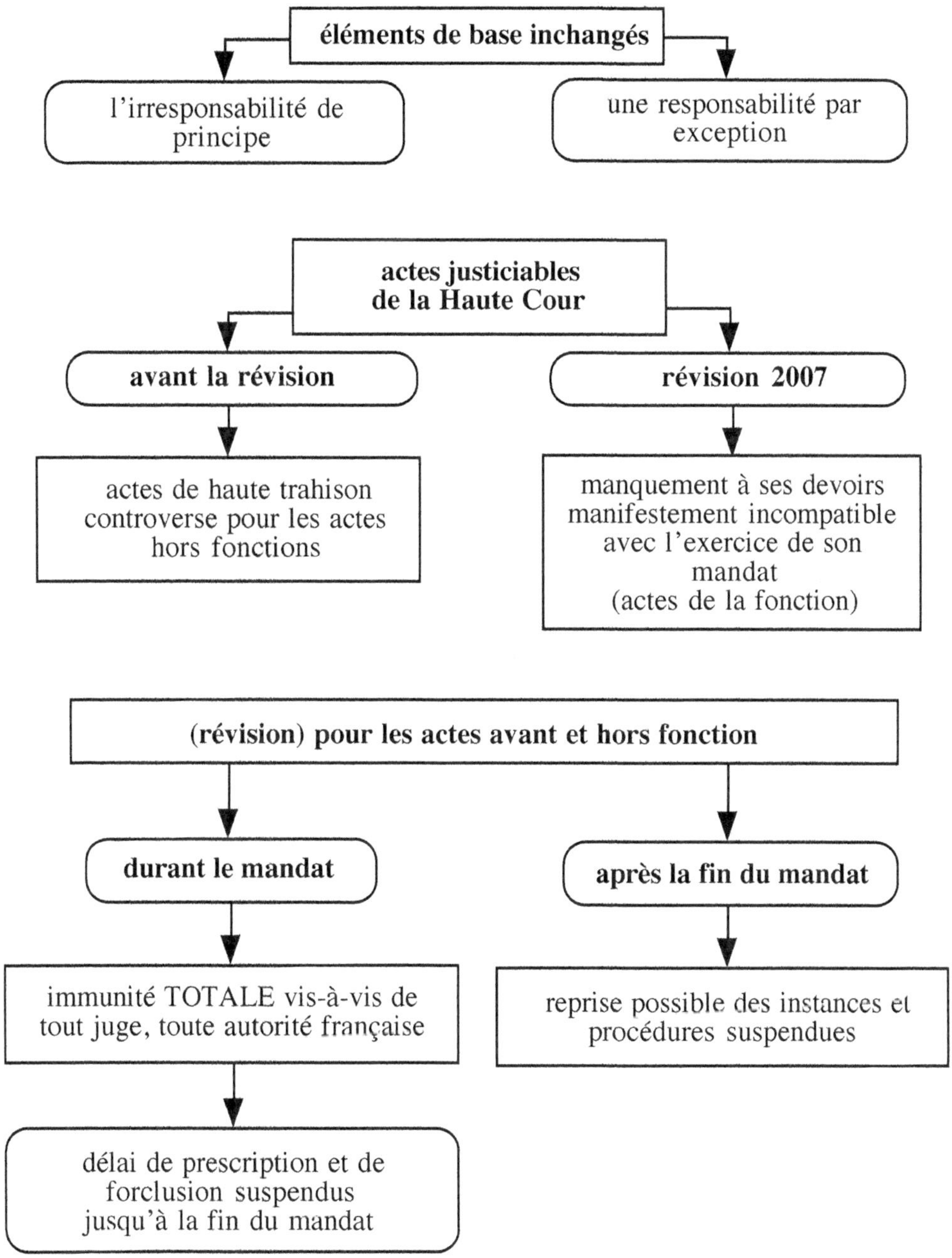

Section 2. Les relations entre les pouvoirs législatif et exécutif

La question de la mise en relation du pouvoir législatif et du pouvoir exécutif a donné lieu à une lecture différente de Montesquieu. Ont donc été mis en place deux types de régime de séparation des pouvoirs dans lesquels Législatif et Exécutif entretiennent des relations différentes.

Le régime de la séparation stricte des pouvoirs **(régime présidentiel)** repose sur une spécialisation fonctionnelle et une indépendance organique. Le régime de la séparation souple (**régime parlementaire**) repose sur une collaboration fonctionnelle et une dépendance organique.

§ 1. Les relations Législatif/Exécutif en séparation stricte

A. La spécialisation fonctionnelle

La spécialisation fonctionnelle signifie que le Législatif et l'Exécutif exercent des **compétences différentes et successives** à l'égard de la loi. Le Législatif a la compétence législative, dans son intégralité et de façon exclusive. Il a l'initiative des lois, le droit de discussion et d'amendement des textes en discussion et le droit de vote des lois. Une fois ces compétences exercées, celles de l'Exécutif entrent en jeu. L'Exécutif a la compétence d'exécution des lois, dans son intégralité et de façon exclusive. Cette exécution commence avec la **promulgation** qui ordonne l'application de la loi par l'administration. Mais auparavant, l'Exécutif se prononce sur chaque loi votée par les assemblées qui lui est présentée. C'est la **sanction de la loi** par l'Exécutif. S'il approuve la loi, l'Exécutif la promulgue et elle entre en vigueur. S'il s'y oppose, la loi n'est pas promulguée, elle ne peut entrer en vigueur. Ce refus opposé à la loi s'appelle le **veto**.

Techniquement, la mise en œuvre du veto soulève plusieurs questions.

- Le veto porte-t-il obligatoirement sur l'ensemble de la loi (veto indivisible) ou peut-il ne porter que sur certaines dispositions de la loi (veto divisible) ? Dans ce dernier cas, seule une partie de la loi est rejetée, le reste du texte législatif est promulgué. Généralement, le veto est indivisible.
- Le veto est-il définitif et la loi irrémédiablement bloquée (veto insurmontable) ou est-il seulement suspensif (veto surmontable) ? Dans ce dernier cas, la loi pourra être revotée par les assemblées (dans des conditions plus ou moins exigeantes) et l'opposition de l'Exécutif annihilée. La Constitution des États-Unis prévoit un tel droit de veto suspensif pour le Président. La Constitution de 1791 en prévoyait un pour le roi.

Section 2. Les relations entre les pouvoirs législatif et exécutif

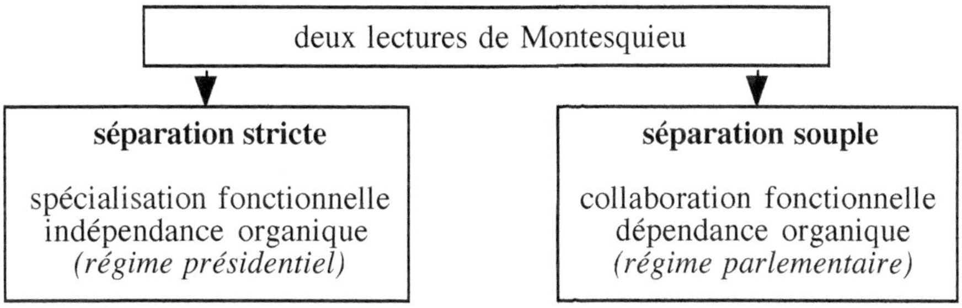

§ 1. Les relations Législatif/Exécutif en séparation stricte

A. La spécialisation fonctionnelle

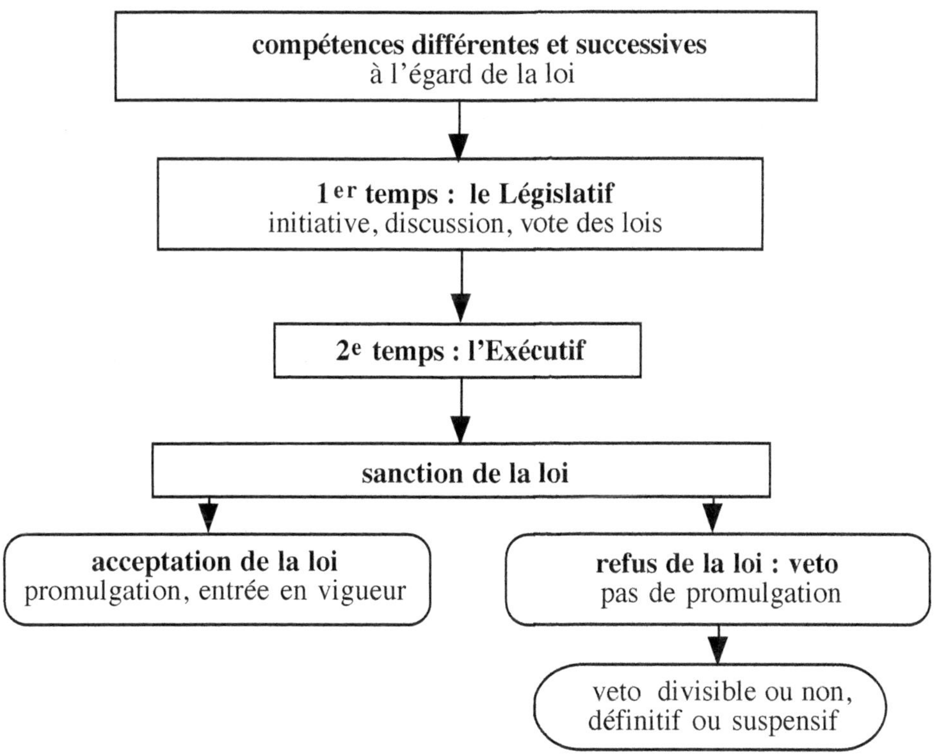

B. L'indépendance organique

En séparation stricte des pouvoirs, l'Exécutif n'encourt aucune responsabilité politique devant le Législatif (il n'est pas question ici de la responsabilité pénale des membres de l'Exécutif). Réciproquement, le Législatif n'a rien à redouter de l'Exécutif qui ne peut le dissoudre.

Ainsi, aux États-Unis :

- le Président ne peut être contraint à la démission par le Congrès à raison de ses actes politiques ;
- les secrétaires d'État, qui assistent le Président, ne peuvent être contraints à la démission par un vote de défiance du Congrès ;
- corrélativement, aucune des chambres du Congrès (Chambre des Représentants ou Sénat) ne peut être dissoute par le Président.

L'indépendance organique désigne cette **impossibilité d'évincement réciproque** des deux pouvoirs. La nécessité d'un esprit de conciliation et d'un respect mutuel en découle. En effet, en séparation stricte, lorsqu'un désaccord oppose le Législatif et l'Exécutif, il est indispensable de pouvoir parvenir à une solution puisqu'il n'existe aucun moyen constitutionnel d'élimination ni de l'un ni de l'autre des protagonistes.

La séparation stricte des pouvoirs a été expérimentée sans succès en France en 1791, 1795, 1848. Elle n'a réussi qu'aux États-Unis où elle correspond à ce que l'on appelle le "régime présidentiel".

§ 2. Les relations Législatif/Exécutif en séparation souple

A. La collaboration fonctionnelle

La collaboration fonctionnelle signifie qu'il existe un partage de certaines compétences législatives entre le Législatif et l'Exécutif. L'initiative et la discussion des lois sont partagées. Le vote de la loi ne l'est pas. Il revient aux seules assemblées.

a. Le partage de l'initiative des lois

L'initiative des lois comporte deux aspects : le pouvoir de proposer des textes de lois et le pouvoir de proposer des amendements à un texte en discussion (droit d'amendement). En séparation souple, ces deux aspects sont partagés entre le Parlement et l'Exécutif (ex. : art. 39, al. 1 C et art. 44, al. 1 C). Mais, en matière budgétaire, l'exclusivité de l'initiative initiale du budget est traditionnelle.

B. L'indépendance organique

pas de responsabilité politique de l'Exécutif devant le Législatif

pas de dissolution d'aucune chambre législative

aucun moyen d'évincement réciproque
nécessité d'un esprit de compromis pour conciliation

réussite uniquement aux États-Unis (régime présidentiel)

échec en France (C 1791, 1795, 1848)

§ 2. Les relations Législatif/Exécutif en séparation souple

A. La collaboration fonctionnelle

a. Le partage de l'initiative des lois

droit d'initiative des lois partagé (ex. : art 39 et 44 C)

droit de dépôt de projets de loi et de propositions de loi

droit de modification des textes en discussion (amendement)

exception : seul le Gouvernement a l'initiative initiale du budget

b. Le partage du pouvoir de discussion

Le partage du pouvoir de discussion signifie que les ministres assistent normalement aux séances plénières des assemblées avec un droit de parole. Mais, en ce qui concerne les débats en commissions (formations restreintes des assemblées), le droit de présence des ministres n'est pas systématique. Les règlements intérieurs des assemblées peuvent refuser aux membres du Gouvernement tout droit à participer aux travaux des commissions qui préparent la discussion législative en séance plénière. Ainsi, jusqu'à la réforme du règlement de l'Assemblée nationale du 2 avril 1994, les ministres ne pouvaient qu'être entendus par une commission, à la demande de cette dernière. Désormais, “la participation du Gouvernement est de droit”.

B. La dépendance organique

En séparation souple des pouvoirs, l'Exécutif et le Législatif peuvent mutuellement s'évincer par le jeu de la responsabilité gouvernementale, d'une part, et de la dissolution, d'autre part.

a. La responsabilité gouvernementale

Les ministres encourent une responsabilité pour leurs actes politiques. Initialement, individuelle, la responsabilité des ministres est aujourd'hui collégiale. Elle vise l'ensemble des ministres qui forment un corps solidaire : le Gouvernement.

Trois caractères de la responsabilité gouvernementale peuvent être mis en évidence.

- Cette responsabilité est exclusivement gouvernementale. Elle ne concerne **pas le chef de l'État** (monarque ou Président). La responsabilité politique des actes du chef de l'État est en effet endossée par le Premier ministre au travers du **contreseing** (signature du Premier ministre apposée sur les actes du chef de l'État).
- Cette responsabilité est généralement unique. Elle n'est mise en jeu que devant la **chambre basse** du Parlement. La responsabilité gouvernementale devant la chambre haute du Parlement existe dans certains régimes (ex. : C 1875) mais ce n'est pas la règle.
- Cette responsabilité est d'une mise en œuvre alternative. Elle peut être engagée à l'initiative du Gouvernement : c'est la **question de confiance**. Le Gouvernement demande à l'assemblée de lui manifester sa confiance par un vote en sa faveur. Elle peut être engagée à l'initiative des députés : c'est la **motion de censure**. À l'initiative d'un certain nombre de députés, une motion de censure est soumise au vote. Si la motion est votée, le Gouvernement est censuré, désavoué : il doit démissionner.

La **sanction** de la responsabilité politique est donc la perte du pouvoir, c'est-à-dire la **démission** forcée du Gouvernement.

b. Le partage du pouvoir de discussion

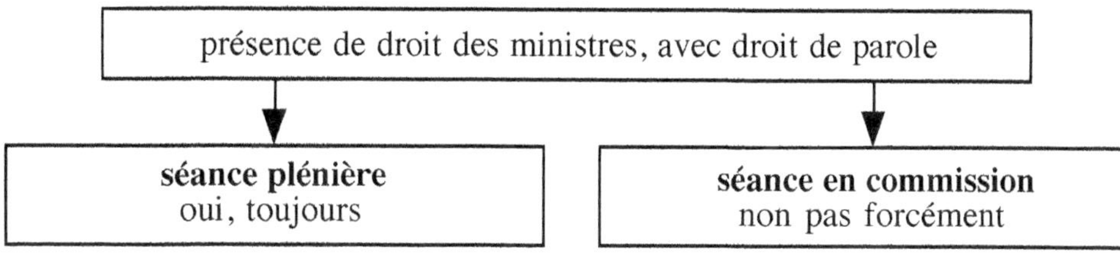

B. La dépendance organique

a. La responsabilité gouvernementale

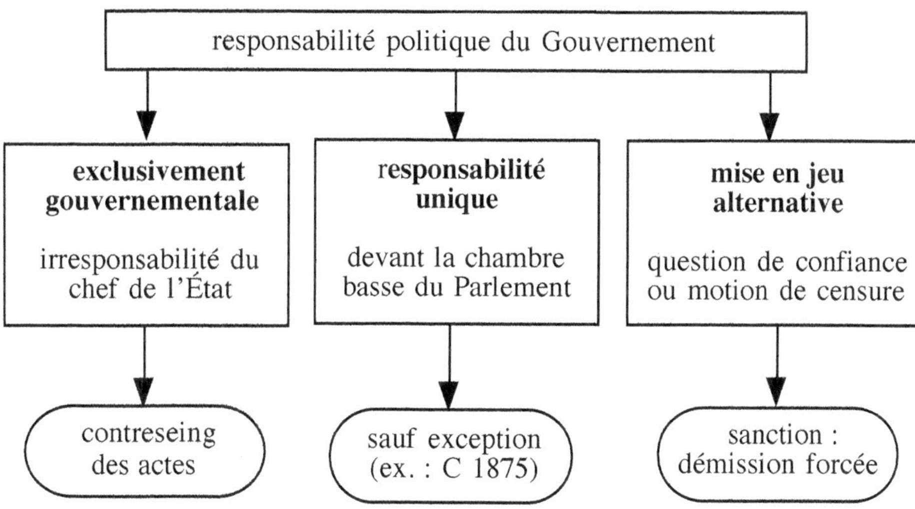

b. La dissolution

En contrepartie de la responsabilité gouvernementale, la chambre basse encourt la dissolution. Celle-ci interrompt le mandat des députés et provoque de nouvelles élections en vue du renouvellement intégral de l'assemblée. Ancien pouvoir du monarque, la dissolution est devenue le contrepoids à la responsabilité gouvernementale. Le Gouvernement peut menacer la chambre d'une dissolution, en cas de vote d'une motion de censure. La dissolution est ainsi une **arme de dissuasion** entre les mains du Gouvernement.

- Elle ne concerne normalement **que les chambres basses**.

Les chambres hautes des parlements (sauf exception) ne risquent pas de dissolution (même si elles peuvent renverser les Gouvernements, à l'instar du Sénat de la IIIe République).

- Généralement, la dissolution est décidée par le Gouvernement et le décret de dissolution est signé par le chef de l'État (ex. : C 1946). Mais il peut arriver que la dissolution soit entièrement entre les mains du chef de l'État (ex. : art. 12 C).

C'est un **procédé démocratique**. La dissolution permet au peuple, en désignant de nouveaux députés, d'arbitrer le conflit entre le Gouvernement et l'assemblée.

Responsabilité gouvernementale et dissolution réalisent ainsi la dépendance organique, caractéristique du régime parlementaire.

Chapitre 2. La séparation des pouvoirs mise en cause

La mise en cause de la séparation des pouvoirs adopte deux voies. La première consiste à nier son principe même. S'organisent alors des régimes qui l'ignorent et concentrent les pouvoirs. La seconde consiste à mettre en évidence l'évolution qu'elle a connue, du fait de sa pratique et de l'apparition de nouvelles données comme, par exemple, les partis politiques, inexistants au XVIIIe siècle.

Section 1. Les régimes de confusion des pouvoirs

La confusion des pouvoirs peut apparaître comme un modèle idéal d'organisation du pouvoir ou bien comme un moyen efficace pour parvenir à un but précis. Dans le premier cas, les régimes de confusion des pouvoirs se veulent définitifs. Dans le second cas, ils se veulent transitoires.

b. La dissolution

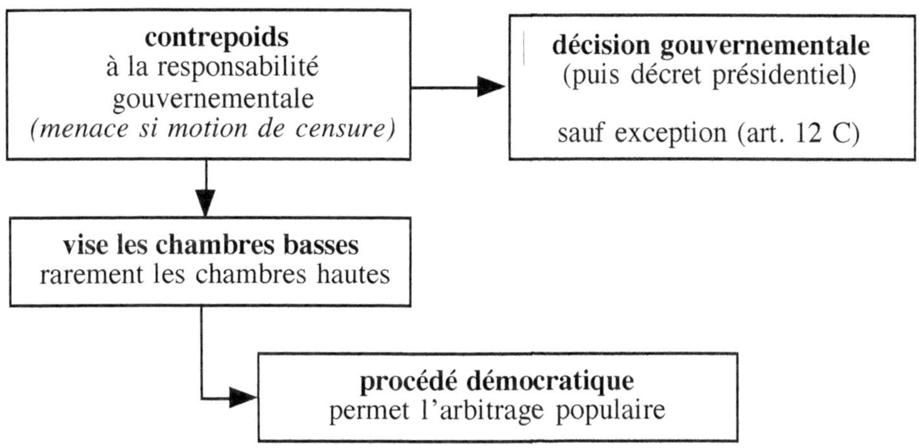

Chapitre 2. La séparation des pouvoirs mise en cause

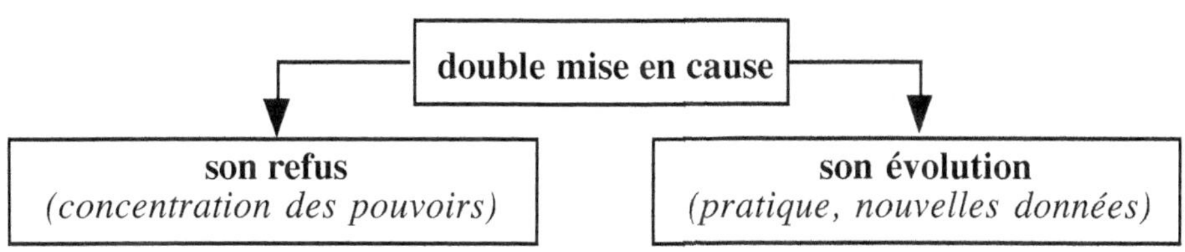

Section 1. Les régimes de confusion des pouvoirs

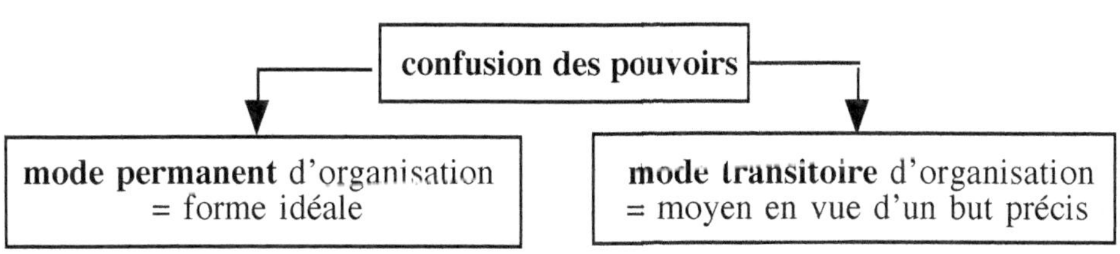

§ 1. Les régimes de confusion permanente des pouvoirs

La confusion des pouvoirs peut bénéficier soit à une assemblée (régime d'assemblée), soit à un homme (régime césariste).

A. Le régime rousseauiste du régime d'assemblée : la Constitution de 1793

Le régime d'assemblée est un régime dans lequel le pouvoir législatif et le pouvoir exécutif sont concentrés entre les mains d'une assemblée. L'organe exécutif est totalement soumis et ne gouverne pas. Il faut toutefois indiquer que le terme de "régime d'assemblée" désigne aussi une déformation du régime parlementaire, caractérisée par l'instabilité ministérielle et l'hégémonie du Parlement.

La France n'a utilisé le modèle du régime d'assemblée que durant de brèves périodes de transition constitutionnelle, en 1848 et de 1871 à 1875. En revanche, la **Constitution de 1793** avait l'ambition de mettre en place un **régime d'assemblée permanent.**

Elle prévoyait :

- une assemblée unique, composée des représentants du peuple élus au suffrage universel. Celle-ci disposait sans partage du pouvoir législatif et du pouvoir réglementaire ;
- un Conseil exécutif de vingt-quatre membres était chargé de la direction et surveillance de l'administration générale, de l'exécution des lois et des décrets. Ce Conseil, nommé et révoqué par l'assemblée, ne gouvernait pas.

Ce régime n'a jamais été appliqué, la Constitution ayant été suspendue dès son adoption pour laisser la place au régime de la Convention.

B. Le régime césariste : les deux régimes napoléoniens

Le régime césariste est un régime dans lequel la confusion des pouvoirs profite à un homme (en souvenir de la Rome antique, on parle d'un "césar" et donc de régime césariste). Cet homme prend la figure d'un Chef, du sauveur du pays, ayant une légitimité à la fois historique, charismatique et (en apparence) démocratique.

La France a expérimenté le régime césariste avec les deux régimes napoléoniens.

§ 1. Les régimes de confusion permanente des pouvoirs

A. Le régime rousseauiste du régime d'assemblée : la Constitution de 1793

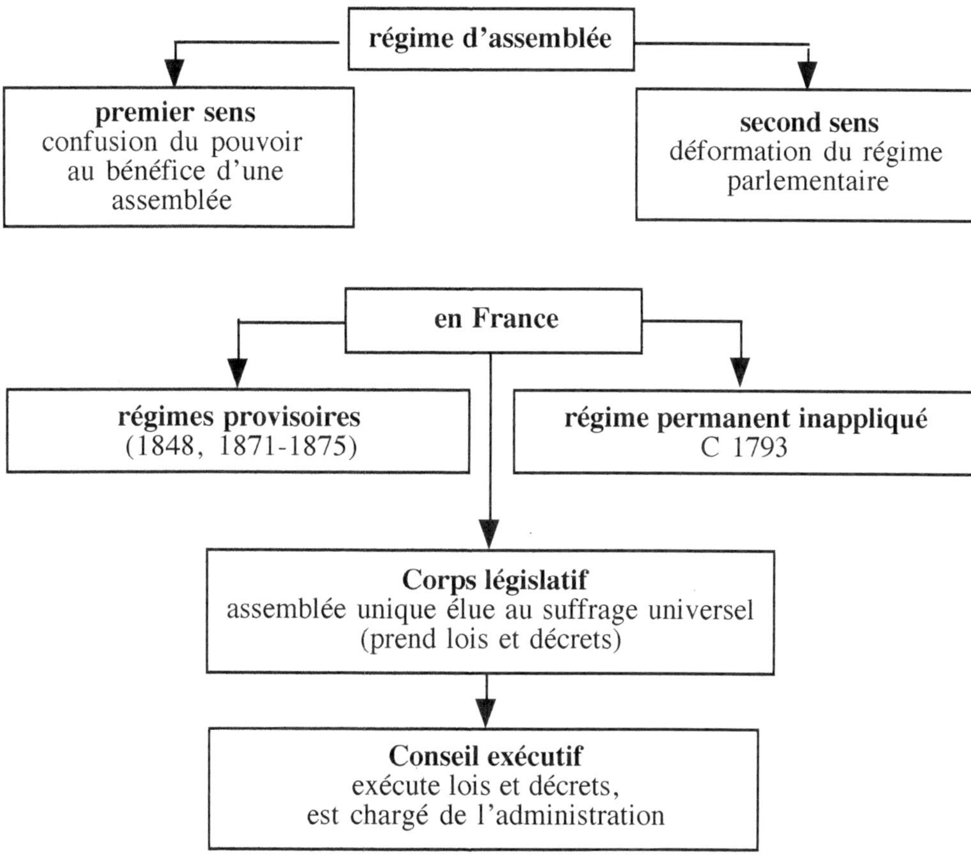

B. Le régime césariste : les deux régimes napoléoniens

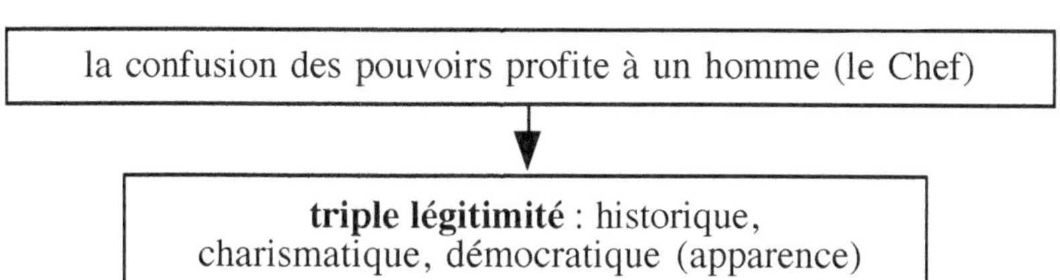

a. La mainmise totale sur le pouvoir exécutif

Dans un régime césariste, le Chef s'assure tout d'abord de la maîtrise totale du pouvoir exécutif. Ainsi, sous le Consulat, si l'organe exécutif composé de trois consuls est en apparence collégial, il est en réalité entre les mains du Premier consul (Bonaparte) qui prend seul les décisions (parfois un avis est demandé aux deux autres consuls). Les ministres n'ont aucun pouvoir. Ils ne forment pas un Gouvernement. Ils assistent le Premier consul qui assure les fonctions de chef de l'État et de chef de Gouvernement.

Lorsque l'Empire est établi, l'Empereur se substitue sans difficulté au Premier consul.

Sous le Second Empire, Napoléon III exerce seul le pouvoir exécutif, assisté de ministres qui ne dépendent que de lui.

b. La maîtrise des assemblées législatives

Formellement, sous les deux Empires, il existe des assemblées dont la fonction est de voter les lois. Mais ce n'est qu'une apparence. Ces assemblées sont totalement soumises de sorte qu'en pratique, l'Empereur exerce également le pouvoir législatif par assemblées interposées.

1. Sous le Consulat et le Premier Empire

Sous le Consulat, la maîtrise des assemblées législatives (Tribunat et Corps législatif) passe par :

- le faible pouvoir législatif accordé aux assemblées qui n'ont ni l'initiative des lois, ni le pouvoir d'amendement ;
- la mainmise de Napoléon Bonaparte sur le Sénat.

C'est le Sénat conservateur qui nomme, à partir de la liste de confiance nationale (v. T.1, Ch. 1, S. 2, § 2), les membres des assemblées législatives. C'est également lui qui contrôle la constitutionnalité des lois. Cet organe essentiel est entièrement soumis à Bonaparte. Ainsi, en tenant entre ses mains les membres du Sénat, le Premier consul est en mesure d'influer sur le choix des députés et la production législative.

Sous le Premier Empire, le seul changement réside dans la disparition du Tribunat.

a. La mainmise totale sur le pouvoir exécutif

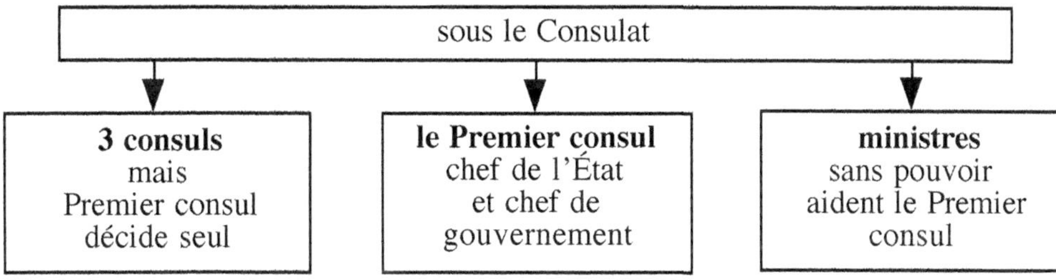

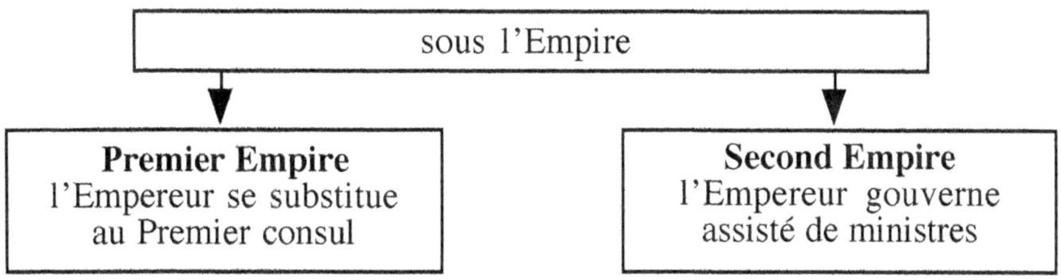

b. La maîtrise des assemblées législatives

1. Sous le Consulat et le Premier Empire

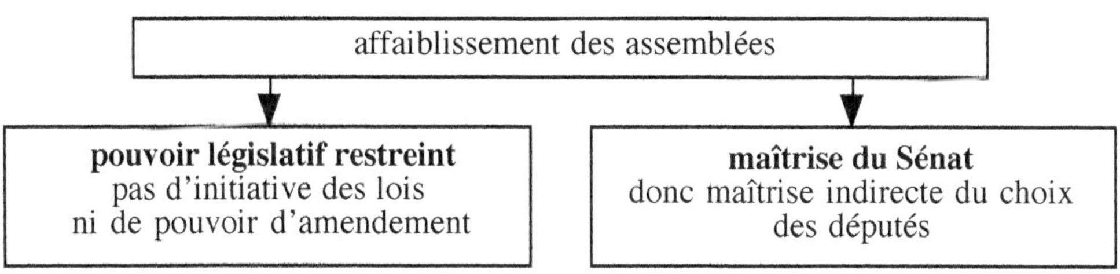

2. Sous le Second Empire

Sous le Second Empire, la subordination de l'assemblée législative est totale. Napoléon III ne cachait pas son aversion pour les chambres. Cependant, il savait impossible de les supprimer totalement. Aussi, sous le Second Empire, il existe un Corps législatif (que l'Empereur convoque, ajourne et dissout à sa convenance) dont les pouvoirs sont très limités et contrôlés.

- Le Corps législatif n'a pas l'initiative des lois. Elle appartient à l'Empereur.
- Le Corps législatif ne peut librement amender les projets de lois.

Lors des débats, l'Empereur contrôle indirectement le pouvoir d'amendement des députés grâce au Conseil d'État dont l'accord est requis pour toute modification du projet en discussion.

- Seul le pouvoir formel de voter la loi appartient au Corps législatif.

Mais ce pouvoir peut encore être contrôlé par le Sénat, à l'occasion d'un contrôle de constitutionnalité des lois (qui doit servir moins à protéger la Constitution qu'à surveiller la production législative). Or, ce Sénat est nommé par l'Empereur et totalement soumis à ce dernier.

§ 2. Les régimes transitoires de confusion des pouvoirs

La confusion des pouvoirs a été retenue par les régimes inspirés par les idées de Marx dans la perspective d'une préparation au dépérissement de l'État grâce à une dictature prolétarienne intense. Le modèle de ce type de régime était le régime de l'ancienne Union soviétique (URSS).

Mais la Constitution de 1958 a également prévu une confusion temporaire des pouvoirs en cas de péril extrême en vue de sauver l'État dans son article 16 C.

A. Le régime soviétique de la confusion des pouvoirs

L'Union soviétique a connu de nombreuses Constitutions :

- la Constitution du 10 juillet 1918 (œuvre de Lénine) ;
- la Constitution du 31 janvier 1924 (elle crée l'État fédéral) ;
- la Constitution du 5 décembre 1936 (œuvre de Staline) ;
- la Constitution du 4 octobre 1977 (œuvre de Krouchtchev).

Toutes ses Constitutions mettaient en place une confusion des pouvoirs sur le même modèle : une série de délégations, partant de la base vers le sommet, au profit d'organes élus, de plus en plus restreints.

2. Sous le Second Empire

pouvoirs de l'Empereur sur le Corps législatif

- convocation, ajournement du Corps législatif
- contrôle des amendements parlementaires
- contrôle de constitutionnalité des lois par le Sénat *(nommé par l'Empereur)*

§ 2. Les régimes transitoires de confusion des pouvoirs

régime de l'URSS
(idées de Marx et Lénine)

dictature du prolétariat, puis dépérissement de l'État

régime de l'article 16 C
(idées du général de Gaulle)

confusion des pouvoirs en cas de péril national

A. Le régime soviétique de la confusion des pouvoirs

Constitutions de l'URSS :
toutes conçues sur un **même modèle général :**

- confusion des pouvoirs
- réalisée par une série de délégations, partant de la base vers le sommet
- au profit d'organes élus de plus en plus restreints

→

- C 1918 (Lénine)
- C 1924 (État fédéral)
- C 1936 (Staline)
- C 1977 (Krouchtchev)

a. Le modèle de la Constitution de 1977

La Constitution de 1977 met en place trois organes hiérarchisés.

Le Soviet suprême est l'organe législatif.

- Il est formé du Soviet de l'Union, chambre qui représente la population de l'ensemble du pays et du Soviet des Nationalités, chambre qui représente les entités fédérées.
- Les pouvoirs des deux chambres sont strictement égaux.
- Le Soviet suprême concentre entre ses mains le pouvoir législatif et exécutif. Mais, en pratique, ce n'est pas lui qui exerce le pouvoir, c'est le Présidium qui émane de lui et dont il se contente de ratifier des décisions et de renouveler les membres.

Le Présidium est l'organe gouvernant.

- Il est élu par les deux chambres du Soviet suprême en séance commune.
- Il bénéficie de plein droit d'une délégation totale des pouvoirs de ce dernier. Il cumule donc le pouvoir législatif, réglementaire.

Le Conseil des ministres est le sommet de la technostructure soviétique.

Il est élu par le Soviet suprême ou, en son absence, par le Présidium. En raison de l'économie planifiée, son pouvoir n'est pas négligeable. Il compte une centaine de membres :

- divers présidents ;
- des ministres fédéraux qui gèrent les affaires de l'État et exercent une autorité directe sur l'administration ;
- des ministres fédéraux républicains qui coordonnent l'action des ministres correspondant dans les Républiques fédérées.

b. Le parallélisme de la structure du Parti communiste

Dans la réalité du régime soviétique, aucun organe constitutionnel ne décide réellement de la politique qui est fixée par le Parti communiste, parti unique. Ce dernier est lui aussi organisé sur le modèle de la confusion démocratique du pouvoir.

- Le **Congrès du Parti** élit **le Comité central** et lui délègue ses pouvoirs (car le Congrès ne se réunit que tous les cinq ans).
- Le **Comité central** élit **le Bureau politique** chargé de diriger le parti et le secrétariat chargé de la gestion courante, organes auxquels il délègue ses pouvoirs (car le Comité central ne se réunit que deux fois par an).
- Le **Bureau politique** élit le **secrétaire général** du Parti qui est en fait le véritable maître du pays.

a. Le modèle de la Constitution de 1977

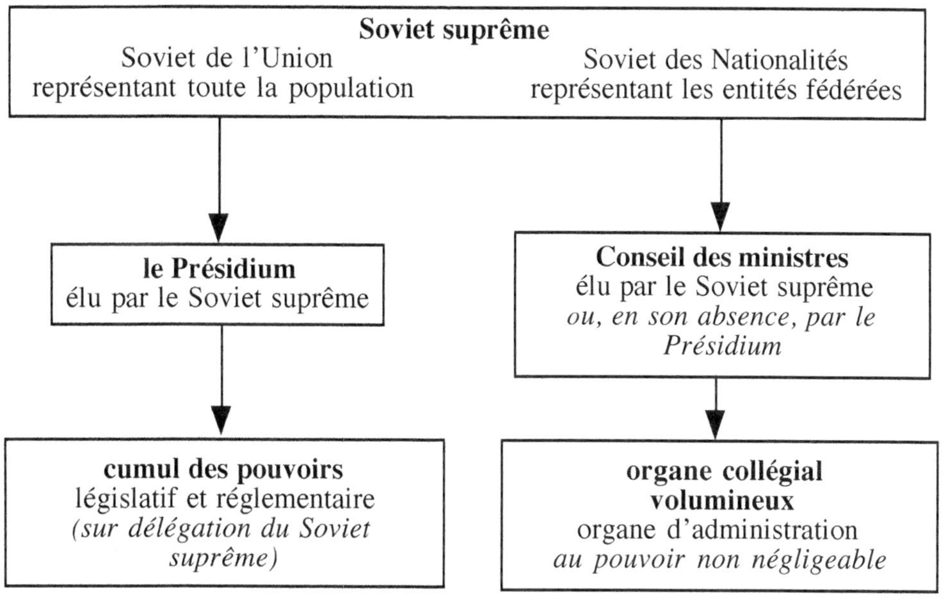

b. Le parallélisme de la structure du Parti communiste

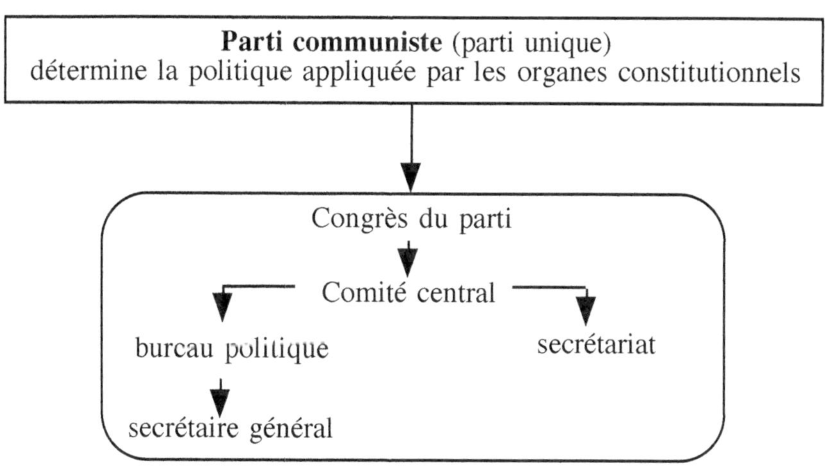

B. Le régime temporaire de confusion des pouvoirs : l'article 16 C

L'article 16 C de la Constitution de 1958 permet la mise en place d'une confusion des pouvoirs en vue de sauver l'État dans un moment de péril extrême. Des pouvoirs exceptionnels sont ainsi conférés au Président.

a. Le recours à l'article 16 C

Étant donné que ce sont des circonstances particulières qui justifient l'octroi des pleins pouvoirs au Président, il est essentiel que la Constitution indique clairement quelles sont ces circonstances. Selon l'article 16 C, il faut que deux séries de conditions de fait soient réalisées.

- Il faut qu'il existe une **menace** "grave et immédiate" portant sur les institutions de la République, l'indépendance de la nation, l'intégrité du territoire ou sur l'exécution des engagements internationaux.
- Il faut simultanément que "le **fonctionnement régulier des pouvoirs publics soit interrompu**".

L'interprétation de ces termes revient au Président de la République.

Il exista cependant des contraintes de procédure qui encadrent la décision présidentielle.

- Le Président doit demander un **avis** qui ne lie pas au Premier ministre (qui ne dispose pas du contreseing sur la décision de déclencher l'article), aux présidents des deux assemblées du Parlement et au Conseil constitutionnel (avis motivé et publié au Journal officiel).
- Un **message** doit également être adressé à la nation par le Président.

Depuis la révision de 2008, le Conseil constitutionnel peut examiner si les conditions d'utilisation de l'article 16 C sont encore réunies :

- sur saisine du Président de l'Assemblée nationale ou du Sénat ou de soixante députés ou sénateurs après trente jours d'exercice des pouvoirs exceptionnels,
- et de lui-même, de plein droit, au terme de soixante jours d'exercice et à tout moment au-delà de cette durée.

b. Le but de la confusion des pouvoirs

L'objectif de la confusion des pouvoirs entre les mains du Président est le rétablissement de la situation normale dans les plus brefs délais. C'est pourquoi le Président ne peut prendre que des **mesures "exigées"** par les circonstances en vue "d'assurer aux pouvoirs publics constitutionnels, dans les moindres délais, les moyens d'accomplir leurs missions" ; il ne peut donc réviser la Constitution car il doit rétablir l'état des choses tel qu'il était auparavant et non le modifier (**CC, 9 sept. 1992**) et il doit cesser d'utiliser l'article 16 C dès le retour à la normale.

B. Le régime temporaire de confusion des pouvoirs : l'article 16 C

a. Le recours à l'article 16 C

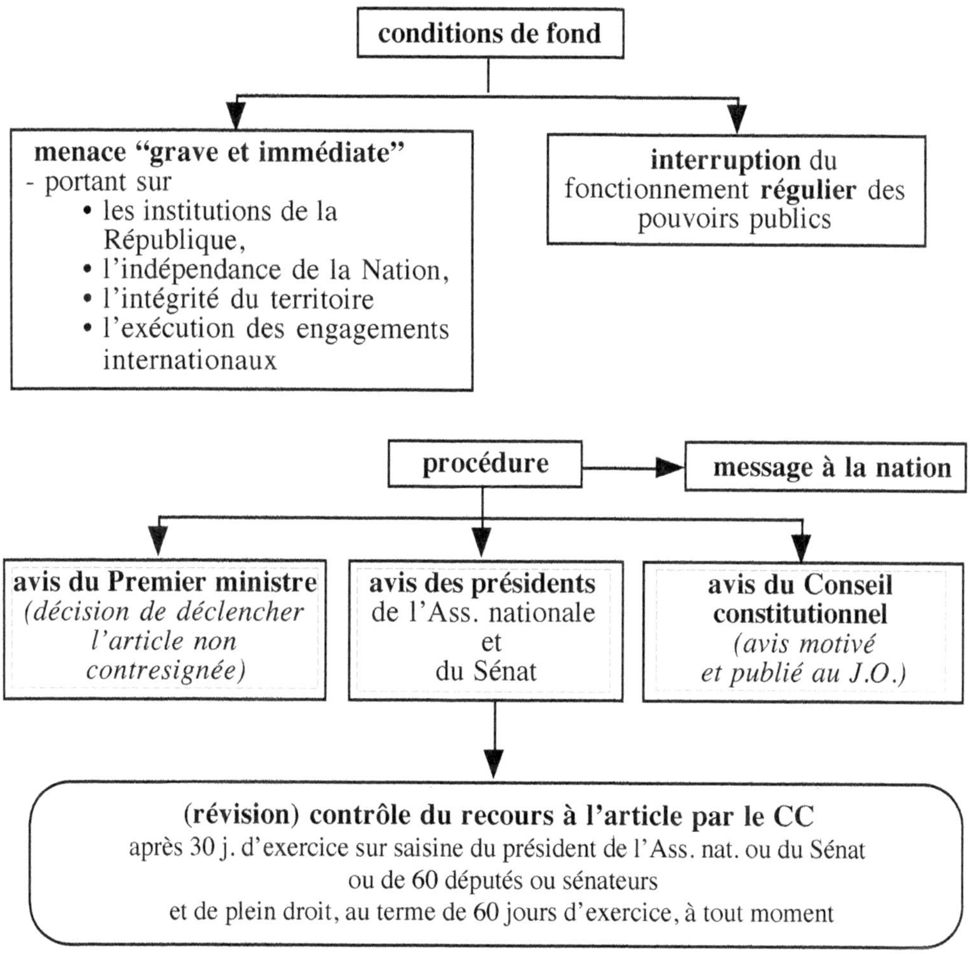

b. Le but de la confusion des pouvoirs

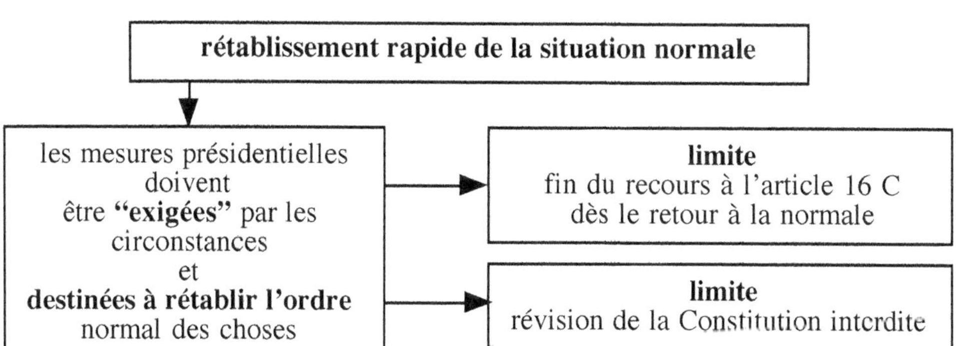

c. Le régime des décisions prises au titre de l'article 16 C

La Constitution prévoit uniquement que le Conseil constitutionnel émet un **avis** sur toutes les décisions du Président, prises durant l'usage des pouvoirs exceptionnels (art. 16, al. 2 C). Mais cet avis ne lie pas le Président : ce n'est pas un avis conforme qui est exigé.

Le Président de Gaulle a eu recours à l'article 16 C, après le putsch des généraux à Alger, le 23 avril 1961. Cette application a permis de préciser le régime juridictionnel des "décisions" présidentielles prises au titre de l'article 16 C, à l'occasion d'un recours porté devant le Conseil d'État (**CE, 2 mars 1962, Rubin de Servens**). Il résulte de l'arrêt de la haute juridiction administrative que :

- la décision de recourir à l'article et la décision d'y mettre fin ne sont pas susceptibles d'un contrôle de sa part ;
- les décisions prises au titre de l'article dans le domaine de la loi ne sont pas non plus susceptibles d'un contrôle de sa part ;
- en revanche, les décisions présidentielles intervenant dans le domaine réglementaire sont susceptibles d'un contrôle (solution implicite).

d. Les pouvoirs du Parlement pendant l'usage de l'article 16 C

Pendant l'usage de l'article 16 C, l'article précise que **le Parlement se réunit de plein droit** et que l'**Assemblée nationale ne peut pas être dissoute**.

Mais que peut faire le Parlement pendant l'utilisation de l'article 16 C ? Peut-il continuer à légiférer alors même que le Président peut intervenir dans le domaine de la loi ? Rien n'est précisé dans la Constitution.

Ayant compétence pour interpréter les conditions du recours à l'article 16 C, le Président s'est vu reconnaître le droit d'interpréter l'étendue de ses pouvoirs et donc ceux du Parlement. Ainsi, selon la **lettre du 31 août 1961**, rédigée par le Président de Gaulle :

- en sessions normales, le Parlement débat et légifère, à condition de ne pas empiéter sur les domaines dans lesquels le Président se réserve d'intervenir ;
- en dehors des sessions normales, le Parlement débat mais ne peut légiférer.

Quant aux pouvoirs de contrôle du Parlement à l'égard du Gouvernement, ils ne semblent pas être affectés par l'usage de l'article 16 C. Si la dissolution est proscrite durant l'utilisation des pouvoirs exceptionnels, en revanche, le dépôt d'une motion de censure ne fait l'objet d'aucun interdit constitutionnel. Pourtant, le Président de l'Assemblée nationale en a restreint la possibilité, le 12 septembre 1961, en excluant la motion de censure quand le Parlement siège hors session normale.

c. Le régime des décisions prises au titre de l'article 16 C

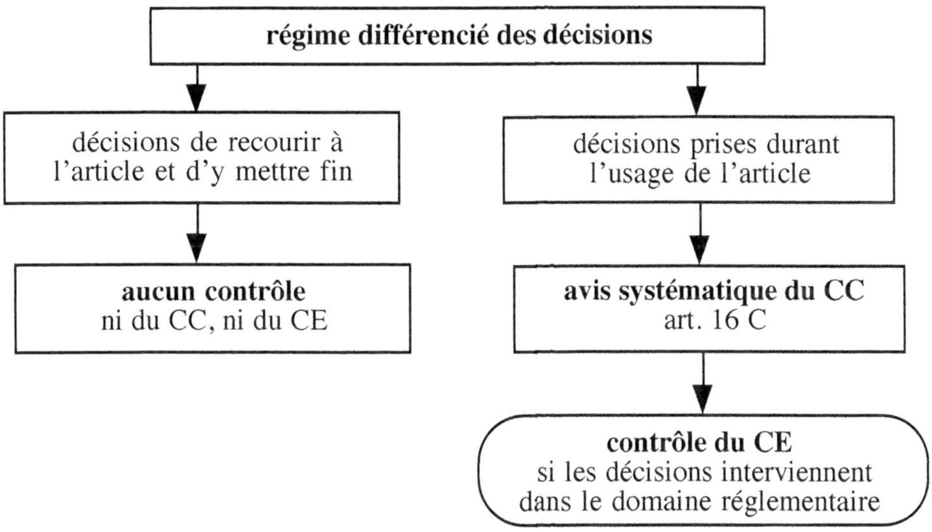

d. Les pouvoirs du Parlement pendant l'usage de l'article 16 C

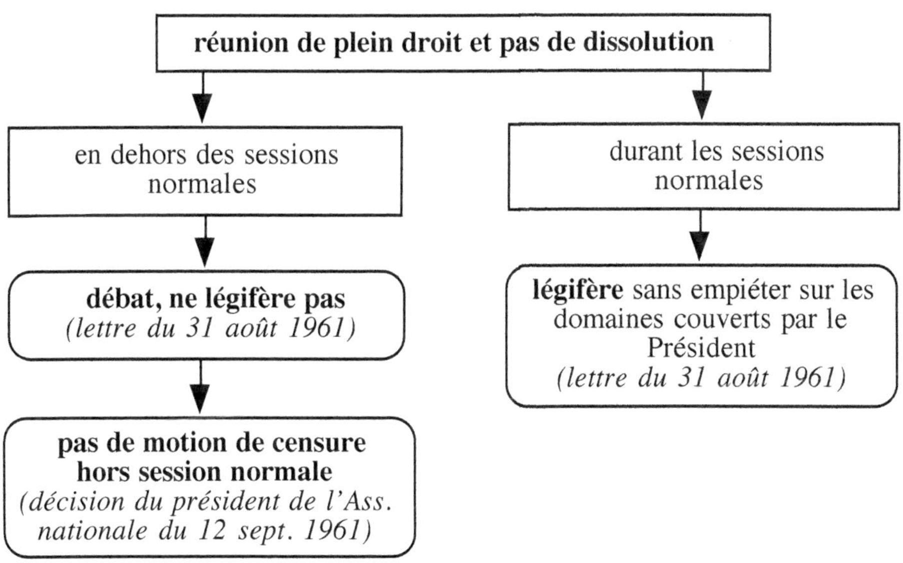

Section 2. L'évolution de la séparation des pouvoirs

La réalité du fonctionnement des régimes politiques de séparation des pouvoirs a révélé une relative distance par rapport à la théorie ainsi que l'apparition d'un certain nombre de mécanismes destinés à rééquilibrer la séparation souple des pouvoirs, dans le cadre de ce que l'on a nommé "la rationalisation" du parlementarisme.

§ 1. L'altération pratique de la théorie

Au fil de sa mise en œuvre, la théorie de la séparation des pouvoirs a été mise à mal. Sa conception restrictive du Pouvoir exécutif a été démentie par les faits et sa forme souple (régime parlementaire) a vu ses mécanismes d'évincement réciproque déformés.

A. La redéfinition des fonctions des deux Pouvoirs

Selon la séparation des pouvoirs :

- le Pouvoir législatif fait la loi et, au travers d'elle, gouverne ;
- le Pouvoir exécutif dispose simplement d'un pouvoir réglementaire d'exécution des lois, il ne gouverne donc pas.

Or, la réalité du fonctionnement des régimes de séparation des pouvoirs montre que cette vision ne rend pas compte de la réalité. Le fonctionnement réel des régimes politiques montre que le rôle essentiel de l'Exécutif est d'impulser la politique et le rôle essentiel du Législatif est de contrôler l'Exécutif. Ceci est surtout visible en séparation souple mais également observable, dans une certaine mesure, en séparation stricte.

a. Le rôle d'impulsion du Pouvoir exécutif

Dans le cadre de la séparation souple des pouvoirs, on peut observer que l'évolution du régime parlementaire a fait de l'Exécutif (le Gouvernement) un pouvoir qui gouverne.

- Grâce à l'initiative des lois, le Gouvernement a la possibilité de proposer des projets de lois, conformes à la politique qu'il entend mener.
- Soutenu par sa majorité à la chambre basse, il est en mesure de faire voter ces projets.

On observe que presque toutes les lois, en régime parlementaire, sont aujourd'hui d'origine gouvernementale. Ce que la théorie appelle le Pouvoir "exécutif" est devenu le pouvoir d'impulsion normative et politique, le pouvoir gouvernemental.

En séparation stricte des pouvoirs, l'Exécutif possède également un pouvoir d'influence sur la production des lois, même si un tel pouvoir ne résulte que de pratiques. Le régime américain montre que le Président a une influence déterminante sur la politique du Congrès et qu'il est en mesure d'orienter la politique intérieure, même si cela passe par des pratiques en marge de la Constitution (v. Ch. 3, S. 1).

Section 2. L'évolution de la séparation des pouvoirs

§ 1. L'altération pratique de la théorie

théorie remise en cause

démenti de fait
(vision restrictive du Pouvoir exécutif)

déformation de fait
(mécanismes de la séparation souple)

A. La redéfinition des fonctions des deux Pouvoirs

le Législatif fait la loi
(activité gouvernementale)

l'Exécutif exécute la loi
(activité subordonnée)

vision traditionnelle irréaliste

a. Le rôle d'impulsion du Pouvoir exécutif

en séparation souple

le Gouvernement à l'origine de la quasi-totalité des lois
(votées par sa majorité)

en séparation stricte

le Président influence et oriente la législation
(mais grâce à des pratiques en marge des textes)

b. Le rôle de contrôle du Pouvoir législatif

Dans le cadre des régimes parlementaires, il apparaît que le contrôle du Gouvernement est devenu une fonction essentielle des assemblées législatives, à côté du vote des lois. Ce contrôle passe par différentes voies.

Les **questions** (écrites ou orales) posées par les parlementaires obligent les ministres à s'expliquer et permettent ainsi aux parlementaires de débattre avec le Gouvernement. Les **commissions parlementaires** (formations restreintes dans chaque assemblée) permettent à la fois un suivi de l'action du Gouvernement et une étude approfondie des projets de lois de ce dernier. Ces commissions sont en effet appelées à examiner les projets de lois avant leur discussion en séance plénière. Cependant, des **commissions *ad hoc*** peuvent être créées librement pour répondre à un problème ponctuel. Elles sont temporaires. Certaines commissions, appelées "**commissions d'enquête**", sont chargées de recueillir des éléments d'information sur des faits déterminés afin de les soumettre, assortis de conclusions, à la chambre dont elles relèvent. Les **missions d'information**, créées par les commissions parlementaires, sont une alternative à la commission d'enquête et servent également à réunir des informations (v. pour une application à la Ve République, T. 3, Ch. 2, S. 1, § 1).

Dans le cadre de la séparation stricte, le contrôle de l'Exécutif n'est pas moins important. Aux États-Unis, ce contrôle passe notamment par les commissions d'enquête dont les pouvoirs sont très étendus (v. Ch. 3, S. 1, § 3).

B. L'altération des mécanismes du régime parlementaire

a. La déviation de la responsabilité gouvernementale

La mise en jeu de la responsabilité gouvernementale a pour finalité de sanctionner la politique gouvernementale, qu'il s'agisse d'un test de confiance, demandé par le Gouvernement (question de confiance) ou d'un test de soutien, déclenché par la minorité d'opposition (motion de censure). Or, la responsabilité politique du Gouvernement peut, en pratique, être utilisée hors de ce cadre traditionnel.

1. La motion de censure déviée

Dans le cadre d'un régime à présidence forte (comme celui de la Ve République), la motion de censure peut en réalité viser le Président de la République au travers du Gouvernement. Le Président étant irresponsable politiquement, la chute du Gouvernement qu'il a choisi et qu'il oriente personnellement par ses directives peut avoir la signification d'un désaveu de la politique présidentielle, bien plus que de la politique du Gouvernement. Dans ce cas, la motion de censure ou le refus de la confiance viseront à déstabiliser, affaiblir le Président.

b. Le rôle de contrôle du Pouvoir législatif

en régime parlementaire

↓

questions
(écrites ou orales)
débat avec les ministres

commissions
suivi de l'action gouvernementale
examen des projets de lois

commissions d'enquête, missions d'information
investigation sur des faits déterminés

en régime présidentiel (États-Unis)

↓

commissions d'enquête,
investigation sur des faits déterminés
pouvoirs particulièrement étendus

B. L'altération des mécanismes du régime parlementaire

a. La déviation de la responsabilité gouvernementale

1. La motion de censure déviée

en cas de présidence forte (type V^{e} RP)

↓

sens de la chute du Gouvernement

↓

affaiblir le Président
au travers du Gouvernement choisi par lui

2. La question de confiance déviée

La question de confiance permet normalement au Gouvernement de s'assurer du soutien de sa majorité. Généralement après avoir exposé son programme ou avoir fait une déclaration de politique générale, ce dernier pose la question de confiance (ex. : **art. 49, al. 1 C**).

Mais la question de confiance peut également servir à briser la résistance de cette même majorité à l'égard d'un projet de loi gouvernemental. Le Gouvernement peut engager sa responsabilité sur le vote du texte que sa majorité renâcle à adopter. C'est ce que prévoit l'article **49, al. 3 C** : "Le Premier ministre peut, après délibération du Conseil des ministres, engager la responsabilité du Gouvernement sur le vote d'un texte. Dans ce cas, ce texte est considéré comme adopté, sauf si une motion de censure, déposée dans les vingt-quatre heures qui suivent, est votée dans les conditions prévues à l'alinéa précédent." (c'est-à-dire à la majorité absolue des membres de l'Assemblée nationale).

Avec ce procédé, la majorité gouvernementale est placée devant un choix : soit elle renverse le Gouvernement en votant une motion de censure (avec le risque d'une dissolution en réplique) ; soit elle soutient le Gouvernement et ne permet pas à la censure d'être votée, sachant que, dans ce cas, le projet de loi litigieux (dont elle ne voulait pas) sera automatiquement considéré comme voté.

b. La déviation de la dissolution

Normalement, la dissolution vient répondre à une chute de Gouvernement ou bien elle sert de menace en vue d'éviter une telle chute ; mais elle peut être utilisée pour d'autres motifs.

Elle peut être le moyen de **provoquer des élections anticipées** : soit en fin de législature, pour couper court aux promesses démagogiques de l'opposition qui fleurissent dans les derniers mois précédant l'échéance électorale normale ; soit pour provoquer les élections à un moment propice qui doit (suppose-t-on) assurer la victoire du parti déjà au pouvoir (ex. Chirac en 1997). Dans le cadre de la Ve République, lorsque les mandats présidentiel et parlementaire ne coïncidaient pas dans le temps (mandat de sept ans / mandat de cinq ans), un nouveau Président était élu en cours de législature. Et quand ce dernier n'était pas de même bord politique que la majorité à l'Assemblée nationale, la dissolution servait aussi à **aligner la majorité parlementaire sur la couleur politique du nouveau Président** (dissolution à l'arrivée au pouvoir de F. Mitterrand en 1981 et en 1988).

§ 2. La rationalisation des mécanismes du régime parlementaire

Ailleurs qu'en Grande-Bretagne, les chutes de Gouvernement ont été trop fréquentes et, pour répondre au problème, les mécanismes d'évincement réciproque et la formation du Gouvernement ont été encadrés par des procédures précises dans le cadre de ce que l'on a appelé la rationalisation du régime parlementaire.

2. La question de confiance déviée

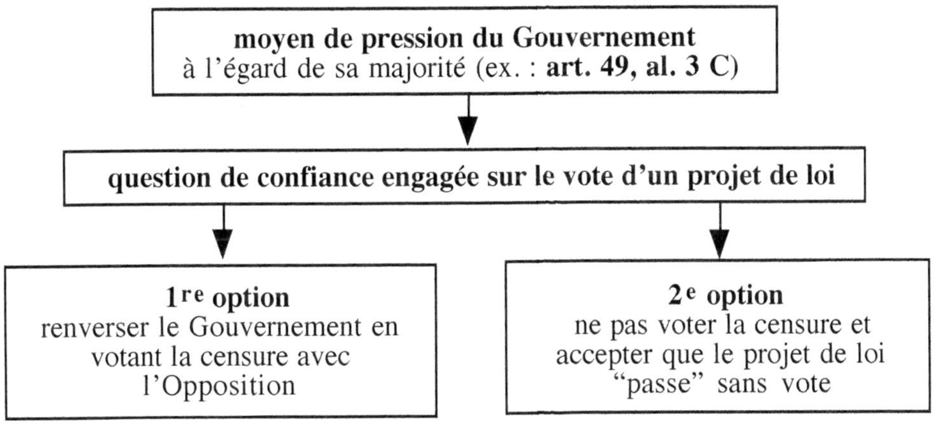

b. La déviation de la dissolution

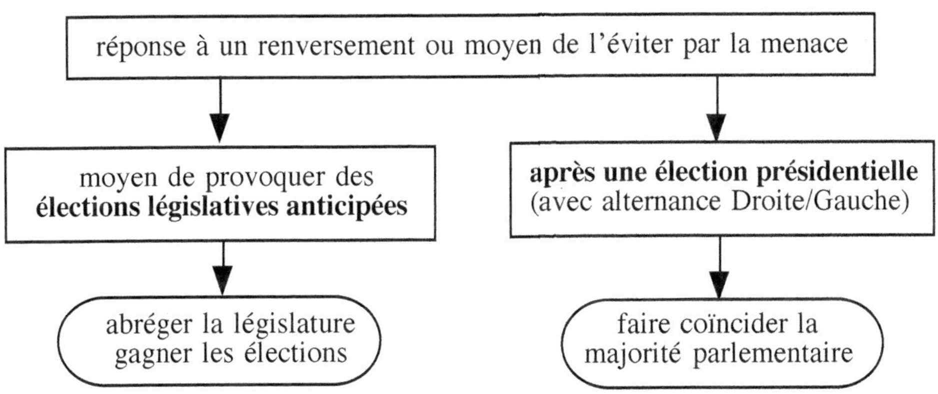

§ 2. La rationalisation des mécanismes du régime parlementaire

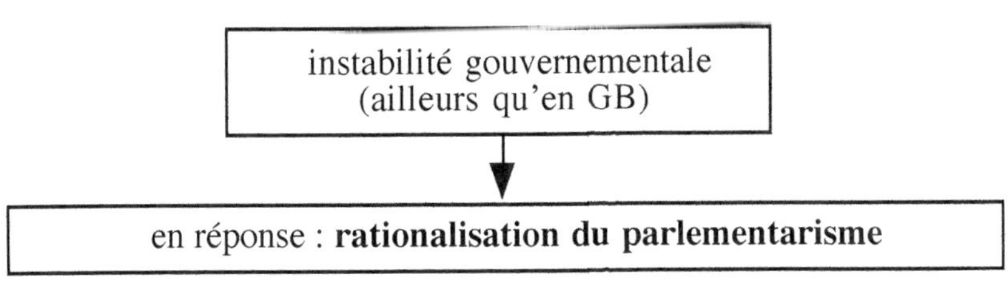

A. La rationalisation de l'évincement réciproque

a. La rationalisation de la responsabilité gouvernementale

Avec la rationalisation, la mise en jeu de la responsabilité gouvernementale doit passer par des formes constitutionnelles précises.

1. La rationalisation de la motion de censure

La motion de censure représente le danger majeur pour un Gouvernement. En effet, elle est à l'initiative des députés et elle peut venir surprendre le Gouvernement à tout moment. C'est donc un facteur important d'instabilité ministérielle qu'il importe de maîtriser.

- L'actuelle **Constitution allemande** offre un exemple intéressant de rationalisation de la motion de censure. Elle met en place une procédure originale, souvent appelée le mécanisme de la "**défiance constructive**". Son but est d'éviter que le Gouvernement ne soit renversé par une coalition de partis incapables ensuite de s'entendre pour choisir un nouveau Chancelier. C'est pourquoi, pour renverser le chef du Gouvernement (le "Chancelier"), les députés du Bundestag doivent obligatoirement désigner son successeur (à la majorité des députés et non des voix). Ainsi, n'y aura-t-il pas de "vide", puisqu'un Chancelier chasse l'autre.
- Dans la Constitution de 1958, la rationalisation de la motion de censure passe par une série de trois mesures de restriction (**art. 49, al. 2 C**) :
  - limitation des dépôts de motion de censure : pour être recevable, une motion de censure doit être signée par un dixième au moins des députés ; un député ne peut être signataire de plus de trois motions de censure au cours d'une même session ordinaire et de plus d'une au cours d'une même session extraordinaire ;
  - délai de quarante-huit heures entre le dépôt et le vote de la motion est à respecter ;
  - vote de la motion à la majorité absolue des membres de l'Assemblée nationale ; ne sont recensés que les votes favorables à la motion.

2. La rationalisation de la question de confiance

Le vote de la question de confiance signifie que la confiance est confirmée au Gouvernement et qu'il dispose toujours d'une majorité de soutien. Deux logiques s'affrontent.

- Ou bien on insiste sur la nécessité d'une large majorité en faveur du Gouvernement et la question de confiance doit être votée à une majorité renforcée. Généralement, on retient la **majorité absolue des membres** de la chambre basse (ex. : Allemagne).
- Ou bien on se satisfait d'une majorité suffisante pour assurer au Gouvernement le vote de ses projets de lois et la question de confiance est votée à la **majorité des voix**, ce qui est la majorité ordinairement requise pour le vote des lois (ex. : art. 49, al. 1 C). Dans notre actuelle Constitution, la question de confiance est donc plus facile à voter que la motion de censure.

A. La rationalisation de l'évincement réciproque

a. La rationalisation de la responsabilité gouvernementale

1. La rationalisation de la motion de censure

la **défiance constructive** (Allemagne)

↓

éviter un “vide” après le désaveu d'un Chancelier par une coalition incapable de s'entendre pour gouverner

↓

c'est l'élection d'un nouveau Chancelier qui contraint le précédent à la démission

art. 49, al. 2 C

↓

- **limitation des dépôts**
  signature d'1/10e des députés
  limitation des signatures par député
- **délai à respecter**
  48 h entre le dépôt et le vote de la motion
- maj. absolue des membres de l'Ass. nationale
  seuls recensés les votes favorables à la motion

2. La rationalisation de la question de confiance

pour voter la confiance : deux logiques, deux majorités

↓

- **large majorité au Gouvernement** (majorité des députés) (C. 1946)
- **se contenter de la majorité de vote des lois** (maj. des voix) (art. 49, al. 1 C)

b. La rationalisation de la dissolution

La dissolution n'est pas un facteur de chute de Gouvernement, bien au contraire. C'est normalement un moyen de l'éviter : soit en dissuadant les députés de voter contre le Gouvernement ; soit en permettant un renouvellement de l'assemblée dans l'espoir qu'il se dégage du résultat électoral une majorité parlementaire plus claire, capable de soutenir durablement un Gouvernement (hypothèse de l'instabilité ministérielle due à des majorités instables). La rationalisation doit donc rechercher un équilibre entre une dissolution trop facile à utiliser (ce qui pourrait rendre possible des abus) et une dissolution trop difficile à utiliser (ce qui pourrait la paralyser).

La **Constitution allemande** a adopté une rationalisation de la dissolution qui la lie à l'échec de la question de confiance. L'objectif est de permettre la dissolution, lorsque le Bundestag a démontré qu'il était incapable de remplacer le Chancelier renversé. La procédure est la suivante. Après le désaveu du Chancelier (échec de la question de confiance non votée par la majorité absolue des députés) s'ouvre un délai de vingt-et-un jours durant lequel le Chancelier renversé peut demander la dissolution du Bundestag au Président de la République. Mais, dans ce même délai, les députés peuvent éviter la dissolution en désignant un nouveau Chancelier.

La **Constitution de 1946** avait adopté une rationalisation du droit de dissolution qui en restreignait l'usage. En pratique, les conditions imposées ont abouti à sa **paralysie** (v. T. 3, Ch. 1, S. 2). Le but était de ne sanctionner par la dissolution qu'une assemblée qui avait donné des preuves claires de son incapacité à former une majorité de soutien stable à un Gouvernement. D'abord, la dissolution était impossible durant les dix-huit premiers mois de la législature afin de laisser le temps à la nouvelle assemblée de chercher une coalition stable. Puis, au terme de cette première période, la dissolution ne pouvait intervenir que si, dans un délai de dix-huit mois, s'étaient produites deux crises ministérielles dans les conditions prévues par la Constitution (vote d'une motion de censure ou refus de confiance, votées à la majorité absolue des députés).

La **Constitution de 1958** a adopté une rationalisation très différente de celle de la Constitution de 1946. Elle interdit uniquement dans trois cas : durant l'utilisation de l'article 16 C, durant l'intérim, si une dissolution a déjà été prononcée il y a moins de douze mois. L'usage du droit de dissolution est exclusivement **entre les mains du Président**. Le décret de dissolution n'est pas contresigné par le Premier ministre. Le Président décide donc seul, après un simple **avis** du Premier ministre et des présidents des deux assemblées (avis qui ne lient pas le Président). La dissolution est donc rendue très disponible. Elle est totalement indépendante d'une quelconque crise ministérielle.

b. La rationalisation de la dissolution

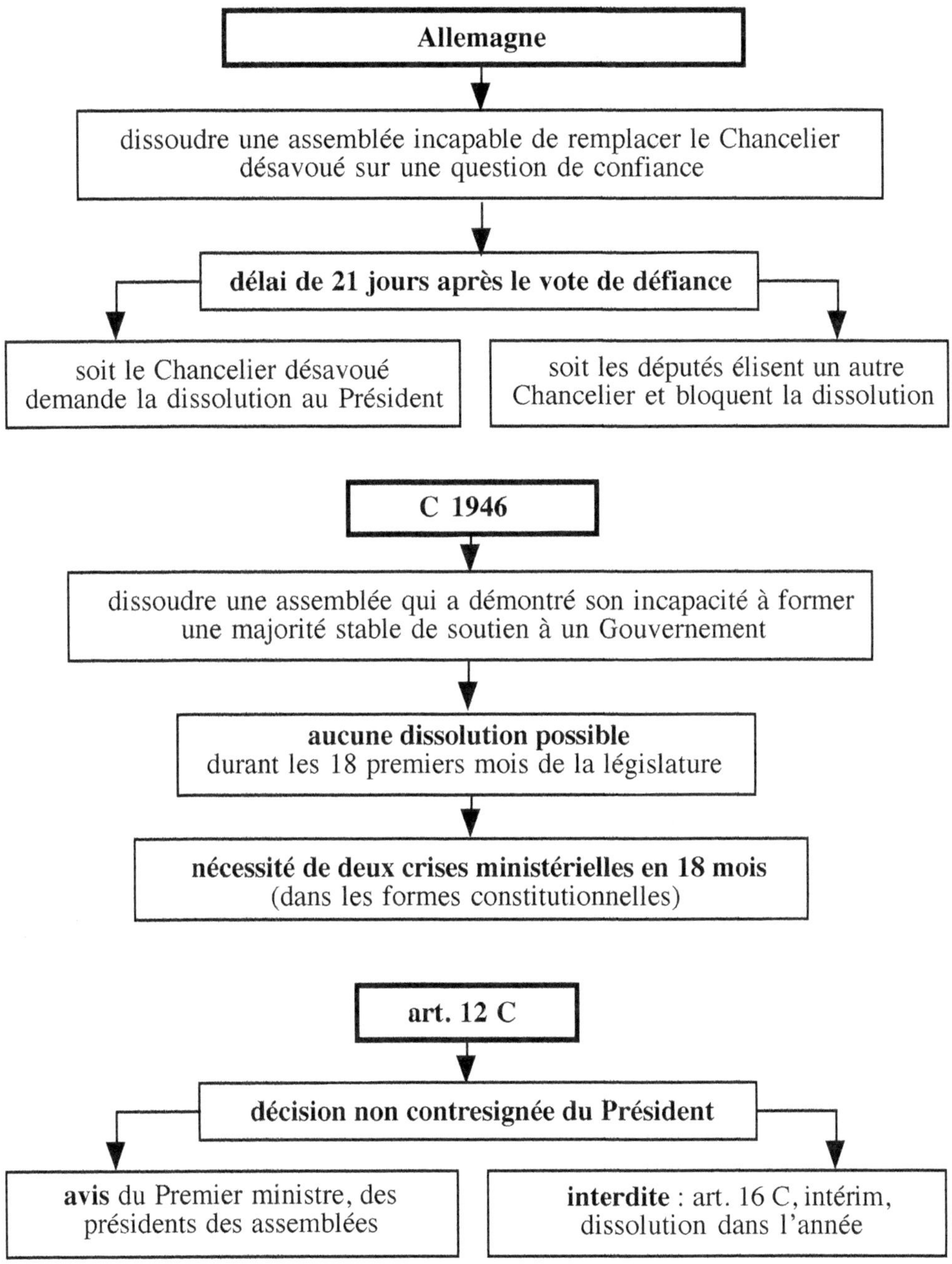

B. L'introduction d'une investiture parlementaire

Le problème capital en régime parlementaire est celui de l'existence d'une majorité de soutien pour le Gouvernement. En Grande-Bretagne, grâce au scrutin majoritaire à un tour, un des deux grands partis remporte la majorité absolue des sièges aux Communes et, en vertu d'une règle constitutionnelle bien établie, son chef est automatiquement nommé Premier ministre par le monarque (v. Ch. 3, S. 2). Il n'est donc pas nécessaire qu'il soit formellement approuvé par un vote de la majorité des députés. Mais, ailleurs, le régime parlementaire ne fonctionne pas de la même façon. Les élections législatives n'amènent pas forcément un parti vainqueur, disposant de la majorité des sièges à la chambre basse. La formation du gouvernement devient alors plus délicate car elle suppose la constitution d'une majorité de coalition, disposée à soutenir un Gouvernement. La procédure de l'investiture du Gouvernement a pour but de formaliser et confirmer l'existence du soutien parlementaire au Gouvernement. Elle peut se situer avant ou après la nomination du Gouvernement.

a. L'investiture avant la nomination du Gouvernement

C'est une solution qui permet aux députés d'élire le futur chef du Gouvernement, préalablement choisi et présenté par le Chef de l'État.

En **Allemagne**, le futur Chancelier est présenté par le Président de la République. Le Bundestag (chambre basse) se prononce par un vote à la majorité absolue des députés (la majorité simple est utilisée après deux essais de vote infructueux). Une fois l'investiture votée, le Président procède à la nomination.

La **Constitution de 1946** prévoyait également (art. 45) une investiture obligatoire du futur Président du Conseil (après la révision constitutionnelle du 7 décembre 1954, l'investiture portera sur le futur Gouvernement au complet). L'investiture devait être votée à la majorité absolue des députés (après la révision de 1954, l'investiture sera votée à la majorité absolue des suffrages afin de faciliter l'investiture).

b. L'investiture après la nomination du Gouvernement

Dans ce cas de figure, le Gouvernement a déjà été nommé par le chef de l'État et son chef se présente devant les députés pour avoir confirmation du soutien de l'assemblée. C'est une procédure qui a été imaginée sous la IIIe République et reprise sous la Ve.

1. L'investiture sous la IIIe République

La Constitution de la IIIe République prévoyait : "Le Président de la République nomme à tous les emplois civils et militaires". Aucune intervention parlementaire n'était prévue. Mais, le premier Président de la République (Mac Mahon) ayant fait des choix non conformes à la majorité parlementaire (v. T. 3, Ch. 1, S. 1), il fut décidé que les nouveaux Gouvernements se présenteraient dès leur nomination devant les députés pour obtenir un vote de confiance. Un vote à la majorité des voix suffisait. L'investiture fut donc une **simple pratique**.

B. L'introduction d'une investiture parlementaire

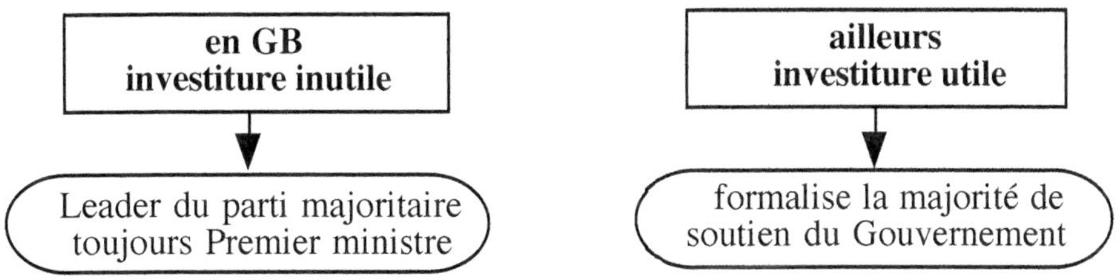

a. L'investiture avant la nomination du Gouvernement

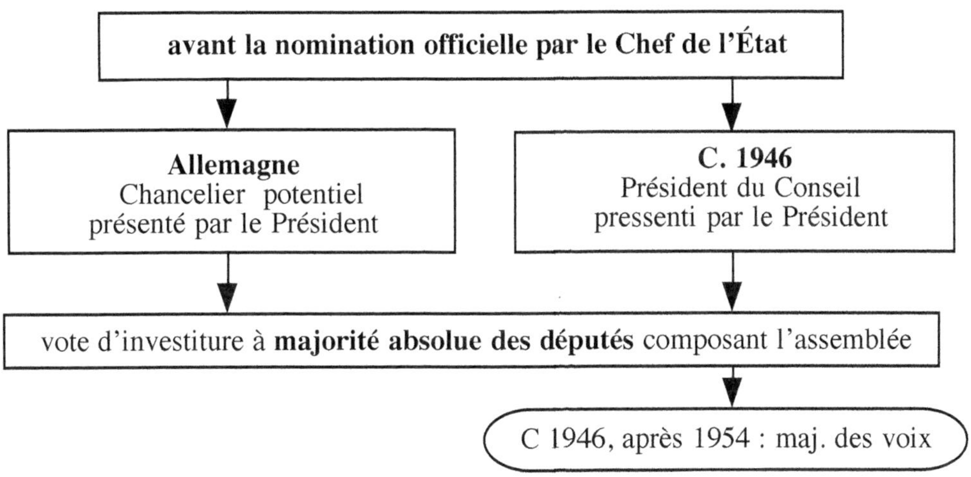

b. L'investiture après la nomination du Gouvernement

1. L'investiture sous la IIIe République

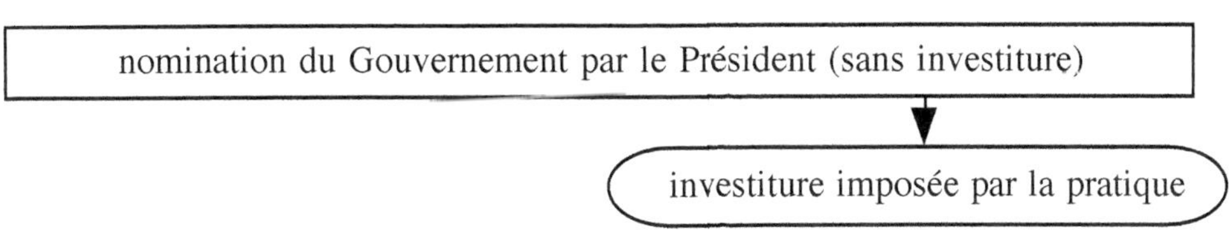

2. L'investiture sous la Ve République

Sous la Ve République, le Président nomme d'abord le Premier ministre (art. 8, al. 1 C). Son décret de nomination n'est pas contresigné. Puis, il nomme les ministres, sur proposition du Premier ministre (art. 8, al. 2 C). Son décret de nomination est contresigné par le Premier ministre. Le Gouvernement, entièrement nommé par le Chef de l'État, peut (pas d'obligation constitutionnelle) se présenter devant les députés pour faire une déclaration de politique générale et engager sa responsabilité en vue d'obtenir un vote d'investiture (à la majorité absolue des voix). L'article de la Constitution qui sert ici de fondement à l'investiture est le même que celui qui sert au fondement de la question de confiance : article 49, al. 1 C.

Étant donné l'absence d'obligation juridique de recueillir une investiture parlementaire, la pratique des différents Gouvernements a varié selon le contexte politique.

- Avant 1965, année de la première élection présidentielle au suffrage universel direct, tous les Premiers ministres ont demandé l'investiture (M. Debré, G. Pompidou).
- Après 1965, certains Premiers ministres ont fait devant les députés une simple déclaration de politique générale, sans engagement de responsabilité. Dans un tel cas, une motion de censure a souvent été déposée par l'opposition pour provoquer un vote sur le Gouvernement comme, par exemple, pour les Gouvernements Pompidou (1966), Messmer (1972) et Barre (1976).
- Mais, depuis 1993, tous les Gouvernements ont fait une déclaration de politique générale suivie d'un vote.

Chapitre 3. Deux régimes étrangers de séparation des pouvoirs

Les États-Unis sont le seul régime de séparation des pouvoirs ayant réussi et la Grande-Bretagne est le berceau du régime parlementaire. Ces deux régimes sont donc exemplaires.

Section 1. Les États-Unis : exemple de séparation stricte

Le système américain respecte le schéma général de la séparation stricte des pouvoirs qui repose, d'une part, sur une spécialisation fonctionnelle de chaque pouvoir compensée par une faculté d'empêcher et, d'autre part, sur une indépendance organique qui exclut tout évincement réciproque. Mais la pratique du régime a donné naissance à des mécanismes en marge de la Constitution qui jouent généralement en faveur de l'accroissement des pouvoirs du Président, le Congrès ayant parfois réagi pour freiner le dynamisme du pouvoir présidentiel.

2. L'investiture sous la Ve République

nomination présidentielle du Premier ministre *(art. 8, al. 1 C)*

↓

puis nomination présidentielle des ministres
sur proposition du Premier ministre (art. 8, al. 2 C)

↓

investiture non imposée par la Constitution (*art. 49, al. 1 C)*

↓

pratique de l'investiture très variable

↓

avant 1965
investiture **toujours** demandée

après 1965
investiture **parfois** demandée

depuis **1993**
systématiquement demandée

Chapitre 3. Deux régimes étrangers de séparation des pouvoirs

Section 1. Les États-Unis : exemple de séparation stricte

régime modèle de la séparation stricte des pouvoirs *(seul cas de réussite)*

→

mais mécanismes hors Constitution *généralement favorables au Président*

§ 1. Les compétences du Congrès et du Président à l'égard de la loi

La séparation stricte confère le pouvoir de faire la loi au Pouvoir législatif et le pouvoir de l'exécuter au Pouvoir exécutif. Chacun des deux Pouvoirs a une compétence exclusive. Cependant, conformément à la théorie de la séparation stricte et l'idée de contrôle et contrepoids (« *checks et balances* ») chacun dispose également d'une « faculté d'empêchement » vis-à-vis de l'autre.

A. La fonction législative du Congrès

a. Le monopole législatif du Congrès

Fidèle à la théorie de la séparation stricte des pouvoirs, la Constitution des États-Unis prive le Président de toute forme d'initiative des lois. Ses secrétaires d'État ne peuvent pas non plus participer aux débats législatifs. **Seul le Congrès propose, discute, amende et vote la loi.** Le Congrès américain est composé de deux chambres : la Chambre des représentants (chambre basse) et le Sénat (chambre haute). La première représente la Fédération. Ses membres sont élus au suffrage universel direct, pour deux ans. La seconde représente les États fédérés (deux sénateurs par État). Ses membres sont élus pour six ans, au suffrage universel direct depuis le XVIIe amendement (1913). **Les deux chambres ont un pouvoir législatif égal** : les représentants et les sénateurs ont l'initiative des lois ; la loi doit être votée en termes identiques par les deux chambres. La procédure législative est entièrement régie par des règles posées par le Congrès.

b. Les aménagements pratiques au monopole législatif du Congrès

Les nécessités pratiques ont rendu nécessaires certains aménagements au schéma constitutionnel qui en atténuent la portée.

- Ainsi, il a été admis que le Congrès pourrait, par une loi d'habilitation, autoriser le Président à intervenir, à sa place, dans un domaine précis et pour une durée limitée. La Cour suprême déclara d'abord cette **délégation du pouvoir législatif** inconstitutionnelle (atteinte à la séparation des pouvoirs). Finalement, en 1937, elle l'admit très largement pour les questions intéressant les affaires extérieures, plus restrictivement pour les affaires intérieures.
- D'autre part, depuis 1921, la **préparation du budget** incombe au Président, par l'intermédiaire du service du budget (auparavant, le budget était préparé par deux comités du Congrès). Le Président a donc acquis l'initiative budgétaire. Mais, pour mieux discuter et amender le projet présidentiel, le Congrès a créé un bureau du budget qui constitue un support logistique bien équipé et compétent à son service.

§ 1. Les compétences du Congrès et du Président à l'égard de la loi

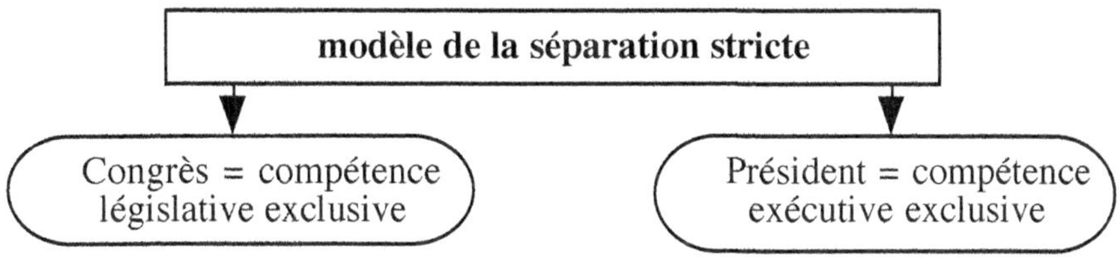

A. La fonction législative du Congrès

a. Le monopole législatif du Congrès

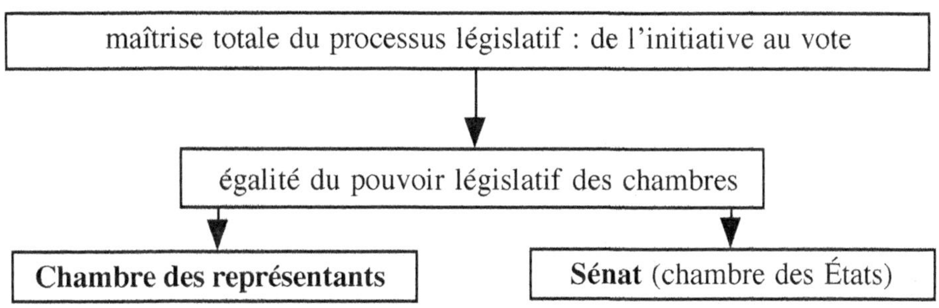

b. Les aménagements pratiques au monopole législatif du Congrès

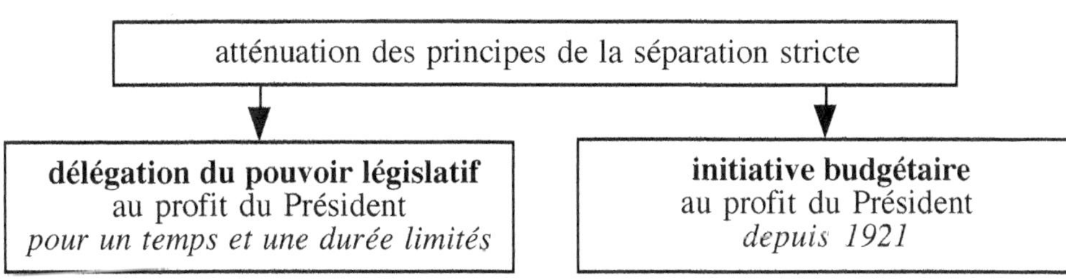

B. La fonction exécutive du Président

a. Le droit de veto

La séparation stricte des pouvoirs inclut dans la fonction exécutive une "faculté d'empêcher" qui permet au Pouvoir exécutif de s'opposer à une loi en refusant de l'exécuter. Aux États-Unis, ce pouvoir prend la forme du droit de veto présidentiel.

La Constitution (art. 1er, section 7) impose que chaque loi, votée par le Congrès, soit présentée au Président qui dispose de dix jours pour s'y opposer ou la promulguer. Si le Président exerce son droit de veto, chacune des deux chambres est obligée de revoter la loi à la majorité des deux tiers de ses membres, si elle veut surmonter l'opposition présidentielle. En effet, quand ce second vote est obtenu, le Président est obligé de promulguer la loi. Il ne peut exercer un second veto.

En pratique, le veto présidentiel est rarement surmonté. C'est donc un procédé très efficace entre les mains du Président. Mais c'est un procédé rigide car il ne peut s'exercer que sur l'ensemble du texte (pas de veto sélectif ou *item veto*).

Mais, outre ce veto constitutionnellement prévu, la pratique a donné naissance au "**veto de poche**" (*pocket veto).* Si, durant le délai de dix jours laissé au Président pour prendre sa décision (veto ou promulgation), le Congrès vient à s'ajourner parce que sa session prend fin, le délai de dix jours ne court plus et la procédure s'arrête (car le Congrès n'est plus en mesure de répliquer à un éventuel veto). Le Congrès est alors contraint de reprendre l'ensemble de la procédure législative à la session suivante. Ce veto de poche est particulièrement redoutable.

b. Le pouvoir réglementaire d'exécution des lois

Pour assurer l'exécution des lois, le Président détient le pouvoir réglementaire (art. 2, section 3). Il s'exerce sous la forme d'*executives orders* et de *proclamations.* L'exercice de ce pouvoir réglementaire est en principe une obligation pour le Président qui doit exécuter la loi promulguée. Mais, dans le cadre de sa compétence réglementaire, le Président dispose toujours d'un **pouvoir d'interprétation de la loi** qui lui permet d'en moduler la rigueur d'exécution.

Dans le domaine particulier de l'exécution du budget, le Président Nixon prit même la liberté de refuser de dépenser des crédits (pourtant votés par le Congrès) sous prétexte que les dépenses correspondant à ces crédits lui paraissaient injustifiées (pratique de ***l'impoundment***). En 1974, le Congrès finit par réagir par une loi (le ***Budget control Act)*** qui interdit au Président, sans autorisation préalable, toute suspension d'exécution ou tout changement d'affectation des crédits votés.

B. La fonction exécutive du Président

a. Le droit de veto

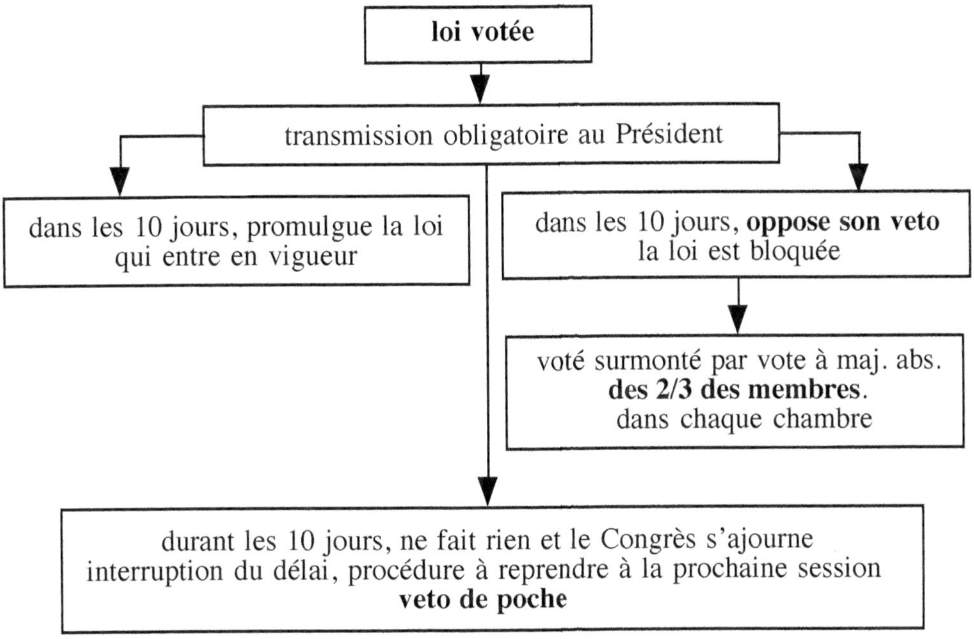

b. Le pouvoir réglementaire d'exécution des lois

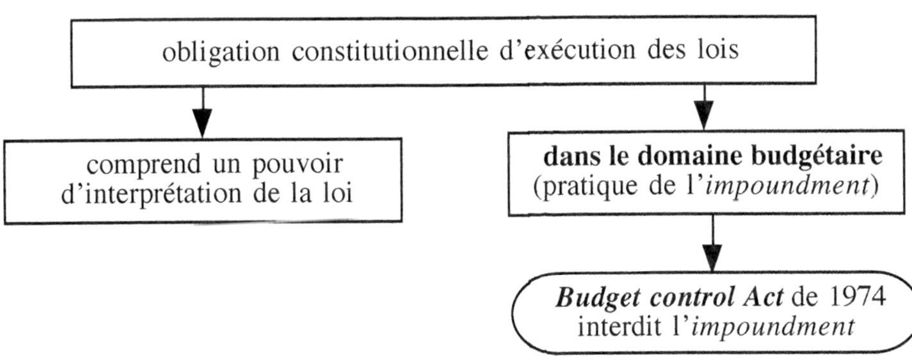

c. La direction de l'administration fédérale

Le Président dispose d'un pouvoir général de nomination des membres de l'administration fédérale dont il est le chef. Cependant, conformément à la théorie de la séparation stricte des pouvoirs, le Congrès (au travers du Sénat) dispose d'une "faculté d'empêcher" à l'égard du pouvoir présidentiel. Les **nominations** du Président doivent en effet être **approuvées par le Sénat**. Mais il est rare que le Sénat fasse des objections (c'est la "courtoisie sénatoriale").

En revanche, le Président dispose d'un pouvoir général de révocation des fonctionnaires qui n'est pas soumis à l'approbation du Sénat. Cette dernière attribution présidentielle a longtemps permis la politisation de la fonction publique américaine. En effet, autrefois, chaque nouveau Président licenciait la plupart des fonctionnaires en place sous la présidence précédente et les remplaçait par des amis politiques (***spoils system*** mis en honneur par Andrew Jackson, au début du XIXe siècle). Cependant, ce "système des dépouilles" donna lieu à de véritables excès et, à partir de 1883 et du *Pendleton Act*, il fut remplacé par le ***merit system*** (recrutement par concours). Cela étant, comme il est de coutume, les emplois supérieurs demeurent à la discrétion du Président.

C. Les interventions législatives indirectes du Président

a. L'initiative présidentielle indirecte

En vertu de la Constitution (art. 2, section 3), au début de la session annuelle du Congrès, en janvier, devant les deux chambres réunies, le Président prononce le **message sur l'état de l'Union** (retransmis à la télévision et ayant ainsi une forte audience). Ces messages sont devenus pour le Président l'occasion d'exposer un véritable programme législatif, alors même qu'il ne dispose pas d'un droit d'initiative législative. Le sort de ce programme législatif présidentiel est suivi de près par des fonctionnaires de la Maison Blanche, chargés d'arpenter les couloirs du Congrès en quête d'un soutien auprès des *congressmen* (c'est le **"parlementarisme de couloir"**). Le Président a personnellement développé des moyens de "persuasion" à l'égard des membres du Congrès, en jouant sur la préoccupation constante des élus d'assurer leur réélection (échanges de soutiens mutuels). Mais il n'est pas rare que le Président essuie un échec et voit ses projets ne pas devenir lois car la logique institutionnelle, excluant le Président de l'activité législative, a vite fait de reprendre le dessus.

b. Le pouvoir d'amendement présidentiel indirect

Il s'agit d'une pratique dite du **"veto constructif"** qui consiste pour le Président à informer le Congrès qu'il opposera son veto si, avant son vote, la loi n'a pas été modifiée dans le sens qu'il souhaite. Par ce procédé, le Président est en mesure d'obtenir une modification des textes en discussion devant le Congrès alors même que la Constitution ne lui donne aucun pouvoir d'amendement législatif (conformément au principe de la spécialisation fonctionnelle). Étant donné qu'un veto est rarement surmonté, cette menace n'est pas dépourvue d'effet.

c. La direction de l'administration fédérale

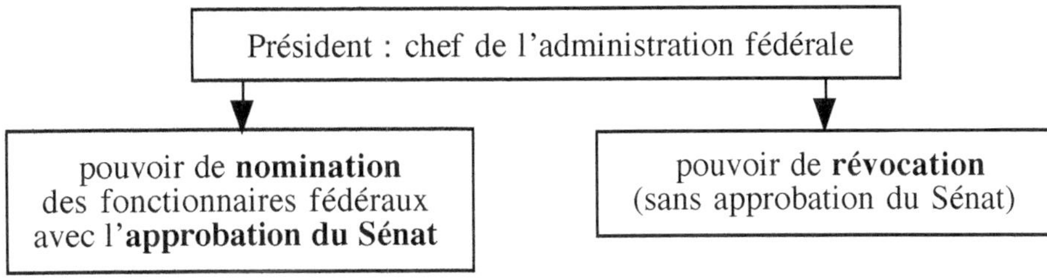

C. Les interventions législatives indirectes du Président

a. L'initiative présidentielle indirecte

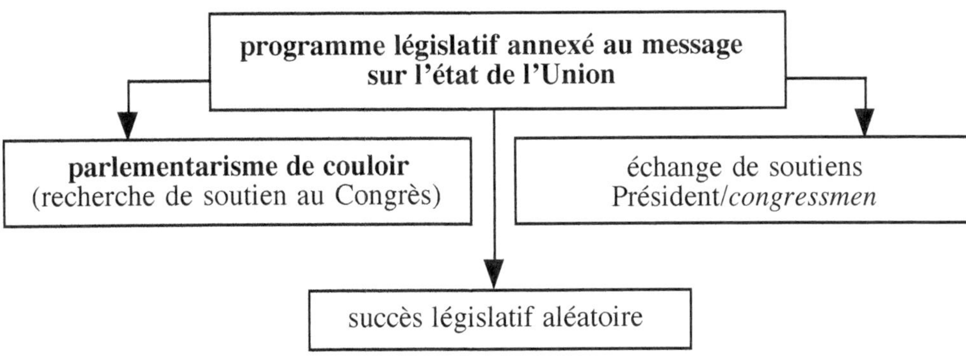

b. Le pouvoir d'amendement présidentiel indirect

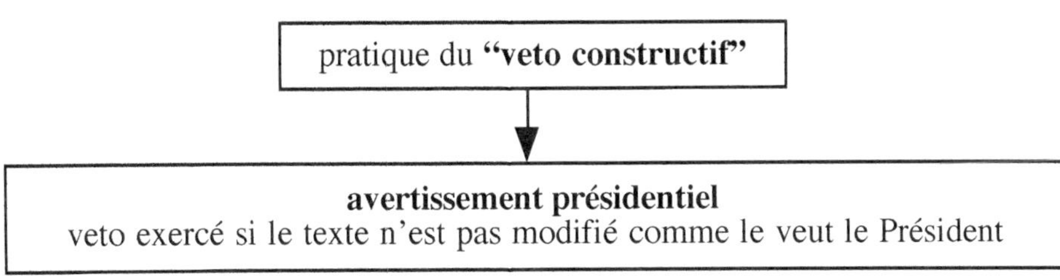

§ 2. Les compétences internationales du Président et du Congrès

La séparation stricte des pouvoirs rattache les relations internationales à la fonction exécutive. Aussi, aux États-Unis, celles-ci relèvent de la compétence présidentielle. Cependant, le Congrès peut encore une fois contrecarrer les décisions présidentielles.

A. La conduite de la politique internationale

Le domaine des relations internationales est sous la responsabilité du Président. Il a compétence pour conduire toutes les négociations diplomatiques, nommer les ambassadeurs, négocier et signer les traités. Mais, conformément à la théorie de la séparation stricte des pouvoirs, la Constitution américaine confère au Congrès (au travers du Sénat) une “faculté d’empêcher”.

Outre l’approbation des nominations d’ambassadeurs, le **Sénat ratifie les traités à la majorité des deux tiers des présents.** Ainsi, a-t-il le dernier mot sur les engagements internationaux, négociés et signés par le Président. C’est un pouvoir très important qui permet au Sénat d’entraver l’action internationale du Président (ex. : en 1999, refus de ratification du traité d’interdiction des essais nucléaires, négocié par Bill Clinton).

Pour s’émanciper d’un tel contrôle, le Président américain a fréquemment eu recours à la technique des **accords en forme simplifiée**, accords qui sont définitivement conclus à la signature, sans ratification. La Cour suprême reconnut la constitutionnalité du procédé dès 1937. Le Président en a retiré une grande marge de manœuvre. Le nombre croissant de tels accords a finalement obligé le Congrès à réagir.

Une loi de 1972 (***Case Act***) impose désormais au Président l’obligation de faire connaître au Congrès l’existence (mais pas forcément le contenu s’il doit rester secret) de tous ces accords dispensés de ratification. Le Congrès n’a pas à les approuver mais il peut s’opposer à leur entrée en vigueur par le vote d’une résolution, dans les soixante jours qui suivent leur dépôt devant les chambres.

§ 2. Les compétences internationales du Président et du Congrès

A. La conduite de la politique internationale

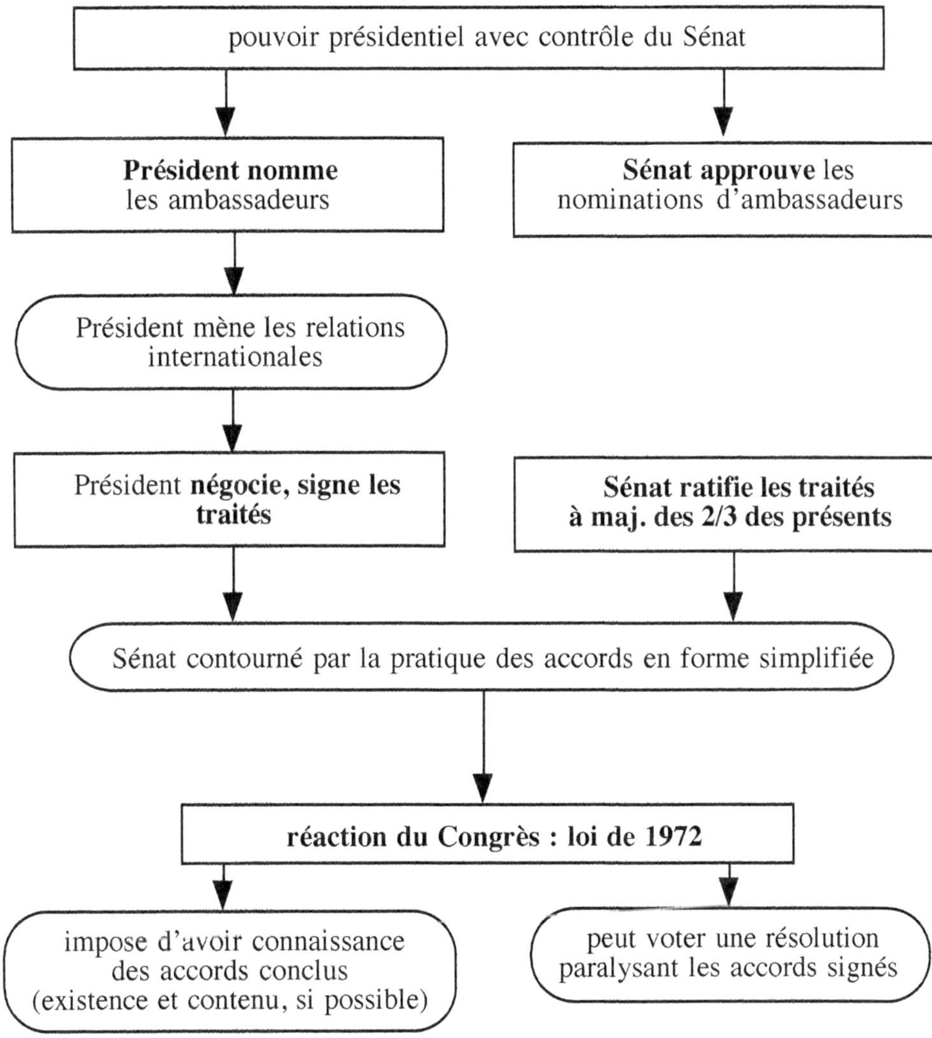

B. Les pouvoirs relatifs à la guerre

Le Président est le **commandant en chef** des forces armées. Il possède, à ce titre, l'initiative de la conduite des opérations militaires. Par ailleurs, en temps de guerre, il reçoit des pouvoirs dictatoriaux pour les besoins de la défense nationale (réquisitions, internement des personnes réputées dangereuses).

En revanche, seul le Congrès a le droit de déclarer la guerre. Pourtant, le Président a souvent invoqué sa qualité de commandant en chef des forces armées pour décider de répliquer de lui-même à une agression ou à une menace d'agression. Ainsi, en 1950, en se fondant sur une résolution du Conseil de sécurité, le Président Truman a décidé seul de l'envoi de troupes américaines en Corée. En 1962, après une simple information des leaders du Congrès, le Président Kennedy adressa un ultimatum à l'URSS qui fit frôler la Troisième Guerre mondiale.

Après les excès présidentiels (notamment des initiatives intempestives de R. Nixon, au Cambodge, en 1970) le Congrès parvint à voter la loi sur les pouvoirs de guerre (***War powers Act***) en 1973. Cette loi adoptée, malgré le veto du Président Nixon, tend à concilier les pouvoirs du Congrès et du Président dans la sphère militaire. Elle oblige le Président, lorsqu'il décide d'engager des forces armées dans un pays étranger, à consulter le Congrès avant toute décision (dans la mesure du possible) ; et, en tous cas, à lui faire un rapport dans les quarante-huit heures en précisant les circonstances, les motifs et l'étendue de l'action entreprise. Le Congrès a alors le choix entre trois attitudes :

- ne rien faire, auquel cas le Président a le droit de poursuivre l'action pendant soixante jours (qu'il peut, si nécessaire, prolonger de trente jours) ;
- autoriser expressément le Président à poursuivre l'action engagée ;
- ordonner le retrait des forces par le vote d'une résolution conjointe des deux Chambres, non susceptible de veto.

Cette loi ne prive pas le Président du droit de décider lui-même d'actions ponctuelles (ex. : R. Reagan, en 1983, au Liban et à Grenade). Mais, en dernier ressort, en votant les crédits de la défense, le Congrès est en mesure de freiner le Président.

§ 3. L'indépendance organique

Si le Président est totalement irresponsable politiquement ainsi que ses secrétaires d'État, il n'en est pas moins surveillé par le Congrès. En outre, il peut toujours être mis en cause dans le cadre d'une responsabilité de nature pénale dont l'objet est sa destitution.

B. Les pouvoirs relatifs à la guerre

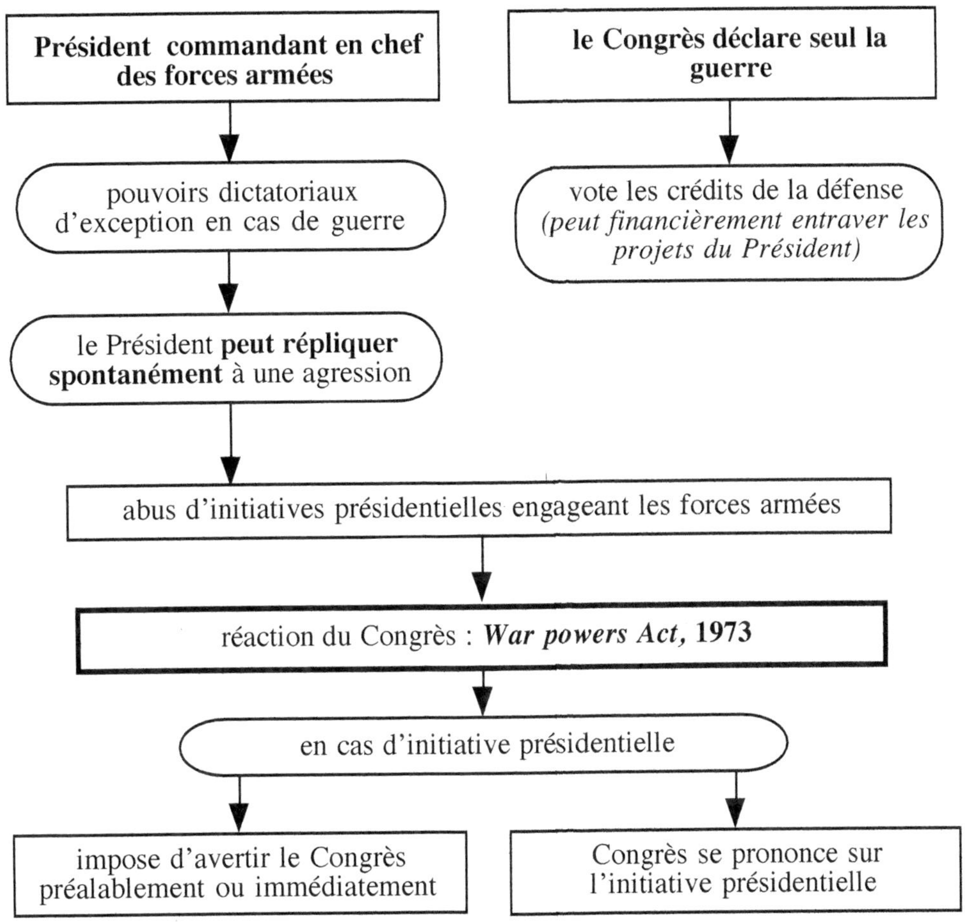

§ 3. L'indépendance organique

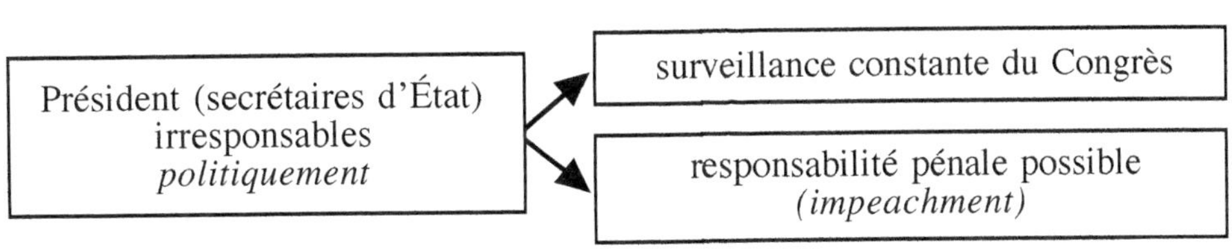

A. Le contrôle par les commissions d'enquête du Congrès

Le Congrès dispose d'un pouvoir de contrôle des membres de l'Exécutif (Président et secrétaires d'État) au travers des commissions d'enquête qu'il peut créer. Ces commissions ont qualité pour ordonner la comparution de toute personne susceptible de les informer, en dehors du Président et du vice-président (ces derniers peuvent cependant accepter d'être entendus, à huis clos et sans avoir à prêter serment, comme ce fut le cas pour la première fois, en 2004, devant la commission Kean, pour le Président Bush et le Vice-président Cheney). En cas de refus de la personne convoquée, un mandat d'amener peut être délivré. Ces commissions se livrent à des investigations très serrées (beaucoup plus poussées que celles des commissions d'enquête françaises, par exemple). Leur mission officielle est de renseigner le Congrès. Mais, en réalité, leur activité a surtout pour effet de renforcer le pouvoir du Congrès sur le Président, en dévoilant au grand jour des affaires mettant en cause ce dernier, directement ou indirectement. On peut citer comme exemples : la commission Erwin, dans l'**affaire du Watergate** en 1973 ou la commission Kean, à propos des responsabilités des services fédéraux dans les **attentats du 11 septembre 2001**. Cependant, quels que soient les résultats obtenus par les commissions d'enquête, aucune responsabilité politique ne pourra être engagée : ni celle du Président, ni celle de ses secrétaires d'État. Par contre, si des infractions pénales ont été commises, la procédure de l'*impeachment* pourra être utilisée à l'encontre de leurs auteurs.

B. La procédure d'*impeachment*

Cette procédure (article 2, section 4 de la Constitution) permet de mettre en cause la responsabilité pénale du Président, du Vice-Président, des secrétaires d'État et des fonctionnaires fédéraux pour trahison, concussions, crimes ou délits graves commis dans l'exercice de leurs fonctions (ce qui englobe aussi la violation de la Constitution). La **mise en accusation** appartient à la **Chambre des représentants, à la majorité simple**. Le vote de la **destitution** relève du **Sénat à la majorité des deux tiers des membres présents.** La tentation a parfois été grande d'utiliser l'*impeachment* pour des raisons strictement politiques. Pourtant, mis à part deux cas de mises en accusation abusives (contre le Président J. Tyler et le Président A. Johnson), le Congrès a su rester dans le cadre d'une responsabilité pénale. Ainsi, la mise en accusation du Président Nixon dans l'affaire des écoutes téléphoniques au siège du comité démocrate, lors de la campagne présidentielle de 1972 (affaire du Watergate), n'était pas dénuée de fondements juridiques. Jusqu'à présent, aucune procédure n'a abouti. Après sa mise en accusation, le Président Nixon a démissionné de lui-même. La mise en accusation du Président Clinton, en 1998 (pour parjure et entrave à la justice, dans le cadre de ses démêlés judiciaires avec Monica Lewinsky), donna lieu à trois semaines de procès au Sénat mais n'aboutit pas. Le Sénat abandonna l'accusation, faute de pouvoir réunir la majorité requise.

A. Le contrôle par les commissions d'enquête du Congrès

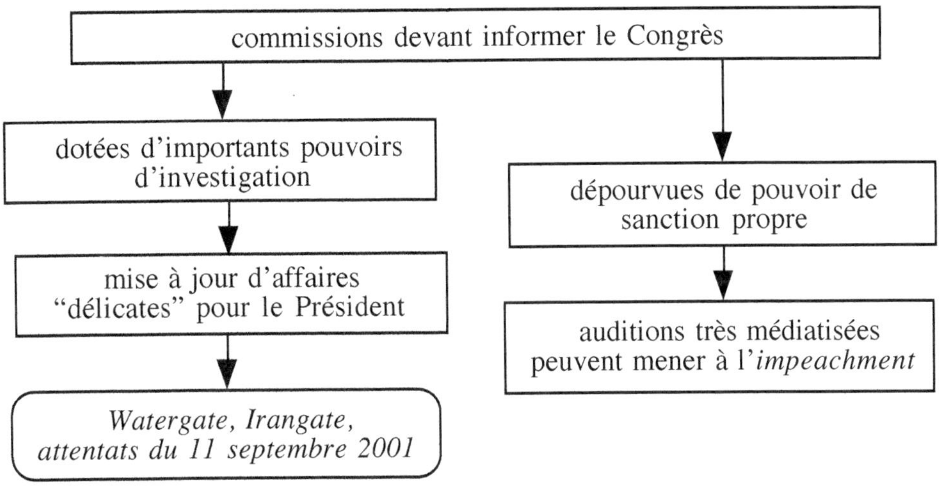

B. La procédure d'*impeachment*

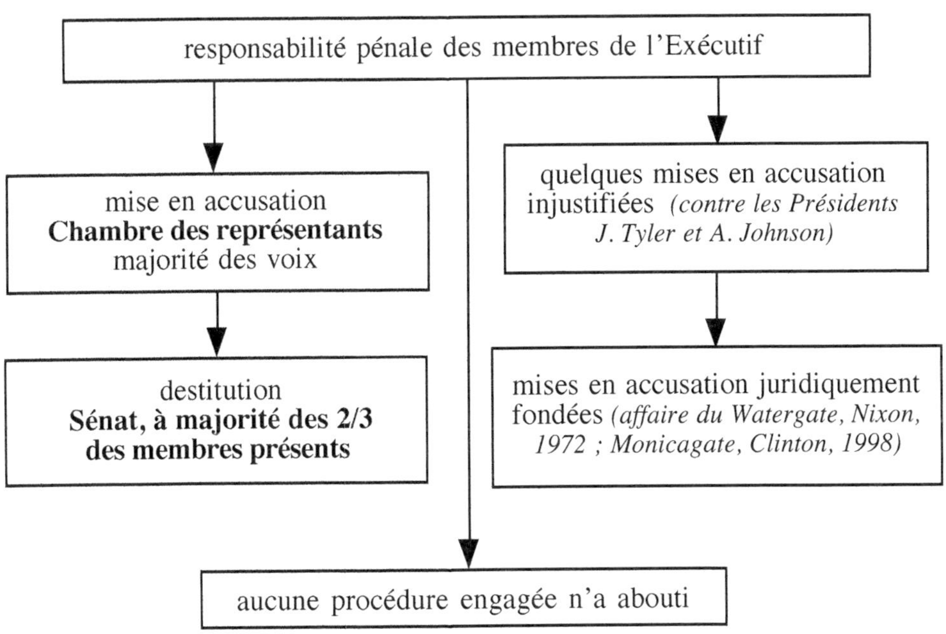

Section 2. La Grande-Bretagne : exemple de séparation souple

La Grande-Bretagne fut le berceau du régime parlementaire qui se dégagea progressivement, à partir de la monarchie limitée. Fruit de la pratique, le régime parlementaire britannique fonctionne d'une façon unique. La figure du Premier ministre s'y impose dans un cadre bipartisan qui assure la stabilité du système. L'institution monarchique demeure mais sans pouvoir. Le monarque règne mais ne gouverne pas.

§ 1. La suprématie du Premier ministre

La fonction de Premier ministre va prendre sa signification au fur et à mesure que le régime britannique va connaître un effacement irrémédiable du monarque et l'apparition des mécanismes du parlementarisme.

A. L'apparition du Premier ministre et du régime parlementaire

a. La naissance de la fonction de Premier ministre

Après la fin de la monarchie absolue et le passage à une monarchie modérée (à partir du *Bill of Rights* de 1689), il était encore de tradition que le monarque exerçât lui-même le pouvoir. Des ministres l'assistaient mais le titre de Premier ministre était rarement accordé à l'un d'entre eux. Or, un tournant se produisit de façon fortuite, en 1714, quand la Reine Marie mourut sans descendance. Le trône revint à son arrière-petit-neveu, un prince de la Maison de Hanovre, qui monta sur le trône sous le nom de Georges Ier.

D'origine allemande, le nouveau roi ne parlait pas l'anglais et il manifesta rapidement son désintérêt pour les affaires anglaises. En conséquence, le pouvoir politique en vint à glisser entre les mains d'un ministre en particulier, qui allait devenir le chef des autres ministres et l'interlocuteur privilégié du roi. Il prendra le titre de Premier ministre. À l'époque, en vertu du *Bill of Rights* de 1689, le monarque ne disposait plus que de trois pouvoirs essentiels à l'égard du Parlement : l'initiative des lois, la sanction des lois, la dissolution de la Chambre des Communes. Ces trois pouvoirs vont dès lors être exercés en fait par le Premier ministre et non plus par le monarque.

Conformément à la règle coutumière, le Premier ministre continuera à contresigner les actes royaux, mais il décidera de leur contenu dont il endossera la responsabilité politique devant la Chambre des Communes. Le soutien de celle-ci sera la condition du maintien au pouvoir du Premier ministre.

Section 2. La Grande-Bretagne : exemple de séparation souple

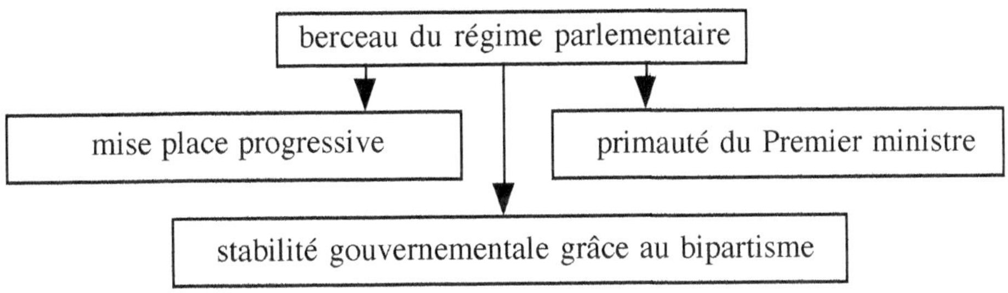

§ 1. La suprématie du Premier ministre

A. L'apparition du Premier ministre et du régime parlementaire

a. La naissance de la fonction de Premier ministre

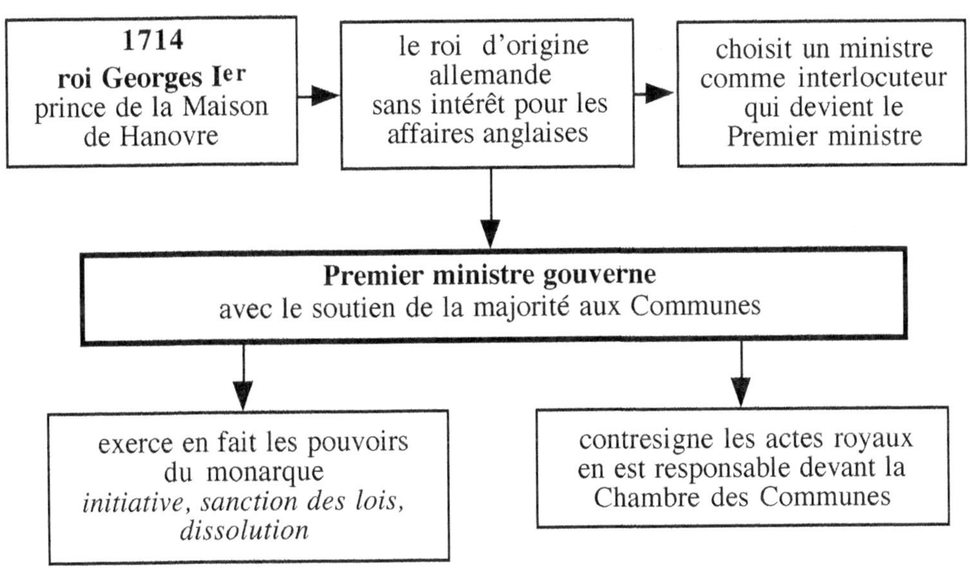

b. L'invention du régime parlementaire

1. La responsabilité politique et collégiale du Cabinet

Initialement, les ministres étaient soumis à la procédure de l'*impeachment,* sur mise en accusation de la Chambre des Communes et avec jugement de la Chambre des Lords. C'était une responsabilité pénale individuelle.

Cependant, cette responsabilité pénale sanctionnant le plus souvent des fautes politiques, devait évoluer vers une responsabilité purement politique, devant la Chambre des Communes seule. Ainsi, en 1742, la menace d'une procédure d'*impeachment* à l'encontre du Premier ministre Walpole, suffit pour provoquer sa démission spontanée, sans attendre le jugement des Lords. Mais, cette démission n'entraîna pas celle des autres ministres car la solidarité gouvernementale n'était pas encore établie. Quelques années plus tard, au contraire, on prit conscience que le Gouvernement formait une équipe soudée et qu'il était normal que l'ensemble du Gouvernement subisse le même sort que son chef. Aussi, en 1782, quand le Premier ministre Lord North démissionna, tous les ministres tombèrent avec lui. Ce fut la première démission collective.

2. La dissolution

La dissolution était une prérogative traditionnelle du monarque exercée à a guise. Depuis 1783, elle était devenue une arme entre les mains du Premier ministre contre les Communes ou pour avancer la date des prochaines élections, le monarque dissolvant formellement. Depuis le Fixed Act de 2001, la prérogative royale n'existe plus, la décision de dissoudre échappe au Premier ministre. Désormais, (1er cas) les Communes votent aux deux tiers des sièges occupés et vacants une résolution décidant d'avancer la date des élections (= autodissolution) ; (2e cas) elles ont adopté une motion de défiance sur un ordre du jour déterminée (chute du Gouvernement) et la dissolution intervient au bout de 14 jours, si aucun Gouvernement n'a obtenu une motion exprimant la confiance de la chambre.

B. La place du Premier ministre au sein de l'Exécutif

Les Britanniques demeurent encore attachés à l'institution monarchique mais le monarque n'a plus qu'une magistrature d'influence. Tous ses pouvoirs de décision sont purement formels. Ils sont en réalité exercés par le Premier ministre qui dirige seul la politique avec son Gouvernement et le soutien de son parti, majoritaire à la Chambre des Communes.

b. L'invention du régime parlementaire

1. La responsabilité politique et collégiale du Cabinet

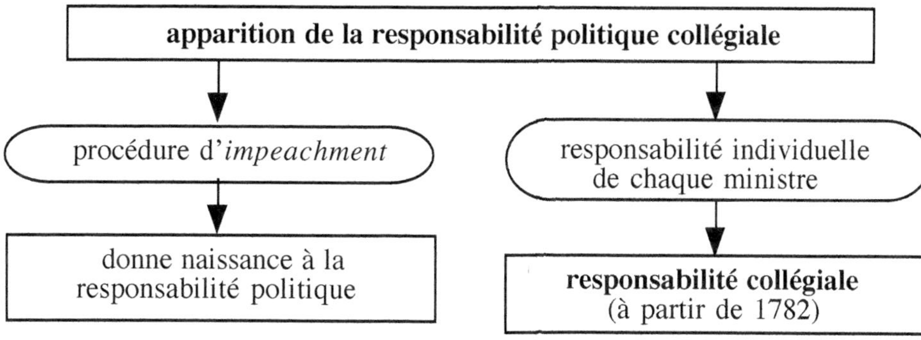

2. La dissolution

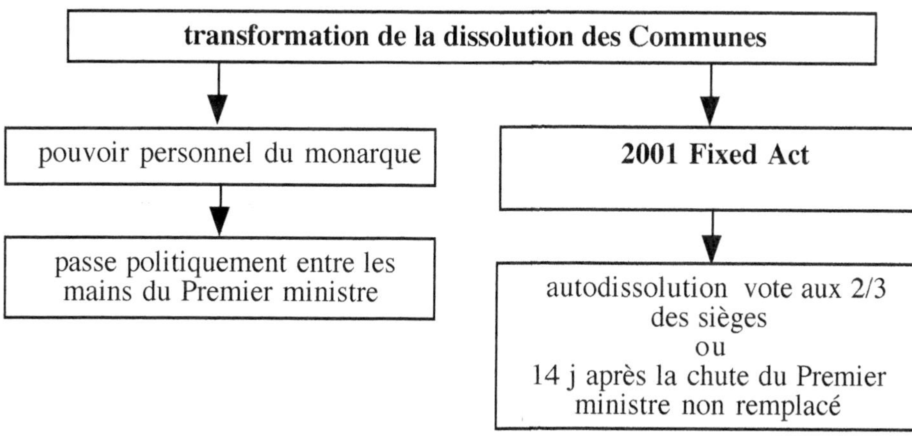

B. La place du Premier ministre au sein de l'Exécutif

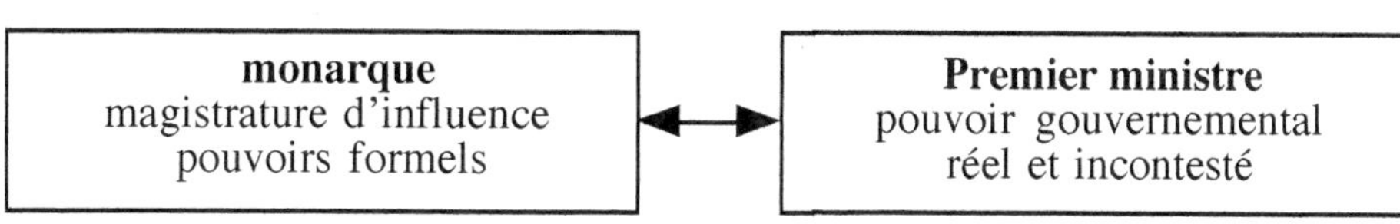

a. Le Premier ministre, chef sans partage du Gouvernement

Le Premier ministre est un chef de Gouvernement aux pouvoirs très étendus. Il décide de la nomination et la révocation des membres du Cabinet (collège des ministres) et la répartition des portefeuilles ministériels ; la politique générale du Gouvernement avec un droit de vérification des projets de lois et du projet de budget ; de la démission collective du Gouvernement et de la dissolution des Communes. Il assure seul la liaison du Gouvernement avec le monarque. Il rend compte à ce dernier des délibérations du Cabinet (car le monarque n'y assiste plus, depuis le règne du roi Georges Ier). Les ministres ne peuvent être reçus par le monarque sans passer par le Premier ministre qui leur obtiendra une audience à laquelle il assistera. Il rédige le discours du trône, prononcé par le monarque, lors de l'ouverture de la session parlementaire.

Cependant, le Premier ministre ne gouverne pas seul. En plus du Cabinet, outre ses conseillers personnels, il est assisté :

- par le ***Cabinet Office***, créé en 1917, qui prépare l'ordre du jour et les convocations, assure la tenue des procès-verbaux des réunions du Cabinet ;
- par divers comités au fonctionnement informel auxquels participent les ministres intéressés, divers secrétaires parlementaires et sous-secrétaires (le Premier ministre peut les présider ou s'y faire représenter).
- par **le Ministère**, organisme gouvernemental au sens large qui comprend une centaine de personnes (de nombreux secrétaires, sous-secrétaires et secrétaires parlementaires privés). En fait, cet organisme englobe toutes les personnes unies par les liens de la solidarité du parti et qui sont collectivement responsables devant le Parlement de la politique suivie.

b. Le Leader du parti majoritaire

Le Premier ministre peut être extrêmement fort dans sa fonction parce qu'il est le chef incontesté de la majorité aux Communes. Certes, le Premier ministre est nommé formellement par le monarque mais le choix royal est toujours prédéterminé par le résultat des élections législatives et le parti qui en sort vainqueur. C'est ce dernier qui indique au monarque le nom du futur Premier ministre qui cumulera donc ce titre et celui de Leader du parti majoritaire.

Les modalités de choix du Leader relèvent de l'organisation interne de chaque parti. Au parti conservateur, jusqu'en 1963, le choix du Leader était le fruit de consultations informelles ("le cercle magique"). En 1963, le choix fut attribué au groupe parlementaire conservateur à la Chambre des Communes. Au parti travailliste, à l'origine, le Leader était choisi par le groupe parlementaire à la Chambre des Communes. Mais, à partir de 1981, il va l'être par un collège électoral comprenant : les syndicats (à raison de 40 %), les sections locales du parti (30 %) et le groupe parlementaire des Communes (30 %).

a. Le Premier ministre, chef sans partage du Gouvernement

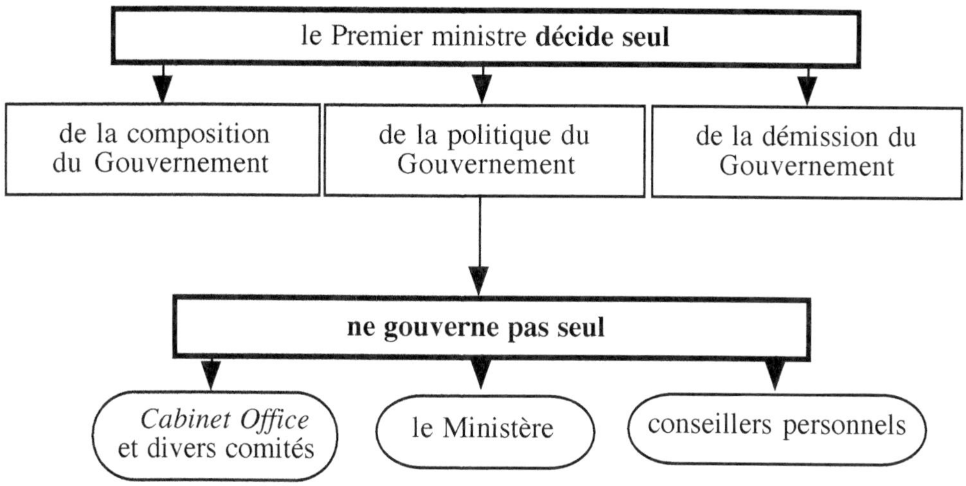

b. Le Leader du parti majoritaire

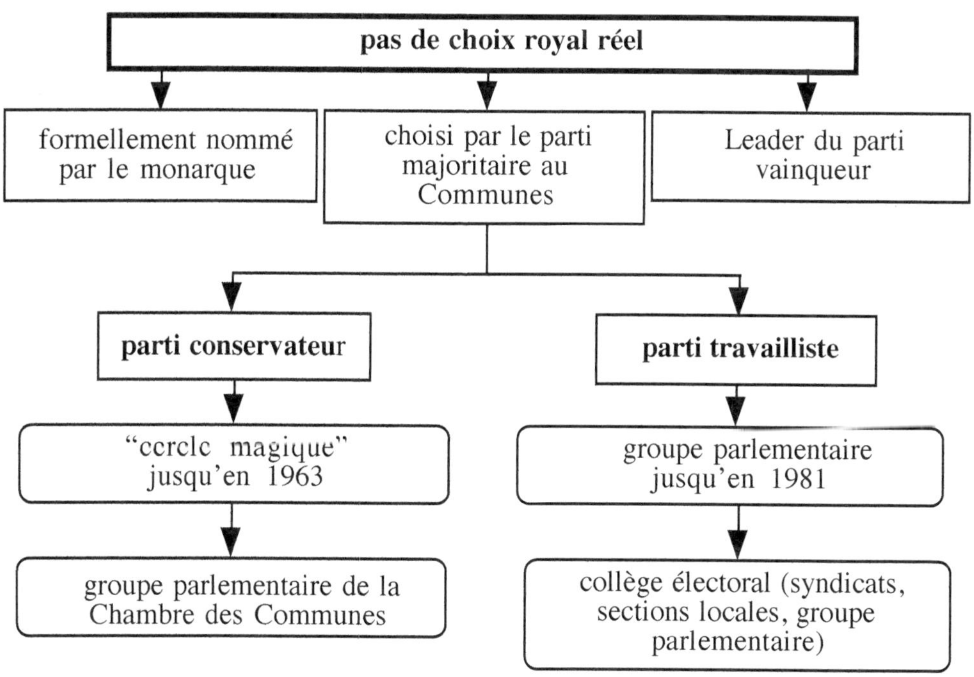

§ 2. Un régime parlementaire bipartisan

Le régime britannique fonctionne sur un mode qui distingue moins le Législatif et l'Exécutif que le parti majoritaire à la Chambre des Communes et le parti minoritaire dans l'opposition. Son équilibre repose sur l'existence de deux grands partis (*two party system)* et sur une alternance au pouvoir de ces deux seuls partis. Ces données originales ont abouti à une forme de séparation souple des pouvoirs très spécifique.

A. Une séparation souple des pouvoirs redéfinie

Le Parlement britannique est bicaméral : Chambre des Communes et Chambre des Lords. Mais ce bicaméralisme a perdu de sa portée. Par ailleurs, les mécanismes d'évincement réciproque du parlementarisme (responsabilité gouvernementale et dissolution) ne jouent pratiquement plus et la collaboration fonctionnelle fonctionne de façon très spécifique.

a. Un bicaméralisme de façade

La Chambre des Lords a perdu tout pouvoir sur le Cabinet qu'elle ne peut plus renverser depuis longtemps, en vertu d'une règle bien établie. Ses pouvoirs législatifs sont également devenus très faibles.

1. Un pouvoir législatif résiduel

La Chambre des Lords a d'abord perdu une partie de ses pouvoirs législatifs à l'issue d'une crise qui l'opposa, en 1909, au Gouvernement libéral de Lloyd George, à propos du budget et de la réforme fiscale qu'il contenait. La défaite de la Chambre des Lords se solda par l'adoption du ***Parliament Act* de 1911**, en vertu duquel en matière financière, les Lords perdaient désormais tout pouvoir financier, ils n'avaient plus de droit d'amendement et quel que soit leur vote, tout *money bill* pouvait être promulgué trente jours après son adoption par les Communes. Dans les autres domaines, les Lords conservaient un veto temporaire de deux ans. Mais la durée de deux ans du veto, en matière de législation ordinaire, représentait un réel handicap pour les textes adoptés dans la seconde moitié d'une législature. Il y avait, dans ce cas, de fortes chances pour qu'ils ne puissent être définitivement adoptés avant les nouvelles élections. C'est pourquoi le Gouvernement travailliste de C. Attlee fit voter un second ***Parliament Act*** (entré en vigueur en **1949**, après un dernier veto des Lords), réduisant à un an la durée du veto.

En pratique, la Chambre des Lords a rarement usé de son droit de blocage. Elle l'a utilisé à propos de l'introduction de la représentation proportionnelle pour les élections européennes (1999), des délits sexuels (2000), de la suppression de la chasse à courre (2004). En outre, il faut rappeler, qu'en vertu d'une convention de 1947, elle s'est engagée à ne pas s'opposer aux réformes figurant au programme électoral du parti majoritaire, son opposition étant réservée aux “nouvelles” réformes.

§ 2. Un régime parlementaire bipartisan

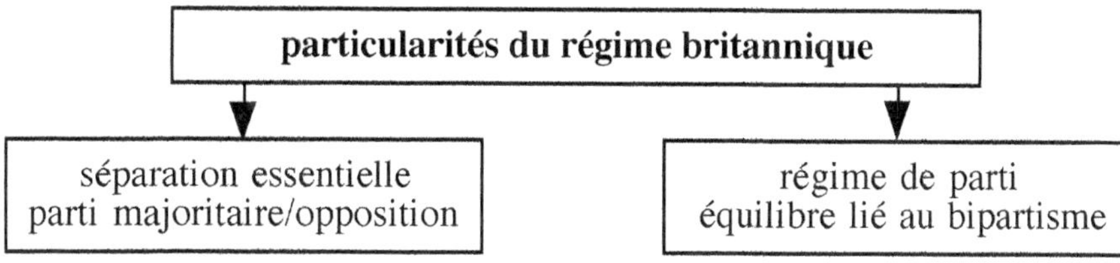

A. Une séparation souple des pouvoirs redéfinie

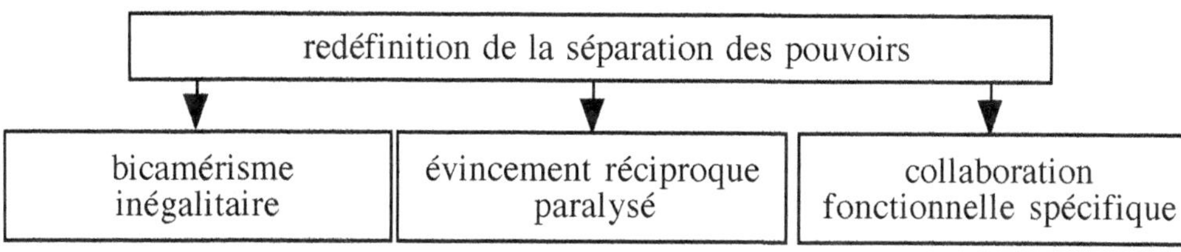

a. Un bicaméralisme de façade

1. Un pouvoir législatif résiduel

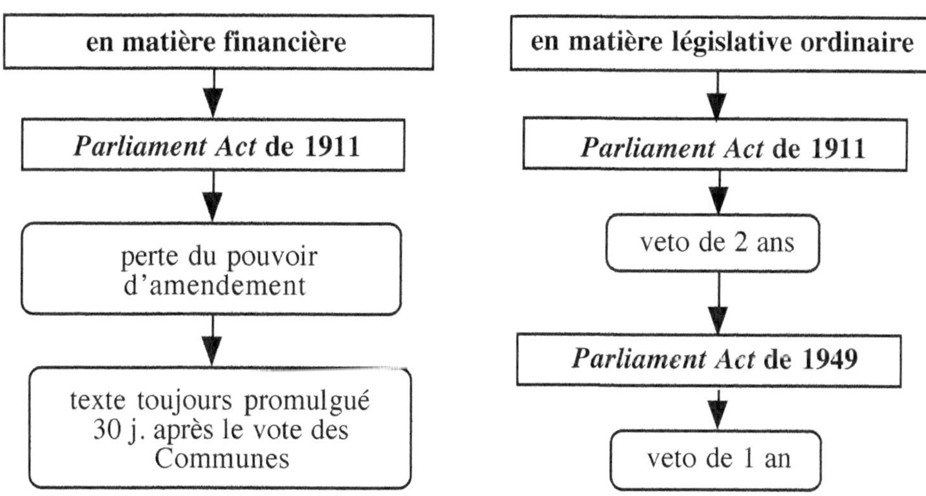

2. Une composition en voie de réforme

Traditionnellement, la chambre était composée de :

- Lords héréditaires (créés par le monarque) qui, en nombre, constituait la majorité de la chambre ;
- Lords à vie depuis le *Life Peerage Act de 1958* (nommés par le monarque, en fait choisis par le Premier ministre), parmi lesquels des *Law Lords* (hauts magistrats) qui formaient l'*Appellatte Committee*, en matière civile et pénale ;
- Lords spirituels (archevêques et évêques anglicans).

Ainsi composée, cette chambre présentait un caractère très aristocratique et féodal. Politiquement, les Lords étaient plutôt de tendance conservatrice, sous réserve d'un certain nombre d'entre eux, affiliés à aucun parti (les *cross-bechers).* Des projets de réforme avaient déjà été conçus en vue de supprimer les Lords héréditaires (projet d'H. Wilson, 1969) et d'introduire un système d'élection (1978, projet conservateur, prévoyant deux tiers d'élus). Mais aucun de ces projets n'avait abouti. Finalement, ce fut le Gouvernement de T. Blair qui commença la réforme. En **1999**, en vertu du ***House of Lords Act***, les pairs héréditaires perdirent leur droit de siéger (quatre-vingt-douze d'entre eux continuèrent cependant à siéger provisoirement). En 2003, le lord Chancellier qui présidait la Chambre et faisait partie du gouvernement vit sa fonction prendre fin. Finalement, la réforme a été finalement abandonnée par le gouvernement Cameron en août 2012.

3. La perte des pouvoirs judiciaires

La Chambre des Lords possédait des compétences en matière judiciaire. Elle était une cour d'appel au civil et au pénal, selon une procédure datant de 1876 (d'où la présence des *Law Lords*). Elle était ainsi la plus haute juridiction du royaume (son rôle équivalait à celui de notre Cour de cassation).

Mais, en **2005**, le ***Constitutional reform Act*** décide de transférer ces pouvoirs à une Cour suprême, aux membres nommés par le monarque mais, en fait, choisis par le Premier ministre (entrée en fonction le 10 octobre 2009). Certes, la Chambre des Lords demeurera la chambre de jugement de l'*impeachment* mais cette procédure pénale est tombée en désuétude depuis 1806.

2. Une composition en voie de réforme

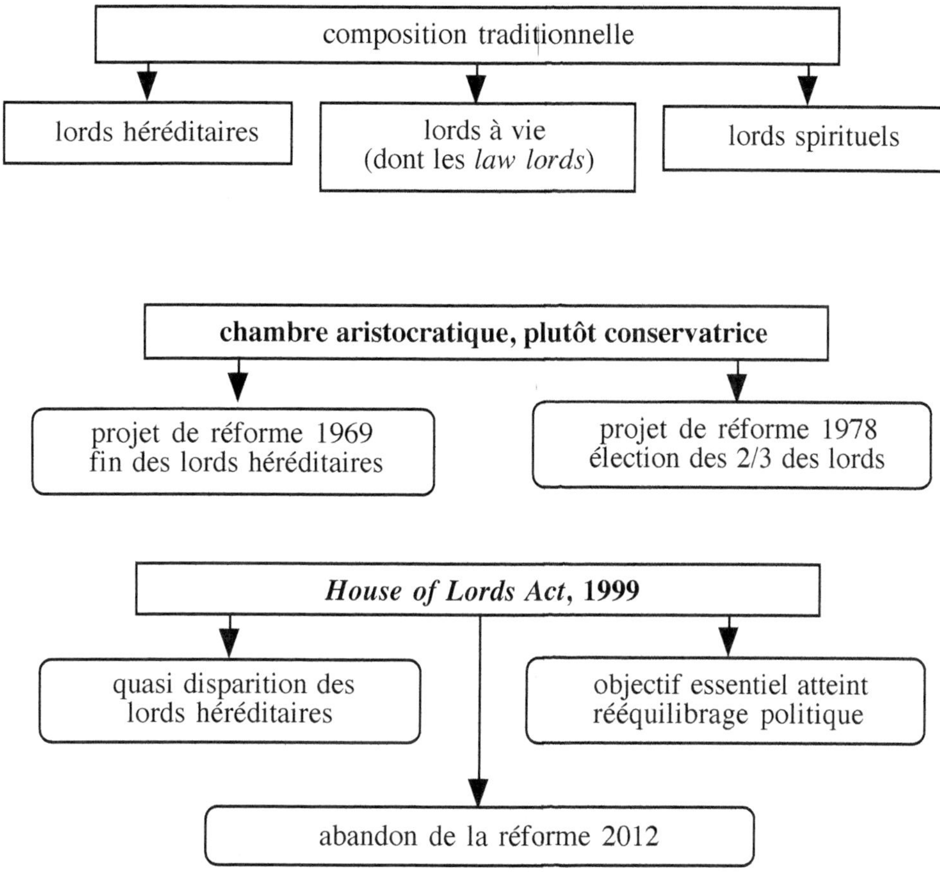

3. La perte des pouvoirs judiciaires

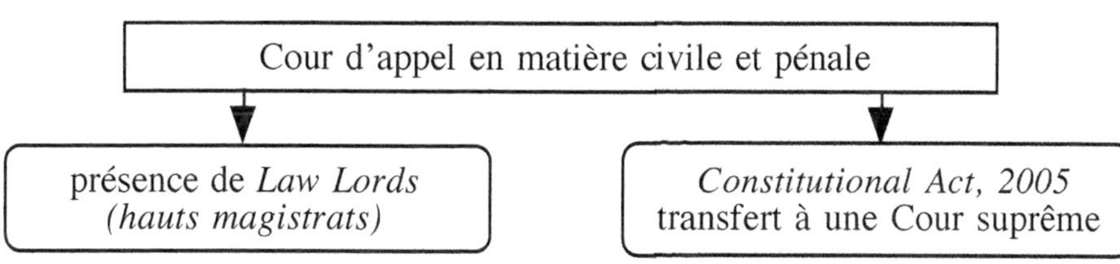

b. Une dépendance organique théorique

Dans la réalité du fonctionnement des institutions britanniques, le pouvoir politique appartient à un seul parti qui gouverne à la fois à la Chambre des Communes (il y est majoritaire) et au Gouvernement (son Leader est le Premier ministre). Les mécanismes de dépendance organique du régime parlementaire (dissolution et responsabilité gouvernementale) ne fonctionnent donc plus normalement. Ainsi, la **dissolution** des Communes est utilisée pour provoquer des **élections anticipées** au moment le plus propice pour assurer la réélection aisée des députés du parti ou bien quand la majorité obtenue par le parti vainqueur des Législatives n'est pas la majorité absolue des sièges. La mise en jeu de la **responsabilité gouvernementale** à l'initiative des députés est pratiquement **paralysée** par les données politiques. La majorité de soutien du Premier ministre est en effet presque toujours homogène (les Gouvernements de coalition sont très rares et de courte durée en Grande-Bretagne). Cette majorité est de surcroît solide car les partis britanniques pratiquent une discipline sévère dans leurs rangs. Il peut cependant arriver qu'une motion de censure renverse le Gouvernement. En fait, c'est au sein de son propre parti et non dans l'enceinte de la Chambre des Communes que le Premier ministre encourt une réelle responsabilité politique. Chaque année, le parti reconduit son Leader et, en cas de menace sur l'avenir du parti du fait de la politique menée par le Premier ministre, celui-ci pourra voir sa place de Leader remise en cause (voir l'épisode du Brexit et des difficultés de Thérésa May).

c. Une répartition des tâches plus qu'une collaboration fonctionnelle

La collaboration fonctionnelle classique suppose un partage équilibré entre l'initiative des lois gouvernementale et parlementaire. Or, en pratique, cette collaboration est inopérante car les lois sont quasiment toutes issues de projets du Gouvernement, les propositions des députés de la majorité n'ayant pas de sens et celles de l'opposition n'ayant pas d'avenir. En fait, en marge de la collaboration fonctionnelle classique, il existe une répartition des tâches bien plus réelle qui veut que le Gouvernement gouverne et que l'opposition critique. En Grande-Bretagne, l'opposition est une véritable institution. C'est "**l'opposition de Sa Majesté**". Elle a son Leader et elle forme un Cabinet fantôme (le ***Shadow Cabinet***), réplique du Gouvernement en place. Elle dispose de droits : chaque jour, durant une heure, ses députés peuvent poser des questions aux membres du Cabinet et, deux fois par semaine, au Premier ministre lui-même. Elle participe à la désignation du "Speaker" qui préside les Communes et en anime les débats de manière impartiale. L'opposition représente l'alternance politique et son respect est un gage de la démocratie.

b. Une dépendance organique théorique

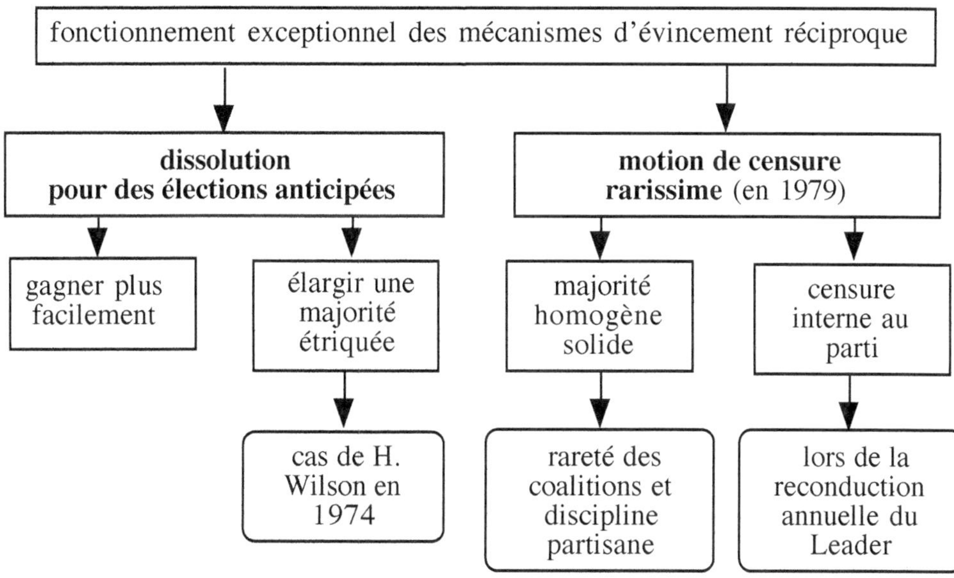

c. Une répartition des tâches plus qu'une collaboration fonctionnelle

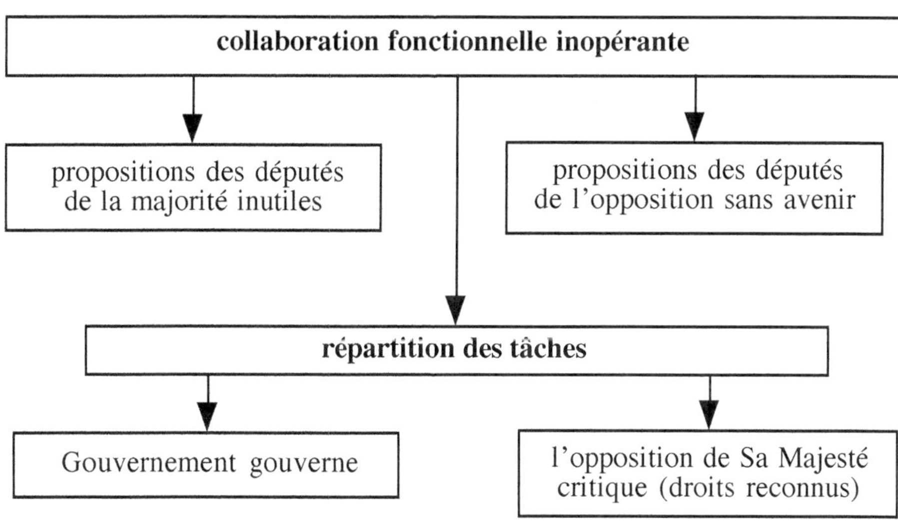

B. L'assise du régime : le bipartisme

a. Les raisons d'être du bipartisme persistant

Ce système bipartisan (deux seuls grands partis susceptibles d'accéder au pouvoir) est traditionnel en Grande-Bretagne. Il correspond à une vision bipolaire des problèmes traditionnelle outre-Manche :

- clivage religieux : anglicans/puritains ;
- clivage social : conservateurs/libéraux progressistes ;
- clivage économique : libre-échangistes/protectionnistes.

Ce clivage se retrouve historiquement dans la vie politique :

- Tories favorables au Roi opposés aux Whigs favorables au Parlement ;
- Conservateurs opposés aux Libéraux ; aujourd'hui Conservateurs opposés aux Travaillistes.

Mais, dans le domaine politique, le bipartisme tient aussi au scrutin uninominal à un tour, traditionnel en Grande-Bretagne. Ce mode de scrutin favorise le maintien du bipartisme en accentuant la victoire du parti qui obtient le plus grand nombre de voix (loi du cube) et en rendant difficile la percée des petits partis (v. T. 1, Ch. 3, S. 2). Ce système injuste a cependant des vertus : il permet au corps électoral de choisir de façon quasi directe le Gouvernement et de décider d'une alternance claire. Il assure également au Gouvernement une solide majorité, homogène et d'une grande stabilité. C'est pourquoi le "**Gouvernement de législature**" a été majoritairement la règle, en Grande-Bretagne. Les gouvernements de coalition y sont rarissimes (cependant, en 2010 alliance Conservateurs et Sociaux-démocrates).

b. Les périodes de crise du bipartisme

Le système bipartisan est le seul système qu'ait connu la Grande-Bretagne, à de rares exceptions près. À chaque remise en cause du bipartisme, on a pu constater un dérèglement du système politique, manifesté par une instabilité ministérielle.

1. L'altération passagère du bipartisme

En 1922, commence une période de tripartisme qui durera jusqu'en 1935. Elle sera caractérisée par une grande instabilité politique (six élections, neufs Gouvernements minoritaires ou de coalition en treize ans). Cette période est liée au déclin du parti libéral et à son remplacement par un nouveau parti, issu des syndicats et des sociétés de pensée socialistes : le parti travailliste ou *Labour*. En 1906, ce dernier obtient vingt-six sièges aux Communes et, en 1918, il devient le premier parti d'opposition. Mais le système électoral l'empêchera de prendre immédiatement la place du parti libéral, d'où la période de tripartisme jusqu'à l'effacement du parti libéral.

B. L'assise du régime : le bipartisme

a. Les raisons d'être du bipartisme persistant

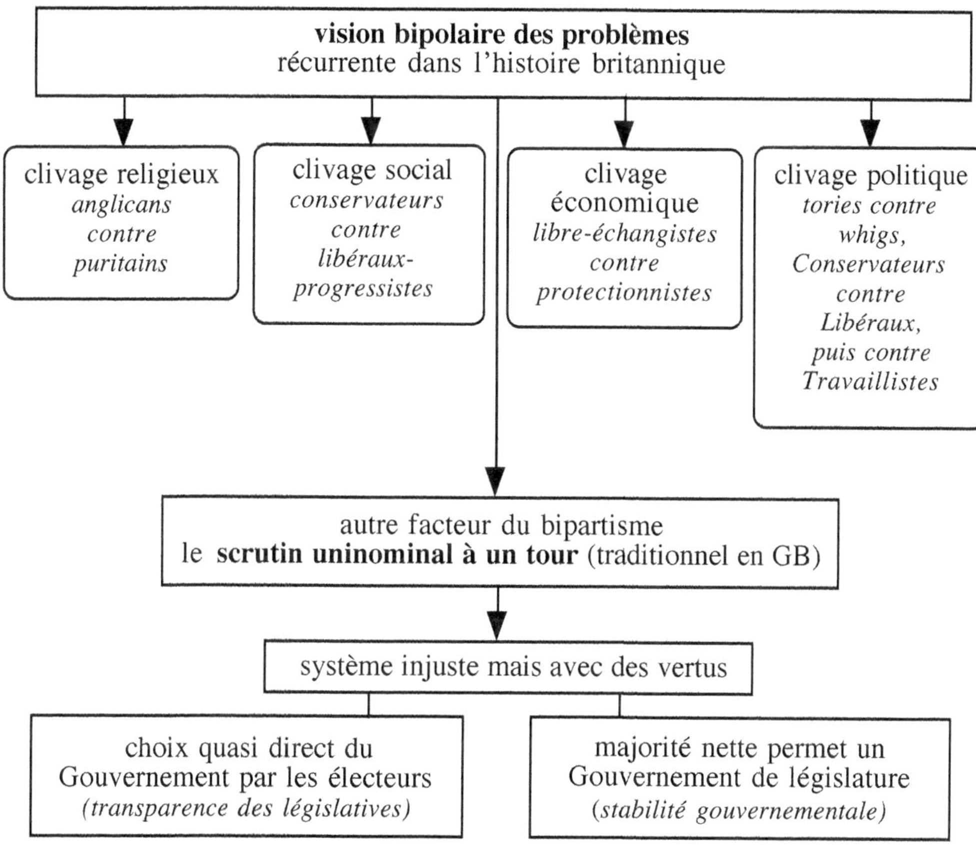

b. Les périodes de crise du bipartisme

1. L'altération passagère du bipartisme

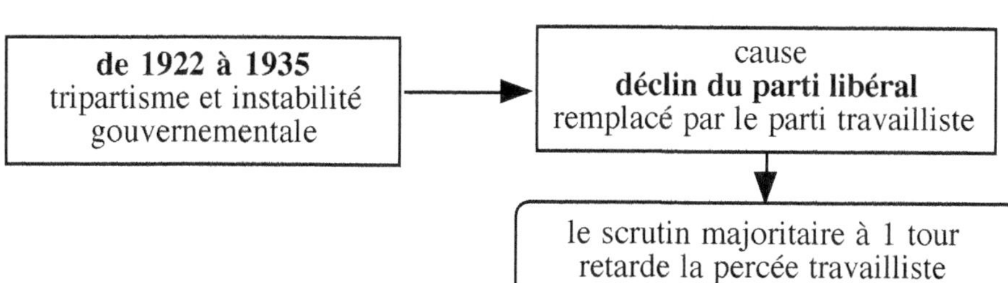

2. Les crises du bipartisme

Tout d'abord, aux Législatives de 1974, aucun des deux grands partis n'obtint la majorité absolue des sièges aux Communes. Les voix manquantes profitèrent aux Libéraux, aux partis nationalistes écossais et gallois, aux unionistes irlandais. Cependant, aux élections de 1979, ces petits partis ne parvinrent pas à renouveler leurs bons résultats. Ensuite, aux Législatives de 1983, les résultats encourageants de l'alliance libéraux et sociaux-démocrates firent à nouveau craindre une crise du bipartisme. Mais les Législatives de 1987 confirmeront au contraire l'hégémonie des deux grands partis traditionnels. Aux élections législatives de mai 2010, le parti social-démocrate ayant su attirer les électeurs, aucun des deux grands partis ne parvint à obtenir la majorité absolue aux Communes. Les Conservateurs et les Libéraux-démocrates formèrent une coalition. Mais aux élections législatives de 2015, le parti Conservateur obtint la majorité absolue des sièges et ainsi fut rétabli le profil normal du fonctionnement du régime britannique.

§ 3. Le monarque britannique

Le monarque est une personne inviolable et sacrée qui doit savoir demeurer en retrait pour pourvoir exercer une influence discrète sur le Premier ministre. Ainsi, face à l'alternance des deux partis au pouvoir, le monarque incarne la stabilité et la continuité institutionnelle.

A. Une institution traditionnelle aux pouvoirs formels

L'histoire montre comment le monarque a perdu par étapes ses pouvoirs au profit du Parlement, puis du Premier ministre. Aujourd'hui, il ne prend plus aucune décision politique.

a. La victoire du Parlement sur le monarque

Dès Jean sans Terre et la Grande Charte de 1215, le monarque est contraint à des concessions au profit des grands vassaux qui forment le Grand Conseil, ancêtre de la Chambre des Lords. Dès cette époque, ce dernier obtient un pouvoir financier (le consentement à l'impôt) dont il résultera l'apparition de l'initiative des lois parlementaire, sous la forme initiale de pétitions adressées au monarque. L'institution parlementaire va se développer avec l'apparition d'un second conseil, ancêtre de la Chambre des Communes, en 1265. Mais, à partir de la fin du XVe siècle et durant tout le XVIe siècle, c'est le retour de la monarchie absolue sous le règne des Tudor. En 1603, sous le règne des Stuarts, le Parlement regagne en puissance. En 1628, Charles Ier signe la Pétition des droits qui confirme les pouvoirs législatifs du Parlement. N'ayant pas respecté les droits des chambres, le roi est décapité et une éphémère république établie. Après le rétablissement de la monarchie en 1660, l'affrontement monarque/Parlement recommence jusqu'au tournant du départ (forcé) de Jacques II et l'accession au trône de Marie (fille de Jacques Ier) et de son époux Guillaume d'Orange. Les deux souverains sont alors contraints d'accepter les termes du *Bill of Rights* (1689) qui ne leur laisse que peu de pouvoirs.

2. Les crises du bipartisme

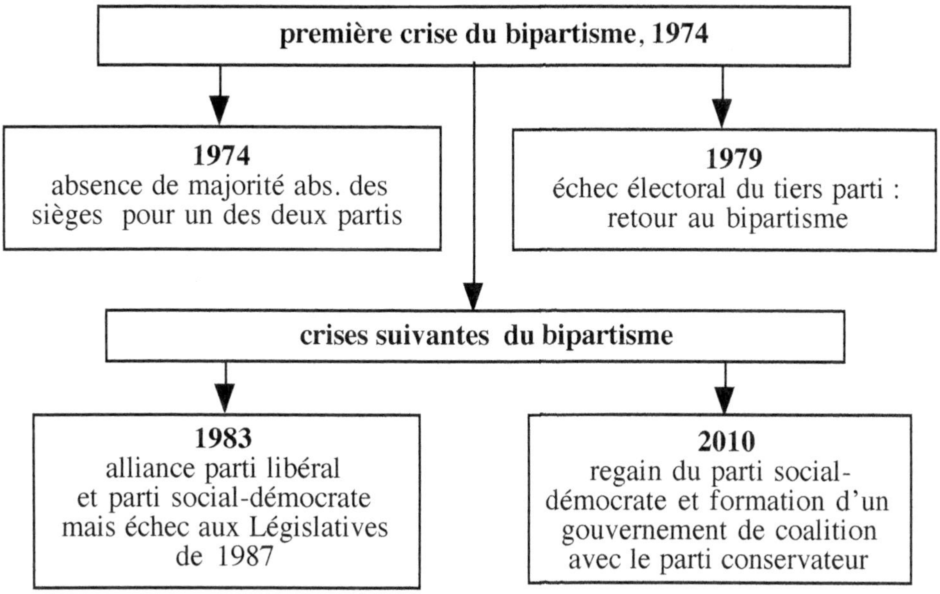

§ 3. Le monarque britannique

A. Une institution traditionnelle aux pouvoirs formels

a. La victoire du Parlement sur le monarque

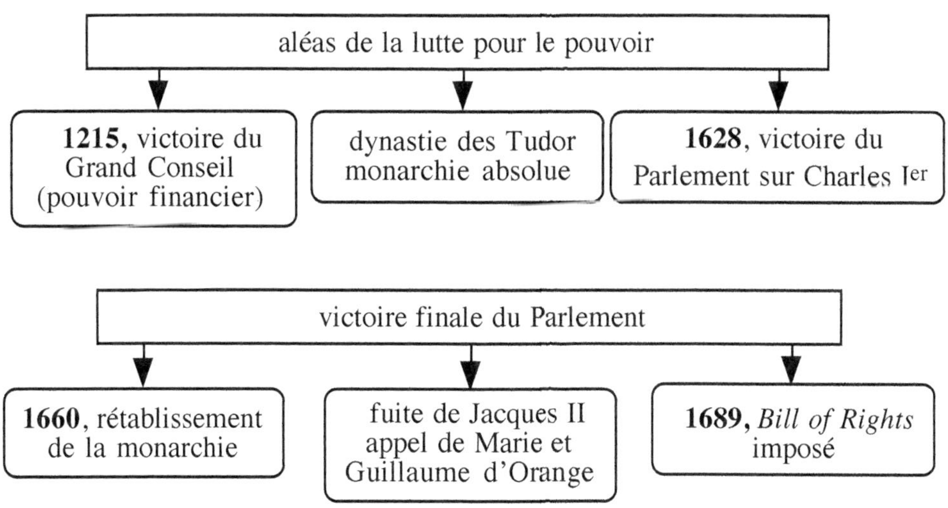

b. Les attributions formelles du monarque

Le monarque exerce ses pouvoirs (appelés "la prérogative royale") dans le respect des choix effectués par les électeurs qui ont désigné un parti vainqueur et indirectement un Premier ministre. Le monarque ne prend donc aucune décision politique personnelle. Il agit en toute chose en accord avec le parti au pouvoir et le Premier ministre (qui contresigne ses actes).

- Il donne sa sanction aux lois (depuis 1707, aucun monarque n'a refusé sa sanction de sorte que l'on peut estimer que ce pouvoir est devenu théorique).
- Il promulgue les lois (compétence liée).
- Il confère les titres et dignités (notamment, le titre de lord) mais en accord avec le Premier ministre.
- Il ouvre la session du Parlement et lit le Discours du trône, très largement rédigé par le Premier ministre.
- Il prononce la dissolution de la Chambre des Communes, à la demande du Premier ministre.
- Il a le droit de déclarer la guerre et de faire la paix, de signer les traités, de diriger les armées, de nommer les hauts fonctionnaires et les ministres.

Mais aucune de ces compétences n'est politiquement exercée par lui. Elles dépendent toutes des décisions du Premier ministre et de sa majorité aux Communes.

B. Un monarque à l'influence discrète

Le monarque doit veiller à conserver sa place d'arbitre hors du jeu politique. Il lui est impossible de manifester publiquement une opinion personnelle sur la politique du Gouvernement (sauf cas rarissime comme lors du refus de Mme Thatcher d'infliger des sanctions à l'Afrique du Sud, en 1986, qui avait menacé le Commonwealth d'éclatement et provoqué une réaction de la reine). Une discrète persuasion, des conseils avisés, lui sont seuls permis. Chaque semaine, le mardi après-midi, le monarque reçoit le Premier ministre qui lui fait le compte-rendu des délibérations du Cabinet. Par ailleurs, tous les documents destinés au Cabinet et diffusés par le *Cabinet Office* lui sont adressés ainsi que les dépêches diplomatiques et d'agences, les procès-verbaux des séances du Parlement. Le monarque reste donc parfaitement informé. Il est ainsi en mesure de délivrer des avis avertis au Premier ministre.

La fonction symbolique du monarque vis-à-vis du peuple britannique n'est pas sans réalité (malgré les remous provoqués par la famille royale qui ont quelque peu ébranlé l'attachement populaire à la Couronne). Le monarque incarne la nation. Sa permanence et sa stabilité (qui tranchent avec l'alternance des partis au pouvoir) le lui permettent.

b. Les attributions formelles du monarque

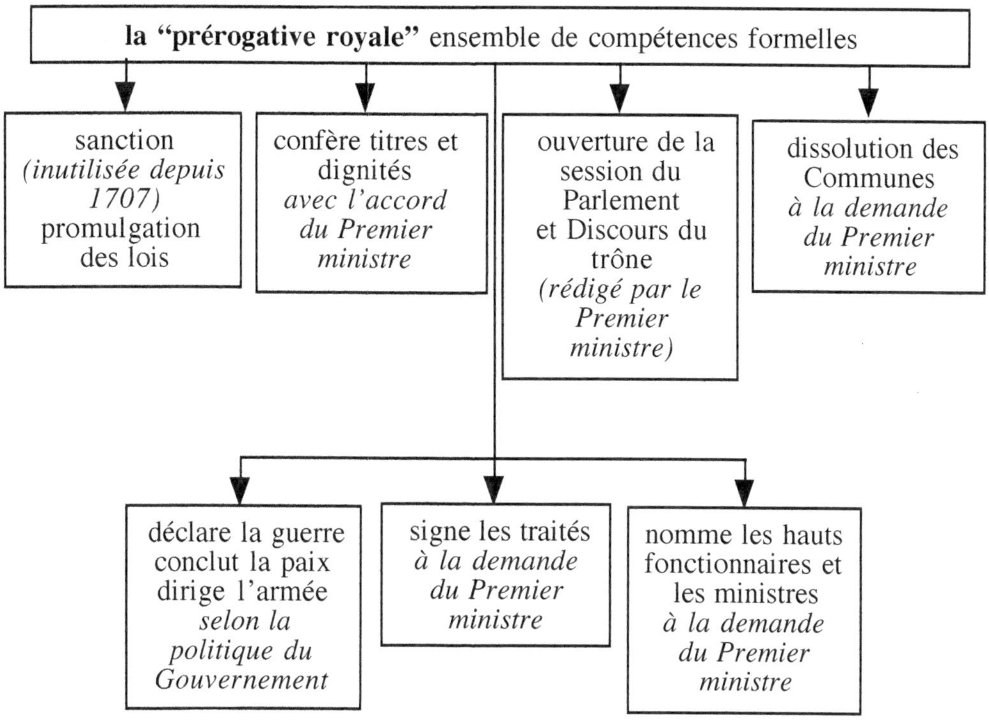

B. Un monarque à l'influence discrète

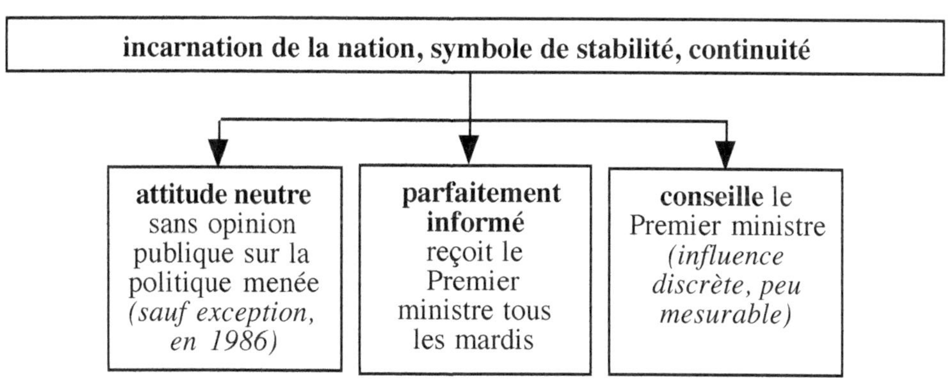

Titre 3. La Vᵉ République mise en perspective

La guerre d'Algérie, débutée en 1954, connaît un tournant décisif en mai 1958, date du putsch des généraux français à Alger. Alors que le Gouvernement Pflimlin vient juste d'être investi, le général de Gaulle est appelé à la rescousse. En raison de son passé, de Gaulle paraît être l'homme de la situation. Le Gouvernement Pflimlin démissionne dès le 28 mai. Le Gouvernement de Gaulle est investi, le 1er juin. Ce sera le dernier de la IVe République. La **loi du 3 juin 1958** charge le Gouvernement de préparer une nouvelle Constitution en suivant une série des règles de fond et de forme (v. P. 1, T. 2, Ch. 1). La Constitution de 1958 exprime les idées constitutionnelles du général de Gaulle (présentées dès le discours de Bayeux du 16 juin 1948). Ces idées se nourrissent de l'expérience. En France, depuis 1875, le régime parlementaire a mal fonctionné. La rationalisation tentée par la Constitution de 1946 a échoué. Il s'agit désormais de fonder le régime parlementaire français sur de nouvelles bases, en tirant les leçons du passé. C'est pourquoi cette étude insistera sur la mise en perspective historique des institutions de la Ve République.

Chapitre 1. Le bicéphalisme de l'Exécutif

Le bicéphalisme de l'Exécutif, dans la Constitution de 1958, renvoie au renforcement de la fonction présidentielle. C'est une situation très nouvelle par rapport à celle des deux Républiques précédentes où le chef de l'État était effacé.

Section 1. La présidence de la République en France

La Constitution de 1793 (Ire République) ne prévoyait pas de Président à la tête de l'Exécutif par crainte d'une dérive vers le pouvoir personnel qui aurait transformé un tel Président en un monarque républicain. Elle prévoyait donc un exécutif collégial (v. T. 2, Ch. 2, S. 1). La Constitution de 1795, instaurant une République directoriale, optait également pour un exécutif collégial, composé de cinq directeurs. Les autres Constitutions républicaines (1848, 1875, 1946, 1958) vont adopter au contraire la présidence de la République individuelle, incarnée par un élu du suffrage universel (suffrage direct ou indirect, selon les époques). Cependant, ces présidences sont très différentes les unes des autres. L'une se situe dans le cadre d'une séparation stricte des pouvoirs (C 1848), les autres dans celui d'une séparation souple (C 1875, C 1946, C 1958). Certaines sont des présidences fortes (C 1848, 1875 en droit seulement, C 1958) ; certaines sont faibles (C 1875 en fait seulement, C 1946).

Titre 3. La Ve République mise en perspective

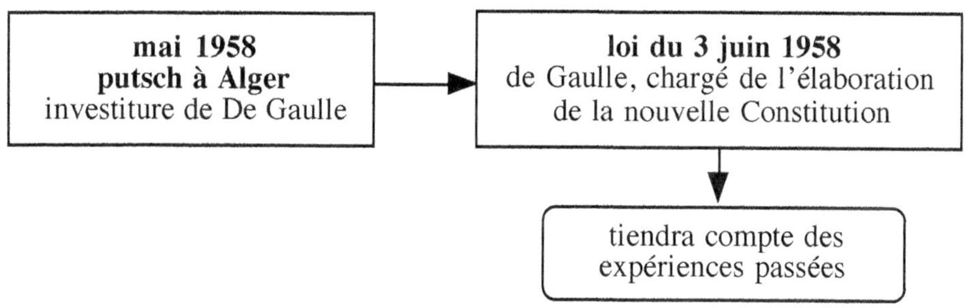

Chapitre 1. Le bicéphalisme de l'Exécutif

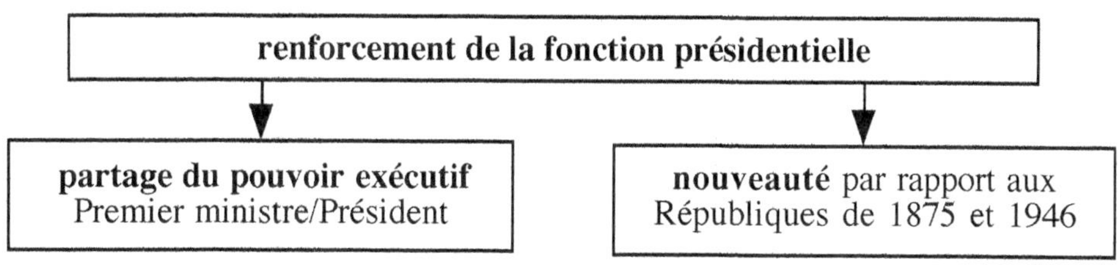

Section 1. La présidence de la République en France

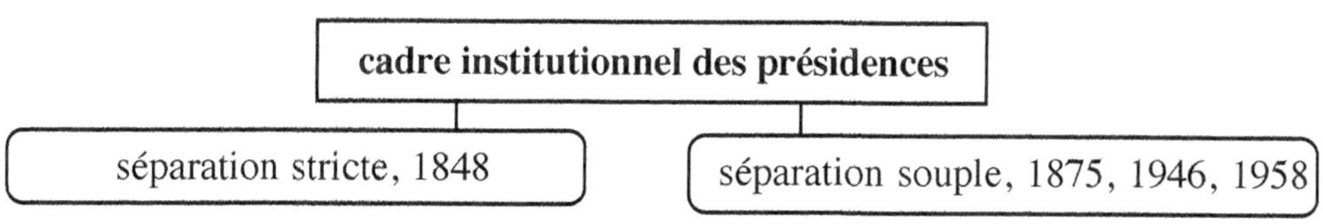

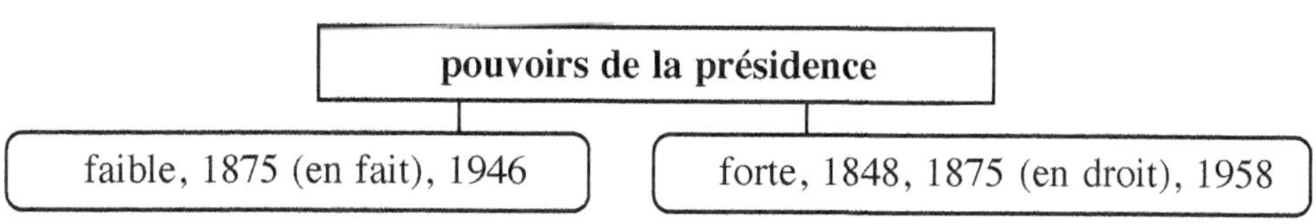

§ 1. Les vicissitudes de la présidence en France

A. La présidence conflictuelle en 1848

Le régime mis en place par la Constitution de 1848 est assez étrange. Il associe le système de la séparation stricte des pouvoirs à des éléments empruntés au système parlementaire. Ce mélange donne un résultat propice à l'affrontement entre l'Assemblée nationale, chambre unique, et le Président de la République.

a. Les aspects potentiellement conflictuels sur le plan organique

La Constitution place face à face l'Assemblée nationale, élue pour trois ans au suffrage universel direct (il n'y a pas de seconde chambre) et le Président, élu pour quatre ans, au suffrage universel direct (non immédiatement rééligible). Ainsi, ces deux organes ont une **égale légitimité démocratique directe**. Cela rend probable et dangereux tout conflit entre eux. D'autant qu'il n'existe aucun élément de dépendance organique qui permettrait de sortir du conflit par un arbitrage populaire. En effet, conformément au modèle américain de séparation stricte des pouvoirs, le Président ne peut dissoudre l'Assemblée nationale (s'il le fait, il commet un acte de haute trahison). L'Assemblée nationale, quant à elle, ne peut révoquer le Président qui est irresponsable politiquement. Restent les ministres. Ils n'encourent pas eux non plus de responsabilité politique devant l'Assemblée, bien que le texte de la Constitution ne soit pas parfaitement clair sur ce point.

b. Les aspects potentiellement conflictuels sur le plan fonctionnel

Le modèle américain de la séparation stricte des pouvoirs a été largement trahi par la Constitution de 1848.

Certains éléments ont été retranchés :

- le veto présidentiel (la Constitution de 1848 prévoit simplement que le Président peut demander une nouvelle délibération de la loi) ;
- l'approbation des nominations présidentielles (le Président nomme et révoque librement ministres et fonctionnaires).

Certains éléments, issus du système parlementaire, ont été ajoutés :

- l'initiative des lois présidentielle, exercée par l'intermédiaire des ministres et le droit d'entrée de ces derniers à l'Assemblée ainsi que leur droit d'être entendus à leur demande ;
- le contreseing des actes présidentiels par les ministres.

Cet ensemble d'éléments disparates renforçait les risques de conflits. En pratique, le régime fonctionna mal et le Président se montra le plus habile. Il sut gagner la confiance populaire et il s'en servit pour faire un coup d'État (le 2 décembre 1851).

§ 1. Les vicissitudes de la présidence en France

A. La présidence conflictuelle en 1848

a. Les aspects potentiellement conflictuels sur le plan organique

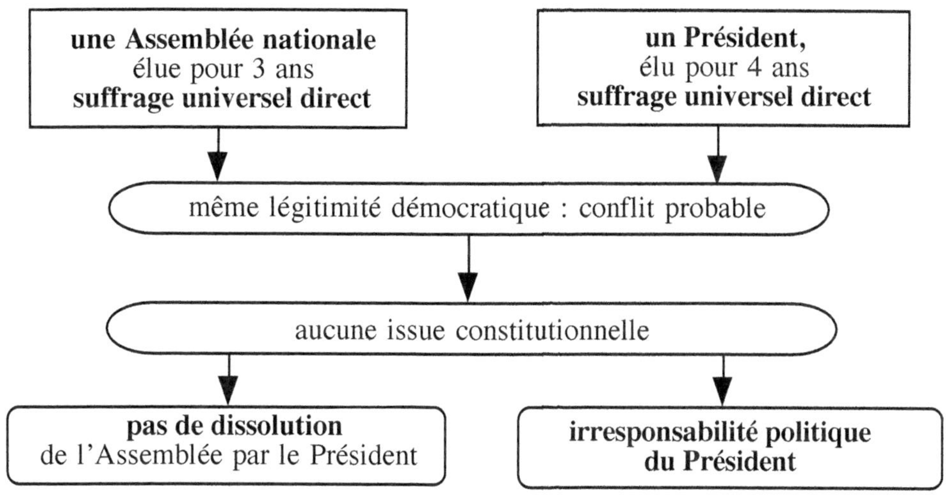

b. Les aspects potentiellement conflictuels sur le plan fonctionnel

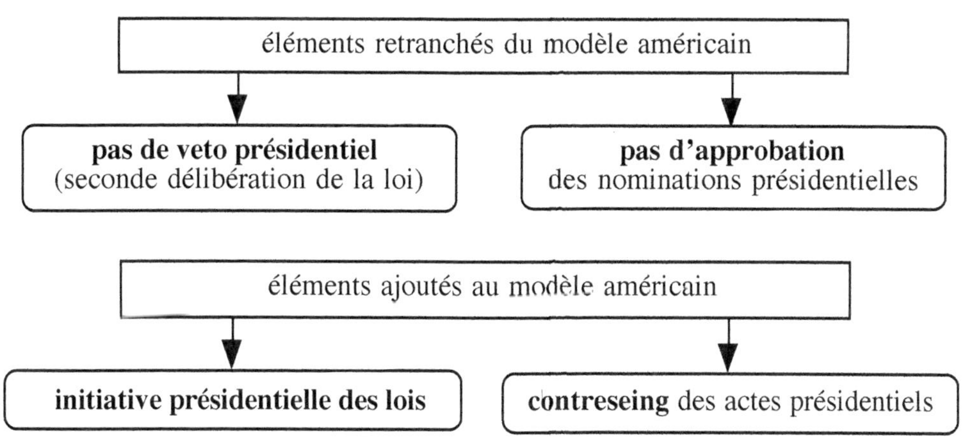

B. La présidence en porte-à-faux en 1875

a. La période constituante de 1871 à 1875

Les premières années de préparation de la nouvelle Constitution sont marquées par l'espoir des monarchistes d'un retour du roi en la personne du comte de Chambord, descendant de la branche aînée des Bourbons. En 1873, la Restauration échoua de peu. Le comte de Chambord refusa de monter sur le trône aux conditions qu'on lui imposait. Ce fut la désillusion. La restauration monarchique dut être remise à plus tard, jusqu'au décès du comte. Le successeur de ce dernier, le comte de Paris, avait en effet par avance accepté de devenir roi à ces mêmes conditions. Le parti monarchiste dut temporiser : d'abord, le général Mac Mahon, monarchiste convaincu, fut désigné nominalement comme Président de la République pour sept ans (durée qui correspondait à l'espérance de vie accordée au comte de Chambord, **loi du septennat du 20 novembre 1873**) ; ensuite, les travaux de rédaction de la Constitution s'accélèrent et les monarchistes se résignèrent à voter la République (c'est le vote de l'**amendement Wallon** qui transforme le septennat personnel de Mac Mahon en septennat impersonnel). Mais les monarchistes obtinrent des républicains un certain nombre de dispositions qui devaient, selon eux, faire de cette République une antichambre de la monarchie : un Président fort et un Sénat fort (ayant le même pouvoir législatif que la Chambre des députés, pouvant renverser les Gouvernements et devant donner son accord à la dissolution de la Chambre des députés, décidée par le Président de la République).

b. Le profil d'un Président monarque républicain

Conformément aux vœux des monarchistes, les lois constitutionnelles mettent en place un Président de la République qui ressemble à un monarque parlementaire dont tous les actes sont contresignés. Il apparaît comme le chef de l'Exécutif et, à ce titre :

- il nomme et révoque les ministres ;
- il nomme à tous les emplois civils et militaires ;
- il représente la France à l'étranger et il négocie et ratifie les traités (pour certains d'entre eux, un vote du Parlement est nécessaire pour les rendre définitifs) ;
- il dispose de la force armée ;
- il a l'initiative des lois ; il promulgue les lois ;
- il peut demander, dans le délai de promulgation, par un message motivé, une seconde délibération de la loi (qui ne peut être refusée par le Parlement) ;
- il assure l'exécution des lois ; il a le droit de grâce ;
- il a un droit de message aux assemblées ;
- il prononce la clôture de la session parlementaire ;
- il peut convoquer le Parlement en session extraordinaire ;
- il peut ajourner les assemblées et surtout,
- il dissout la Chambre des députés avec l'avis conforme du Sénat.

B. La présidence en porte-à-faux en 1875

a. La période constituante de 1871 à 1875

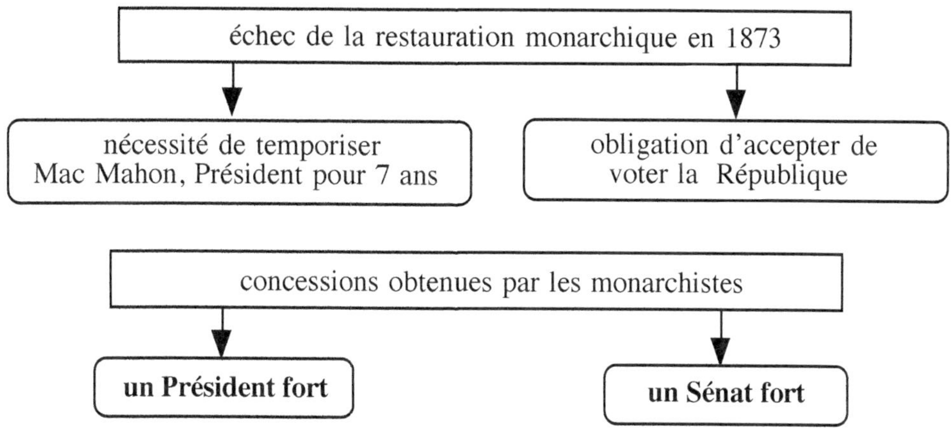

b. Le profil d'un Président monarque républicain

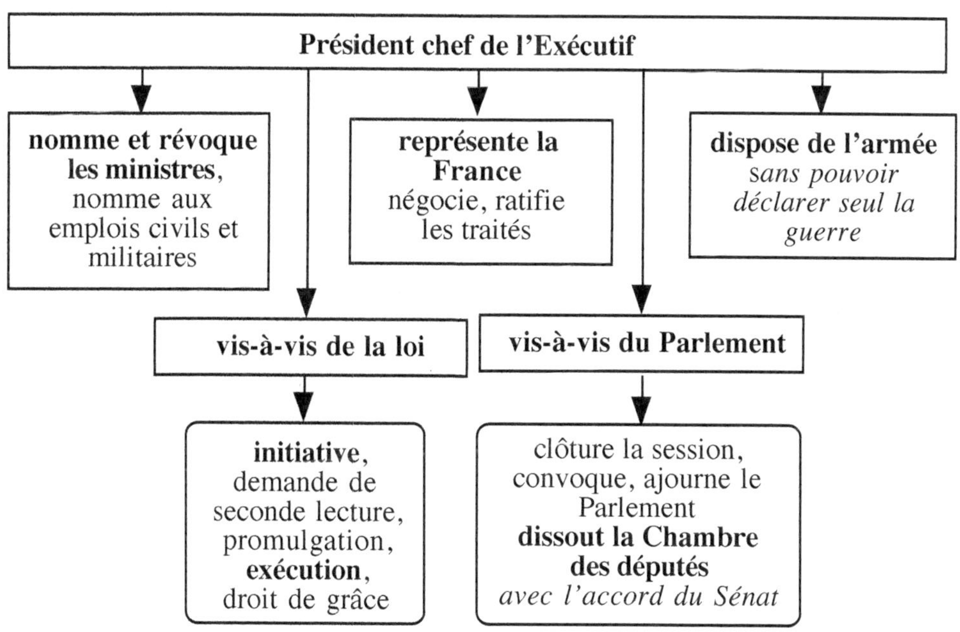

c. La "Constitution Grévy"

Après les premières élections législatives de 1876, le Président Mac Mahon se trouva face à une Chambre des députés majoritairement républicaine.

Or, à l'encontre de la logique parlementaire, le Président nomma le Gouvernement Dufaure, opposé à la majorité républicaine. Ce dernier fut donc renversé aussitôt. À contrecœur, le Président nomma alors le républicain de Jules Simon. Mais ce dernier ayant mécontenté le Président, décida de démissionner. C'est alors que, bravant une seconde fois la majorité républicaine de la Chambre des députés, le Président nomma un Gouvernement monarchiste, celui du duc de Broglie. Ce fut **la crise du 16 mai 1877**.

La majorité républicaine renversa immédiatement le Gouvernement et, en réponse, le Président prononça la dissolution (avec l'avis conforme du Sénat). Tout devait se jouer aux Législatives. Or, les élections ramenèrent une majorité de républicains à la Chambre des députés et le Président Mac dut se soumettre au verdict des urnes. Il finit par démissionner, le 30 janvier 1879. Son successeur, choisi par les deux chambres du Parlement, fut Jules Grévy. Ce dernier exposa immédiatement sa conception de la fonction présidentielle : une présidence respectueuse du Parlement, sans politique personnelle, s'engageant à laisser gouverner celui qui devait représenter la majorité parlementaire et qui allait prendre un ascendant imprévu : le chef du Gouvernement, le Président du Conseil. Cette interprétation de la fonction présidentielle marqua un tel tournant dans le régime qu'on la désigna sous l'expression de "la Constitution Grévy".

d. Les pouvoirs résiduels du Président de la IIIe République

La "Constitution Grévy" engendra **une pratique** de la présidence de la République totalement en marge des textes. Les attributions présidentielles relatives à la politique intérieure furent exercées politiquement par le Président du Conseil : le choix des ministres, l'initiative des lois, le pouvoir réglementaire d'exécution des lois.

Le Président conserva, outre la présidence du Conseil des ministres (purement honorifique) : la promulgation des lois et la demande d'une seconde délibération de la loi, le droit de grâce, le droit de message au Parlement, la direction de l'armée.

Tous les actes du Président étaient soumis au contreseing du Président du Conseil. Seul le domaine des relations internationales demeura un domaine relativement réservé au Président.

Ainsi, la présidence sous la IIIe République fut toujours en porte-à-faux : d'abord, en tant que présidence forte dans un cadre institutionnel ambigu (devant préparer pour certains une restauration monarchiste) ; puis, en tant que présidence faible dans un cadre institutionnel remodelé par une pratique que rien ne put modifier.

c. La "Constitution Grévy"

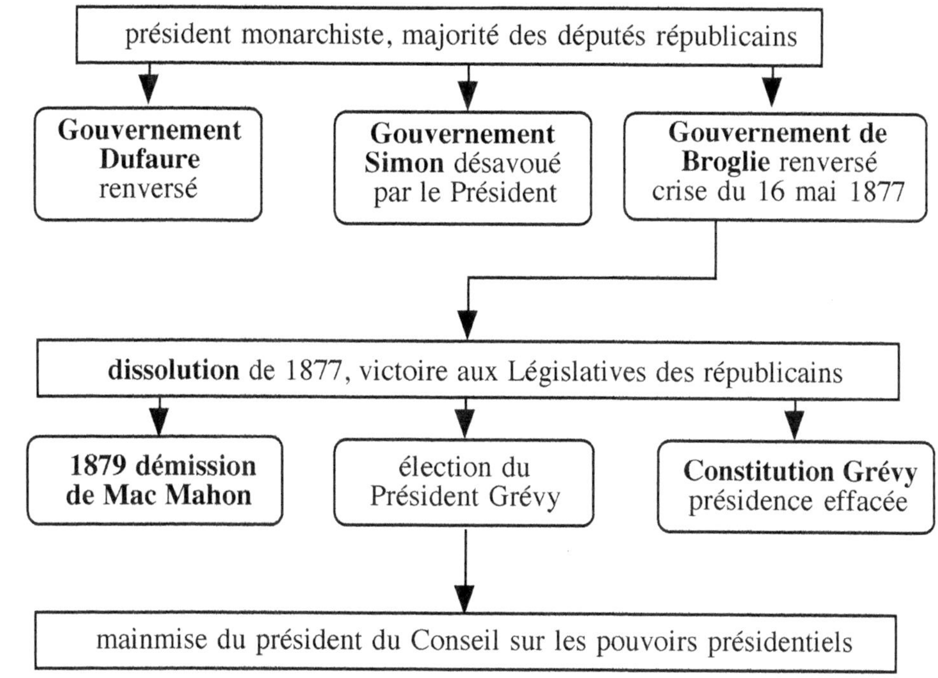

d. Les pouvoirs résiduels du Président de la IIIe République

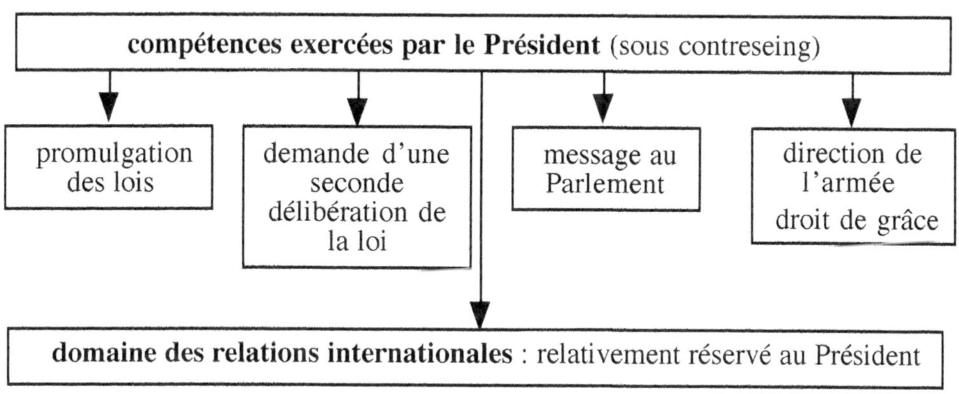

C. La Présidence effacée en 1946

La pratique de la IIIe République est constitutionnalisée dans la Constitution de 1946. Le Président est toujours élu pour une durée de sept ans par le Parlement. Il n'est rééligible qu'une seule fois. Le Président est une autorité sans pouvoir de décision politique. Il apparaît comme le représentant de l'État, sans responsabilité dans la conduite de la politique qui revient au Président du Conseil. Tous ses actes, sans exception, sont soumis au contreseing du Président du Conseil et d'un ministre. Ses **pouvoirs de décision** sont **formels**.

Relèvent du Président :

- dans le domaine international :
  - la signature, la ratification des traités ; l'accréditation des ambassadeurs et la réception des accréditations étrangères ;
- diverses attributions secondaires relatives à la loi :
  - la promulgation des lois (compétence liée) (il n'a pas l'initiative des lois ni le pouvoir réglementaire d'exécution des lois qui appartiennent au Président du Conseil) ; la demande d'une seconde délibération de la loi ; le droit de grâce (exercé en Conseil supérieur de la magistrature) ;
- diverses présidences :
  - la présidence du Conseil des ministres (mais c'est une fonction de pure forme) ; la présidence du Conseil supérieur et du Comité de la défense nationale (il a le titre de chef des armées) ; du Conseil supérieur de la magistrature, du Comité constitutionnel (qu'il peut saisir conjointement avec le Président du Conseil de la République) ;
- diverses attributions vis-à-vis du Parlement :
  - le droit de communiquer avec l'Assemblée nationale par des messages ; la signature du décret de dissolution de l'Assemblée nationale (mais la décision de dissoudre est prise par le Gouvernement, le pouvoir du Président est formel) ;
- diverses nominations :
  - le choix du futur Président du Conseil et sa nomination après investiture de l'Assemblée nationale ; la nomination des ministres (choisis par le Président du Conseil) ; la nomination en Conseil des ministres d'un certain nombre de hauts fonctionnaires (comme les directeurs des administrations centrales, les recteurs d'académie, les préfets, etc.).

C. La Présidence effacée en 1946

le Président : une fonction honorifique, des pouvoirs formels
tous ses actes sont contresignés

les compétences du Président

présidences diverses
(attributions connexes)
- Conseil des ministres *(de pure forme)*
- Conseil supérieur et du Comité de la défense nationale *(chef des armées)*
- Comité constitutionnel *(qu'il saisit avec le président du Conseil de la République)*
- Conseil supérieur de la magistrature

pouvoir de nomination
- nomination du Président du Conseil *(après investiture par l'Ass. nationale)*
- la nomination des ministres *(choisis par le Président du Conseil, après investiture)*
- nomination de hauts fonctionnaires *par décret pris en Conseil des ministres*

domaine des **relations internationales**
- signature, ratification des traités
- accréditation des ambassadeurs français
- réception des accréditations étrangères

vis-à-vis de la loi
- la promulgation des lois
- la demande d'une seconde lecture de la loi
- le droit de grâce

vis-à-vis de l'Assemblée nationale
- le droit de message
- la dissolution de la l'Assemblée nationale *(décision du Gouvernement)*

§ 2. La renaissance de la Présidence dans la Constitution de 1958

Dans la Constitution de 1958, la présidence reprend une place centrale qui aurait dû être la sienne sous la IIIe République, s'il n'y avait pas eu “la Constitution Grévy”. Dans la Constitution de 1958, la fonction présidentielle est la clé du système et, pour la première fois, certains actes présidentiels échappent au contreseing du Premier ministre.

A. Le Président garant de l'équilibre institutionnel

Le Constituant de 1946 avait fait confiance à la rationalisation des mécanismes de l'évincement réciproque (rationalisation sur le plan organique) pour stabiliser les Gouvernements. Il avait tenu largement le Président à l'écart. Le Constituant de 1958, outre la rationalisation des mécanismes de l'évincement réciproque, fera confiance au Président pour réguler les institutions.

a. Les mécanismes d'équilibrage dans la Constitution de 1946

La Constitution de 1946 avait tenté d'équilibrer le système parlementaire uniquement par un renforcement de la position du Gouvernement.

Alors que, sous la IIIe République, l'une ou l'autre des chambres du Parlement pouvaient faire tomber les Gouvernements à tout moment, sans procédure ni majorité précises, sous la IVe République, seule l'Assemblée nationale pouvait faire tomber les Gouvernements suivant les modalités prévues par les **articles 49 et 50 de la Constitution**, c'est-à-dire à l'occasion de la **question de confiance,** décidée en Conseil des ministres, votée vingt-quatre heures (avant la révision du 7 décembre 1954, un jour franc) après son dépôt, le **refus** de la confiance demandant la majorité absolue des membres de l'Assemblée nationale et de la **motion de censure,** votée vingt-quatre heures (avant la révision du 7 décembre 1954, un jour franc) après son dépôt, à la majorité absolue des membres de l'Assemblée nationale.

L'investiture avait été créée de surcroît pour assurer au nouveau Gouvernement une majorité de soutien suffisante lors de son entrée en fonction (investiture votée à la majorité absolue des membres de l'Assemblée nationale jusqu'en 1954, puis à la majorité des voix, après 1954).

Le **Président** n'avait qu'un **rôle très limité** dans l'équilibre des rapports entre l'Assemblée nationale et le Gouvernement. La Constitution le chargeait de signer le décret de dissolution, à la demande du Gouvernement (pouvoir formel) et, après consultation des différents partis politiques, de pressentir le futur Président du Conseil qui se présenterait à l'investiture, ce qui donnait au Président l'occasion d'exercer une certaine forme d'arbitrage entre les différents partis susceptibles de former le nouveau Gouvernement.

§ 2. La renaissance de la Présidence dans la Constitution de 1958

A. Le Président garant de l'équilibre institutionnel

opposition de deux conceptions de l'équilibrage

C. 1946
rationalisation
des mécanismes parlementaires
d'évincement réciproque
(responsabilité gouvernementale, dissolution)

C. 1958
rationalisation
des mécanismes parlementaires
d'évincement réciproque
et **arbitrage présidentiel**
(art. 5 C)

a. Les mécanismes d'équilibrage dans la Constitution de 1946

formalisation de la mise en jeu de sa responsabilité

question de confiance
- vote 24 h après son dépôt
- refus de la confiance voté à la maj. abs. des membres de l'Ass. nationale

motion de censure
- vote 24 h après son dépôt
- vote de défiance à la maj. abs. des membres de l'Ass. nationale

rôle très limité du Président dans l'équilibre des rapports Gouvernement/Assemblée nationale

signe le décret de **dissolution** *(pouvoir formel)*

pressent le futur Président du Conseil pour l'**investiture** du Gvt à maj. abs. des députés

b. Les mécanismes d'équilibrage dans la Constitution de 1958

Comme sous la IVe République, la Constitution de 1958 prévoit également des formes précises pour la mise en jeu de la responsabilité politique du Gouvernement (**art. 49 C**).

La **question de confiance** (art. 49, al. 1 C) est posée par le Premier ministre, après délibération en Conseil des ministres, soit sur son programme, soit sur une déclaration de politique générale ; la confiance est accordée à la majorité des voix.

La motion de censure (art. 49, al. 2 C) doit être signée par un dixième au moins des députés (chaque député ne peut déposer plus de trois motions par session ordinaire et plus d'une par session extraordinaire) ; elle est votée quarante-huit heures après son dépôt, à la majorité absolue des députés, seuls étant décomptés les votes favorables à la motion. Le Sénat ne peut renverser le Gouvernement. Il peut seulement approuver une déclaration politique, si le Gouvernement le lui demande (art. 49, al. 4 C).

Mais, à côté de ces mécanismes, est mis en place une fonction d'équilibrage des institutions qui revient au Président.

c. Le Président chargé de l'équilibre institutionnel

1. Le Président "clé de voûte"

L'**article 5 C** fait du Président la clé de voûte de l'édifice constitutionnel. Son élection au suffrage universel direct, depuis 1962, lui assure désormais une légitimité suffisante pour remplir pleinement ce rôle.

L'article 5 C dispose : *"Le Président veille au respect de la Constitution. Il assure, par son arbitrage, le fonctionnement régulier des pouvoirs publics ainsi que la continuité de l'État. Il est garant de l'indépendance nationale, de l'intégrité du territoire, du respect des traités".*

Pour veiller au respect de la Constitution, il dispose du droit de saisine du Conseil constitutionnel. Pour garantir l'indépendance et l'intégrité du territoire, il dispose de l'usage de l'article 16 C (v. T. 2, Ch. 2, S. 1, § 2). Pour assurer l'arbitrage nécessaire au bon fonctionnement des institutions, il dispose de plusieurs pouvoirs.

b. Les mécanismes d'équilibrage dans la Constitution de 1958

formes de la mise en jeu de la responsabilité politique du Gouvernement

question de confiance
(art. 49, al. 1 C)
- posée par le Premier ministre
- *après délibération en Conseil des ministres*
- soit sur son programme, soit sur une déclaration de politique générale
- vote de la confiance à la maj. des voix

motion de censure
(art. 49, al. 2 C)
- signée par un dixième au moins des députés
- *(avec limitation du nombre de signature par député, à chaque session)*
- vote 48 h après son dépôt
- à la maj. abs. des membres de l'Ass. nationale
- *seuls étant décomptés les votes favorables à la motion*

le Sénat peut seulement approuver une déclaration politique si le Gouvernement le lui demande (art. 49, al. 4 C)

c. Le Président chargé de l'équilibre institutionnel

1. Le Président "clé de voûte"

art. 5 C

veille au respect de la Constitution
assure
- par son arbitrage le fonctionnement régulier des pouvoirs publics
- la continuité de l'État

garant de :
- l'indépendance nationale
- l'intégrité du territoire
- du respect des traités

2. Le droit de dissolution, moyen de l'arbitrage

En ce qui concerne les rapports entre le Gouvernement et sa majorité, le Président a seul le pouvoir de dissoudre l'Assemblée nationale.

On se souvient qu'un tel pouvoir n'appartenait pas au Président de la IVe République qui se contentait de signer le décret de dissolution à la demande du Gouvernement qui prenait la décision. Il n'appartenait qu'en partie au Président de la IIIe République qui devait obtenir l'accord du Sénat.

Dans la Constitution de 1958, au contraire, le Président de la Ve République **décide seul** de la dissolution, **après avis** du Premier ministre et des présidents de chaque assemblée. Le Président peut user du droit de dissolution quand il veut (sauf pendant l'intérim, pendant l'usage de l'article 16 C et durant l'année qui suit une dissolution).

La décision de dissoudre n'est **pas soumise au contreseing** du Premier ministre. Cela signifie que le Président pourra décider de dissoudre l'Assemblée nationale alors même que le Premier ministre dispose toujours de la confiance de la majorité et ne souhaite pas, quant à lui, de dissolution.

La Constitution donne en effet au Président les moyens juridiques d'arbitrer, en vue du "fonctionnement régulier des pouvoirs publics", ce qui ne limite pas l'arbitrage au cas du conflit entre le Gouvernement et l'Assemblée nationale. La formulation plus large adoptée dans l'article 5 C autorise une marge d'intervention plus grande au Président.

3. Les autres pouvoirs d'arbitrage

L'arbitrage (notion plus évocatrice que juridiquement précise) peut passer par diverses modalités, qui ne se limitent pas à la dissolution de l'Assemblée nationale. On peut voir des formes d'arbitrage dans :

- le choix du Premier ministre (art. 8, al. 1 C), le Président pouvant décider de prendre une personnalité de la majorité ou une personne sans "passé politique" en qui il a confiance (cas de R. Barre, par exemple) ;
- l'organisation des référendums de l'article 11 C (v. T. 1, Ch. 2, S. 2) ;
- la décision de déclencher une révision de la Constitution, sur proposition du Premier ministre.

B. Le contreseing des actes du Président

Dans un régime parlementaire, le contreseing des actes présidentiels est la contrepartie de l'irresponsabilité du chef de l'État. Par le contreseing, le Premier ministre endosse la responsabilité politique des actes présidentiels. Dans la Constitution de 1958, le Président conserve des attributions classiquement soumises au contreseing du Premier ministre mais il dispose également pour la première fois de pouvoirs non soumis au contreseing (« pouvoirs propres »).

2. Le droit de dissolution, moyen de l'arbitrage

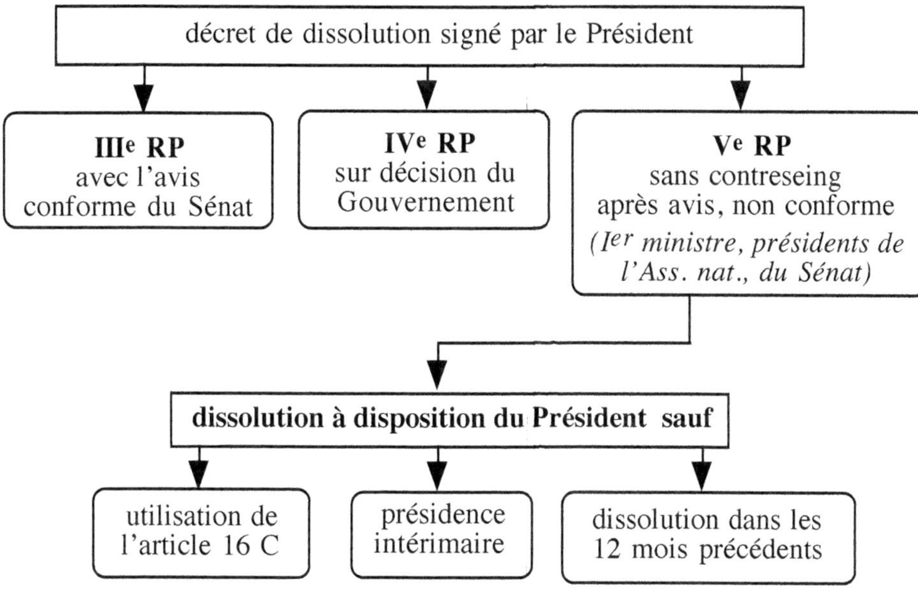

3. Les autres pouvoirs d'arbitrage

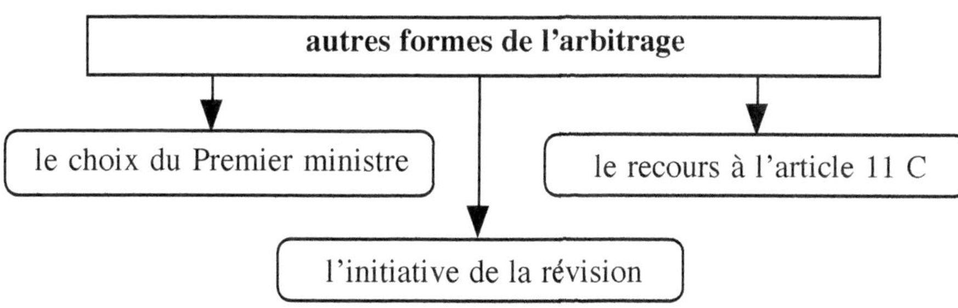

B. Le contreseing des actes du Président

nouveauté de la Constitution de 1958 :
actes non contresignés

a. Les pouvoirs soumis au contreseing

1. Pouvoirs liés à la fonction de représentation internationale

Le Président a la charge de la conduite des relations internationales et de la représentation de la France dans tous les sommets et conférences. Les actes juridiques qu'il prend dans ce cadre sont contresignés :

- accréditation des ambassadeurs et des envoyés extraordinaires (art. 14 C) ;
- signature et ratification des traités (art. 52 C), parfois après autorisation du Parlement (art. 53 C).

2. Pouvoirs en relation avec le Parlement

Conformément à la tradition, le Président dispose de deux compétences vis-à-vis de la loi :

- promulgation des lois définitivement adoptées, dans les quinze jours de leur transmission au Gouvernement (art. 10, al. 1 C) ;
- demande d'une seconde délibération de la loi ou de certains de ces articles, dans le délai de promulgation (art. 10, al. 2 C).

Vis-à-vis des sessions parlementaires :

- signature du décret d'ouverture et de clôture des sessions extraordinaires du Parlement (art. 30 C), sessions extraordinaires tenues à la demande du Premier ministre ou de la majorité des membres de l'Assemblée nationale (art. 29 C).

Vis-à-vis de la révision constitutionnelle :

- dépôt d'un projet de révision, sur proposition du Premier ministre ;
- décision de soumettre la révision, soit au vote du Congrès, soit au vote des électeurs par référendum (art. 89, al. 3 C).

a. Les pouvoirs soumis au contreseing

1. Pouvoirs liés à la fonction de représentation internationale

dans la sphère des relations internationales

- accréditation des ambassadeurs et envoyés extraordinaires (art. 14 C)
- signature, ratification des traités (art. 52 C) *(sur éventuelle autorisation du Parlement)*

2. Pouvoirs en relation avec le Parlement

vis-à-vis de la loi

- promulgation dans 15 jours de la transmission de la loi (art. 10, al. 1 C)
- demande d'une seconde délibération de la loi (art. 10, al. 2 C)

vis-à-vis des sessions du Parlement
décret d'ouverture et de clôture des sessions extraordinaires (art. 30 C)

vis-à-vis de la révision (art. 89 C)

- dépôt d'un projet de révision, *sur proposition du Premier ministre*
- choix du Congrès ou du référendum pour l'adoption définitive

3. Pouvoirs en relation avec le Gouvernement, le Premier ministre

Le Président nomme et révoque les ministres, sur proposition du Premier ministre (art. 8, al. 2 C). Cette compétence est soumise au contreseing. Par ailleurs, le Président partage deux domaines de compétence avec le Gouvernement : le domaine réglementaire et le domaine de la défense.

En matière réglementaire :

- le Président signe les décrets et les ordonnances délibérés en Conseil des ministres (art 13, al. 1 C) ;
- il nomme de hauts fonctionnaires énumérés par l'article 13 al. 2 C (les conseillers d'État, le grand chancelier de la Légion d'honneur, les ambassadeurs et envoyés extraordinaires, conseillers maîtres à la Cour des comptes, les préfets...) et d'autres encore énumérés dans une loi organique (art 13, al. 3 C).

On notera qu'en matière réglementaire, le Président n'a qu'une compétence d'attribution et que le Premier ministre dispose de la compétence de principe (art. 21 C).

En matière de défense nationale :

- la Constitution partage les compétences en confiant au Premier ministre la responsabilité de la défense nationale (art. 21 C) et en donnant au Président le titre de chef des armées et la présidence des conseils et comités supérieurs de la défense nationale (art. 15 C). À ces deux titres, le Président prend des actes soumis au contreseing (sauf en matière d'utilisation de la force nucléaire, dans des circonstances graves et d'urgence).

4. Pouvoirs en relation avec l'autorité judiciaire

En vertu de l'article 64 C, le Président est le garant de l'indépendance de l'autorité judiciaire. Il dispose de deux compétences soumises à contreseing touchant au domaine judiciaire :

- **depuis la révision de 2008,** nomination de deux personnalités qualifiées au Conseil supérieur de la magistrature (art. 65, al. 3 C) (v. Ch. 1, S. 1, § 1).
- droit de grâce (art. 17 C) exercé à titre individuel, précise la révision de 2008.

3. Pouvoirs en relation avec le Gouvernement, le Premier ministre

composition du Gouvernement

↓

nomme et révoque les ministres, *sur proposition du Premier ministre* (art. 8, al. 2 C)

compétences réglementaires

↓ signature des décrets et ordonnances délibérés en Conseil des ministres (art. 13 C)

↓ nomination en Conseil des ministres de hauts fonctionnaires (art. 13, al. 2 C)

domaine de la défense

↓

chef des armées, préside les conseils et comités supérieurs de la défense nationale (art. 15 C)

4. Pouvoirs en relation avec l'autorité judiciaire

garant de l'indépendance de l'autorité judiciaire (art. 64 C)

↓ nomme de 2 personnalités qualifiées au CSM (art 65 C)

↓ droit de grâce (art. 17 C)

b. Les pouvoirs dispensés de contreseing (art. 19 C)

L'article 19 C pose en premier lieu le principe traditionnel du contreseing des actes du Président par le Premier ministre (et le cas échéant par les ministres responsables). Puis, il énumère limitativement les exceptions. Il s'agit de compétences en relation avec les aspects de la fonction présidentielle telle qu'elle est définie par l'article 5 C.

1. Pouvoirs en relation avec la protection de la Constitution

- saisine du Conseil constitutionnel :
- soit pour un contrôle de constitutionnalité de la loi (art. 61, al. 2 C) ;
- soit pour un contrôle de constitutionnalité d'un traité (art. 54 C) ;
- nomination de trois membres du Conseil constitutionnel (art. 56, al. 2 C) ;
- choix du Président du Conseil constitutionnel qui a voix prépondérante en cas de partage (art. 56 C al. 3).

2. Pouvoirs en relation avec la fonction d'arbitrage

- dissolution de l'Assemblée nationale (art. 12 C) ;
- organisation d'un référendum législatif (art. 11 C) ;
- message au Parlement (art. 18 C) (**révisé**, v. T. 3, Ch. 2, S.1, § 1).
- nomination du Premier ministre (art. 8, al. 1 C).

3. Pouvoirs en relation avec la protection de l'État

- déclenchement et fin de l'usage des pouvoirs de crise (art. 16 C) (**révisé**, v. T. 3, Ch. 2, S.1, § 1) ;
- prise des décisions au titre de l'article 16 C.

b. Les pouvoirs dispensés de contreseing (art. 19 C)

1. Pouvoirs en relation avec la protection de la Constitution

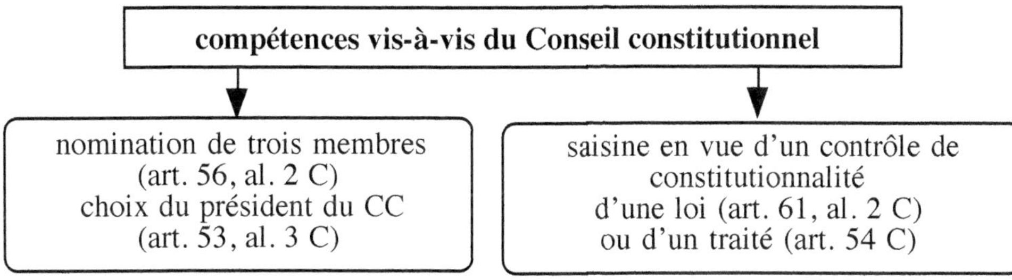

2. Pouvoirs en relation avec la fonction d'arbitrage

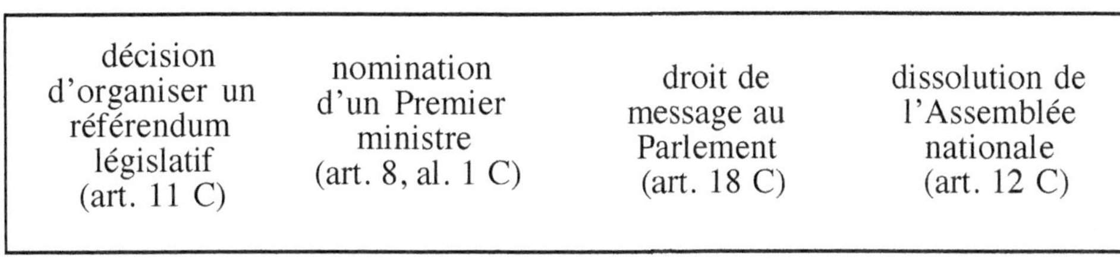

3. Pouvoirs en relation avec la protection de l'État

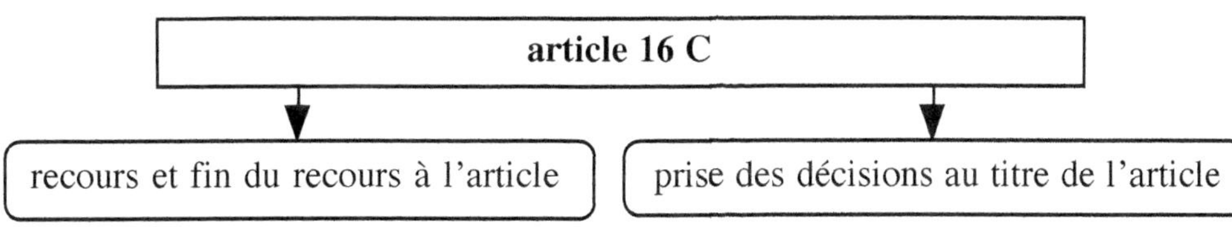

Section 2. Le chef du Gouvernement

Si la présidence de la République a connu des vicissitudes, la fonction de chef du Gouvernement n'en a pas moins subi. Dans les Républiques à présidence effacée, le Président du Conseil est le maître de l'Exécutif. Mais il n'est pourtant pas entièrement maître de sa politique. Il doit en permanence être sur ses gardes et tenter de ménager tous les partis qui composent sa majorité de soutien. Sous la Ve République, le multipartisme se discipline. On voit apparaître un phénomène majoritaire qui permet aux Gouvernements de disposer d'une majorité de soutien solide. Cependant, la prééminence du Président va empêcher le Premier ministre de tirer pleinement bénéfice de cette nouvelle situation. Il faudra "la cohabitation" pour placer le Premier ministre à la tête de la politique de la nation. Dans ce cas de figure, en effet, la majorité à l'Assemblée nationale et le Président ne sont plus du même bord politique. Le chef de l'État est en conséquence contraint de se cantonner à ses attributions strictement textuelles et de laisser gouverner le Premier ministre.

§ 1. La fausse prééminence du Président du Conseil

Au sein de l'Exécutif, il est certain que, sous les IIIe et IVe Républiques, le Président du Conseil l'emporte en pouvoir effectif sur le Président de la République. Mais, confronté au Parlement, le Président du Conseil perd l'avantage. Le Parlement, fort de sa souveraineté pleinement reconnue, fait et défait les Gouvernements à sa guise.

A. Le président du Conseil, chef de l'Exécutif

a. La place imprévue du Président du Conseil sous la IIIe République

Les lois constitutionnelles de 1875 sont muettes sur le chef du Gouvernement. La fonction et la place du Président du Conseil vont naître de la défection du Président de la République. L'attitude effacée du Président Jules Grévy va en effet devenir une véritable règle coutumière ("Constitution Grévy"). La présidence de la République ne sera plus qu'une fonction honorifique aux pouvoirs formels. Les Présidents de la République qui tentèrent d'exercer à nouveau les pouvoirs constitutionnels de leur fonction, furent contraints à la démission. Ainsi, Jean Casimir-Périer ne resta pas plus de six mois Président (1894-1895). Le Président Alexandre Millerand, en 1923, ayant publiquement défini son rôle en totale contradiction avec la tradition d'effacement qui prévalait, fut obligé de démissionner face au refus de la Chambre des députés d'entrer en contact avec tout Gouvernement nommé par lui. Ainsi, durant toute la IIIe République, le Président du Conseil s'imposera et exercera en fait tous les pouvoirs présidentiels. Après la Première Guerre mondiale, même dans le domaine des relations internationales (qui relevait traditionnellement de la présidence), le chef du Gouvernement prendra le pas sur le Président.

Section 2. Le chef du Gouvernement

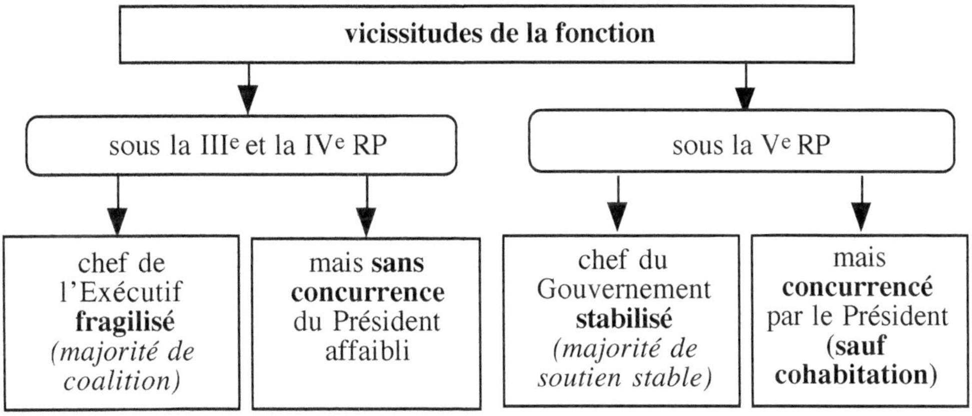

§ 1. La fausse prééminence du Président du Conseil

A. Le président du Conseil, chef de l'Exécutif

a. La place imprévue du Président du Conseil sous la IIIe République

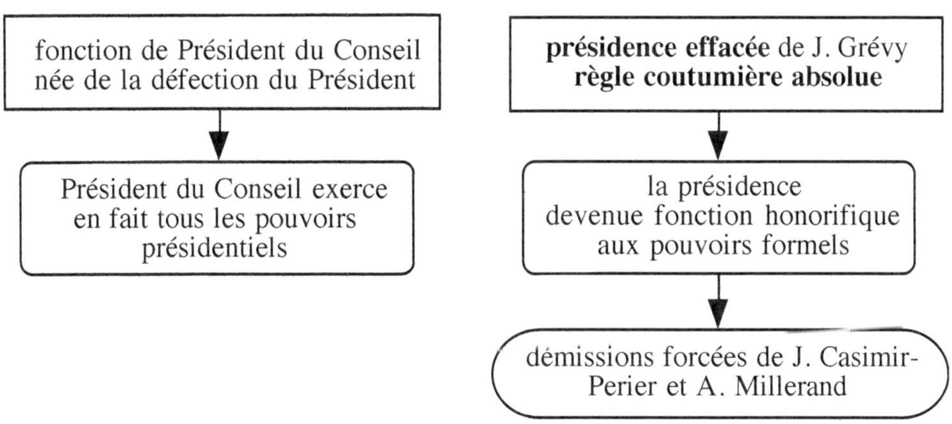

b. La place reconnue du Président du Conseil sous la IVe République

La fonction du chef du Gouvernement est désormais prévue par la Constitution. Elle l'emporte sur celle du Président de la République.

Le Président du Conseil obtient en effet les compétences essentielles lui permettant de gouverner :

- le choix des ministres (décret de nomination formellement signé par le Président) ;
- l'initiative des lois ;
- le pouvoir réglementaire ;
- la décision de dissoudre l'Assemblée nationale (le décret dissolution est formellement pris par le Président).

Le Président de la République assure encore la présidence du Conseil des ministres. Mais celle-ci n'est cependant qu'honorifique et formelle (comme sous la IIIe République).

Organiquement, aucun lien de dépendance ne lie le Président du Conseil au Président de la République.

- Le chef du Gouvernement n'est responsable politiquement que devant l'Assemblée nationale.
- Le Président de la République ne peut pas le révoquer. Certes, le Président du Conseil est d'abord pressenti puis nommé par le Président de la République, mais cela ne crée pas une dépendance du premier vis-à-vis du second car c'est l'Assemblée nationale qui investit le Président du Conseil avant sa nomination (v. T. 1, Ch. 3, S. 2, § 2). C'est donc des députés que le chef du Gouvernement tient ses pouvoirs et non du Président.

La place ainsi faite au Président du Conseil ne doit cependant pas cacher l'esprit profond qui anime les institutions de la IVe République. Au travers du Président du Conseil, il est clair que c'est l'Assemblée nationale qui gouverne. L'ensemble constitutionnel de la IVe République repose en effet sur la **souveraineté parlementaire**, transposition de la souveraineté nationale. Et cette souveraineté parlementaire est celle de l'Assemblée nationale seule, le Conseil de la République étant une seconde chambre très infériorisée (si la seconde chambre du Parlement participe à l'élection du Président de la République, elle n'a aucun pouvoir vis-à-vis du Gouvernement et elle ne peut s'opposer au vote d'une loi par l'Assemblée nationale qui a toujours le dernier mot).

b. La place reconnue du Président du Conseil sous la IVe République

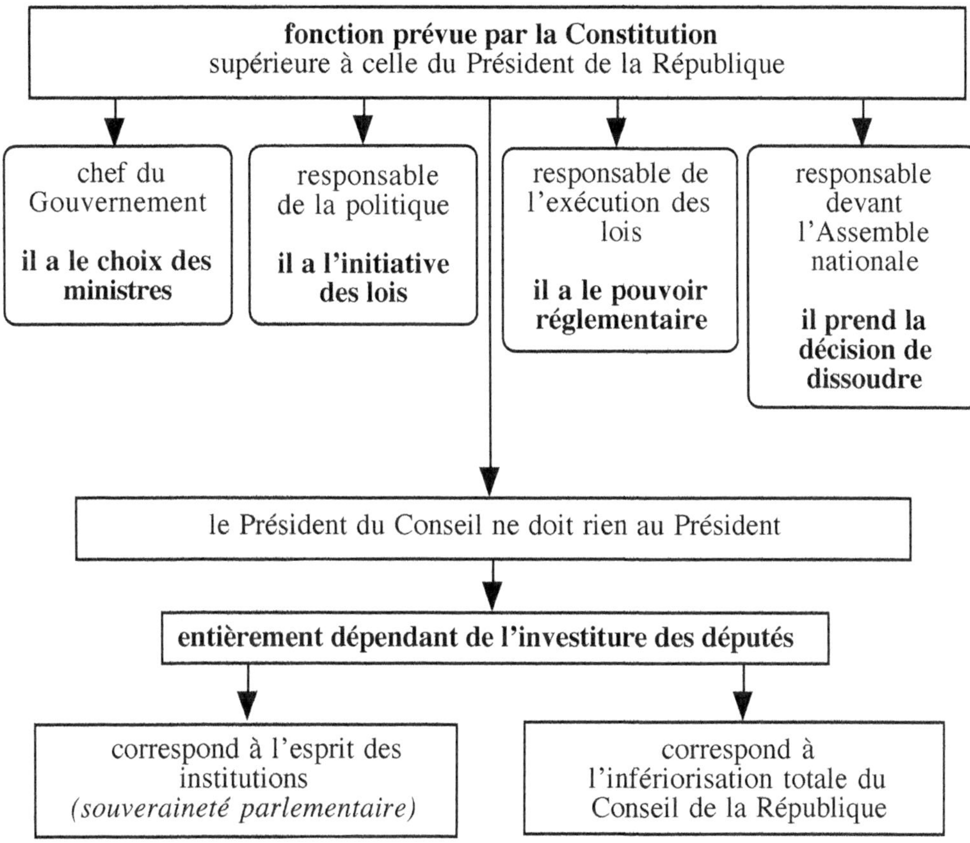

B. Le Président du Conseil à la merci du Parlement

Sous la IIIe et la IVe République, le Président du Conseil est le chef incontesté du Gouvernement. Mais c'est un chef au pouvoir fragile. En effet, l'appui que lui offre sa majorité de soutien à la chambre basse (Chambre des députés sous la IIIe et Assemblée nationale sous la IVe République) est très précaire. Il en résulte une très grande instabilité ministérielle qui minera les deux Républiques.

a. Les causes de l'instabilité ministérielle sous la IIIe République

La IIIe République a connu une grande instabilité gouvernementale : de 1879 à 1940, quatre-vingt-quinze Gouvernements d'une durée moyenne de sept mois ; de 1920 à 1940, quarante Gouvernements d'une durée moyenne de six mois. Cette instabilité empêchera tout Président du Conseil de gouverner réellement.

Plusieurs facteurs en sont responsables :

- l'**absence de procédures précises de mise en jeu de la responsabilité du Gouvernement** dans les lois constitutionnelles de 1875 : cette lacune avait donné naissance au procédé de "**l'interpellation**" (une demande d'interpellation du Gouvernement était adressée au président de la chambre par un parlementaire ; après un débat avec un ou plusieurs ministres, la chambre passait au vote de l'ordre du jour qui pouvait être motivé dans le sens de la confiance ou de la défiance au Gouvernement ; dans le cas où la défiance était votée, le Gouvernement était contraint à la démission) ;
- **la double responsabilité du Gouvernement** devant la Chambre des députés et le Sénat (le Sénat a fait tomber huit ministères entre 1890 et 1937) ;
- **la paralysie du droit de dissolution** qui ne permettait plus au Président du Conseil de se servir de cette menace pour éviter un vote de défiance (cette paralysie avait deux causes : l'avis conforme du Sénat à la dissolution, imposé par la Constitution et que le Sénat n'aurait certainement pas donné ; la coutume constitutionnelle qui voulait que le Président n'utilise plus la dissolution considérée comme une atteinte à la représentation nationale depuis son usage abusif par le Président Mac Mahon en 1877) ;
- **le multipartisme indiscipliné** qui va empêcher la formation de coalitions de soutien claires et durables (la relative stabilité ministérielle de 1889 à 1914 correspond à une période de majorités parlementaires cohérentes où il existe une nette bipolarisation de la vie politique Droite/Gauche).

B. Le Président du Conseil à la merci du Parlement

a. Les causes de l'instabilité ministérielle sous la IIIe République

absence de procédures précises pour la responsabilité gouvernementale

la double responsabilité devant les deux chambres

- devant la Chambre des députés
- devant le Sénat

la paralysie du droit de dissolution

- la nécessité de l'avis conforme du Sénat est un réel obstacle
- depuis la crise du 16 mai 1877 la dissolution est déconsidérée

le multipartisme indiscipliné

- rend les majorités de soutien très instables
- la stabilité relative de 1889 à 1914 coïncide avec une bipolarisation passagère

b. Les causes de l'instabilité ministérielle sous la IVe République

L'instabilité gouvernementale va se poursuivre sous la IVe République, même si un progrès est réalisé par rapport à la IIIe République : la seconde chambre (le Conseil de la République) n'a plus le pouvoir de renverser le Gouvernement. La rationalisation du droit de dissolution va constituer un facteur aggravant les conséquences d'un multipartisme indiscipliné, favorisé par le mode de scrutin : la représentation proportionnelle.

1. Facteur constitutionnel : la dissolution rationalisée

L'usage du droit de dissolution est interdit durant les dix-huit premiers mois d'une législature. Durant cette période, l'Assemblée nationale a donc les mains libres pour faire tomber les Gouvernements à sa guise, sans aucun risque. Ensuite, la dissolution demande que deux chutes de Gouvernement se produisent dans un espace de dix-huit mois. Il faut impérativement que la démission du Gouvernement ait été provoquée par le vote d'une motion de censure ou par le refus de vote de la confiance, dans les deux cas à la majorité absolue des députés, comme le demande la Constitution. Si le Gouvernement est poussé à la démission en dehors de ces formes, la chute du Gouvernement ne compte pas pour la mise en œuvre de la dissolution. Un tel encadrement du droit de dissolution va aboutir à sa paralysie. Les députés vont prendre soin de pousser les Gouvernements à la démission sans avoir à voter des motions de censure et des refus de confiance à la majorité requise par la Constitution afin d'empêcher l'usage de la dissolution. Celle-ci ne pourra donc être déclenchée qu'une seule fois en **décembre 1955**. Ainsi, en raison de l'absence de menace réelle de dissolution, l'Assemblée nationale va se comporter avec une entière liberté et entraîner la France dans une grande instabilité ministérielle.

2. Facteur politique : le multipartisme indiscipliné

Le multipartisme se maintient, favorisé par le mode de scrutin à la proportionnelle utilisé pour les élections législatives. Le régime de la IVe République sera donc marqué par la vaine recherche d'une grande coalition de gouvernement. Le **tripartisme** des partis dominants à la Libération (Parti communiste, SFIO et MRP) sera de courte durée. Il s'effondrera, dès le printemps 1947, avec le départ des Communistes du Gouvernement Ramadier. La **"troisième Force"** (qui succède au tripartisme) tentera de réunir les forces politiques centristes (radicaux, modérés). La coalition se disloquera en 1951. En 1956, le **Front républicain** (SFIO et radicaux) ne constituera pas non plus une majorité et il devra chercher à nouveau l'appui (peu sûr) des modérés.

Mais, de surcroît, la faible cohésion de la majorité parlementaire se manifestera également au sein des Gouvernements dont les dissensions internes seront un facteur fréquent de démission spontanée du Gouvernement (ex. : Gouvernement Ramadier en 1947, Marie en 1948).

b. Les causes de l'instabilité ministérielle sous la IVe République

1. FACTEUR CONSTITUTIONNEL : LA DISSOLUTION RATIONALISÉE

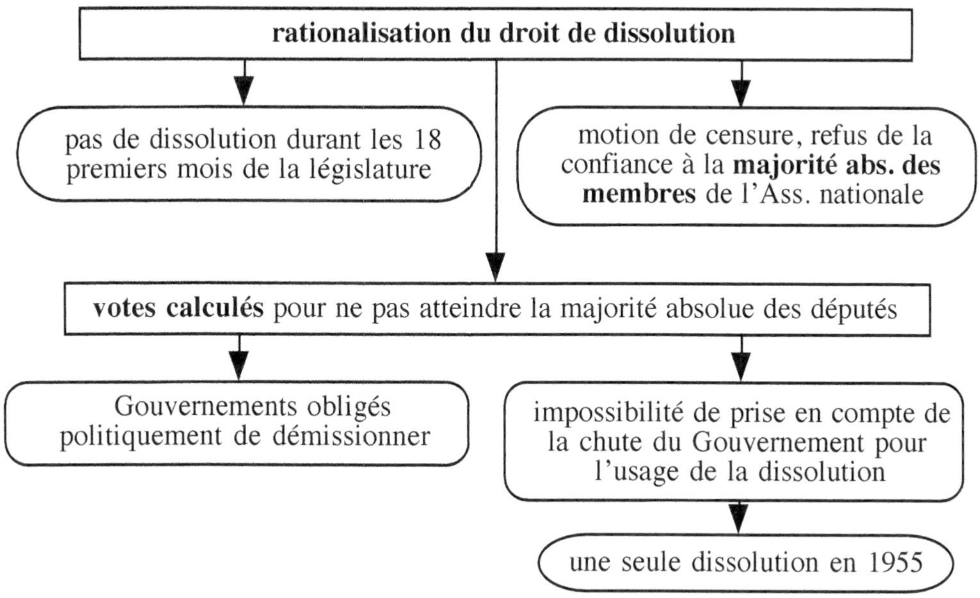

2. FACTEUR POLITIQUE : LE MULTIPARTISME INDISCIPLINÉ

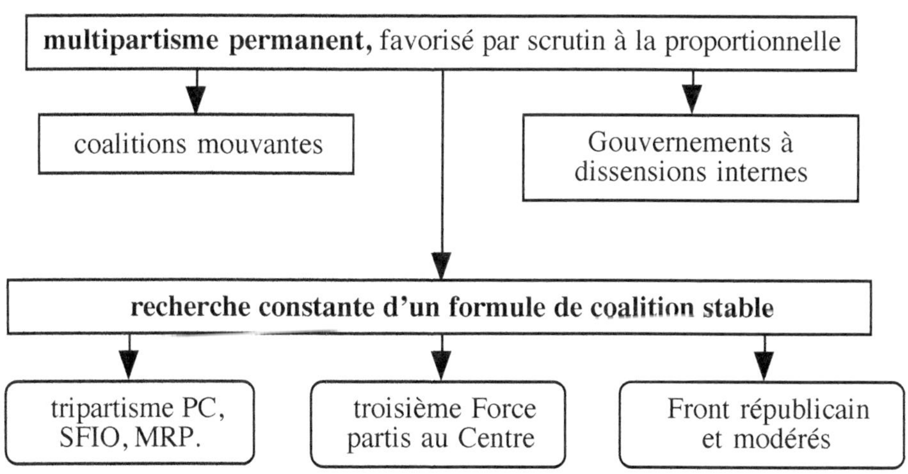

§ 2. Le bicéphalisme de la Constitution de 1958

La Constitution a réaffirmé la place du Premier ministre vis-à-vis des autres ministres en tant que chef du Gouvernement. Mais, vis-à-vis du Président, sa position varie selon que l'on se trouve en période normale ou en période de cohabitation.

A. La primauté du Premier ministre au sein du Gouvernement

"Le Gouvernement détermine et conduit la politique de la nation." (art. 20 C). "Le Premier ministre dirige l'action du Gouvernement." (art. 21, al. 1 C). Même si la Constitution ne le désigne pas comme le chef du Gouvernement, le Premier ministre n'en est pas moins celui qui compose le Gouvernement et anime sa politique, disposant même de compétences à titre personnel.

a. Le rôle du Premier ministre dans la composition du Gouvernement

Selon l'**article 8, al. 2 C**, le Président nomme les ministres, sur proposition du Premier ministre. Le Président n'est donc pas en mesure (juridiquement) d'imposer au Premier ministre son choix personnel pour un ministère déterminé. Cependant, il demeure libre de refuser la proposition du Premier ministre. Dans ce cas, ce dernier est contraint de faire une nouvelle proposition (en pratique, le refus présidentiel s'observera en cohabitation (*cf. infra*)).

Le Premier ministre choisit en toute liberté :

- la liste des portefeuilles ministériels (même si certains d'entre eux sont "incontournables" parce qu'ils correspondent aux activités de puissance publique et de gestion qui reviennent à tout Gouvernement) ;
- les catégories de membres du Gouvernement qui formeront son équipe (dans l'ordre d'importance : ministres d'État, ministres, ministres délégués, secrétaires d'État) ;
- l'ordre de préséance des membres du Gouvernement (exprimé dans l'ordre de leur nomination) qui traduit les priorités de la politique gouvernementale.

Les membres du Gouvernement forment une équipe solidaire soudée autour du Premier ministre. Ils doivent respecter l'autorité de ce dernier et n'émettre publiquement aucune critique, ni sur le Premier ministre, ni sur un autre membre du Gouvernement, aucune opinion divergente à propos de la politique menée.

En cas de difficulté avec un ministre (comme une divergence de vue, une mise en examen, une insuffisance dans la fonction), le Premier ministre peut demander au Président le décret de révocation d'un membre du Gouvernement (art. 8, al. 2 C). Dans ce cas, comme pour la nomination, le Président dépend de la proposition du Premier ministre qu'il peut refuser. En pratique, on constate que l'intéressé préfère démissionner spontanément, rendant inutile le décret de révocation.

§ 2. Le bicéphalisme de la Constitution de 1958

A. La primauté du Premier ministre au sein du Gouvernement

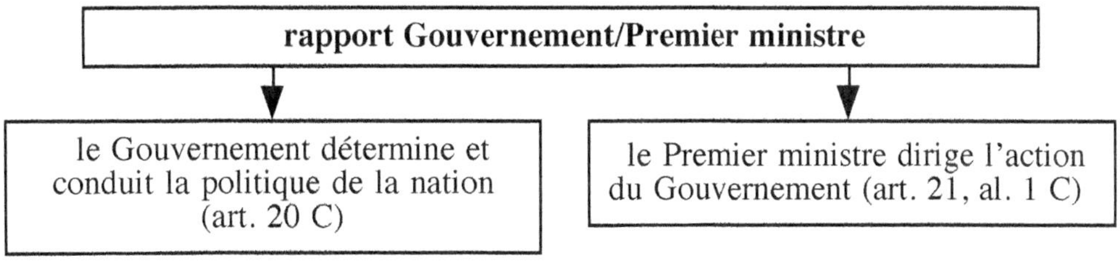

a. Le rôle du Premier ministre dans la composition du Gouvernement

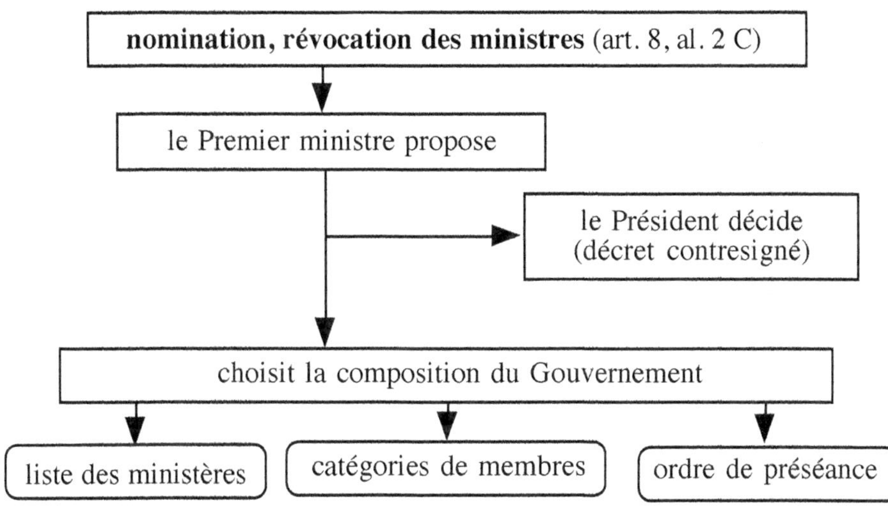

b. La mise en place de la politique gouvernementale

La coordination gouvernementale est un élément indispensable au bon fonctionnement du Gouvernement. Elle se réalise en des lieux divers, très souvent en présence du Premier ministre.

1. Les formations gouvernementales nées de la pratique

La **réunion interministérielle** regroupe un certain nombre de ministres concernés par un projet, le Premier ministre y est représenté (le Président est absent).

Le **comité ministériel** regroupe un nombre limité de ministres autour du Premier ministre sur un sujet donné (le Président est absent).

Le **conseil de cabinet** regroupe l'ensemble des ministres, sous la présidence du Premier ministre (le Président est absent).

Le **conseil ministériel**, quant lui, regroupe un nombre limité de ministres autour du Président de la République. C'est un lieu privilégié de l'action présidentielle. Les différents Présidents en ont fait un usage variable.

2. Le Conseil des ministres

Le **Conseil des ministres** (seule formation prévue par la Constitution) regroupe l'ensemble des ministres sous la présidence du Président de la République. C'est la formation collégiale la plus importante où s'exercent les compétences du Gouvernement. La Constitution prévoit en effet qu'y sont délibérés :

- les projets de loi (art. 39, al. 1 C) ;
- les ordonnances (art. 38, al. 2 C) ;
- les décrets présidentiels (art. 13 C) ;
- l'engagement de la responsabilité du Gouvernement (art. 49, al. 1 C).

En pratique, y est également faite la demande au Président d'organiser un référendum législatif (art. 11, al. 1 C).

b. La mise en place de la politique gouvernementale

1. Les formations gouvernementales nées de la pratique

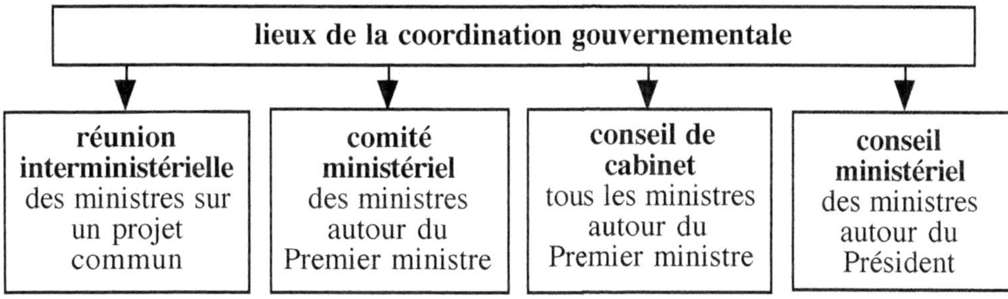

2. Le Conseil des ministres

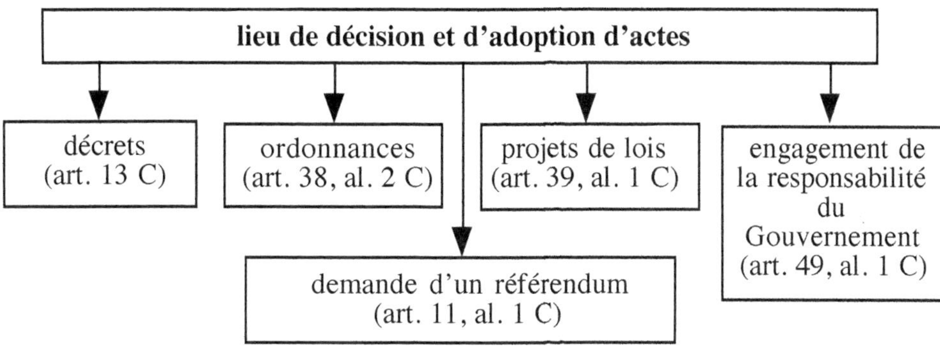

c. Les attributions collectives du Gouvernement

De manière courante, le Gouvernement détermine la politique nationale. En vertu de l'article 20 C, il dispose de l'administration et de la force armée.

Les membres du Gouvernement contresignent les décrets présidentiels au titre de ministre responsable (art. 19 C) et ceux du Premier ministre au titre de ministre chargé de leur exécution (art. 22 C).

De façon plus ponctuelle, le Gouvernement exerce certaines compétences particulières :

- il saisit le Conseil constitutionnel en vue du constat de l'empêchement du Président (art. 7, al. 4 C) ;
- il soumet au Président une demande de référendum (art. 11 C) ;
- il propose au Président une consultation des électeurs d'une collectivité d'outre-mer en cas de changement ou d'évolution de son statut (art. 72-4 C) ;
- il dépose un projet de loi d'habilitation devant le Parlement en vue de prendre des mesures par ordonnances (art. 38 C) ;

Il exerce aussi de nombreuses compétences dans le cadre de la procédure législative :

- droit d'amendement (art. 44 C) ;
- exercice de l'irrecevabilité de l'article 41 C ;
- renvoi en commission *ad hoc* d'un projet ou d'une proposition de loi (art. 43, al. 1 C, **après révision alinéa 2** C) ;
- passage au vote immédiat (art. 44, al. 3 C) ;
- décision sur le sort du texte de compromis élaboré par la commission mixte paritaire (CMP), réunie à la demande du Premier ministre (art. 45, al. 3 C) ;
- demande d'un vote de la loi par la seule Assemblée nationale (art. 45, al. 4 C) ;
- en matière de vote de la loi de finances et de sécurité sociale : transmission d'office du projet au Sénat quand l'Assemblée nationale a dépassé son délai de lecture (art. 47, al. 2 C et 47-1 C) ; en cas de retard dans le dépôt du projet de loi de finances, en urgence, demande d'autorisation de percevoir les impôts et d'ouvrir par décret les crédits se rapportant aux services votés (art. 47, al. 4 C).

Après la révision de 2008, la fixation de l'ordre du jour prioritaire des assemblées (art. 48 C) n'est plus une compétence du Gouvernement : ce dernier se contente d'une détermination des textes dont il demande aux assemblées un examen par priorité (art. 48, al. 2 C, v. T. 3, Ch. 2, S. 3, § 2). Quant à la déclaration de la procédure d'urgence dans le cadre de la procédure législative, elle devient "la procédure accélérée" (art. 45, al. 2 C révisé). Elle demeure une compétence du Gouvernement mais elle n'est plus discrétionnaire : les conférences des présidents peuvent s'opposer conjointement à son engagement par le Gouvernement (art. 45, al. 2 C, v. T. 3, Ch. 2, S. 3, § 3).

c. Les attributions collectives du Gouvernement

compétences ponctuellement utilisées

- saisine du CC en cas d'empêchement du Président (art. 7, al. 4 C)
- demande de référendum au Président (art. 11, al. 1 C)
- demande au Président d'une consultation des électeurs d'une coll. d'outre-mer (art. 72, al. 4 C)
- dépôt d'un projet de loi d'habilitation pour légiférer par ordonnances (art. 38 C)

compétences dans le cadre de la procédure législative

- -irrecevabilité (art. 41 C)
  -renvoi en commission *ad hoc* (art. 43 C)
  -droit d'amendt (art. 44 C)
- -passage au vote (art. 44, al. 3 C)
  -pv vis-à-vis du texte de la CMP (art 45, al. 3 C)
  dernier mot AN. (art. 45, al. 4 C)
- procédure de vote accélérée :
  révision 2008
  pvs réduits (45, al. 2 C)
- fixation de l'ordre du jour des assemblées
  révision 2008 :
  pvs réduits (art. 48, al. 2 C)

en matière de lois de finances et de financement de la sécurité sociale

- transmission d'office du projet au Sénat (le délai imparti à la lecture de l'Ass. nationale expiré) (art. 47, al. 2 et 47-1 C)
- en cas de retard dans le dépôt du projet de loi de finances : demande d'autorisation de perception des impôts et d'ouverture des crédits des services votés (art. 47, al. 4 C)

d. Les attributions personnelles du Premier ministre

Ces attributions correspondent à des hypothèses dans lesquelles la Constitution désigne le Premier ministre comme titulaire de la compétence et non le Gouvernement. Dans ces hypothèses, il faut comprendre que le Premier ministre agit, en droit, personnellement (ce qui n'exclut nullement, en fait, une concertation préalable avec le Gouvernement).

Le Premier ministre intervient :

- à l'égard du Gouvernement dont il est le chef et le représentant :
  - il propose au Président la nomination des ministres et leur révocation (art. 8, al. 2 C) ;
  - il engage la responsabilité du Gouvernement devant l'Assemblée nationale (après délibération en Conseil des ministres) (art. 49 C) ;
  - il demande au Sénat d'approuver une déclaration de politique générale (art. 49, al. 4 C) ;
  - il présente la démission du Gouvernement au Président en cas de vote de défiance (art. 50 C) ;
  - à l'égard du Parlement :
  - il demande au Président la convocation du Parlement en session extraordinaire (art. 29, al. 1 C) ;
  - il partage l'initiative des lois avec les membres du Parlement (art. 39 C) ;
  - il demande la réunion de la commission mixte paritaire (art. 45, al. 2 C) ;
  - à l'égard du Président :
  - il contresigne ses actes (art. 19 C) ;
  - il le supplée dans la présidence du Conseil des ministres et des conseils et comités supérieurs de la défense nationale (art. 21, al. 3 C) ;
  - il donne un avis sur la décision de dissolution (art. 12 C) et sur la décision de recourir à l'article 16 C ;
  - il partage avec lui le pouvoir réglementaire et de nomination aux emplois civils et militaires (art. 21 C) ;
- à l'égard de la Constitution :
  - il saisit le Conseil constitutionnel pour un contrôle de constitutionnalité de la loi (art. 61, al. 2 C) ou d'un traité (art. 54 C) ;
  - il propose au Président de déclencher une procédure de révision constitutionnelle (art. 89, al. 1 C).

d. Les attributions personnelles du Premier ministre

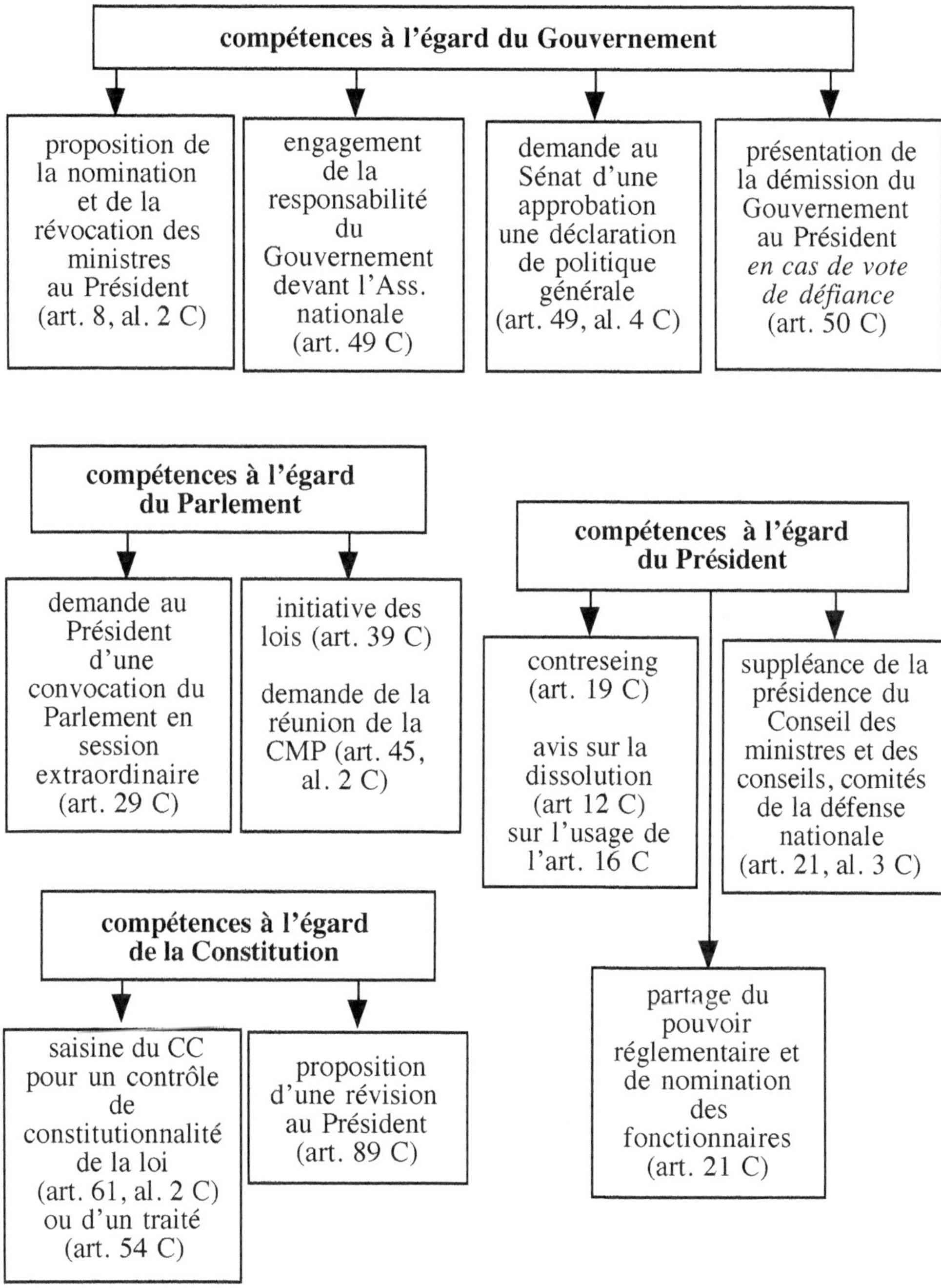

B. La situation ambiguë du Premier ministre vis-à-vis du Président

Selon l'article 21, al. 1 C, "le Premier ministre dirige l'action du Gouvernement". Et, en vertu de l'article 20, al. 1 C, "le Gouvernement détermine et conduit la politique de la Nation".

Ces deux articles reliés semblent indiquer que le Premier ministre est l'autorité de décision tandis qu'en vertu de l'article 5 C, le Président apparaît comme l'autorité d'arbitrage, de protection de la Constitution, de garantie de l'indépendance nationale, de l'intégrité du territoire et du respect des traités. Cependant, il serait faux de croire que le Premier ministre et le Président n'ont aucun lien fonctionnel direct entre eux. Bien au contraire, la Constitution impose fréquemment leur accord mutuel sur une même décision (liaison fonctionnelle) tandis que, dans d'autres domaines, elle autorise une concurrence fonctionnelle.

a. La liaison fonctionnelle

1. Le Premier ministre propose, le Président décide

À plusieurs reprises, la Constitution prévoit que le Premier ministre est l'autorité de proposition et le Président celle de décision. Les deux autorités exécutives dépendent alors l'une de l'autre : le Président ne peut rien décider sans une proposition du Premier ministre et ce dernier peut seulement faire une proposition que le Président sera libre ou non de suivre.

On retrouve ce schéma pour :

- le recours au référendum de l'article 11 C (même si la proposition émane officiellement du Gouvernement et non du Premier ministre, on peut considérer qu'indirectement c'est le Premier ministre qui fait la proposition) ;
- la révision de la Constitution (art. 89, al. 1 C) ;
- la nomination et révocation des ministres (art. 8, al. 2 C) ;
- la convocation du Parlement en session extraordinaire (art. 29 C).

2. Le Premier ministre décide et prépare l'acte, le Président signe

Cette hypothèse correspond aux hypothèses dans lesquelles le Premier ministre décide (élabore un projet d'acte) mais où il doit obtenir la signature présidentielle.

C'est le cas pour :

- les ordonnances de l'article 38, al. 2 C (v. Ch. suivant, S. 1, § 1).
- les décrets qui doivent être délibérés en Conseil des ministres (art. 13 C).

B. La situation ambiguë du Premier ministre vis-à-vis du Président

le Premier ministre dirige l'action du Gouvernement (art. 21, al. 1 C) | le Gouvernement détermine et conduit la politique (art. 20, al. 1 C)

↓

le Président : arbitrage, protection de la Constitution, de l'État (art. 5 C)

↓

mais accord mutuel nécessaire : liaison fonctionnelle

a. La liaison fonctionnelle

1. Le Premier ministre propose, le Président décide

le Premier ministre propose, le Président décide →

- référendum (art. 11 C)
- initiative de la révision (art. 89 C)
- nomination et révocation des ministres (art. 8, al. 2 C)
- convocation du Parlement session extraordinaire (art. 29 C)

2. Le Premier ministre décide et prépare l'acte, le Président signe

le Premier ministre décide politiquement, le Président signe l'acte juridique correspondant →

- ordonnances (art. 38, al. 2 C)
- décrets délibérés en Conseil des ministres (art. 13 C)

3. Le Président doit avoir le contreseing du Premier ministre

Il existe des hypothèses où l'obtention du contreseing du Premier ministre est une simple formalité.

- Pour les actes du Président pris sur proposition du Premier ministre, il n'y a pas logiquement de risque de refus du contreseing. C'est le cas de la convocation du Parlement en session extraordinaire (art. 30 C), la nomination et révocation des ministres (art. 8, al. 2 C), le dépôt d'un projet de révision constitutionnelle (art. 89, al. 1 C).
- Pour les grâces présidentielles (art. 17 C), en raison de leur objet particulier, le contreseing est traditionnellement donné automatiquement.
- Pour la promulgation des lois (art. 10, al. 1 C), le contreseing est systématiquement donné puisqu'en réalité, le Président ne prend aucune décision politique étant donné que la promulgation des lois est une obligation constitutionnelle pour le Président.
- Pour la ratification des traités (art. 52 C), une opposition éventuelle du Premier ministre est peu probable à ce stade, elle n'attendra pas en effet cette phase ultime pour se manifester, elle sera normalement exprimée auparavant, durant la phase des négociations.

En revanche, il existe des hypothèses dans lesquelles le contreseing pourrait être refusé (au moins en théorie) en cas de désaccord avec le Président :

- en matière de révision de la Constitution (art. 89, al. 3 C), en ce qui concerne le choix de la voie du Congrès ou du référendum ;
- en matière de demande de seconde lecture de la loi (art. 10, al. 2 C) ;
- en matière de nomination de hauts fonctionnaires civils et militaires (art. 13, al. 2 C) ou au Conseil supérieur de la magistrature (art. 65, al. 3 C) ;
- en matière de défense nationale (art. 15 C).

3. Le Président doit avoir le contreseing du Premier ministre

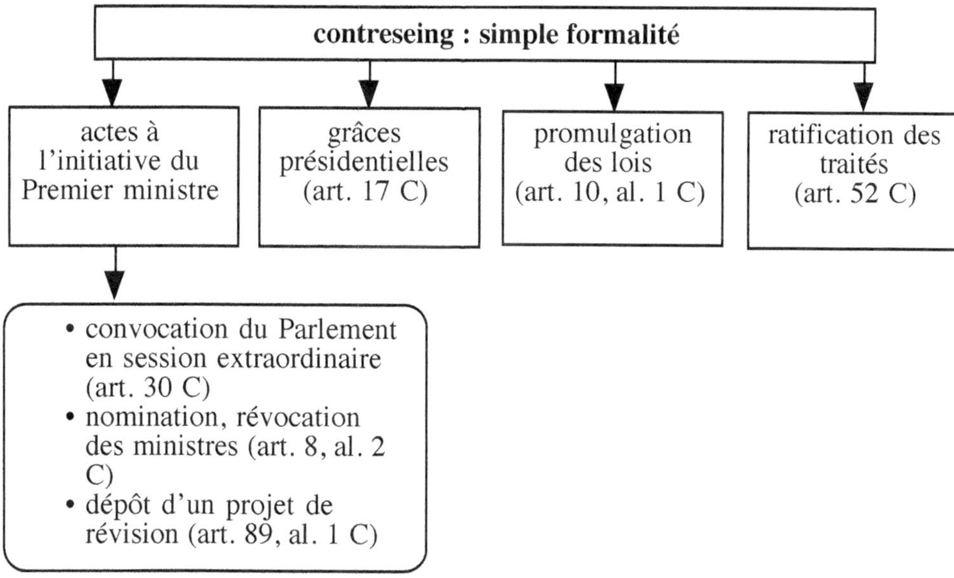

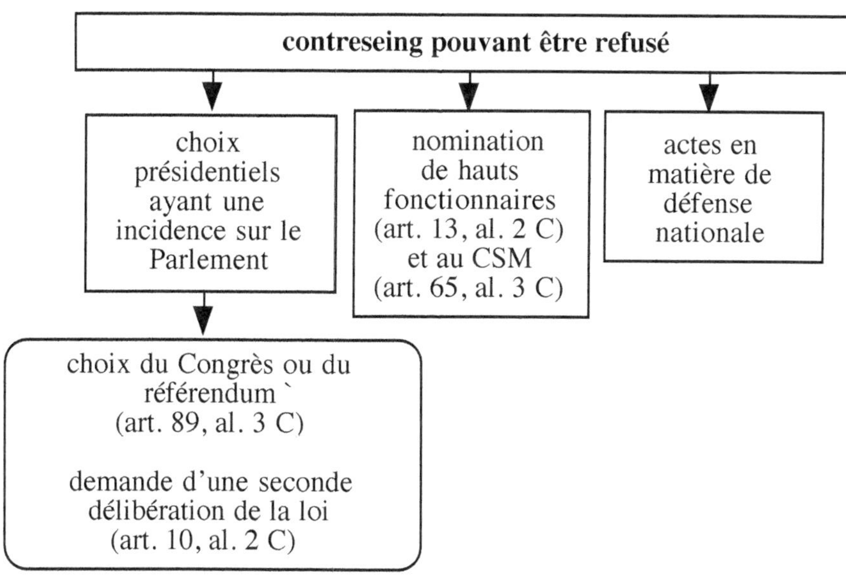

b. La concurrence fonctionnelle

La concurrence fonctionnelle se manifeste sous la forme de pouvoirs distincts mais touchant à un même domaine. Elle rend indispensable un accord relatif entre les deux.

1. Les pouvoirs en matière de politique étrangère

Il semble que le Président ait ici un domaine privilégié d'action car la Constitution lui donne des compétences qui indiquent sa responsabilité dans la politique internationale de la France. Mais le Premier ministre ne peut être tenu totalement à l'écart des décisions et orientations du Président :

- le Président est le représentant de la France à l'étranger et dans différents sommets de chefs d'État mais le Premier ministre est également invité par les pays étrangers et dans les mêmes sommets ;
- le Président négocie et ratifie les traités (art. 52 C) mais le ministre des Affaires étrangères, sous la direction du Premier ministre, négocie les accords non soumis à ratification et en tient informé le Président aux termes de l'article 52 C ;
- le Président reçoit les lettres de créances des ambassadeurs étrangers (art. 14 C). Cela a des implications directes sur la reconnaissance des États et des gouvernements étrangers par la France mais le Premier ministre a également son mot à dire en tant que chef du Gouvernement et responsable de la politique de la Nation.

2. La défense nationale

Le Président est chef des armées et préside les conseils et comités supérieurs de la défense nationale en vertu de l'art 15 C. Le Premier ministre est responsable de la défense nationale (art. 21, al. 1 C), il dispose de la force armée (art. 20, al. 2 C). Ici encore la concurrence et la nécessité d'un accord sont évidentes, même si un décret du 14 janvier 1964 réserve au Président la force de frappe nucléaire.

b. La concurrence fonctionnelle

1. Les pouvoirs en matière de politique étrangère

vie diplomatique

- **Président** représente la France à l'étranger et dans les sommets internationaux
- **Premier ministre** également invité en tant que chef de gouvernement

traités et accords internationaux

- **Président** négocie et ratifie les traités (art. 52 C)
- **Premier ministre** son ministre des Aff. étr. négocie les accords, en informe le Président

relations diplomatiques

- **Président** reçoit les accréditations, des ambassadeurs étrangers
- **Premier ministre** a son mot à dire sur les États reconnus par la France

2. La défense nationale

attributions concurrentes

- **Président** chef des armées, préside conseils, comités de la défense nationale
- **Premier ministre** responsable de la défense nationale, dispose de l'armée

§ 3. De la subordination à la renaissance du Premier ministre

L'effet reconnu de la cohabitation a été celui d'une relecture de la Constitution dans un sens parlementariste. Jusque-là, en effet, la Constitution avait été mise en pratique selon un mode présidentialiste. Avec la cohabitation, on a assisté à un changement radical : une véritable renaissance du Premier ministre, redevenu le chef effectif du Gouvernement

A. Le présidentialisme constant sous la Ve République

Le texte de 1958 apparaît comme un texte de compromis. La France, sortant d'un régime d'hégémonie parlementaire, ne pouvait entrer immédiatement dans un régime de suprématie présidentielle tel que le souhaitait de Gaulle. Ainsi, la Constitution organise-t-elle un régime parlementaire tout en permettant une pratique accentuant la place du Président. La lecture et la pratique parlementaires de la Constitution prévaudront jusqu'en 1961. Mais le conflit algérien modifiera la situation. Le Président de Gaulle prendra les affaires en main et ce sera le début de l'interprétation présidentialiste que ses successeurs perpétueront à des degrés divers.

a. L'ère du présidentialisme absolu

1. Le présidentialisme gaullien (1959-1969)

Durant la crise algérienne, la classe politique va supporter l'intervention omniprésente du Président, justifiée par les circonstances et fondée sur la légitimité historique acquise par de Gaulle durant l'occupation. Mais, après la fin du drame algérien, avec la révision constitutionnelle de 1962 (qui confère au Président de la République une légitimité démocratique directe) commence une nouvelle ère : celle du présidentialisme constant.

Dès 1964, le Président de Gaulle ne cache plus quelle est son interprétation de la Constitution (conférence de presse du 31 janvier 1964) : le Président, "l'homme de la nation, mis en place par elle-même", est celui qui choisit le Premier ministre et qui le change à son gré ; qui arrête les décisions prises dans les conseils ; décrète ou non les mesures qui lui sont proposées. En un mot : "le Président est évidemment seul à détenir l'autorité de l'État...".

Le Premier ministre apparaît alors clairement comme un "bras droit", au service du Président, chargé de réaliser les orientations présidentielles avec l'aide des ministres et de la majorité parlementaire. C'est ce que fera fidèlement Georges Pompidou, Premier ministre de quatre Gouvernements sous les présidences de Gaulle :

- durant le premier mandat présidentiel, d'avril 1962 à janvier 1966 ;
- durant le second mandat présidentiel de janvier 1966 à juillet 1968.

Le Gouvernement de Maurice Couve de Murville (de juillet 1968 à juin 1969) restera dans la même ligne de conduite.

§ 3. De la subordination à la renaissance du Premier ministre

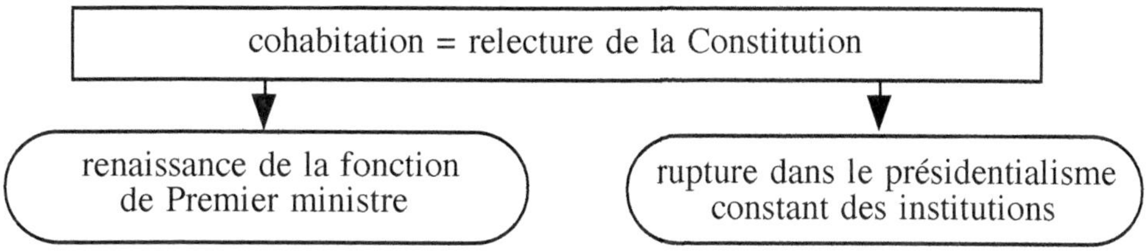

A. Le présidentialisme constant sous la Ve République

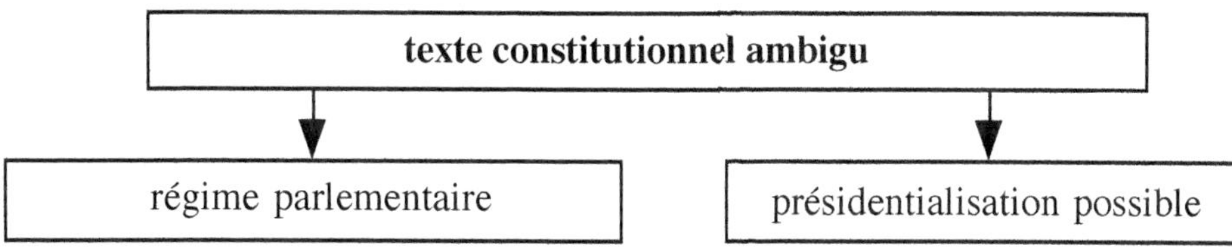

a. L'ère du présidentialisme absolu

1. Le présidentialisme gaullien (1959-1969)

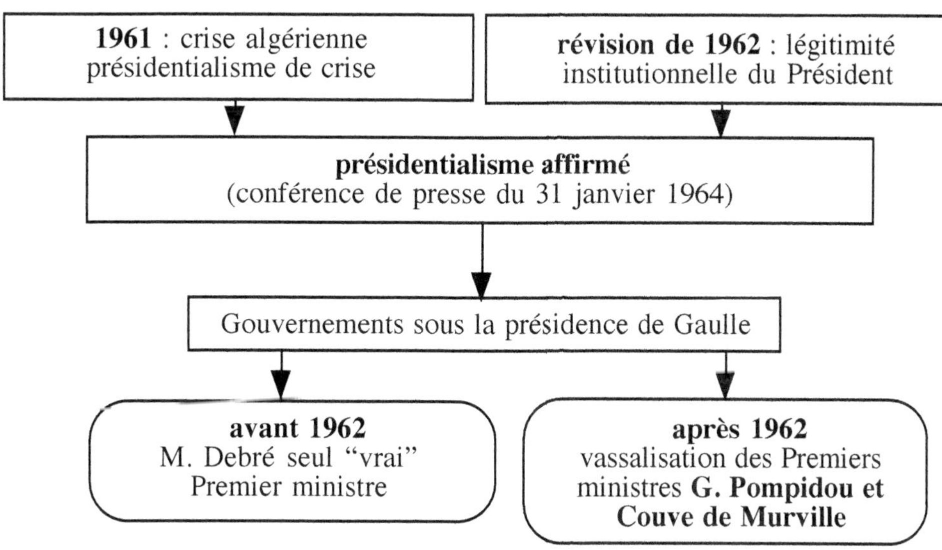

2. "L'absolutisme pompidolien" (1969-1974)

Le mérite de G. Pompidou sera de maintenir ce système et de le normaliser. Dès la conférence de presse du 10 juillet 1969, les choses sont claires : le Président est celui qui donne les impulsions fondamentales, à la fois arbitre (en vertu de la Constitution) et responsable national (en raison de son mandat populaire). Le présidentialisme va ainsi devenir un mode de fonctionnement normal des institutions. La prééminence présidentielle s'appuie désormais exclusivement sur l'investiture populaire et le constant soutien de la majorité à l'Assemblée nationale dont le Président Pompidou saura s'affirmer le chef. Vis-à-vis du Gouvernement, le Président Pompidou s'occupe en pratique de tout. Il fixe les grandes orientations mais il suit également le détail des dossiers. Le Premier ministre est totalement vassalisé : J. Chaban-Delmas, Premier ministre de juin 1969 à juillet 1972 ; P. Messmer, Premier ministre de juillet 1972 à mai 1974.

3. Le présidentialisme absolu confirmé : 1re présidence Mitterrand (1981-1988)

Le Président Mitterrand déclarera, dès juillet 1981, définir la politique et la conduire (message au Parlement du 8 juillet 1981). De 1981 à 1986, il pratiquera effectivement un présidentialisme sans faille en s'appuyant sur la majorité absolue à l'Assemblée nationale que détient le Parti socialiste dont il restera le chef. Les trois Gouvernements Mauroy de mai 1981 à juillet 1984 seront au service de la politique présidentielle de même que la majorité parlementaire. Le Président ne cache pas qu'il exerce politiquement l'initiative des lois. Cependant, à partir de 1984, on notera un léger recul présidentiel, peut-être à relier avec la rupture de l'Union de la Gauche, opérée en juillet 1984 par le retrait des communistes.

4. Le présidentialisme managérial : la présidence Sarkozy (2007-2012)

Élu le 6 mai 2007, le Président Sarkozy a réalisé ce qu'il avait annoncé au Havre en mai : "je serai un Président qui gouverne". Ainsi, le Président dirige clairement l'action du Gouvernement : le Gouvernement F. Fillon fait des propositions, le Président décide. Puis, le Gouvernement concrétise le projet présidentiel. Adoptant un style nouveau de type managérial, le nouveau Président revendique sans détours la responsabilité des réformes et demande à sa majorité de formaliser ses choix. Le présidentialisme est clairement affiché.

5. La présidence jupitérienne d'E. Macron

Élu le 7 mai 2017, E. Macron affiche immédiatement sa volonté de restaurer la fonction présidentielle dans son autorité en adoptant un style jupitérien. Tout en place une place au Premier ministre, il affirme être celui qui donne le cap et arbitre. Il déploie une intense activité à l'international et au sein de l'Union européenne. À l'occasion du « grand débat national », il réaffirme sa place centrale au sein de l'Exécutif.

2. “L’ABSOLUTISME POMPIDOLIEN” (1969-1974)

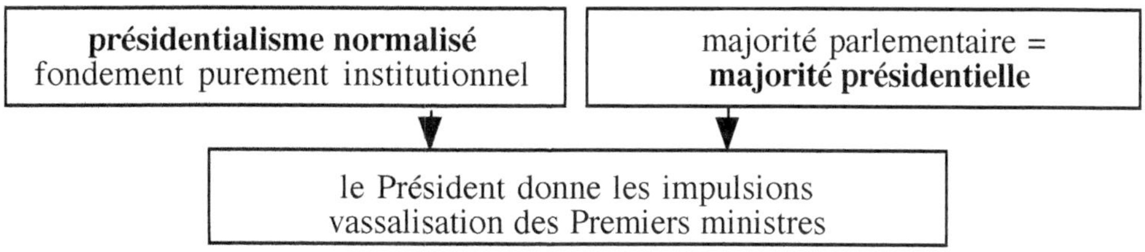

3. LE PRÉSIDENTIALISME ABSOLU CONFIRMÉ : 1RE PRÉSIDENCE MITTERRAND (1981-1988)

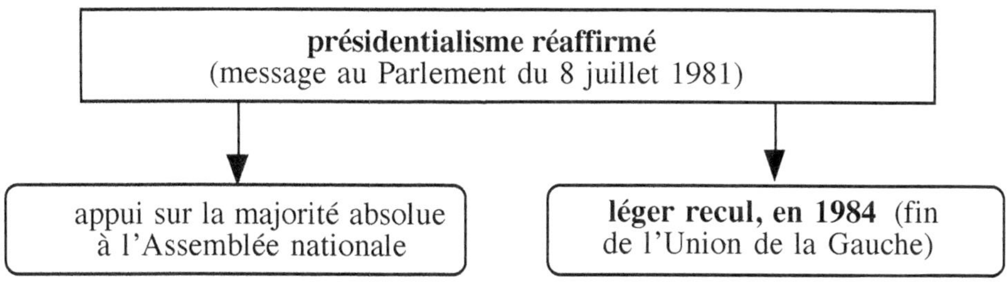

4. LE PRÉSIDENTIALISME MANAGÉRIAL : LA PRÉSIDENCE SARKOZY (2007-2012)

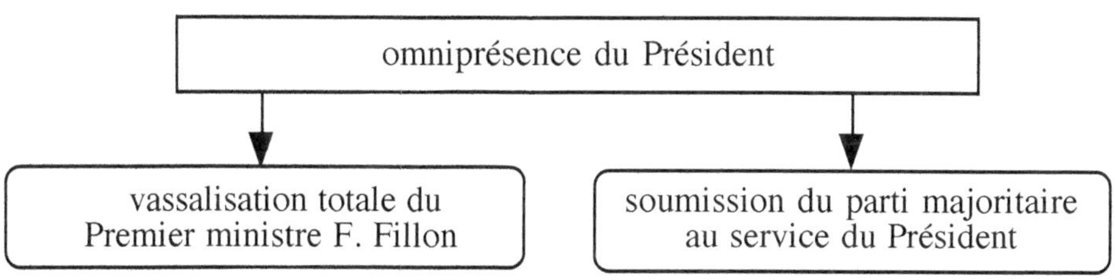

5. LA PRÉSIDENCE JUPITÉRIENNE D’E. MACRON

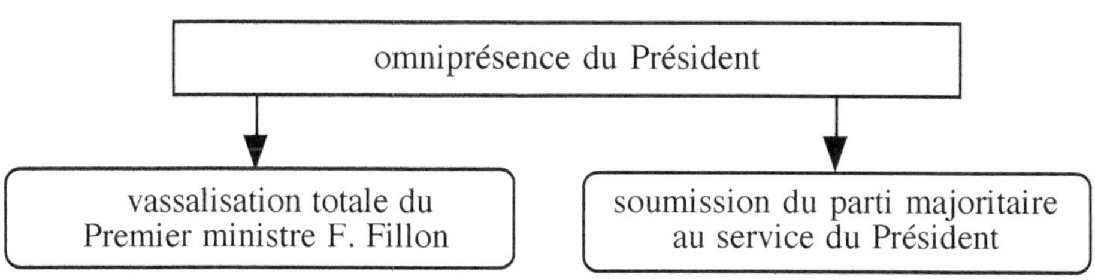

b. Le présidentialisme relativement assoupli

1. Le présidentialisme mesuré de V. Giscard d'Estaing (1974-1981)

La position politiquement délicate du Président V. Giscard d'Estaing, au lendemain de l'élection présidentielle, va donner un ton différent à sa présidence. Le Président est en effet issu d'un courant minoritaire de la majorité et ne parviendra jamais à être le chef d'une véritable majorité à son service. Il n'aura ni de véritable marge de manœuvre, ni les moyens parlementaires d'un présidentialisme absolu. Aussi, adoptera-t-il un style plus souple.

Après la démission volontaire de J. Chirac du poste de Premier ministre (assuré de mai 1974 à août 1976) et la rupture entre la Droite centriste et le RPR, le régime entrera dans un état de crise sous-jacente. Les trois Gouvernements Barre (d'août 1976 à mai 1981) seront soutenus par une majorité réticente, contrainte par la menace présidentielle d'une dissolution. La présidence en sera affectée par ricochet et le présidentialisme fortement atténué.

Le Président Giscard d'Estaing avait même envisagé la possibilité d'une cohabitation dans son discours de Verdun-sur-le-Doubs, le 27 janvier 1978.

2. Le présidentialisme équilibré de J. Chirac (1995-1997) (2002 – 2006)

Jacques Chirac, élu pour la première le 7 mai 1995, va assez rapidement imposer son style qui relève à la fois d'un présidentialisme décontracté et effectif. La décontraction du nouveau Président vise à donner de lui l'image d'un "Président-citoyen", accessible et à l'écoute des Français. Il manifestera une certaine mesure en ménageant le Parlement (révision du 4 août 1995) et en laissant le Premier ministre, fort avec son appui indéfectible, gérer le quotidien des affaires. Il ne renouera pas avec l'intensité du contrôle présidentiel de la présidence Pompidou.

Cependant, le Président se pose toujours comme celui qui donne les orientations fondamentales, l'impulsion des réformes que le Premier ministre concrétise ensuite. En décidant de dissoudre l'Assemblée nationale le 21 avril 1997, le Président a également confirmé sa fonction d'arbitre et surtout affirmé son rôle de chef de la majorité parlementaire. Mais ce sera une erreur d'appréciation politique. Les élections ramèneront une majorité à Gauche. Réélu le 5 mai 2002, le parti présidentiel (l'UMP) est majoritaire dans les deux chambres du Parlement, offrant ainsi au Président une assise parlementaire totale qui renouera avec une présidentialisme affirmé. Les Gouvernements Raffarin et de Villepin mettront fidèlement en œuvre sa politique.

b. Le présidentialisme relativement assoupli

1. Le présidentialisme mesuré de V. Giscard d'Estaing (1974-1981)

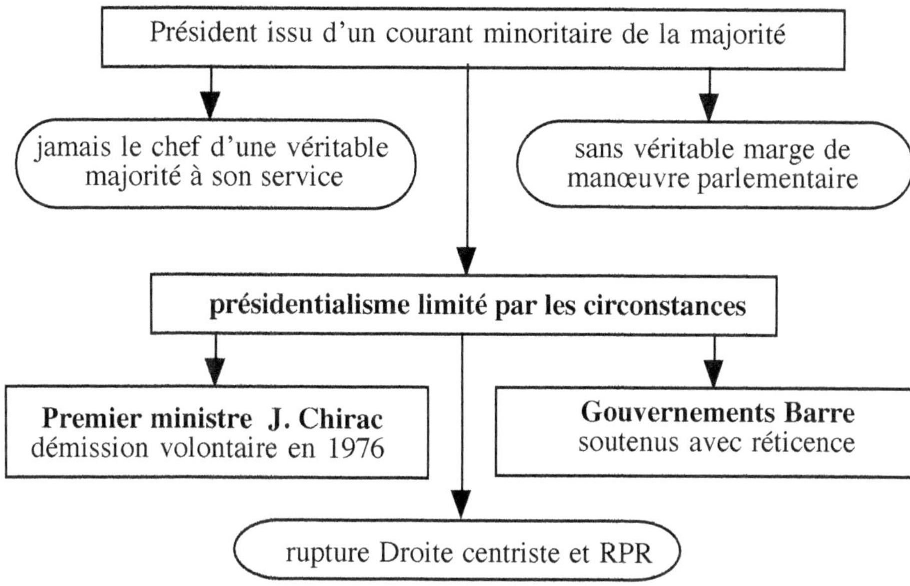

2. Le présidentialisme équilibré de J. Chirac (1995-1997) (2002 – 2006)

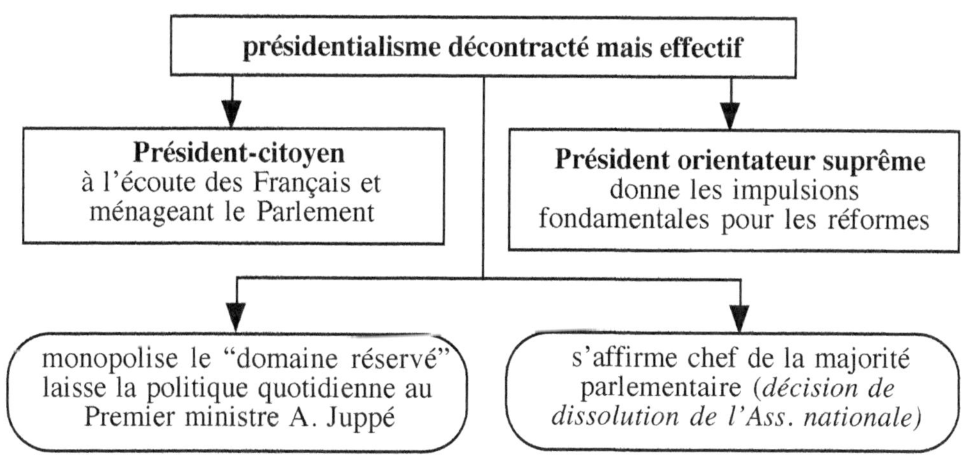

3. La seconde présidence Mitterrand (1988-1993)

Après sa réélection (suite à une phase de cohabitation) et une dissolution qui lui ramène une majorité de Gauche à l'Assemblée nationale, F. Mitterrand va recouvrer pleinement l'exercice du pouvoir présidentiel. Dans un entretien télévisé, le 12 février 1989, il résume la conception qu'il se fait de son rôle : décider des grands choix, être "l'aiguillon" en tous domaines et à l'écoute de tous les Français. Il exerce donc à nouveau un véritable droit d'initiative législative et il maîtrise pleinement son domaine réservé (en particulier, la politique étrangère : la guerre du Golfe l'a prouvé).

Mais la situation n'est plus celle des premières années du premier septennat. La majorité présidentielle à l'Assemblée nationale n'est que relative. Le Premier ministre M. Rocard en retire un pouvoir particulier de négociation avec les partis susceptibles de soutenir son action. Ce dernier, tout en acceptant officiellement son rôle de "second", n'en finira pas moins par entrer en opposition avec le Président. Sa démission s'ensuivra, en mai 1991.

Le passage d'E. Cresson à Matignon (de mai 1991 à avril 1992) obligera le Président à intervenir davantage dans les affaires quotidiennes. La tenue d'un référendum sur la ratification du traité de Maastricht, sous le Gouvernement Bérégovoy (d'avril 1992 à mars 1993), le contraindra également à "monter aux créneaux". Mais globalement, cette seconde présidence semblera plus en retrait que la première.

4. La présidence "normale" de F. Hollande (2012-2017)

François Hollande est élu Président de la République, le 6 mai 2012. Il veut une présidence « normale » pour se démarquer de son prédécesseur, N. Sarkozy. Il s'affirme avec succès chef de guerre en participant à l'opération *Chammal* en Irak, en ordonnant des frappes aériennes sur Dacca après une série d'attentats en France (2015, 2016 2017) revendiqués par l'État islamique, en engageant l'armée dans des pays en difficulté (opérations *Serval* et *Barkhane* au Mali, opération *Sangaris* en Centrafrique). Mais, en interne, la loi sur « le mariage pour tous » divise le pays ; plusieurs ministres démissionnent (D. Batho, C. Dufflot, A Montebourg, B. Hamon, C. Taubira, E. Macron). À cela s'ajoute une rivalité avec son premier ministre M. Vall, des tensions, des tensions avec sa majorité, une popularité en effondrement depuis 2015. et l'absence de baisse du taux du chômage qu'il avait promis de faire baisser, tout cela le fera finalement renoncer à un second mandat.

3. La seconde présidence Mitterrand (1988-1993)

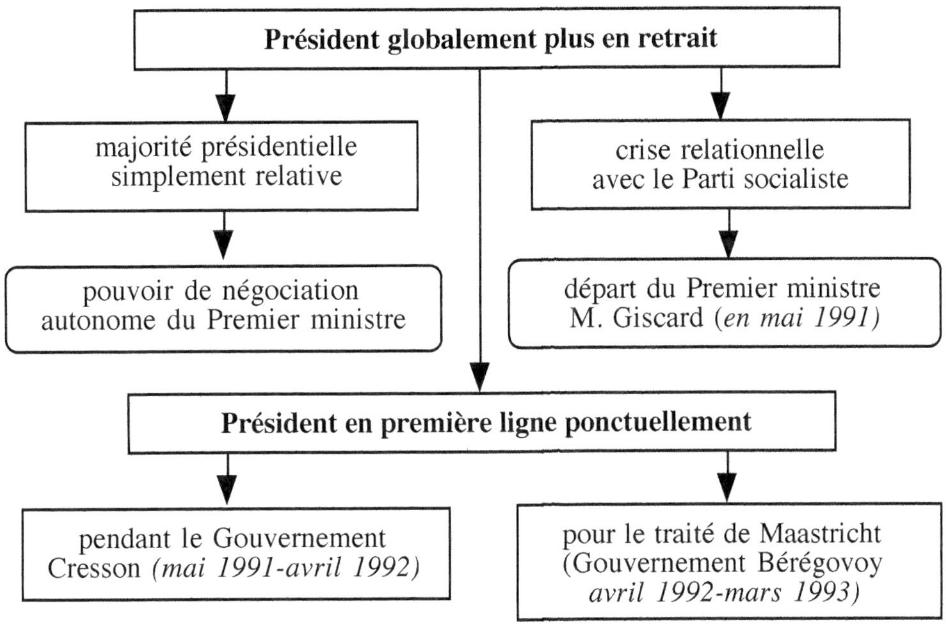

4. La présidence "normale" de F. Hollande (2012-2017)

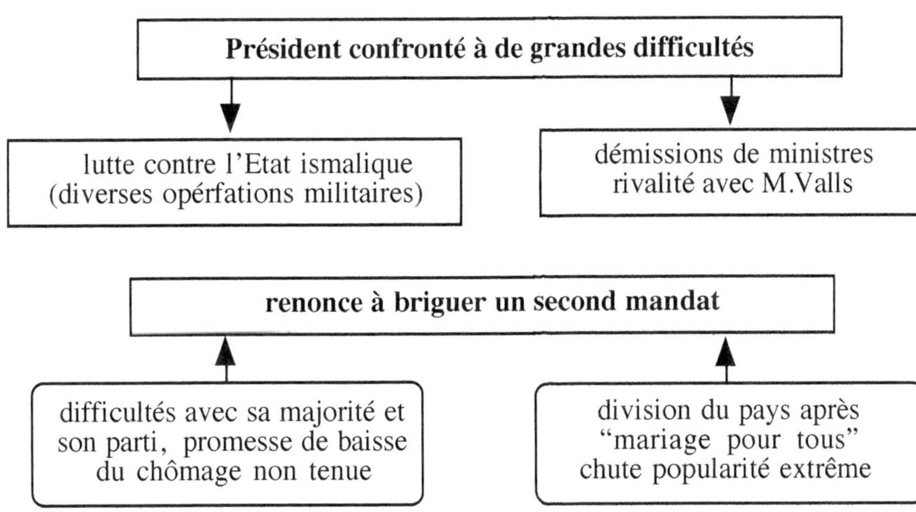

B. Le parlementarisme de cohabitation

L'échec du Parti socialiste aux Législatives de 1986 allait ouvrir une période unique dans les annales de la Vᵉ République : celle d'une cohabitation entre un Premier ministre et un Président de bords politiques opposés. Aucun Président, confronté à ce dilemme, n'a opté pour la démission. Il y a donc eu trois cohabitations : de 1986 à 1988 entre F. Mitterrand et J. Chirac ; de 1993 à 1995 entre F. Mitterrand et E. Balladur ; de 1997 à 2002 entre J. Chirac et L. Jospin.

Cette situation va introduire une rupture forcée dans la pratique présidentialiste des institutions. Le Président sera ramené dans les strictes limites de sa fonction et de ses attributions constitutionnelles, tandis que le Premier ministre bénéficiera de l'entière disposition de ses pouvoirs de gouvernement. Cependant, cela ne signifiera pas pour autant que le Président redevienne celui de la IVᵉ République. En pratique, chaque cohabitation sera particulière, en fonction de la personnalité des deux protagonistes.

a. Le Premier ministre en cohabitation

Durant la cohabitation, le Premier ministre récupère la disposition pleine et entière de ses attributions constitutionnelles. Il poursuit une politique qu'il définit lui-même (au lieu de mettre en œuvre les orientations du Président, comme c'est le cas hors cohabitation). C'est ce que rappellera J. Chirac, Premier ministre sous la présidence de F. Mitterrand, dès sa prise de fonction, le 20 mars 1986.

Pour la mise en œuvre de sa politique, le Premier ministre dispose de différents moyens constitutionnels dont il a désormais l'entière maîtrise :

- **l'initiative des lois** (art. 39, al. 1 C) qui passe par l'adoption d'un projet de loi en Conseil des ministres dont le décret de présentation au Parlement ne nécessite pas la signature du Président ;
- le **pouvoir réglementaire** (art. 21, al. 1 C) qui lui permet de prendre tous les décrets non délibérés en Conseil des ministres. La loi impose parfois que certains décrets soient délibérés en Conseil des ministres mais, en dehors de ces cas, la compétence réglementaire revient normalement au Premier ministre. En période de cohabitation, celui-ci exercera pleinement cette compétence.

En revanche, en dehors des périodes de cohabitation, il est très fréquent que le Premier ministre accepte que des décrets, qui n'ont pas à l'être, soient délibérés en Conseil des ministres afin que le Président puisse exercer un pouvoir réglementaire élargi.

B. Le parlementarisme de cohabitation

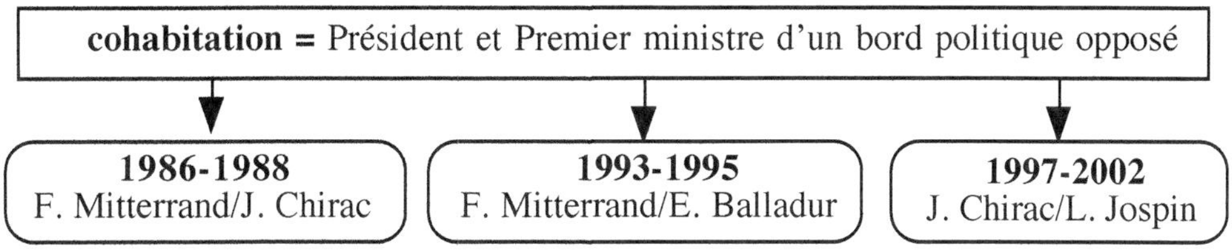

a. Le Premier ministre en cohabitation

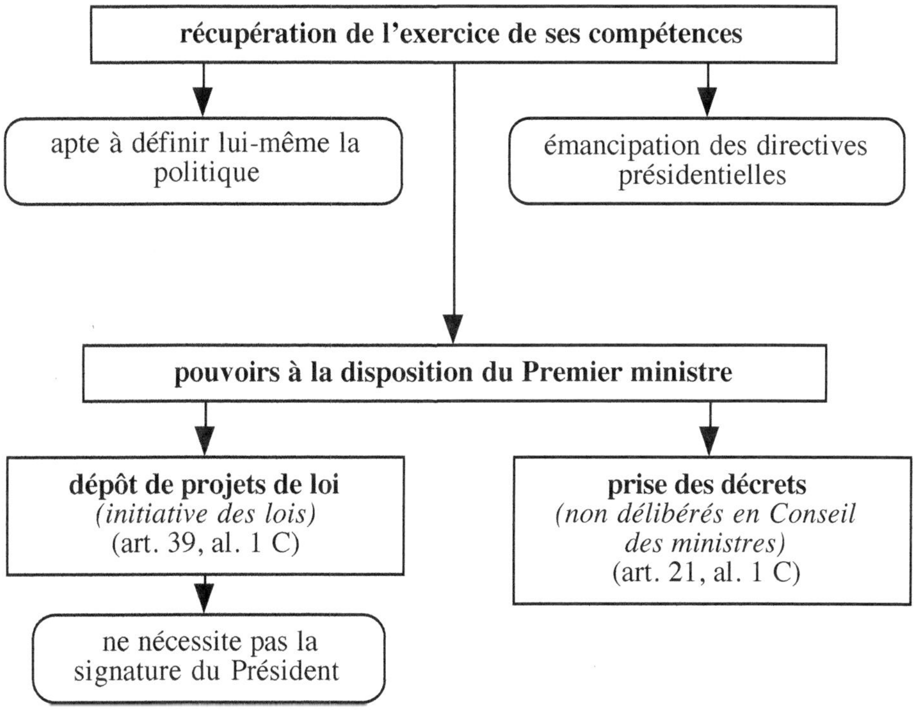

b. La marge de manœuvre du Président en cohabitation

Politiquement, en tant qu'autorité supérieure de l'État et qu'arbitre, gardien de la Constitution, le Président garde un pouvoir de critique à l'égard de la politique du Gouvernement qu'il ne peut véritablement contrer. Tout au plus, le Président conserve-t-il les moyens de gêner l'action du Gouvernement et son "domaine réservé".

1. Les pouvoirs constitutionnels à disposition du Président

D'un point de vue juridique, en cohabitation, le Président conserve :

- la libre disposition de ses **pouvoirs non contresignés** (art. 19 C) à l'exception du recours à l'article 11 C qui suppose une proposition préalable du Premier ministre (en pratique, parmi ces pouvoirs, le droit de dissolution pourrait permettre au Président de sortir de la cohabitation, mais à condition que son parti sorte vainqueur des élections législatives) ;
- le **droit de refuser sa signature** dans tous les cas où la Constitution la requiert :
  - pour les décrets de nomination et de révocation des ministres (art. 8, al. 2 C) ;
  - pour l'adoption des ordonnances et des décrets délibérés en Conseil des ministres (art. 13 C) ;
  - pour la convocation du Parlement en session extraordinaire (art. 30 C) ;
  - pour le dépôt d'un projet de révision de la Constitution (art. 89, al. 1 C).

La pratique permet d'observer que certains Présidents ont fait usage de leur pouvoir d'obstruction. Durant la cohabitation Chirac/Mitterrand, le Président a pu s'opposer à la nomination de J. Lecanuet et F. Léotard aux Affaires étrangères et à la Défense et refuser de signer trois ordonnances durant l'année 1986. Le Président Chirac, lors de la cohabitation avec L. Jospin, a pu manifester quelques réticences à l'égard de la révision sur le quinquennat puis imposer une révision strictement limitée à la durée du mandat présidentiel.

b. La marge de manœuvre du Président en cohabitation

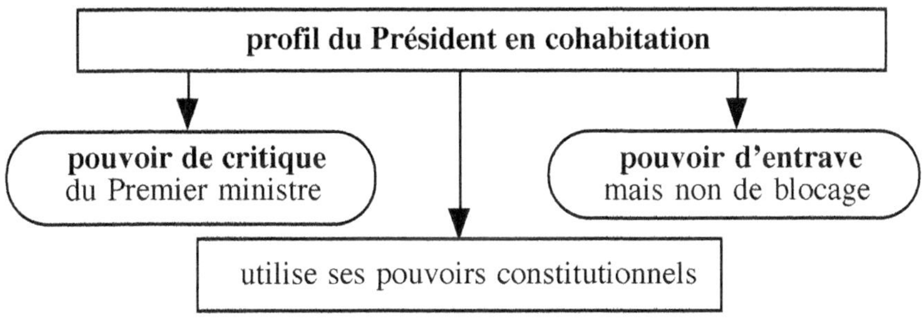

1. Les pouvoirs constitutionnels à disposition du Président

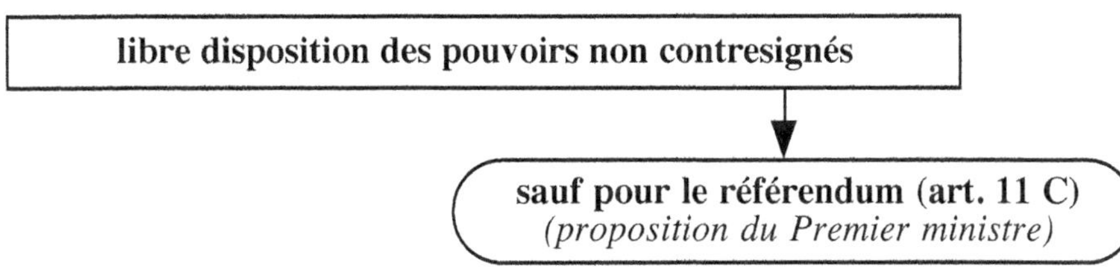

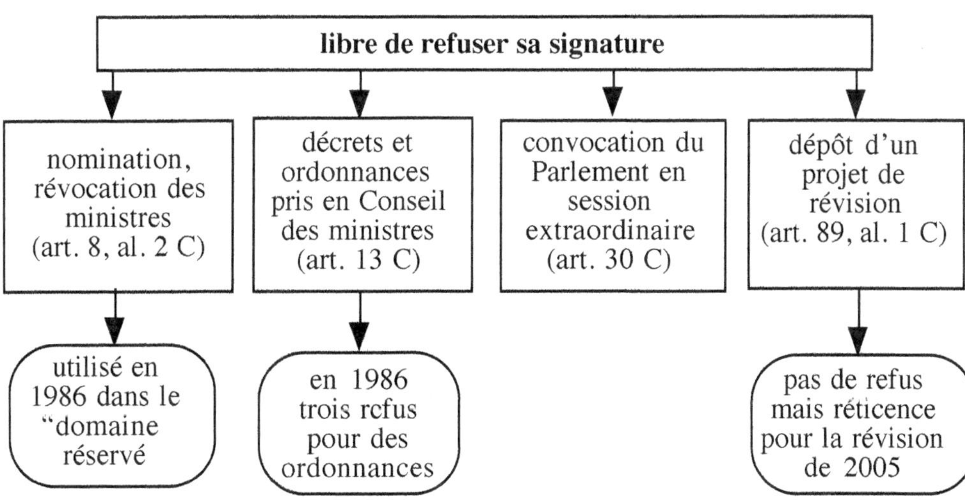

2. Le "domaine réservé" en cohabitation

Dans les domaines des relations internationales et de la défense (considérés traditionnellement comme constituant le "domaine réservé" du Président), la situation pourra être plus délicate à gérer.

D'abord en matière de **défense nationale**, la répartition constitutionnelle des compétences n'est pas très claire et crée des zones de compétences concurrentes entre le Président et le Premier ministre :

- d'un côté, le Président est chef des armées et préside les conseils et comités supérieurs de la défense nationale (art. 15 C) ;
- de l'autre, le Premier ministre est responsable de la défense nationale (art. 21, al. 1 C) et le Gouvernement dispose de la force armée (art. 20, al. 2 C).

Il apparaît dès lors que le Président n'est pas totalement libre de ses actes en ce domaine. En effet, s'il décide seul de l'emploi de la force nucléaire et de tout ce qui se rapporte à la dissuasion nucléaire, il dépend :

- du Premier ministre pour ces actes contresignés en matière de défense ;
- de la majorité du Premier ministre au Parlement pour voter :
  - les crédits budgétaires relatifs la défense ;
  - la déclaration de guerre (art. 35 C) ;
  - les lois relatives à l'organisation générale de la défense (art. 34 C).

En période de cohabitation, cette double dépendance pourra entraver le Président et permettre au Premier ministre d'intervenir dans ce domaine dit "réservé".

Dans les **relations internationales**, le Président est doté d'attributions qui le désignent comme le chef de la diplomatie :

- il est le garant des traités (art. 5 C) ;
- il négocie et ratifie ces derniers (art. 52 C) ;
- il accrédite les ambassadeurs, les envoyés extraordinaires (art. 14 C).

La Constitution ne confère aucune compétence propre en ce domaine au Premier ministre qui dispose simplement :

- du contreseing sur les actes du Président ;
- de son autorité sur le ministre des Affaires étrangères qui fait partie du Gouvernement qu'il conduit.

Cependant, les relations internationales, de par leur nature même, imposent une harmonie des deux têtes de l'Exécutif, afin de ne pas affecter l'image et l'autorité de la France dans le monde. Pratiquement, cette harmonie a toujours été préservée.

2. Le "domaine réservé" en cohabitation

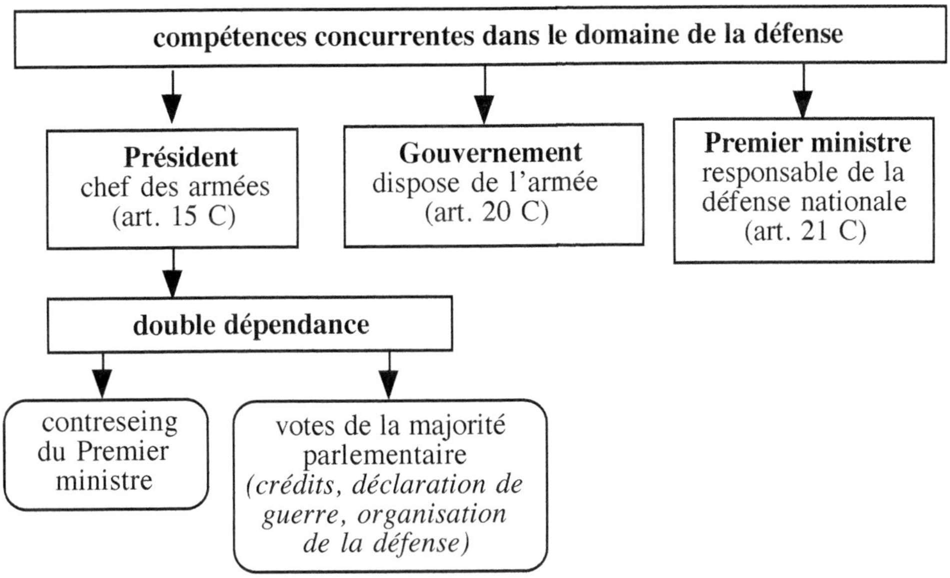

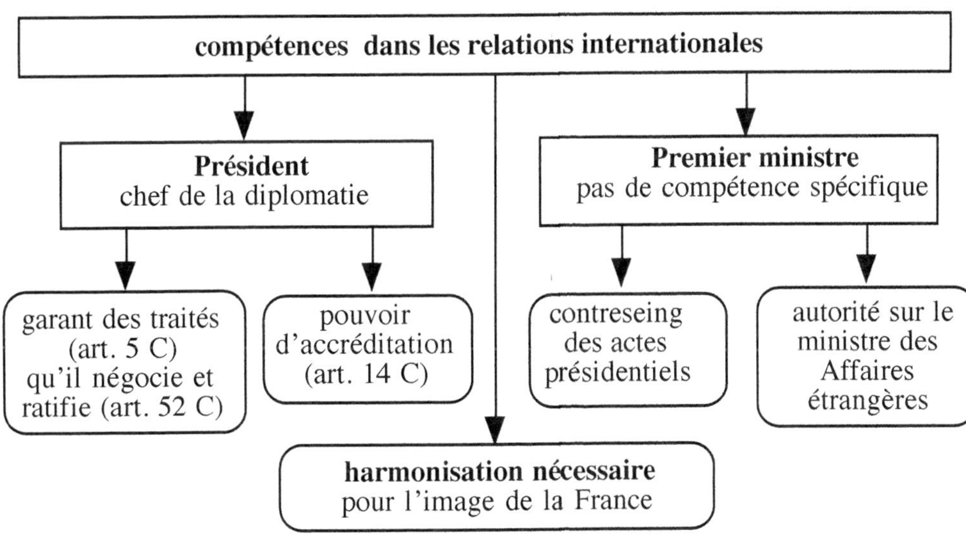

c. Le particularisme de chaque expérience de cohabitation

La **première cohabitation (1986-1988)** fut marquée par une certaine tension entre le Président F. Mitterrand et le Premier ministre J. Chirac, rivaux de longue date.

Le Président adopta une double attitude :

- critique à l'égard du Gouvernement, à l'encontre duquel il fit un usage maximal de ses prérogatives constitutionnelles ;
- arbitrale, aux yeux de l'opinion publique, se présentant comme le garant des intérêts supérieurs du pays (cohésion sociale, solidarité).

La **seconde cohabitation (1993-1995)** entre F. Mitterrand et E. Balladur sera beaucoup plus sereine et consensuelle : le Président était affecté par sa maladie et le Premier ministre était davantage porté à la modération. Même s'il y eut quelques discordances ponctuelles, cette cohabitation prouva que les institutions de la Ve République étaient capables de fonctionner correctement, selon un mode réellement parlementaire.

La **troisième cohabitation (1997-2002)** entre le Président Chirac et le Premier ministre L. Jospin débuta dans un calme apparent, chaque protagoniste s'affirmant dans son rôle : le Premier ministre "aux commandes", le Président "en retrait", incarnant les institutions, étant leur garant et disposant d'un droit de parole et de libre critique dans l'intérêt national.

À ce titre, J. Chirac s'opposera :

- à l'aboutissement de la révision sur le Conseil supérieur de la magistrature (ajournement de la réunion du Congrès) ;
- à une révision de la Constitution afin de permettre la ratification de la Charte européenne des langues régionales et minoritaires.

Cette dernière cohabitation se termina cependant "à couteaux tirés", en raison de l'approche des élections présidentielles (le caractère "anormal" de la cohabitation fut alors mis en avant et la révision sur le quinquennat fut motivée par la volonté de minimiser les risques de nouvelles cohabitations, en faisant coïncider la durée du mandat présidentiel et celle du mandat des députés).

c. Le particularisme de chaque expérience de cohabitation

cohabitation Mitterrand/Chirac (1986-1988)

- ambiance plutôt tendue
- **un Président-critique** usant de tous ses pouvoirs d'obstruction
- **un Président-arbitre** garant des intérêts supérieurs du pays

cohabitation Mitterrand/Balladur (1993-1996)

- ambiance plutôt sereine
- **un Président affaibli** (problème de santé)
- **un Premier ministre** porté à la modération

cohabitation Chirac/Jospin (1997-2002)

- de plus en plus tendue
- **un Premier ministre dans son rôle**
- **un Président garant des institutions**
  - refus de révisions *(CSM, charte des langues régionales et minoritaires)*

Chapitre 2. Le Parlement amoindri

À la différence de la rationalisation mise en place par la Constitution de 1946, celle de la Constitution 1958 n'a pas hésité à amoindrir les pouvoirs du Parlement. En matière de contrôle du Gouvernement, le Parlement a vu ses moyens maintenus *a minima*.

En matière de confection des lois, son rôle a été limité (domaine de la loi circonscrit, procédure législative favorable aux projets de loi du Gouvernement). Cependant, le souci de renforcer le rôle de contrôle du Parlement a conduit à instaurer une session unique à la place des deux sessions initialement prévues (révision de 1995). **La révision de 2008** vient également renforcer les pouvoirs de contrôle du Parlement sur différents plans, tout en faisant une place aux droits de l'opposition.

Section 1. Le contrôle parlementaire maintenu

Le rôle de contrôle du Parlement est essentiel. Il est un des trois aspects de la fonction du Parlement (*cf.* l'article 24 révisé : rôle de législateur, de contrôleur du Gouvernement et d'évaluateur des politiques publiques). Ce contrôle porte sur la politique générale du Gouvernement, sur l'international et l'Union européenne. **La révision de 2008** l'étend à certains actes du Président

§ 1. Le contrôle de la politique générale du Gouvernement

Ce contrôle comporte traditionnellement trois aspects : le contrôle-information, le contrôle-surveillance et le contrôle-sanction (motion de censure et question de confiance, voir T. 2, Ch. 2, S. 2, § 2).

A. Le contrôle-information

a. Les déclarations du Gouvernement

1. Les déclarations de politique générale (art. 49 C)

L'article 49 C prévoit deux "déclarations de politique générale" purement facultatives.

La première (alinéa 1) sert de support à l'engagement de la responsabilité du Gouvernement, c'est-à-dire à la question de confiance (v. T. 3, Ch. 1, S. 1, § 2).

La seconde (al. 4) sert de support à une approbation de la politique gouvernementale par le Sénat. Mais si celle-ci n'est pas votée, le Gouvernement reste malgré tout en fonction (rappel : à la différence du Sénat de la IIIe République, l'actuel Sénat ne peut provoquer la chute du Gouvernement).

Chapitre 2. Le Parlement amoindri

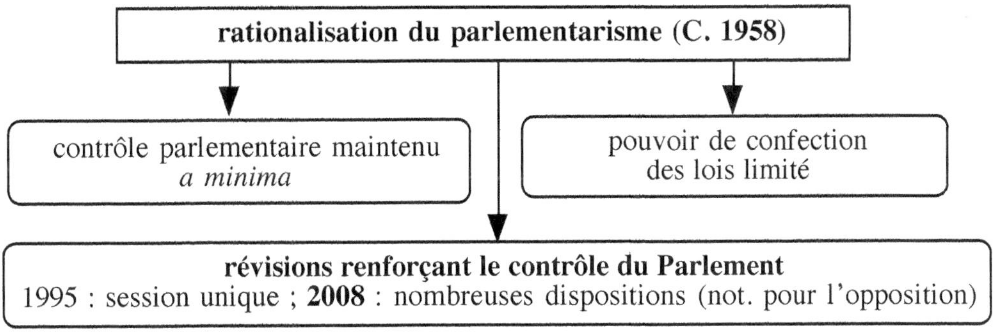

Section 1. Le contrôle parlementaire maintenu

§ 1. Le contrôle de la politique générale du Gouvernement

A. Le contrôle-information

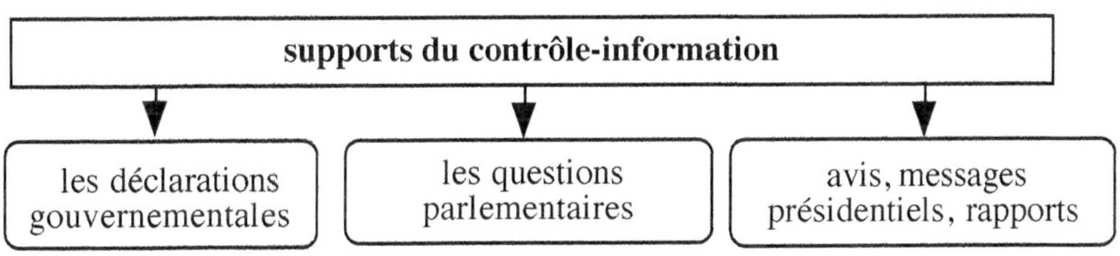

a. Les déclarations du Gouvernement

1. Les déclarations de politique générale (art. 49 C)

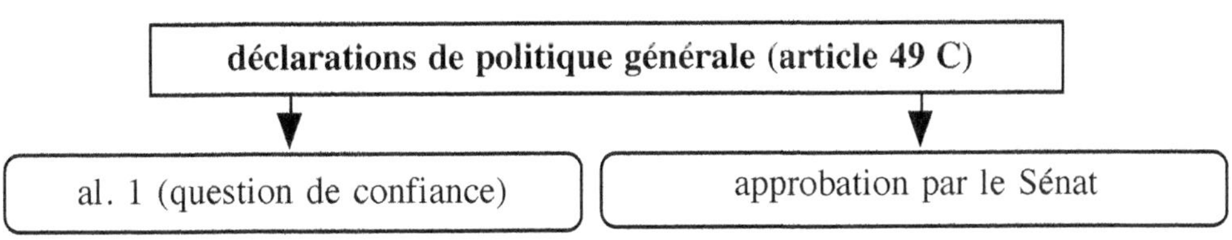

2. La déclaration de l'article 50-1 C

La révision de 2008 introduit un nouvel article 50-1 qui prévoit que, devant l'une ou l'autre des assemblées, le Gouvernement peut, de sa propre initiative ou à la demande d'un groupe parlementaire au sens de l'article 51-1 (voir *infra*), faire, sur un sujet déterminé, une déclaration qui donne lieu à débat et peut, s'il le désire, faire l'objet d'un vote sans engager sa responsabilité.

3. Les autres déclarations imposées

Une déclaration du Gouvernement est imposée dans les cas suivants :

- organisation d'un référendum à la demande du Gouvernement (art. 11 C) ;
- organisation d'une consultation d'une collectivité territoriale d'outre-mer relative à son statut (art. 72-4 C) ;
- organisation d'un débat d'orientation budgétaire (art. 48, LO du 1er août 2001) et sur les finances sociales (art. LO 11-5-3 du code de la sécurité sociale).

b. Les questions parlementaires

1. Les deux sortes de questions

Il existe différentes catégories de questions : les questions individuelles écrites et orales.

Les premières, publiées au *Journal officiel*, servent à obtenir d'un ministre une réponse (dans le délai d'un mois) à un problème précis soumis à l'élu par ses électeurs. Elles n'ont pas de portée politique.

Les secondes servent à l'information du Parlement et elles sont un instrument essentiel du contrôle parlementaire. Ainsi, la Constitution (art. 48 C) prévoit que, dans le cadre de la session parlementaire ordinaire, une séance par semaine au moins est réservée par priorité aux questions des membres du Parlement et aux réponses du Gouvernement ; **la révision de 2008** ajoute que cela vaut aussi durant les sessions extraordinaires (art. 48, al. 6 C).

2. La déclaration de l'article 50-1 C

déclaration sur un sujet déterminé devant l'une ou l'autre assemblée

- à l'initiative du Gouvernement ou à la demande d'un gr. parlementaire
- déclaration donnant obligatoirement lieu à un débat
- à l'initiative du Gouvernement possibilité d'un vote sans engagement de la responsabilité

3. Les autres déclarations imposées

déclarations imposées au Gouvernement

- art. 11 C référendum d'initiative gouvernementale
- art. 72-4 C consultation d'une coll. terr. d'outre-mer sur son statut
- *LO 1er août 2001* débat d'orientation budgétaire *code sécu. soc.* débats sur les finances sociales

b. Les questions parlementaires

1. Les deux sortes de questions

questions écrites
individuelles, sur problème précis, réponse écrite

→ aucune portée politique

questions orales
1 séance au moins par semaine y est réservée par priorité

→ **révision ajout :** même pendant les sessions extraordinaires (art. 48, al. 6 C)

2. Les questions orales avec débat

Prévues par l'article 48 C, la pratique de ces questions a été renouvelée en 1974 à l'initiative du Président Giscard d'Estaing qui suggéra d'instaurer à l'Assemblée nationale un équivalent français à la *"question time"* britannique sous la forme de "questions d'actualité". La formule ayant fait ses preuves, elle sera adoptée au Sénat en 1982.

Ces questions se déroulent tous les mardis et mercredis après-midi à l'Assemblée nationale et le jeudi après-midi, deux fois par mois au Sénat.

c. Les avis du Conseil économique, social et environnemental

Le titre XI de la Constitution du 4 octobre de 1958 a institué un Conseil économique et social chargé de représenter les forces socioprofessionnelles dans les institutions politiques.

Depuis la **révision de 2008**, il se dénomme "Conseil économique, social **et environnemental**" et e nombre de ses membres ne peut excéder deux cent trente-trois (art. 71 C). Ces derniers sont désignés pour cinq ans. Ils représentent dix secteurs de l'économie et du domaine social. Les représentants des salariés et des entreprises privées sont désignés par les organisations professionnelles les plus représentatives.

Le Conseil a une fonction consultative. La Constitution prévoit qu'il rend des avis (toujours non contraignants). Il est consulté sur un problème relevant de sa compétence, à la demande du Gouvernement ou du Parlement (art. 70, al. 1 C). Il est consulté par le Gouvernement sur différents texte, soit obligatoirement (art. 69, al. 1), soit facultativement (art. 70, al. 2) L'alinéa 2 de l'article 69 C prévoit qu'il peut désigner un de ses membres pour venir exposer devant les assemblées parlementaires son avis sur les projets et les propositions qui lui ont été soumis. Ainsi, il contribue à l'information du Parlement. Par ailleurs, **la révision de 2008** crée **un droit de pétition** auprès de lui. Ce dernier examine les pétitions des citoyens et présente au Gouvernement et au Parlement les suites qu'il se propose d'y donner. Ceci contribuera également à l'information du Parlement.

d. Les rapports de la Cour des comptes

La Cour des comptes est une institution financière qui assure le contrôle des comptes publics. L'article 47-2 C issu de la révision de 2008 la charge d'assister le Parlement dans son contrôle de l'action du Gouvernement. Elle assiste aussi le Gouvernement et le Parlement dans le contrôle de l'exécution de la loi de finances et l'application de la loi de financement de la sécurité sociale ainsi que dans l'évaluation des politiques publiques.

2. Les questions orales avec débat

questions (art. 48 C) renouvelées dans leurs modalités en 1974 avec **"les questions d'actualité"**

mardi, mercredi après-midi à l'Assemblée nationale

jeudi ap. midi, deux fois par mois, au Sénat depuis 1982

c. Les avis du Conseil économique, social et environnemental

composition

représentation des forces socioprofessionnelles

membres désignés pour 5 ans
révision 2008 : 233 max.

fonction consultative
(avis jamais contraignants)
avis facultatifs, sauf pour plan et projet de loi de programmation

d. Les rapports de la Cour des comptes

fonction (art. 47-2 C

assiste le Parlement pour le contrôle de l'action gouvernementale

assiste par ses rapports lc Parlement et le Gouvernement pour :
-le contrôle des lois à objet financier
- l'évaluation des politiques publiques

e. Le message présidentiel

L'article 18 C donne au Président un droit de message au Parlement qui contribue à son information (rappel : ce message n'est pas contresigné par le Premier ministre).

Traditionnellement, depuis la IIIe République, le message présidentiel était lu, le Président ne pouvant pas prendre la parole devant les assemblées. **La révision de 2008 (**art. 18, al. 2 C) permet désormais à ce dernier de prendre la parole devant le Parlement réuni en Congrès. Sa déclaration peut être suivie d'un débat sans vote, hors de sa présence (ex. message du 22 juin 2009).

f. Le rapport du Défenseur des droits

Création de la **révision de 2008** (nouveau Titre XI Bis), le Défenseur des droits est chargé de veiller au respect des droits et libertés par l'administration de l'État, les collectivités territoriales, les établissements publics (EP) ainsi que par tout organisme chargé d'une mission de service public (SP) ou tout organisme à l'égard duquel la loi organique lui attribue des compétences.

Il peut se saisir d'office ou être saisi par toute personne s'estimant lésée par le fonctionnement d'un service public ou d'un organisme visé par la loi organique.

Nommé par le Président de la République pour six ans non renouvelables (application des nouvelles dispositions de l'article 13 C, v. § 3), il rend compte de son activité au Gouvernement et au Parlement, contribuant ainsi à l'information de ce dernier.

Son indépendance est assurée notamment par une incompatibilité avec les fonctions de membre du Gouvernement et de membre du Parlement. D'autres incompatibilités doivent être fixées par une loi organique. Celle-ci déterminera aussi les attributions et les modalités d'intervention du Défenseur des droits ainsi que les conditions dans lesquelles il pourra être assisté par un collège pour l'exercice de certaines de ses attributions.

e. Le message présidentiel

art. 18 C droit de message (sans contreseing)

- **avant révision**
message lu, le Président ne prenant pas la parole en personne devant le Parlement
- **révision**
peut prendre la parole devant le Parlement réuni en Congrès (art. 18, al. 2 C)
- **révision**
hors de la présence du Président possibilité d'un débat sans vote (art. 18, al. 2 C)

f. Le rapport du Défenseur des droits

création de la révision 2008 (nv Titre XI bis)

↓

nommé pour 6 ans non renouvelables par le Président (*selon la procédure de l'article 13 C révisé)*

↓

autorité indépendante
(*cf.* diverses incompatibilités fixées par LO 29 mars 2011, comme ministre, parlementaire)

rôle : veille au respect des droits et libertés

- compétent vis-à-vis de l'État, des coll. terr, des EP, de tout organisme chargé d'un SP ou visé par loi organique
- saisine par toute personne s'estimant lésée dans ses droits peut aussi se saisir d'office
- rend compte de son activité par un rapport remis au Gouvernement et au Parlement

B. Le contrôle-surveillance

Il passe par les commissions parlementaires, les groupes parlementaires et l'opposition.

a. Les commissions parlementaires

1. La place des commissions dans chaque assemblée

Chaque assemblée comprend des organes directeurs et des organes de travail. Les organes directeurs sont le bureau et la conférence des présidents.

Le bureau comprend 22 membres et il dirige la vie intérieure de l'assemblée (direction de tous les services, statut du personnel etc.). La conférence des présidents a de nombreuses attributions orientées vers les rapports entre le Gouvernement et l'assemblée. Elle comprend le président de l'assemblée, les vice-présidents, les présidents des commissions permanentes et spéciales, ceux des groupes parlementaires, le rapporteur général de la commission des finances et le président de la délégation parlementaire pour l'Union européenne.

Chaque assemblée comprend également des organes de travail. Les commissions en font partie avec les groupes parlementaires.

2. Les différentes sortes de commissions

Il existe trois variétés de commissions :

- les commissions permanentes (art. 43, al. 1 C) au nombre de huit depuis la révision de 2008 (antérieurement, six) ;
- les commissions spéciales (art. 43, al. 2 C), qui sont créées à la demande du Gouvernement ou de l'assemblée pour l'examen d'un texte précis (projet ou proposition de loi) et qui assument la même fonction que les commissions permanentes ;
- les commissions d'enquête dont l'existence, jusqu'à la révision de 2008, n'était pas prévue par la Constitution mais par une ordonnance organique du 17 novembre 1958. La révision les prévoit désormais à l'article 51-2 C.

3. Composition et rôle des commissions permanentes

Ces commissions sont composées à la proportionnelle des groupes et elles sont renouvelées chaque année, au début de la session parlementaire. Un député ou sénateur ne peut appartenir à plus d'une commission. Elles sont la base du travail législatif :

- aucun projet de loi, aucune proposition ne peut passer en séance plénière dans une assemblée avant d'avoir été examiné par l'une d'entre elles (art. 43 C) ; chacune désigne un rapporteur pour chaque texte et ce dernier fait un rapport présenté en séance plénière, au début de la discussion générale ;
- avant de voter leur rapport sur le texte examiné, elles peuvent auditionner les ministres ou toute personne qualifiée.

B. Le contrôle-surveillance

a. Les commissions parlementaires

1. La place des commissions dans chaque assemblée

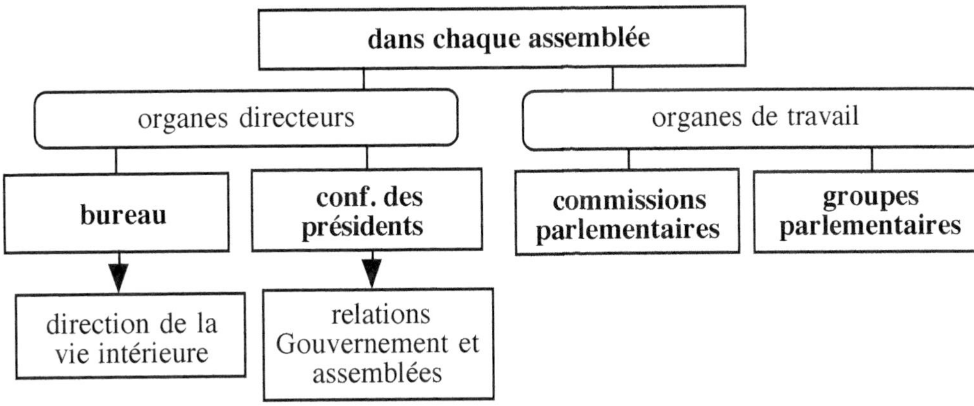

2. Les différentes sortes de commissions

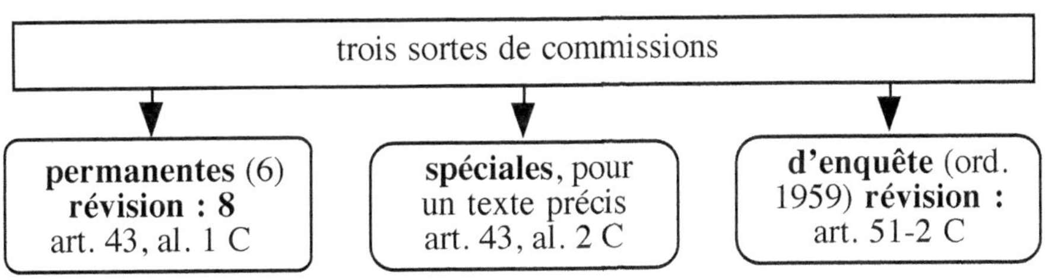

3. Composition et rôle des commissions permanentes

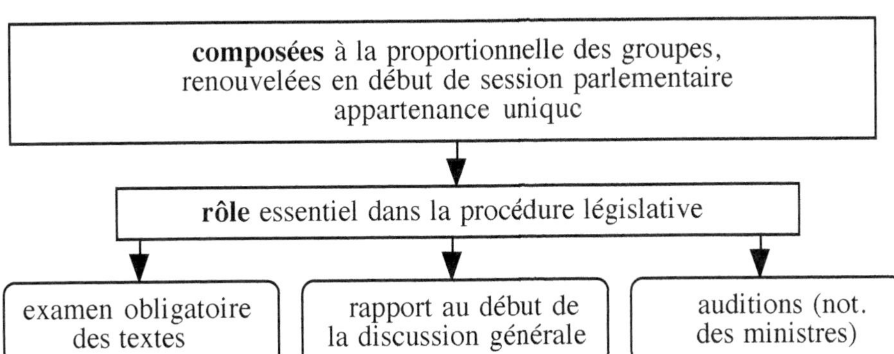

4. Le pouvoir d'amendement des commissions

Sous les Républiques précédentes, les commissions permanentes de chaque assemblée possédaient un droit d'amendement général tant sur les projets de loi que sur les propositions de loi. Avec la Constitution de 1958, elles ne le possédaient plus qu'à l'égard des propositions de loi. Ainsi, la discussion parlementaire des projets de loi s'ouvrait obligatoirement sur le texte présenté par le Gouvernement et non sur un texte modifié par la commission. Cela dispensait le Gouvernement d'avoir à déposer des amendements pour revenir à son texte initial.

La révision de 2008 (art. 44 C) rétablit le droit d'amendement des commissions sur les projets de loi, sauf sur les projets de loi de révision, les projets de loi de finances et de loi de financement de sécurité sociale (art. 42, al. 2 C).

5. Les commissions d'enquête

Initialement, l'ordonnance du 17 novembre 1958 ne favorisait pas l'efficacité de ces commissions dans la crainte qu'elles deviennent dangereuses pour le Gouvernement. Ainsi, leurs membres étaient désignés au scrutin majoritaire, ce qui permettait à la majorité au pouvoir d'en contrôler la composition (alors que les autres commissions législatives sont désignées à la proportionnelle) ; leur durée était de quatre mois (ce qui était court) et elles ne disposaient d'aucun pouvoir pour obliger à comparaître les personnes qu'elles souhaitaient entendre.

Ces contraintes et limites ont été assouplies (lois du 19 juillet 1977 et du 20 juillet 1991) : désormais composées à la proportionnelle des groupes parlementaires, elles reçoivent des moyens de contrainte à l'égard des témoins à auditionner (amendes et prison si refus de comparaître) ; elles peuvent se faire communiquer tous documents nécessaires à leurs investigations. Leur durée d'existence passe à six mois. Mais enquêter s'il y a une instance judiciaire en cours leur est toujours interdit. Les conclusions de ces commissions font l'objet d'un débat en séance publique, en présence du Gouvernement, deux mois après le dépôt de leur rapport.

À leur égard, l'apport de la **révision de 2008** (art. 51-2 C) est une reconnaissance constitutionnelle. Celle-ci situe leur création (toujours à la discrétion de chaque assemblée) dans le cadre de la double mission du Parlement définie à l'article 24 révisé. Cet article énonce que le Parlement vote la loi, contrôle l'action du Gouvernement et évalue les politiques publiques. L'article 51-2 C place les commissions d'enquête dans l'exercice des missions de contrôle et d'évaluation.

4. Le pouvoir d'amendement des commissions

- **RP précédentes** → amende les projets et propositions de lois
- **Ve République** → amende les propositions de lois
- **révision 2008** → les projets de loi, sauf projets de révision, de lois de finances et de financt de la sécurité sociale

5. Les commissions d'enquête

ord. 17 nov. 1959

- membres élus à la majorité des voix, puis à la proportionnelle des groupes
- pas d'enquête s'il y a une instruction judiciaire en cours
- durée max. de l'enquête : 4 mois, puis 6
- rapport et deux mois après, débat sur ses conclusions
- aucun pouvoir de contrainte à comparaître, puis oui

révision 2008 : reconnaissance constitutionnelle (art 51-2 C)

- **création :** toujours librement par les assemblées
- se situe dans les missions de contrôle et d'évaluation du Parlement (art. 24 C révisé)

b. Les groupes parlementaires

La Constitution reconnaît les partis politiques (art. 4 C) : "Les partis et groupements politiques concourent à l'expression du suffrage". Leur rôle d'encadrement et d'information des électeurs se prolonge par une représentation spécifique au Parlement au travers des groupes parlementaires. Les groupes parlementaires sont librement constitués dans chaque assemblée (un nombre minimum de membres est requis : 20 à l'Assemblée nationale, 15 sénateurs au Sénat). Nul ne peut appartenir à plus d'un groupe. L'appartenance à un groupe est facultative.

Les groupes parlementaires assurent diverses fonctions :

- ils participent à la formation du bureau et de la conférence des présidents, à celle des commissions ;
- ils désignent les rapporteurs des textes de loi ;
- ils déposent les propositions de loi, les amendements, les motions de censure ;
- ils posent des questions orales au Gouvernement.

La révision de 2008 (art. 51-2 C) les reconnaît en disposant que "le règlement de chaque assemblée détermine les droits des groupes parlementaires constitués en son sein". Par ailleurs, la révision leur confère le droit de demander au Gouvernement de faire une déclaration sur un sujet déterminé (*cf. supra,* A).

c. Le statut de l'opposition et des groupes minoritaires

Jusqu'à présent, les groupes de l'opposition ne disposaient pas de droits constitutionnels propres, ni même de reconnaissance constitutionnelle (l'instauration de la saisine du Conseil constitutionnel par soixante députés ou sénateurs en 1974 conféra certes aux parlementaires de l'opposition une nouvelle possibilité d'action mais elle ne leur reconnut pas pour autant un droit spécifique propre, en tant que membre de l'opposition – l'article 61, al. 2 C ne fait en effet pas référence à l'appartenance partisane des soixante députés ou sénateurs saisissants et il en va de même pour la saisine du Conseil constitutionnel dans le cadre de l'article 16 C révisé, voir T. 2, Ch. 2, S.1, § 2, B).

La révision de 2008 commence par une modification de l'article 4 C concernant les partis politiques. Elle y ajoute un alinéa : "la loi garantit les expressions pluralistes des opinions et la participation équitable des partis et groupements politiques à la vie démocratique de la Nation". Ensuite, **le nouvel article 48 C** réserve un jour de séance par mois à un ordre du jour arrêté par la conférence des présidents, à l'initiative des groupes parlementaires de l'opposition auxquels il faut ajouter les groupes minoritaires (art. 48, al. 5 C). **Le nouvel article 51-1 C** prévoit que le règlement intérieur de chaque assemblée reconnaît des droits spécifiques aux groupes d'opposition ainsi qu'aux groupes minoritaires.

b. Les groupes parlementaires

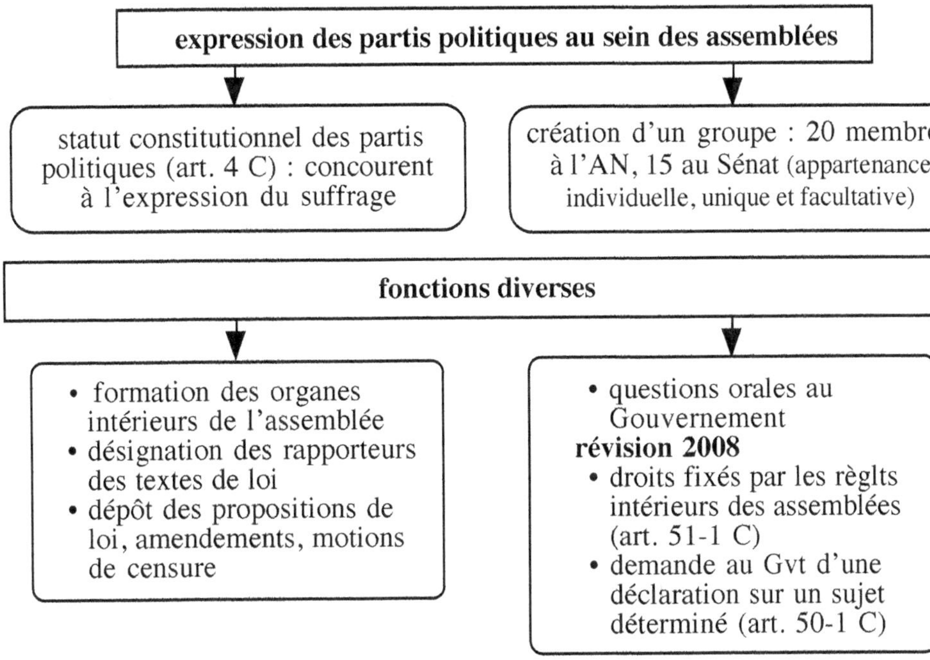

c. Le statut de l'opposition et des groupes minoritaires

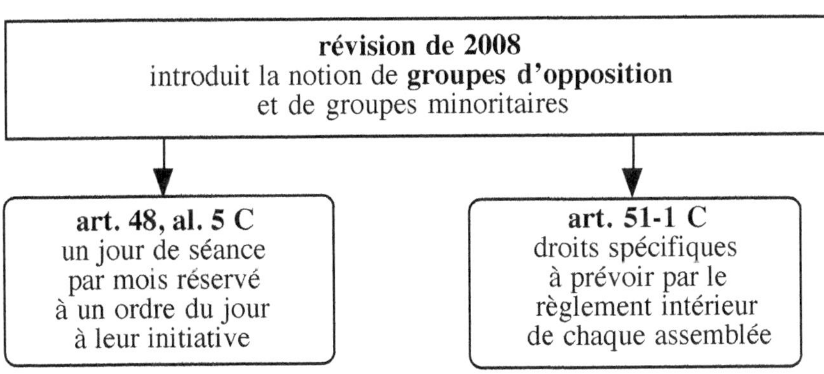

§ 2. Le contrôle des relations internationales et de l'Union européenne

Les relations internationales et la participation à l'Union européenne relèvent de l'Exécutif. Cependant, la Constitution confère au Parlement différents pouvoirs dans ces deux domaines.

A. Les pouvoirs du Parlement dans le domaine des relations internationales

Sur le plan du droit constitutionnel, les relations internationales mettent en jeu le pouvoir de passation des conventions internationales et la guerre (mais aussi l'engagement des troupes françaises hors du territoire).

a. Les pouvoirs du Parlement en matière de conventions internationales

Le Président négocie et ratifie les traités. Les accords (ne nécessitant pas de ratification) sont négociés par le ministre des Affaires étrangères (ou ses représentants) et le Président en est informé (art. 52 C).

Cependant, la ratification de certains traités ou l'approbation de certains accords nécessite une autorisation de la loi (art. 53 C) :

- les traités de paix et les traités de commerce ;
- les traités ou accords relatifs à l'organisation internationale, qui engagent les finances de l'État, qui modifient les dispositions de nature législative, qui sont relatifs à l'état des personnes, qui comportent cession, échange ou adjonction de territoire.

Par ailleurs, deux séries de traités ont un régime spécifique :

- les traités qui auraient des incidences sur le fonctionnement des pouvoirs publics dont la ratification peut être autorisée par une loi référendaire (art. 11 C) ;
- les traités relatifs à l'adhésion d'un État à l'Union européenne (art. 88-5 issu de la révision du 1er mars 2005) qui sont soumis au référendum par le Président de la République. **La révision de 2008** modifie cependant cette disposition. Le nouvel alinéa 2 de l'article 88-5 dispose que "par le vote d'une motion adoptée en termes identiques par chaque assemblée à la majorité des trois cinquièmes", le Parlement peut autoriser l'adoption du projet de loi selon la procédure prévue au troisième alinéa de l'article 89 (procédure qui donne au Président le choix entre la voie du vote par le Congrès ou celle du vote par un référendum).

§ 2. Le contrôle des relations internationales et de l'Union européenne

A. Les pouvoirs du Parlement dans le domaine des relations internationales

a. Les pouvoirs du Parlement en matière de conventions internationales

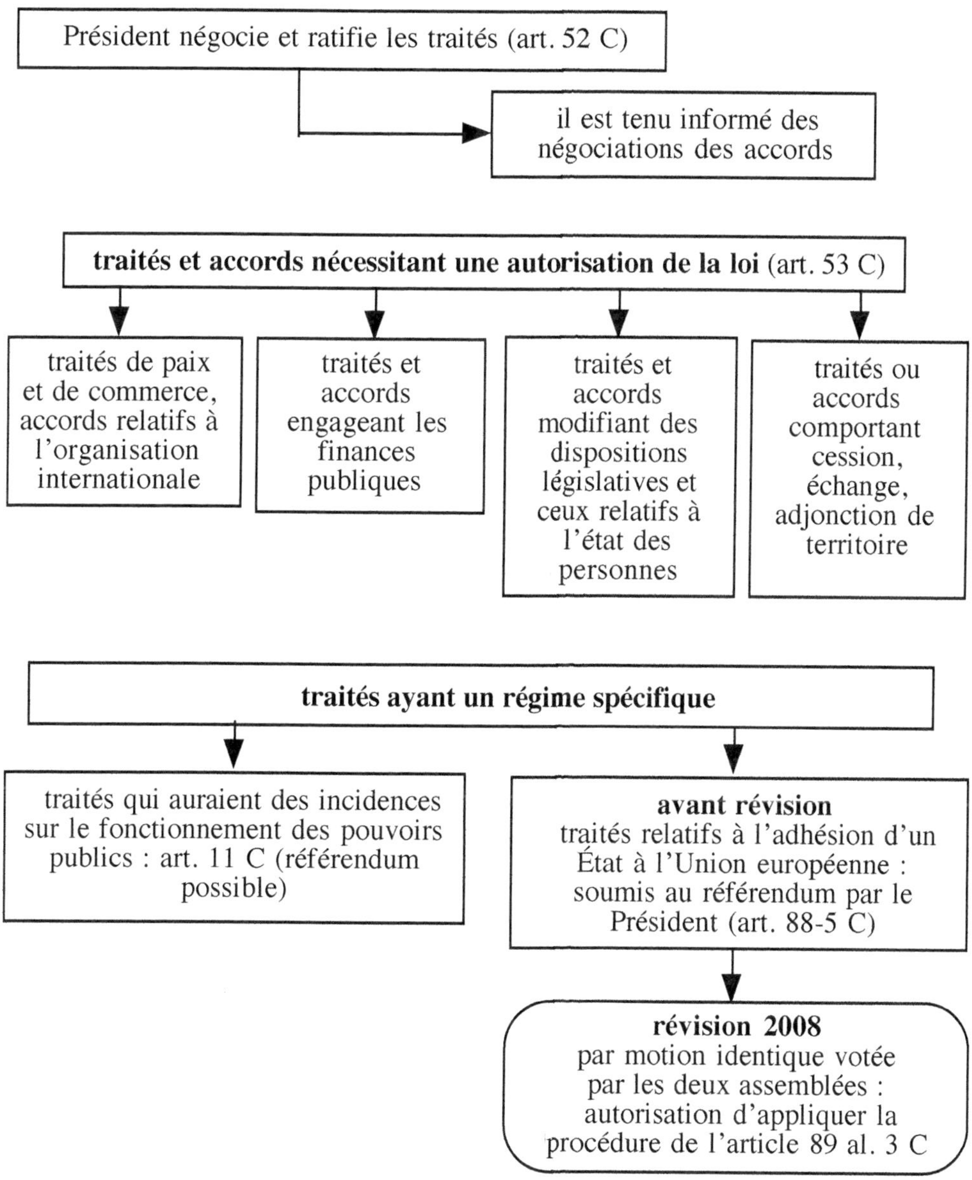

b. Les pouvoirs du Parlement en matière de guerre

La Constitution distingue deux questions :

- la déclaration de guerre, autorisée par une loi (art. 35 C) ;
- l'état de siège (art. 36 C), décrété en Conseil des ministres et prorogé au-delà de douze jours sur autorisation de la loi (régime déclenché en cas de péril imminent résultant d'une guerre étrangère ou d'une insurrection à main armée, qui accroît les pouvoirs de police en donnant compétence aux tribunaux militaires pour juger des civils pour tout ce qui concerne l'ordre public).

c. L'engagement des troupes françaises hors du territoire

La révision de 2008 (art. 35 C) crée un contrôle du Parlement sur l'engagement des troupes françaises hors du territoire, indépendamment de toute guerre.

Le Gouvernement doit informer le Parlement de sa décision de faire intervenir les forces armées à l'étranger, au plus tard trois jours après le début de l'intervention. Il précise les objectifs poursuivis. Cette information peut donner lieu à un débat non suivi d'un vote.

Si l'intervention se prolonge au-delà de quatre mois, le Gouvernement soumet sa prolongation à l'autorisation du Parlement. Mais, en cas de refus du Sénat, il peut demander à l'Assemblée nationale de décider en dernier ressort.

Si le Parlement n'est pas en session, il se prononce à l'ouverture de la session suivante.

B. Le contrôle sur l'action du Gouvernement dans le cadre de l'Union européenne

Avant la révision de 2008, selon l'article 88-4 C, le Gouvernement soumettait obligatoirement au Parlement les projets ou propositions d'acte communautaire ou de l'Union européenne comportant des dispositions de nature législative. Il pouvait soumettre les autres projets, propositions ainsi que tout document d'une institution européenne, s'il le souhaitait. Les assemblées se prononçaient en votant des résolutions.

La révision prévoit que désormais tous les projets ou propositions d'acte communautaire ou de l'Union européenne sont soumis au Parlement. (Par ailleurs, au sein de chaque assemblée est instituée une commission chargée des affaires européennes).

b. Les pouvoirs du Parlement en matière de guerre

deux situations sont réglées par la Constitution

la déclaration de guerre : autorisation par une loi (art. 35 C)

l'état d'urgence : décrété en Conseil des ministres, prolongement plus de 12 jours : autorisation de la loi (art. 36 C)

c. L'engagement des troupes françaises hors du territoire

révision 2008 : contrôle parlementaire

information du Parlement dans les plus brefs délais, suivie d'un débat sans vote

si prolongation plus de 6 mois :
- autorisation des deux assemblées ou
- de l'Ass. nat. seule à la demande du Gouvernement (si refus du Sénat)

B. Le contrôle sur l'action du Gouvernement dans le cadre de l'Union européenne

avant révision (art. 88-4) : double régime de soumission des textes au Parlement (en vue du vote de motions)

transmission **obligatoire** des projets ou propositions d'acte comportant des dispositions de nature législative

transmission **facultative** de tous les autres projets, propositions, documents des institutions européennes

révision 2008 :
transmission au Parlement de **tous** les projets et propositions d'actes

§ 3. Le contrôle de certains actes du Président de la République

La révision de 2008 institue deux contrôles du Parlement sur des actes du Président.

A. Les pouvoirs de contrôle sur les nominations présidentielles

Le Président nomme aux emplois civils et militaires (art. 13, al. 2 C). L'alinéa 3 de l'article 13 énumère les cas de nominations présidentielles (notamment ambassadeurs, conseillers d'État, préfets, officiers généraux, divers hauts fonctionnaires). L'alinéa 4 ajoute que les autres cas de nominations présidentielles sont énumérés dans une loi organique (loi organique du 23 juillet 2010) . Ces nominations sont soumises au contreseing du Premier ministre.

La révision de 2008 institue une procédure d'avis. Les nominations aux emplois (autres que ceux mentionnés à l'alinéa 3 de l'article 13) énumérés par une loi organique, qui ont une importance pour la garantie des droits et libertés ou la vie économique et sociale de la Nation, se font après **avis public de la commission permanente compétente de chaque assemblée**.

Sont aussi soumises à cet avis, la nomination :

- des trois membres du Conseil constitutionnel ;
- des deux personnalités qualifiées siégeant au Conseil supérieur de la magistrature ;
- du Défenseur des droits.

Le Président ne peut procéder à la nomination si l'addition des votes négatifs dans chaque commission représente au moins trois cinquièmes des suffrages exprimés au sein des deux commissions.

B. Les pouvoirs de contrôle sur l'usage de l'article 16 C

Après trente jours d'exercice des pouvoirs exceptionnels (*cf.* T. 2, Ch. 2, S. 1, § 2) **la révision de 2008** prévoit une **saisine facultative du Conseil constitutionnel** par le président de l'Assemblée nationale ou du Sénat, soixante députés ou sénateurs, afin que le Conseil vérifie (il se prononce par un avis public dans les plus brefs délais) si les conditions de recours à l'article 16 C sont encore réunies.

(Rappel : outre ce contrôle d'initiative parlementaire, il est également prévu que le Conseil procède de plein droit au même examen et se prononce dans les mêmes conditions au terme de soixante jours d'utilisation des pleins pouvoirs et à tout moment au-delà de cette durée).

§ 3. Le contrôle de certains actes du Président de la République

A. Les pouvoirs de contrôle sur les nominations présidentielles

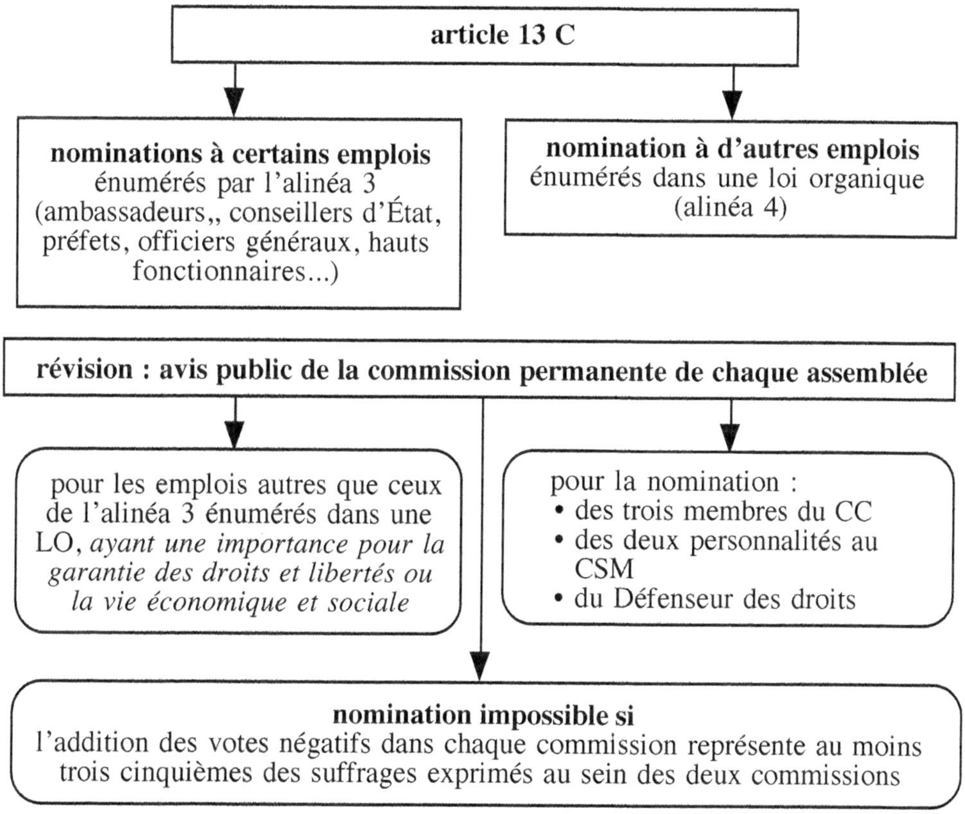

B. Les pouvoirs de contrôle sur l'usage de l'article 16 C

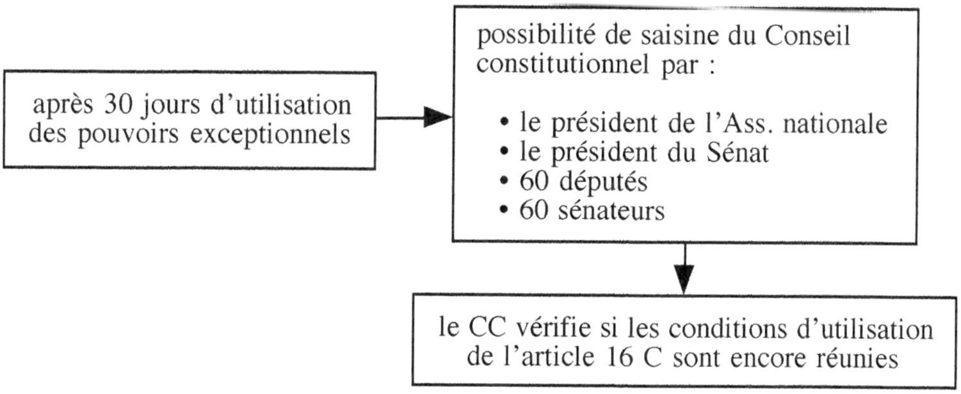

Section 2. L'amenuisement de l'intervention du Parlement

En principe, la loi est votée par le Parlement ; elle intervient à titre initial et en tout domaine.

Afin de renforcer l'efficacité de l'action gouvernementale et de pallier les insuffisances ou les lenteurs de l'action du Parlement, la Constitution de 1958 a mis en place deux solutions qui permettent de renforcer l'efficacité de l'action gouvernementale : une délégation du pouvoir législatif (en s'inspirant du procédé des décrets-lois) et une délimitation du domaine de la loi.

§ 1. La délégation du pouvoir législatif

A. L'introduction du procédé

Il est apparu en Europe afin de redresser la situation des pays affaiblis par le premier conflit mondial (après une utilisation à titre exceptionnel, durant la Première Guerre mondiale). En effet, les mesures de redressement nécessitées par la crise économique ne parvenaient pas à être prises par les organes législatifs, peu enclins à voter des mesures d'austérité impopulaires. Les Exécutifs apparurent alors les seuls en position d'agir. Il fallut leur en donner les moyens juridiques. C'est pourquoi on imagina de leur confier la prise d'actes juridiques spécifiques, en remplacement des lois. Ainsi, était réalisée une délégation du pouvoir législatif même si, à proprement parler, le Gouvernement ne prend pas de loi mais des actes spécifiques.

a. Un procédé imparfait improvisé sous la IIIe République

Sous la IIIe République, la **législation déléguée** a été mise en œuvre sans base constitutionnelle. Le Gouvernement déposait un projet de loi de "pleins pouvoirs" dans lequel il demandait au Parlement l'autorisation de prendre par **"décrets-lois"** des mesures qui auraient normalement nécessité une loi, ceci pour la réalisation d'un programme précis et pour une durée déterminée. En pratique, cependant, les limites de l'autorisation (matérielles et temporelles) furent insuffisamment précises et l'habilitation ressembla à un blanc-seing.

Le procédé fut très utilisé à partir de 1926. Les grandes réformes, réalisées entre 1934 et 1940, le seront par ce procédé commode pour les Gouvernements et le Parlement. Mais, victimes de leur succès, les décrets-lois seront balayés avec le régime qui les avait vus naître et la Constitution de 1946 entendit les proscrire.

Section 2. L'amenuisement de l'intervention du Parlement

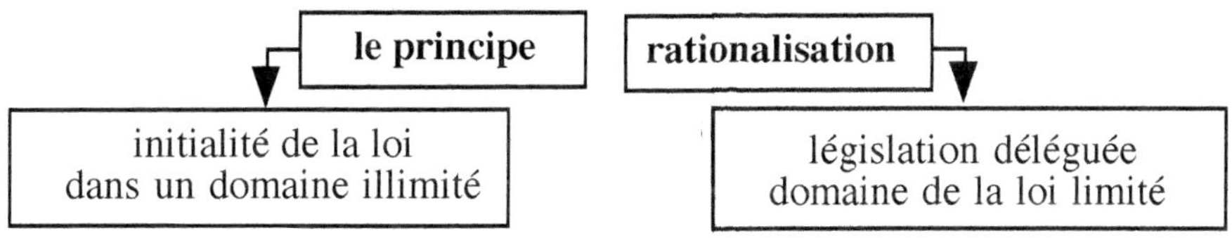

§ 1. La délégation du pouvoir législatif

A. L'introduction du procédé

a. Un procédé imparfait improvisé sous la IIIe République

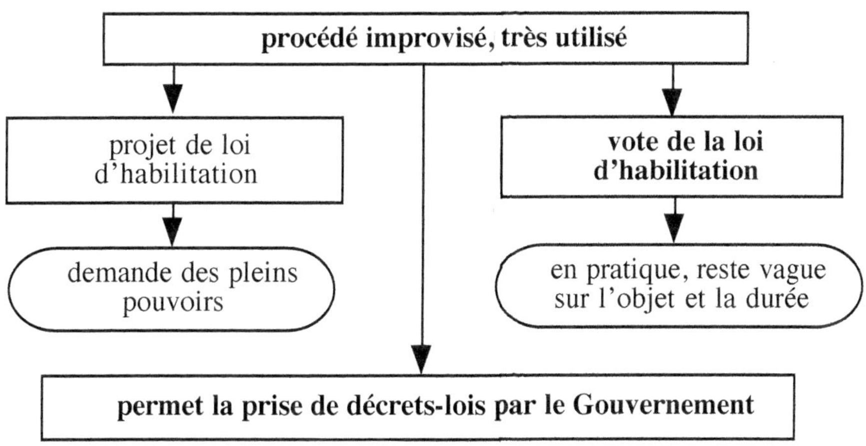

b. Un procédé proscrit par la Constitution de 1946

L'article 13 de la Constitution de 1946 dispose : "L'Assemblée Nationale vote seule la loi. Elle ne peut déléguer ce droit." Cette formulation devait interdire tout retour des décrets-lois. Cependant, cette interdiction ne fut pas respectée.

Dans un premier temps, elle fut tournée. La **loi du 17 août 1948** (dite loi Reynaud-Marie) conçut un procédé permettant d'aboutir au même résultat que les décrets-lois (c'est-à-dire à l'intervention du Gouvernement, à titre initial, dans certaines matières). On imagina de restreindre le domaine de la loi en ôtant à certaines matières leur caractère législatif (*délégalisation* opérant un transfert de matières au pouvoir réglementaire). Ces matières, confiées au Gouvernement, étaient désormais régies par règlements, sans qu'une loi n'intervienne au préalable. Cependant, le transfert avait une durée aléatoire puisqu'à tout moment le Parlement pouvait décider de récupérer ce qu'il avait cédé.

Ainsi, était créée par la loi (et non par la Constitution) une nouvelle forme de pouvoir réglementaire, exerçable :

- de façon autonome par rapport à la loi (car, par définition, il s'exerce initialement) ;
- seulement dans un domaine bien déterminé (matières législatives transférées) ;
- pour une durée aléatoire (dépendant de la volonté du Parlement).

Dans un second temps, à partir de 1953, on renoua purement et simplement avec la pratique des décrets-lois. Ce procédé commode devait être normalisé et constitutionnalisé par la Constitution de 1958.

B. La constitutionnalisation du procédé à l'article 38 C

La Constitution de 1958 allait reprendre le procédé des décrets-lois (sous le nom d'**ordonnances**) à l'article 38 C. L'article 38, al. 1 C dispose : "Le Gouvernement peut, pour l'exécution de son programme, demander au Parlement l'autorisation de prendre par ordonnances des mesures qui sont normalement du domaine de la loi".

L'article met en place une procédure précise et un régime spécifique pour ces ordonnances (terme qui s'applique en dehors du cadre de l'article 38 C pour désigner des actes particuliers pris par le Gouvernement comme, par exemple, l'ordonnance de mise en application du budget quand ce dernier n'est pas voté dans le délai imparti, ainsi que le prévoit l'article 47, al. 3 C).

b. Un procédé proscrit par la Constitution de 1946

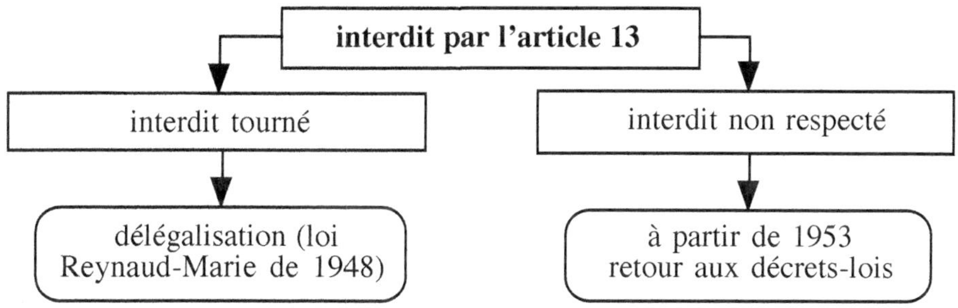

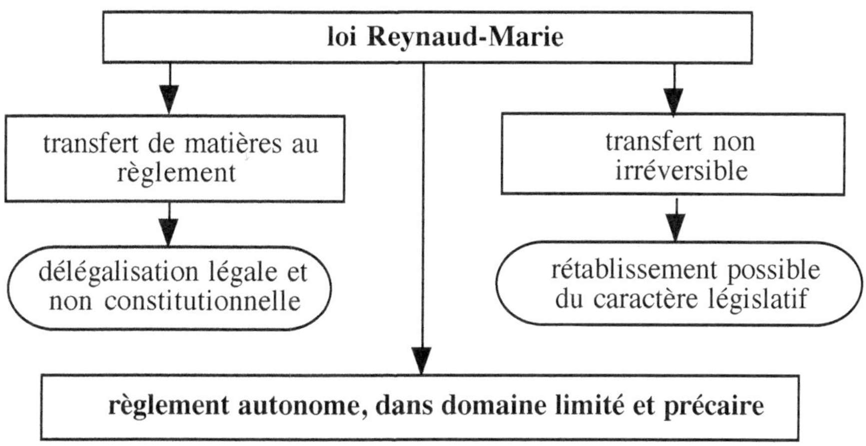

B. La constitutionnalisation du procédé à l'article 38 C

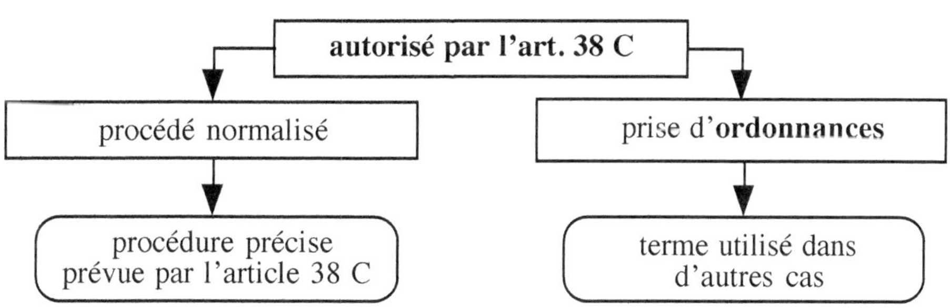

a. La loi d'habilitation

Il résulte de l'article 38 C que le Gouvernement peut déposer une demande d'habilitation :

- à tout moment (compétence discrétionnaire) pour la réalisation d'un programme quelconque (il n'est pas nécessaire que ce projet fasse l'objet de la procédure d'approbation de l'article 49, al. 1 C) ;
- sur un domaine qui relève en temps normal de la loi (art. 34 C), y compris le domaine fiscal.

La demande prend la forme habituelle d'un projet de loi. Mais la Constitution impose que ce projet de loi d'habilitation précise les domaines dans lesquels la délégation est demandée et la durée de l'habilitation (la Constitution ne fixe pas de maximum).

Le projet est ensuite examiné et voté par le Parlement selon la procédure législative habituelle. Puis, sur saisine éventuelle, le Conseil constitutionnel peut contrôler la constitutionnalité de la loi d'habilitation dans les conditions habituelles. Ce contrôle porte sur la finalité et le domaine des mesures à prendre. Il permet ainsi de vérifier la précision de l'habilitation accordée au Gouvernement afin d'éviter que l'habilitation ne soit un blanc-seing.

b. Le régime des ordonnances

Les ordonnances sont discrétionnairement signées par le Président de la République, après un avis du Conseil d'État (qui n'a pas de valeur contraignante mais qui doit être obligatoirement demandé). Ce sont des actes de nature administrative, soumis au contrôle de légalité du Conseil d'État.

À l'expiration du délai d'habilitation, le Gouvernement ne peut plus prendre de nouvelles ordonnances. Celles qu'il a déjà prises restent en vigueur mais elles ne peuvent plus être modifiées que par une loi du Parlement.

L'article 38 C prévoit qu'à l'expiration du délai d'habilitation, le Gouvernement dispose d'un nouveau délai pour déposer devant le Parlement un projet de loi de ratification des ordonnances qu'il a prises. Ce dépôt dans le délai imparti est une obligation sanctionnée : si le Gouvernement ne dépose pas le projet en temps utile, ses ordonnances deviennent caduques. En pratique, le Gouvernement respecte toujours le délai de dépôt.

a. La loi d'habilitation

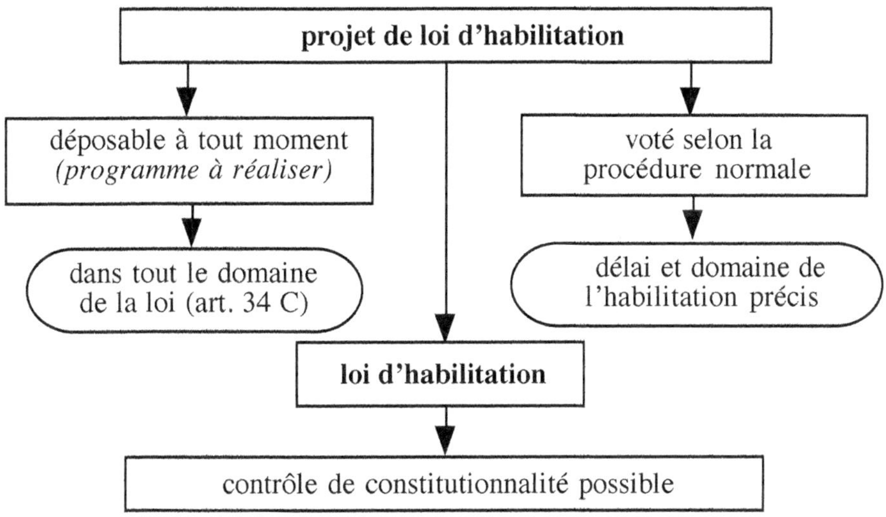

b. Le régime des ordonnances

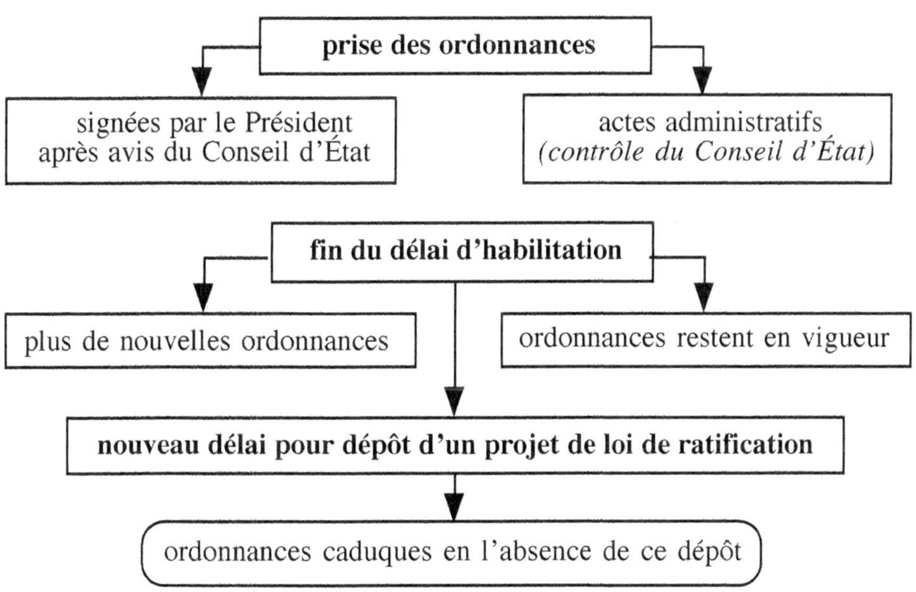

c. La ratification éventuelle des ordonnances

Ce projet de loi de ratification est voté dans les formes habituelles de la loi. Une fois la loi de ratification adoptée, les ordonnances acquièrent force de loi ; elles perdent leur nature administrative et ne peuvent plus être soumises au contrôle du Conseil d'État. La loi d'habilitation peut être soumise au Conseil constitutionnel pour un contrôle de constitutionnalité, à l'instar de toute loi. Il faut constater que le Parlement procède rarement au vote du projet de loi de ratification. Les ordonnances conservent donc leur nature administrative et continuent à s'appliquer jusqu'à ce qu'une loi ne les modifie. Selon le Conseil constitutionnel, une telle loi modificatrice opère une ratification implicite des ordonnances modifiées. Cette solution n'aura plus de raison d'être désormais. En effet, **la révision de 2008** précise que la ratification des ordonnances doit se faire explicitement.

§ 2. La limitation du domaine de la loi

La Constitution de 1958 fixe les bornes essentielles du pouvoir législatif du Parlement à l'article 34. Cet article énumère les domaines où s'exerce la compétence législative, soit pour y poser des règles, soit pour y poser des principes. Une telle limitation du domaine de la loi est apparue en 1958 et a nécessité des procédures pour en garantir le respect.

A. La révolution juridique des articles 34 et 37 C

En 1958, la remise en cause de la conception traditionnelle de la loi en tant qu'acte initial a été perçue comme une véritable révolution. Pour la première fois, une liste de matières législatives est donnée par la Constitution. Le Parlement ne peut légiférer que dans ce cadre.

a. L'atteinte à l'initialité de la loi

Traditionnellement, la loi est l'acte général et impersonnel, voté par le Parlement, qui intervient en premier lieu pour poser les règles. Il n'y a pas de domaine précis de la loi car tout est de son domaine. Le règlement est l'acte général et impersonnel qui intervient, en second lieu, pour mettre en œuvre la loi. Ce dernier ne peut donc, en principe, intervenir sans qu'une loi soit au préalable déjà intervenue. Le règlement ne peut pas non plus modifier des lois antérieures, même dans le cadre de l'exécution d'une loi, sauf autorisation de cette dernière.

Au contraire, en vertu de l'article 34 C, la loi n'intervient plus que dans un domaine délimité. Elle n'a plus qu'une compétence initiale d'attribution. En revanche, en vertu de l'article 37, al. 1 C, le règlement intervient, à titre initial, dans tous les domaines non attribués à la loi. Il lui est donc reconnu une compétence initiale de droit commun : "Les matières autres que celles qui sont du domaine de la loi ont un caractère réglementaire." En conséquence, il existe désormais deux sortes de règlements : le **règlement dérivé** qui est pris en application d'une loi ; le **règlement autonome** qui intervient à titre initial.

c. La ratification éventuelle des ordonnances

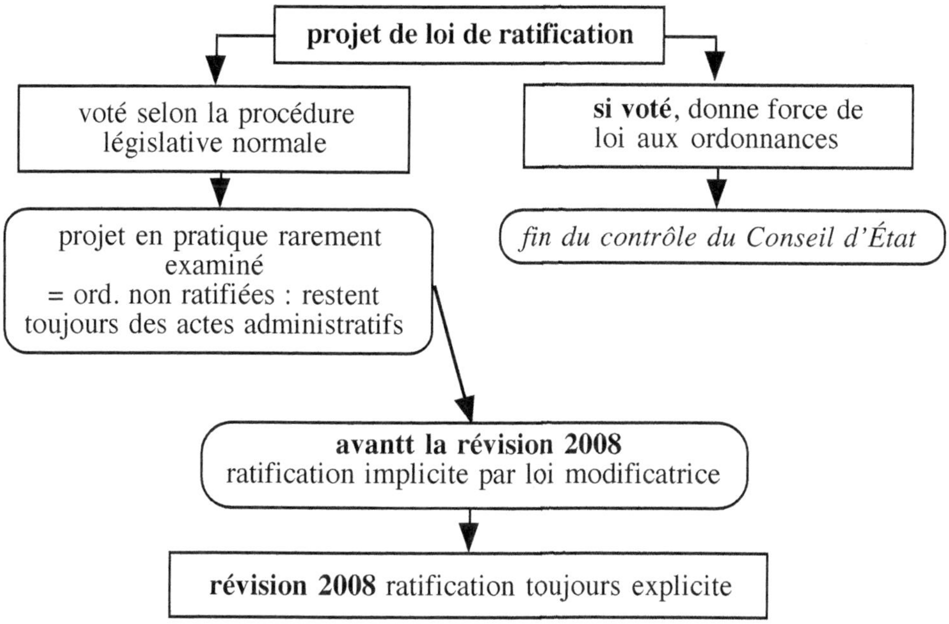

§ 2. La limitation du domaine de la loi

A. La révolution juridique des articles 34 et 37 C

a. L'atteinte à l'initialité de la loi

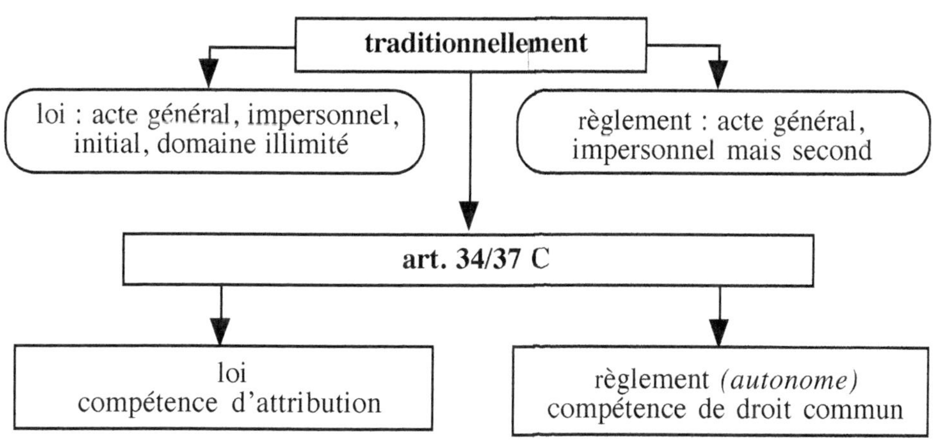

b. Le contenu du domaine de la loi

L'article 34 C traite du domaine de la loi ordinaire. Cependant, il indique qu'il existe trois catégories de loi qui régissent trois matières spécifiques : les **lois de finances** (le budget), les **lois de financement de la sécurité sociale** (financement de la protection sociale), les **lois de programme** (qui deviennent les lois de programmation avec la révision de 2008).

Pour la loi ordinaire (sans spécification particulière), l'article 34 C divise son domaine en deux secteurs. Dans le premier, la loi intervient pour fixer les règles ; dans le second, elle intervient pour poser les principes fondamentaux. La liste des matières peut être complétée par loi organique.

1. La loi fixe les règles

L'article 34 C distingue deux séries de rubriques dans lesquelles la loi fixe les règles.

La première concerne :

- les **droits et libertés** : droits civiques, garanties fondamentales pour l'exercice des libertés publiques ; sujétions particulières imposées pour les besoins de la défense nationale ;
- les éléments essentiels du **droit civil** : nationalité, état et capacité des personnes, successions, régimes matrimoniaux, libéralités ;
- les éléments essentiels du **droit pénal** et de l'**organisation de la justice** : détermination des crimes et délits et de leurs peines ; procédure pénale ; amnistie ; création de nouveaux ordres de juridiction, statut des magistrats ;
- le **droit fiscal, la monnaie** : assiette et taux de l'impôt, modalités de recouvrement et émission de la monnaie.

La seconde concerne :

- le **droit politique** : régime électoral des assemblées parlementaires et locales ;
- diverses questions d'**organisation administrative** comme la création de catégories d'établissements publics ; garanties fondamentales accordées aux fonctionnaires ; nationalisations d'entreprises et dénationalisation.

2. La loi détermine les principes fondamentaux

Cette rubrique peut se diviser en deux grands volets :

- des **questions d'administration** diverses : organisation générale de la défense nationale ; décentralisation ; enseignement ;
- des questions de **droit privé** et de **droit du travail** : régime de la propriété, droit des obligations ; droit du travail, droit syndical et droit de la sécurité sociale.

b. Le contenu du domaine de la loi

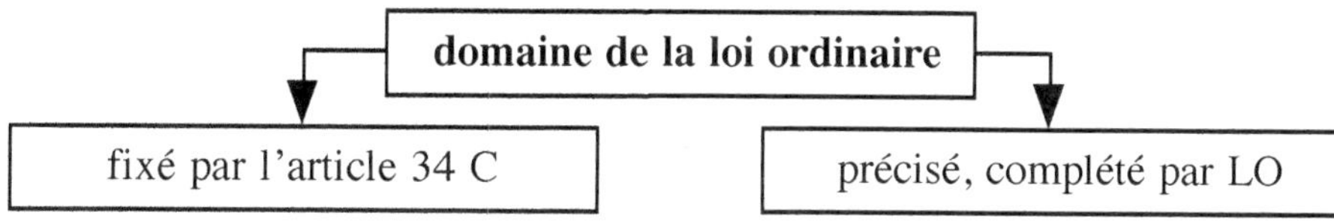

1. La loi fixe les règles

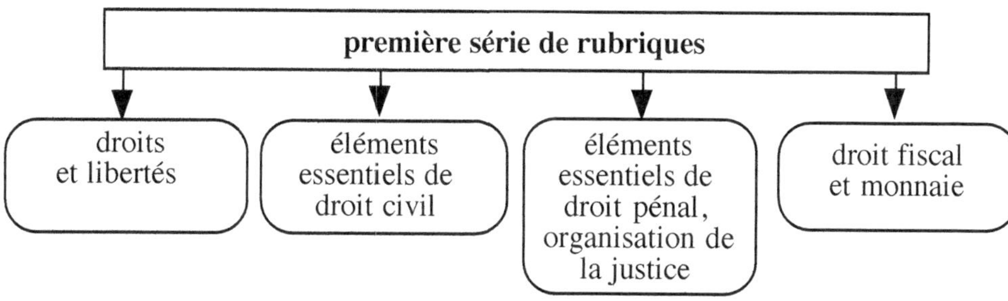

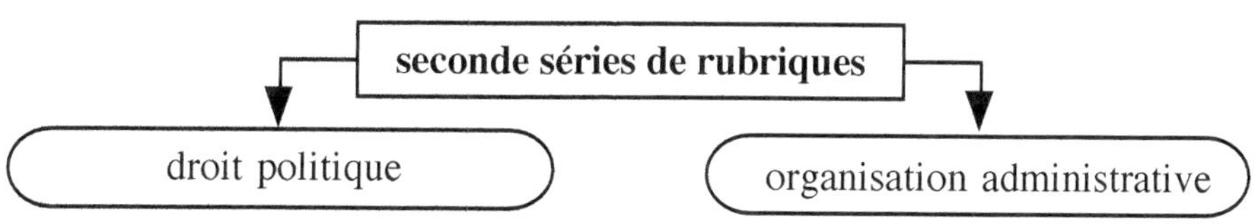

2. La loi détermine les principes fondamentaux

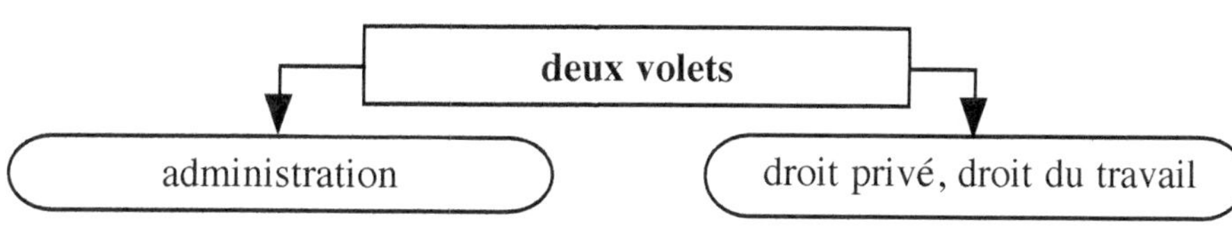

c. Les modifications de la révision de 2008

La révision ajoute à la rubrique des matières dont la loi fixe les règles :

- la liberté, le pluralisme et l'indépendance des médias ;
- le régime électoral des instances des Français établis hors de France ;
- les conditions d'exercice des mandats électoraux et des fonctions électives des assemblées délibérantes des collectivités territoriales.

Elle crée également une nouvelle catégorie de loi qui remplace les lois de programme : les lois de programmation qui fixe les objectifs de l'État et les orientations pluriannuelles.

B. Le respect du domaine de la loi

Ce respect peut être assuré durant la procédure législative et il peut l'être également après. Il existe donc deux procédures.

a. La procédure de l'irrecevabilité de l'article 41 C

L'irrecevabilité est un procédé général qui a pour effet de bloquer le texte qui en fait l'objet jusqu'à la décision se prononçant sur son bien-fondé. Dans le cadre de l'article 41 C, l'irrecevabilité peut être soulevée :

- à tout moment de la procédure législative ;
- à l'égard d'une **proposition de loi** ou d'un **amendement parlementaire** qui outrepasserait le domaine de la loi (ou sur un domaine confié au Gouvernement par une loi d'habilitation de l'article 38 C).

Avant la révision, soulever cette irrecevabilité était une compétence exclusive et discrétionnaire du Gouvernement. En conséquence, si cela lui semblait opportun, le Gouvernement pouvait laisser passer des propositions de loi et des amendements qui empiètent sur le domaine du règlement. **La révision de 2008** confère la compétence au président de l'assemblée saisie, concurremment au Gouvernement.

Une fois l'irrecevabilité soulevée, elle est jugée par le président de l'assemblée concernée.

En cas de désaccord, le Gouvernement et le président de l'assemblée peuvent saisir le Conseil constitutionnel qui tranche définitivement. Rappelons qu'il refuse de se prononcer dans le cadre du contrôle de constitutionnalité de l'article 62 al. 2 C sur la question du respect des limites de la loi (CC, 30 juillet 1982) (v. P. 1, T. 2, Ch. 2, S. 2, § 2).

En pratique, cette procédure de l'article 41 C est très peu utilisée.

c. Les modifications de la révision de 2008

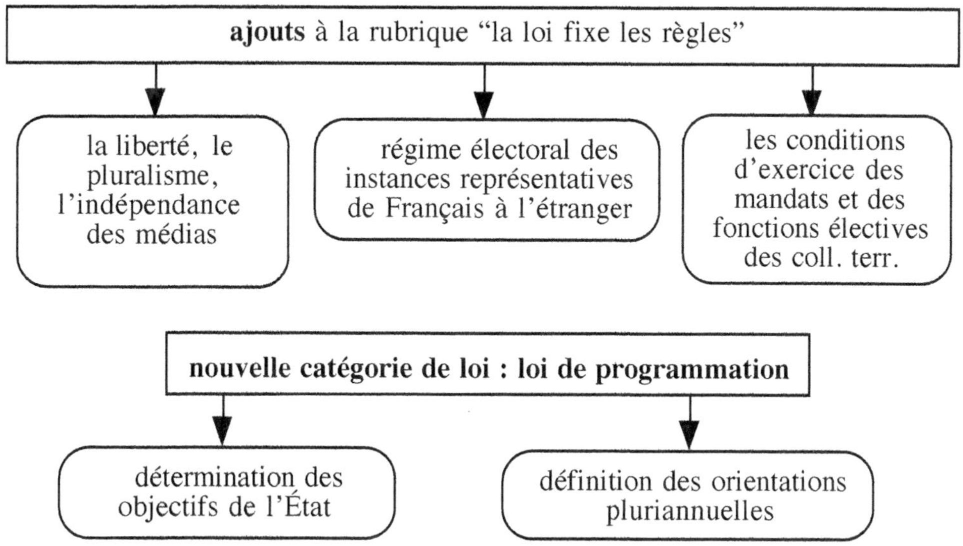

B. Le respect du domaine de la loi

a. La procédure de l'irrecevabilité de l'article 41 C

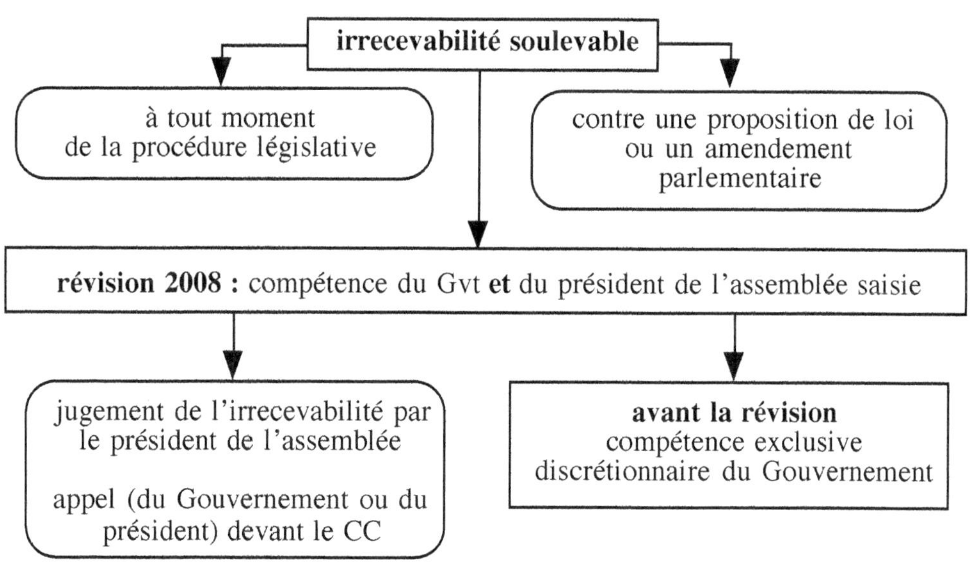

b. La procédure de déqualification de l'article 37, al. 2 C

L'article 37, al. 2 C organise une déqualification de textes votés par le Parlement selon la procédure législative mais dont le contenu relève du domaine réglementaire (dans ces conditions, ce ne sont pas des lois mais des "textes en forme législative").

Lorsque le caractère réglementaire du contenu du texte est reconnu, le Gouvernement peut prendre des règlements pour le modifier. Mais l'appréciation d'un tel caractère réglementaire suit une procédure différenciée.

- **Textes antérieurs à 1958** : le caractère réglementaire du contenu du texte en forme législative est soumis **à l'avis (contraignant) du Conseil d'État**.
- **Textes postérieurs à 1958** : le caractère réglementaire du contenu du texte en forme législative est soumis **à la décision du Conseil constitutionnel**. En pratique, il s'agit de textes qui ont empiété sur le domaine du règlement avec l'accord implicite du Gouvernement qui n'a pas soulevé l'irrecevabilité de l'article 41 C.

Section 3. La restriction du pouvoir législatif du Parlement

Dans le cadre de la rationalisation du parlementarisme, l'initiative gouvernementale a été favorisée et l'initiative parlementaire strictement encadrée. La discussion parlementaire donne de larges pouvoirs au Gouvernement pour lui permettre d'obtenir le vote de ses projets de loi.

§ 1. Le partage déséquilibré de l'initiative des lois ordinaires

La Constitution de 1958 limite sur le fond tant l'initiative primaire que secondaire.

A. La limitation sur le fond de l'initiative primaire parlementaire

Le domaine de l'initiative parlementaire est doublement borné.

a. Le respect des limites de l'article 34 C (renvoi)

(Voir le. § précédent sur le domaine de la loi)

b. Le respect des interdictions financières

1. La restriction posée par l'article 40 C

"Les propositions et amendements formulés par les membres du Parlement ne sont pas recevables lorsque leur adoption aurait pour conséquence soit une diminution des ressources publiques, soit la création ou l'aggravation d'une charge publique." (art. 40 C). Mais il est cependant possible de pratiquer des compensations qui atténuent les conséquences de l'article 40 C. Ainsi, si le Conseil constitutionnel a estimé que le singulier du mot "charge" interdisait toute forme de compensation entre charges ou entre charges et ressources, en revanche, il a considéré que le pluriel utilisé "les ressources", autorisait une **compensation entre une diminution de ressources et la création d'une ressource nouvelle** (sous certaines conditions).

b. La procédure de déqualification de l'article 37, al. 2 C

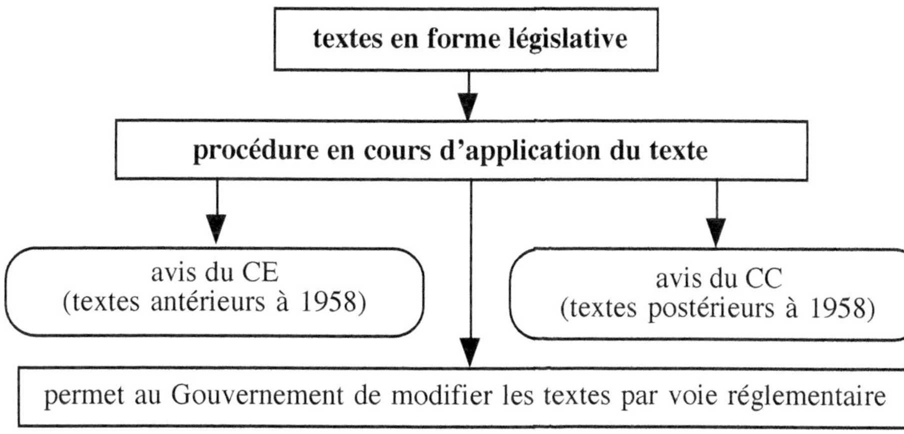

Section 3. La restriction du pouvoir législatif du Parlement

§ 1. Le partage déséquilibré de l'initiative des lois ordinaires

A. La limitation sur le fond de l'initiative primaire parlementaire

a. Le respect des limites de l'article 34 C (renvoi)

b. Le respect des interdictions financières

1. La restriction posée par l'article 40 C

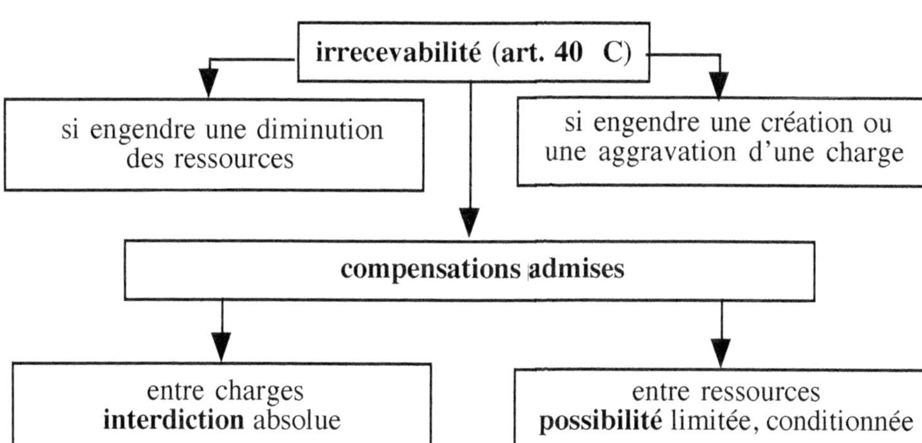

2. Le respect de l'article 40 C

La Constitution n'ayant rien prévu, ce sont les règlements intérieurs des assemblées qui ont fixé les conditions de ce contrôle.

À l'Assemblée nationale, l'irrecevabilité est soulevable dès le passage en commission. En séance publique, elle peut être soulevée à tout moment par le Gouvernement et tout député. Au Sénat, elle ne peut l'être que par le Gouvernement et qu'en séance publique.

La décision sur l'irrecevabilité est généralement prise, dans les deux assemblées, par le Président de chacune d'elles, sur avis du président de la commission des finances.

À noter que le Conseil constitutionnel exerce un contrôle du respect de l'article 40 C dans le cadre du contrôle de constitutionnalité "normal" de la loi mais qu'il n'accepte de statuer que si la question a déjà été soulevée devant le Parlement, en cours de procédure législative (CC, 20 juillet 1977).

B. Le régime de l'initiative secondaire des lois (amendements)

La Constitution confère le droit d'amendement aux membres du Parlement (art. 44 C). Il s'exerce de façon générale, sous réserve de textes qui n'admettent aucun amendement (texte d'un article adopté par les deux chambres en termes identiques, projet de loi demandant l'autorisation de ratifier un traité). Le régime des amendements parlementaires comprend deux aspects : les conditions de recevabilité et les conditions d'examen et de vote.

a. Les conditions de recevabilité

Il faut que l'amendement en soit réellement un, qu'il soit présenté convenablement et qu'il respecte les limites générales imposées à l'initiative parlementaire.

1. La définition de l'amendement

Avant la révision de 2008, la Constitution ne définissait pas l'amendement. Les règlements d'assemblée comblaient cette lacune et rappelaient que l'amendement doit s'appliquer effectivement au texte qu'il vise (critère du lien).

Le Conseil constitutionnel avait finalement décidé d'exercer un contrôle (CC, 13 décembre 1985) qui a d'abord été strict. L'amendement devait avoir un lien avec le texte et ne pas dépasser les "limites inhérentes au droit d'amendement" (CC, 29 décembre 1986). Puis, le contrôle du Conseil s'est assoupli et s'est limité à un contrôle du lien entre l'amendement et le texte (CC, 19 juin 2001).

La révision de 2008 dispose désormais qu'est recevable en première lecture (donc remplit les conditions d'un amendement) tout amendement qui présente **un lien, même indirect**, avec le texte déposé ou transmis (art. 45, al. 1 C).

2. Le respect de l'article 40 C

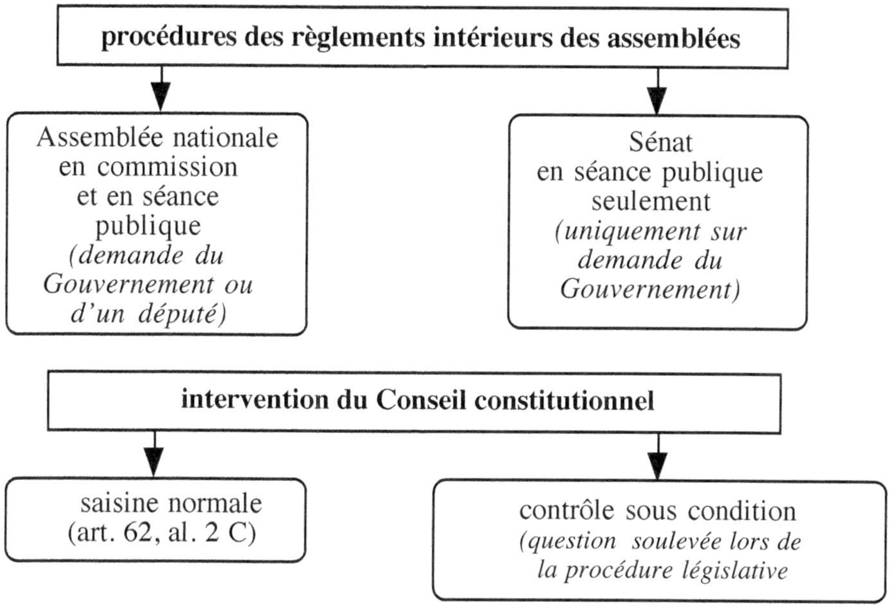

B. Le régime de l'initiative secondaire des lois (amendements)

a. Les conditions de recevabilité

1. La définition de l'amendement

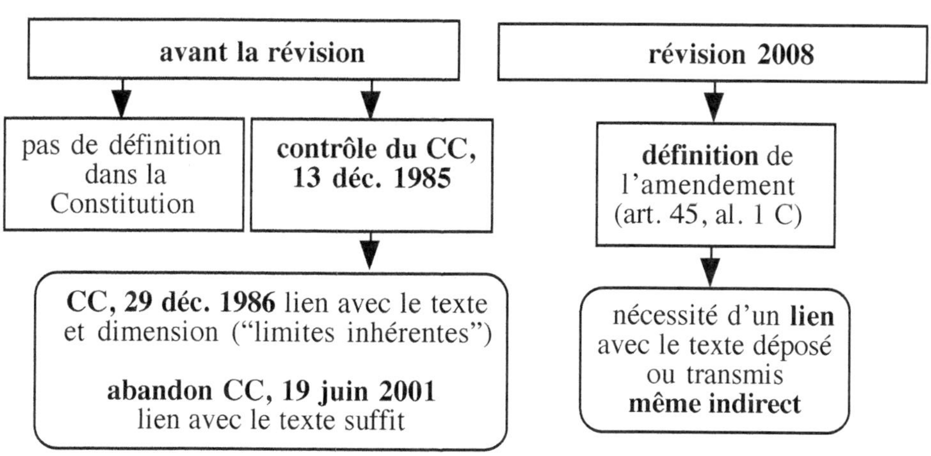

2. La forme et le délai à respecter

Les amendements doivent être rédigés, motivés et signés (en pratique, une motivation succincte suffit et la vérification du sérieux, qui devrait se faire lors du passage en commission, est effectuée très formellement). Par ailleurs, le dépôt des amendements est enfermé dans un délai au-delà duquel il n'est plus possible d'en déposer (mais il est possible de déposer, sans limitation de temps, des sous-amendements). **La loi organique du 24 mars 2009** prévoit également une étude d'impact comme en matière d'initiative des lois.

3. Les limites générales à l'initiative parlementaire (art. 40 et 41 C)

Les amendements parlementaires sont, au même titre que les propositions de loi, frappés par l'interdiction d'outrepasser les limites du domaine de la loi (art. 41 C) et par l'interdiction financière de l'article 40 C (*cf. supra*).

b. L'examen et le vote des amendements

Les amendements doivent normalement passer en commission pour examen. Le Gouvernement peut s'opposer à leur discussion et demander leur passage en commission (art. 44, al. 2 C).

En vertu du principe de la spécialité des votes, chaque amendement est en principe voté séparément après discussion. Mais l'article 44, al. 3 C (procédé du vote bloqué ou vote unique) autorise le Gouvernement :

- à interrompre la procédure de discussion des amendements ;
- à choisir les amendements qu'il veut retenir (tri parmi les amendements déposés) ;
- à imposer le passage au vote sur le texte ainsi défini.

Ce procédé permet au Gouvernement :

- de gagner du temps puisqu'il raccourcit les débats ;
- de contrer un dépôt excessif d'amendements de la part de l'opposition dans un but d'obstruction ;
- d'écarter les amendements qui ne lui plaisent pas et qui, cependant, pourraient être votés par sa majorité ; dans ce cas, l'article 44, al. 3 C a une fonction disciplinaire vis-à-vis de la majorité parlementaire.

La loi organique du 24 mars 2009 prévoit aussi que les règlements intérieurs de chaque assemblée peuvent prévoir une procédure d'examen simplifiée des amendements et une procédure impartissant des délais d'examen en séance des amendements en vue d'écourter les débats.

2. La forme et le délai à respecter

conditions formelles et temporelles

- rédigé, motivé, signé
  déposé dans le délai prescrit
- **étude d'impact**
  (LO 24 mars 2009)

b. L'examen et le vote des amendements

passage en commission obligatoire
en son absence, peut être exigé par le Gouvernement (art. 44, al. 2 C)

pouvoirs du Gouvernement (art. 44, al. 3 C)

- interrompre la discussion
- choisir les amendements soumis au vote
  - **avantages**
    écourter la discussion
    contrer un excès d'amendements
    écarter certains amendements
- imposer le vote immédiat

règlements intérieurs des ass. (LO 24 mars 2009)

- procédure d'examen simplifiée
- délais pour l'examen d'un texte en séance

§ 2. Le régime de l'initiative législative

Le régime de l'initiative comprend les règles relatives au dépôt des textes et celles relatives à leur examen avant la discussion en séance plénière.

A. Le dépôt des projets et propositions de loi

a. Le régime de la présentation des projets de loi

Avant la révision de 2008, l'article 39, al. 2 C se limitait à prévoir la façon dont les projets de loi étaient arrêtés par le Gouvernement après avis du Conseil d'État et délibération en Conseil des ministres.

La révision prévoit que la présentation des projets de loi déposés devant une des assemblées répond aux **conditions fixées par la loi organique du 15 avril 2009** (notamment, une étude d'impact est exigée désormais).

Une sanction du respect de ces règles est prévue : si la conférence des présidents de la première assemblée saisie constate que les conditions exigées ne sont pas remplies, l'inscription à l'ordre du jour du projet de loi devient impossible. Et, en cas de désaccord entre la conférence des présidents et le Gouvernement, le président de l'assemblée concernée ou le Gouvernement peut saisir **le Conseil constitutionnel** qui tranchera dans les huit jours.

b. La détermination de la première assemblée saisie

Les projets de loi sont déposés sur le bureau de l'une des deux assemblées, au gré du Gouvernement, sauf :

- les projets de loi en matière de décentralisation, déposés d'abord au Sénat ;
- les projets de loi de finances (art. 47 C) et les projets de loi de financement de la sécurité sociale (art. 47-1 C) déposés d'abord à l'Assemblée nationale.

Avant la révision de 2008, les projets de loi relatifs à la représentation des Français établis à l'étranger étaient déposés en priorité de dépôt devant le Sénat (art. 39, al. 2 C, issu de la loi constitutionnelle du 28 mars 2003). **La révision** a supprimé cette disposition dans la mesure où désormais la représentation des Français à l'étranger est également assurée à l'Assemblée nationale et non plus exclusivement au Sénat comme auparavant.

Les propositions de loi sont déposées sur le bureau de l'assemblée à laquelle appartient leur auteur.

§ 2. Le régime de l'initiative législative

A. Le dépôt des projets et propositions de loi

a. Le régime de la présentation des projets de loi

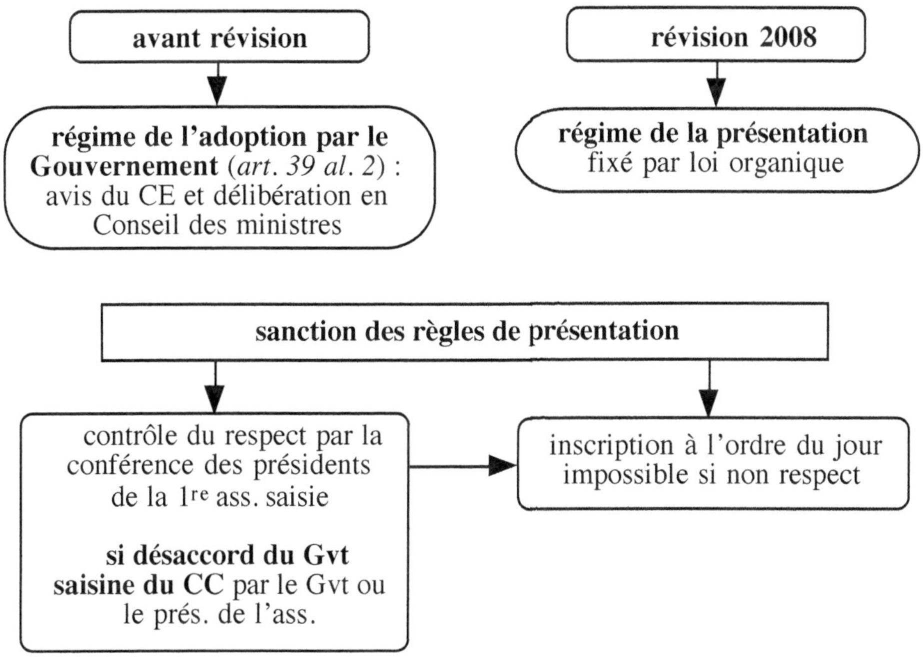

b. La détermination de la première assemblée saisie

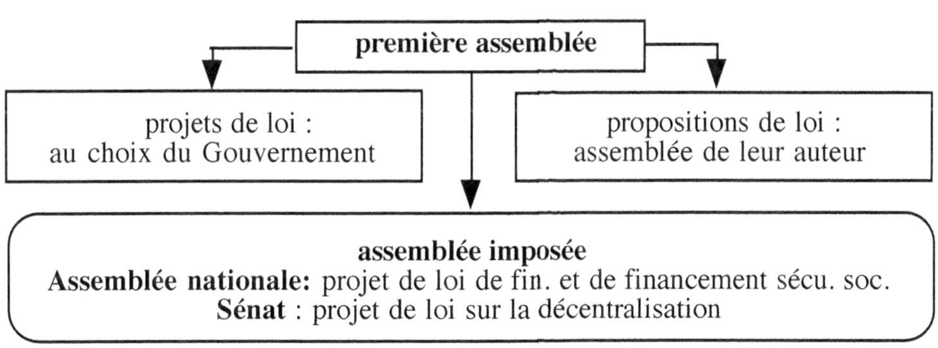

B. La période avant le début de la discussion en séance plénière

a. L'inscription à l'ordre du jour des projets et propositions de loi

1. Avant la révision de 2008

La Constitution de 1958 (art. 48, al. 1 C) disposait que "l'ordre du jour des assemblées comporte, par priorité et dans l'ordre que le Gouvernement a fixé, la discussion des projets de loi du Gouvernement et des propositions de loi acceptées par lui."

Ainsi, contrairement à la pratique des Républiques précédentes, les assemblées n'étaient pas entièrement maîtresses de leur ordre du jour. Elles ne disposaient librement que de l'ordre du jour non prioritaire (complémentaire) fixé par la conférence des présidents. Cependant, la révision du 4 août 1995 avait prévu qu'une séance par mois serait réservée à un ordre du jour fixé par les parlementaires (art. 48, al. 3 C).

2. Les modifications de la révision de 2008

L'article 48, al. 1 C prévoit désormais que l'ordre du jour est fixé par les assemblées. Mais le Gouvernement dispose de deux semaines de séance sur quatre qui sont réservées en priorité et, dans l'ordre qu'il a fixé, à l'examen des textes dont il demande l'inscription à l'ordre du jour (art. 48, al. 2 C). À sa demande, sont en outre inscrits à l'ordre du jour par priorité l'examen :

- des projets de loi de finances et de financement de la sécurité sociale ;
- des textes qui ont été transmis par l'autre assemblée depuis plus de six semaines au moins ;
- des projets de loi relatifs aux états de crise ;
- des demandes d'autorisation visées à l'article 35 (voir S. 1, § 2).

Par ailleurs, le jour de séance par mois est réservé à un ordre du jour arrêté par chaque assemblée à l'initiative des groupes d'opposition et des groupes minoritaires (art. 48, al. 5 C).

b. L'examen des textes en commission (renvoi)

(voir S. 1, § 1).

B. La période avant le début de la discussion en séance plénière

a. L'inscription à l'ordre du jour des projets et propositions de loi

1. Avant la révision de 2008

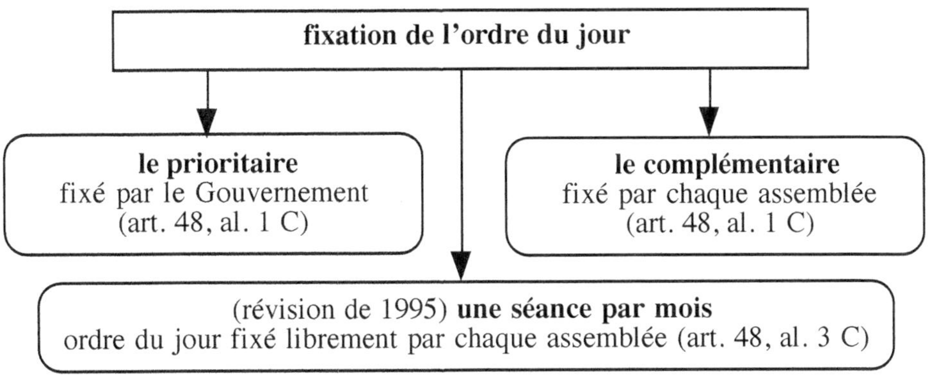

2. Les modifications de la révision de 2008

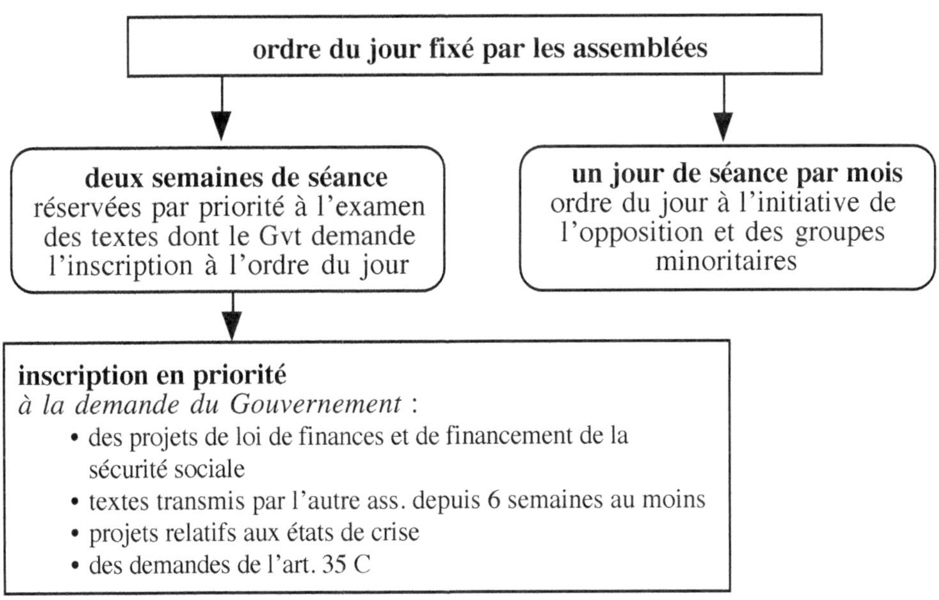

§ 3. L'intervention du Gouvernement dans le processus du vote de la loi ordinaire

La loi est votée par le Parlement. Mais la Constitution de 1958 a introduit diverses prérogatives au profit du Gouvernement afin que ce monopole parlementaire du vote des lois reste sous la direction de ce dernier.

Cependant, la **révision de 2008** apporte d'intéressantes modifications. Elle améliore en premier lieu le travail des parlementaires avant séance en prévoyant :

- qu'en première lecture, devant la première assemblée saisie, la discussion en séance des projets et des propositions de loi (ordinaire) ne peut intervenir qu'à l'expiration d'un **délai de six semaines** (art. 42, al. 3 C) après son dépôt,
- qu'en seconde lecture, devant la seconde assemblée saisie, le délai est de **quatre semaines** à compter de la transmission du texte voté par l'autre assemblée.

Ces délais ne concernent :

- ni les projets de loi de finances ;
- ni ceux de financement de la sécurité sociale ;
- ni ceux relatifs aux états de crise ;
- ni les textes pour lesquels la procédure accélérée a été engagée dans les conditions de l'article 45 (art. 42, al. 4 C).

Les lois organiques sont mises au même régime mais l'article 46 révisé précise que si la procédure accélérée a été engagée, le projet ou la proposition ne peut être soumis à la délibération de la première assemblée saisie avant l'expiration d'un délai de quinze jours après son dépôt (art. 46, al. 2 C).

Ces délais garantissent ainsi un temps suffisant d'examen aux parlementaires et aux commissions des assemblées avant que ne commence l'examen en séance plénière. Il témoigne de la volonté de renforcer le rôle du Parlement. Dans le même sens, la révision a atténué les pouvoirs du Gouvernement, soit en les partageant avec les assemblées, soit en limitant leur usage.

§ 3. L'intervention du Gouvernement dans le processus du vote de la loi ordinaire

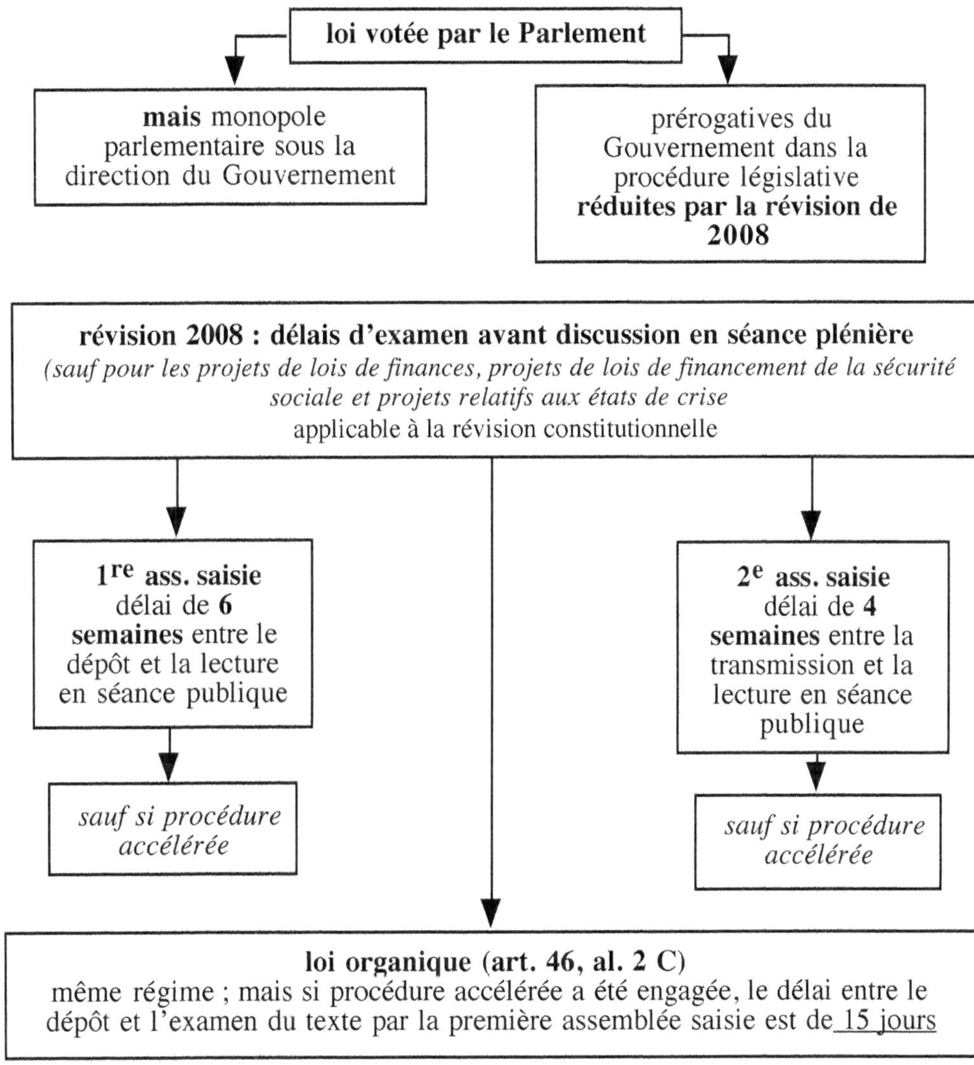

A. L'interruption de la navette et le "dernier mot" de l'Assemblée nationale

a. La navette parlementaire

La procédure législative normale comporte un va-et-vient entre les deux chambres en vue de l'adoption d'un texte identique : c'est la navette parlementaire (art. 45, al. 1 C). Elle dure jusqu'au vote d'un texte identique par les deux assemblées.

Après deux lectures du texte par chaque assemblée, le Premier ministre peut cependant l'interrompre et provoquer la réunion d'**une commission mixte paritaire** (CMP) (composée de sept députés et de sept sénateurs, élus par chaque assemblée) chargée de proposer un texte de compromis sur les dispositions restant en discussion. Il dispose de ce pouvoir à l'égard des projets et des propositions de loi. **La révision de 2008** confère ce même pouvoir aux présidents des deux assemblées agissant conjointement mais uniquement à l'égard des propositions de loi (art. 45, al. 2 C).

Avant la révision de 2008, le Premier ministre pouvait provoquer la réunion de la CMP après une seule lecture de chaque assemblée, en déclarant (discrétionnairement) l'urgence. **La révision de 2008** prévoit désormais (art. 45, al. 2 C) que le Gouvernement peut "engager la procédure accélérée" mais les Conférences des présidents des deux assemblées peuvent conjointement s'y opposer (art. 45, al. 2 C).

b. L'intervention de la commission mixte paritaire (CMP)

La CMP n'est pas enfermée dans un délai : c'est elle qui décide de la fin de ses travaux. Elle n'a pas une obligation de résultat. Elle peut ne pas parvenir à un texte de compromis.

1. L'impossibilité d'un texte de compromis

La CMP ne parvient pas à élaborer un texte de compromis. Dans ce cas, la procédure législative reprend là où elle s'était arrêtée : la dernière assemblée saisie du texte en reprend l'examen, puis l'autre assemblée se prononce à son tour.

Si le désaccord persiste :

- soit le Gouvernement n'intervient pas et la navette continue ;
- soit le Gouvernement demande à l'Assemblée nationale de trancher seule.

A. L'interruption de la navette et le "dernier mot" de l'Assemblée nationale

a. La navette parlementaire

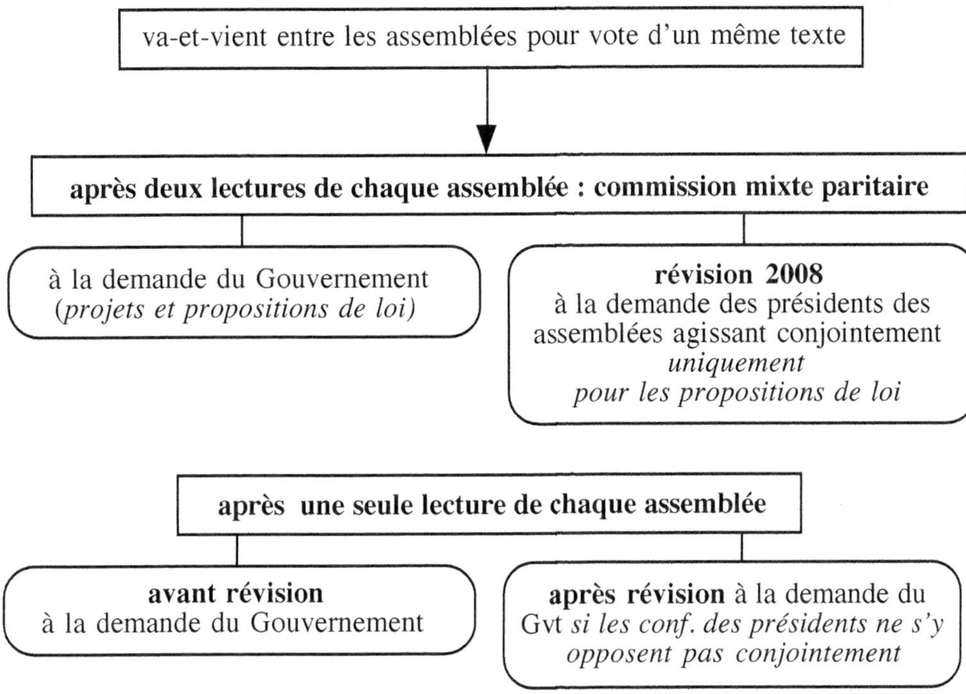

b. L'intervention de la commission mixte paritaire (CMP)

1. L'impossibilité d'un texte de compromis

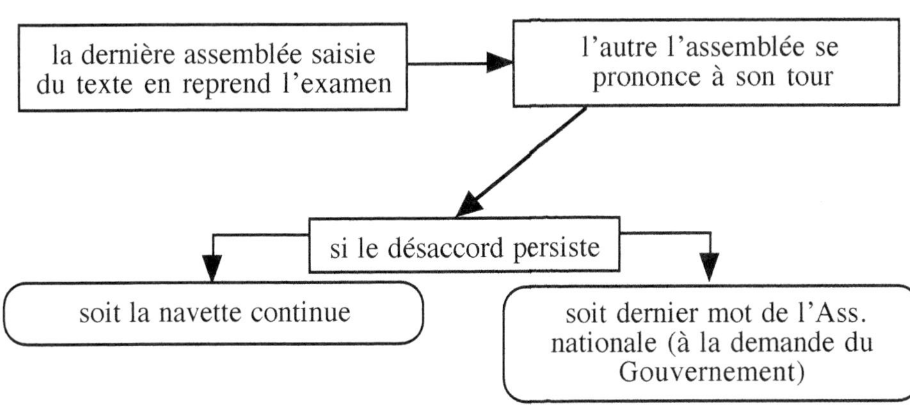

2. L'élaboration d'un texte de compromis

Un texte de compromis est élaboré par le CMP. Le Gouvernement est seul à décider s'il sera présenté aux assemblées.

Si le Gouvernement ne présente pas le texte de compromis, la procédure législative reprend comme dans le cas où la CMP n'est pas parvenue à un résultat.

Si le Gouvernement soumet le texte de compromis aux assemblées, il est le seul à pouvoir l'amender (dans des limites fixées par le CC).

b. Le texte de compromis soumis aux assemblées

Si le texte de compromis est adopté par les deux chambres en termes identiques, la loi est définitivement votée

Si le texte de compromis n'est pas adopté, après une nouvelle lecture par chaque assemblée, le Gouvernement a le choix : soit il ne fait rien dans les quinze jours qui suivent le vote du Sénat et la navette continue ; soit il demande à l'Assemblée nationale de trancher seule. Celle-ci peut alors se prononcer soit sur le texte de la CMP, soit sur le dernier texte voté par elle, éventuellement assorti d'amendements sénatoriaux.

2. L'ÉLABORATION D'UN TEXTE DE COMPROMIS

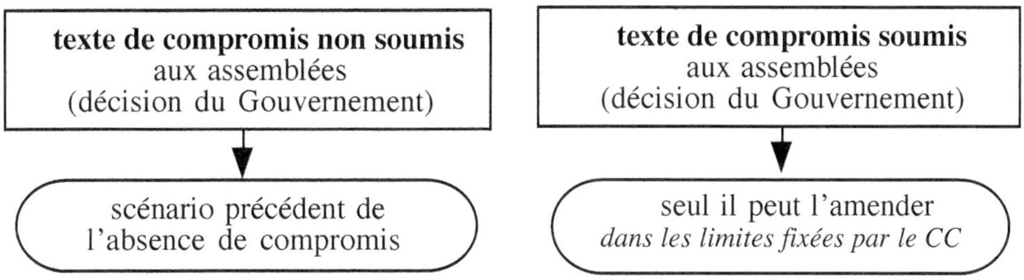

b. Le texte de compromis soumis aux assemblées

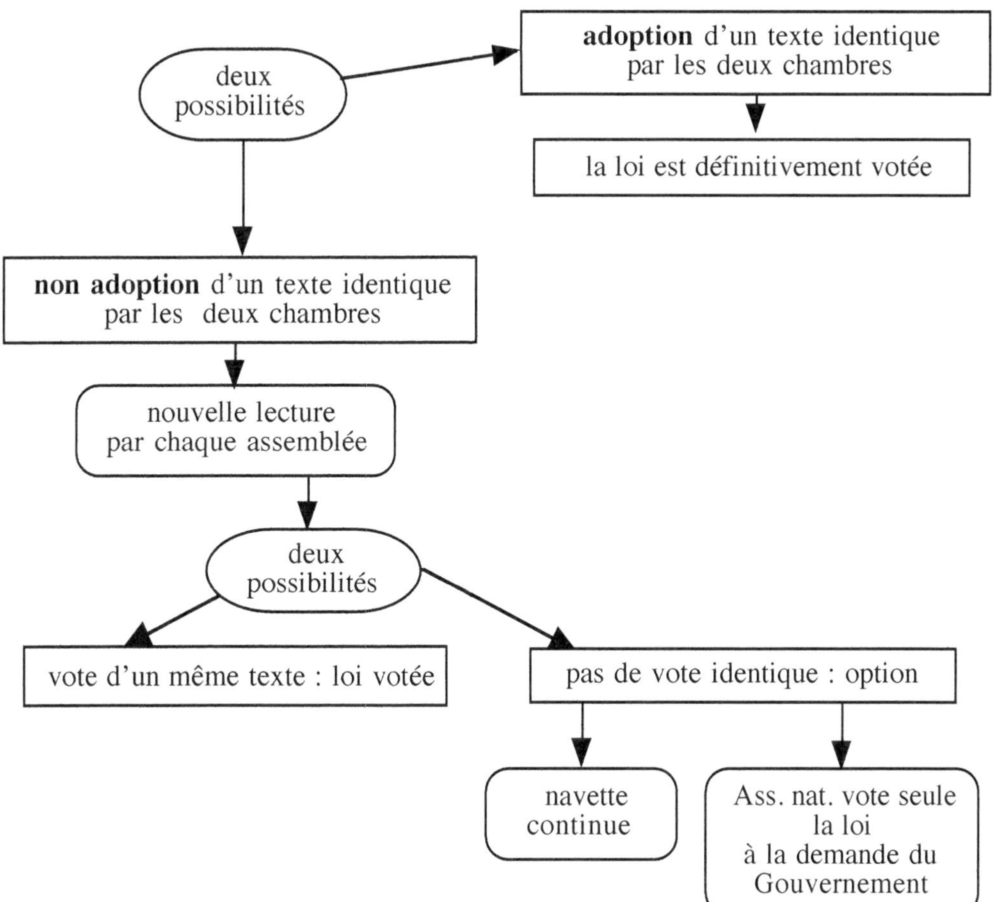

B. Le passage en force avec l'article 49, al. 3 C

"Le Premier ministre peut, après délibération du Conseil des ministres, engager la responsabilité du Gouvernement sur le vote d'un texte. Dans ce cas, ce texte est considéré comme adopté, sauf si une motion de censure, déposée dans les vingt-quatre heures qui suivent, est votée dans les conditions prévues l'alinéa précédent." (c'est-à-dire votée comme toute motion de censure à la majorité absolue des membres composant l'Assemblée nationale). L'article n'est utilisable que devant l'Assemblée nationale puisqu'il met en jeu une motion de censure que seule celle-ci peut déposer et voter.

Avant la révision de 2008, le Gouvernement pouvait utiliser ce procédé sur tout ou partie de n'importe quel texte sans limites (et à tout moment de la procédure, même en cas de lecture définitive par l'Assemblée nationale seule).

La révision dispose que désormais l'article n'est utilisable **que pour le vote des lois de finances ou de financement de la sécurité sociale**. En dehors de ces cas, le Premier ministre peut encore utiliser l'article pour un autre texte (projet ou proposition) une fois par session.

a. Les trois cas de figure possibles

À partir du moment où le Gouvernement a décidé d'engager sa responsabilité sur le vote du texte en discussion :

- soit aucune motion de censure n'est déposée et le texte est considéré comme adopté (le Gouvernement reste en place) ;
- soit une motion de censure est déposée mais elle n'est pas votée, le texte est considéré comme adopté (le Gouvernement reste en place) ;
- soit une motion de censure est déposée et votée, le texte n'est pas adopté et le Gouvernement doit démissionner.

B. Le passage en force avec l'article 49, al. 3 C

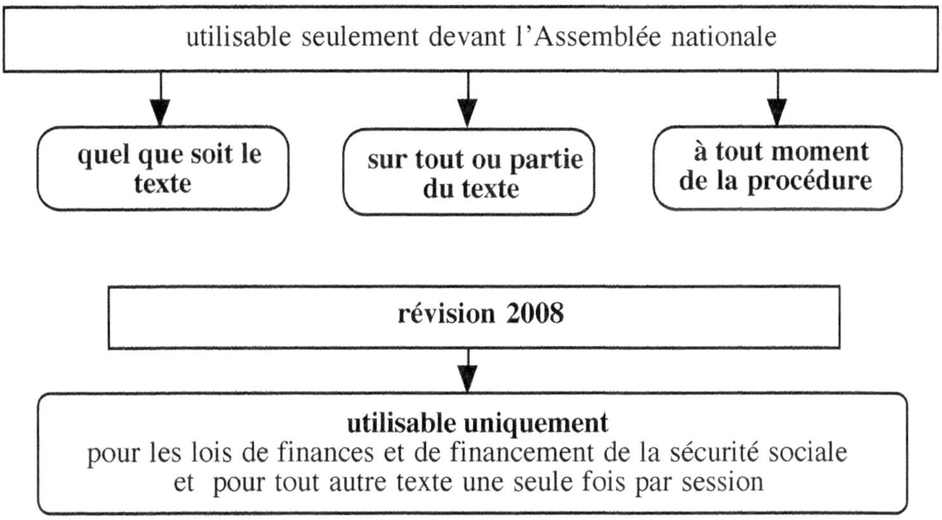

a. Les trois cas de figure possibles

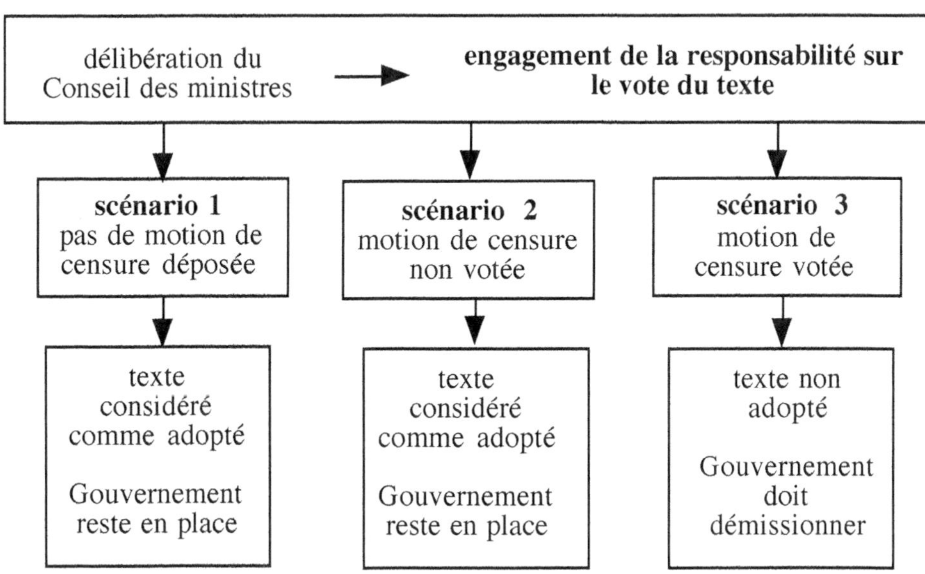

b. Les avantages du procédé pour le Gouvernement

L'article 49, al. 3 C présente trois avantages pour le Gouvernement. Il lui permet :

- de **clarifier** ses rapports avec sa majorité, par hypothèse réticente à voter le texte : soit elle poursuit son opposition et vote la censure, ce qui manifeste une rupture définitive avec le Gouvernement ; soit elle cède et ne vote pas la censure, montrant qu'elle soutient toujours le Gouvernement malgré son désaccord avec lui sur le texte ;
- de **contraindre** sa majorité à accepter le texte, en mettant en balance le passage de ce dernier et la chute du Gouvernement (avec, parfois, la menace d'une dissolution en cas de vote de la censure) ;
- d'**écourter** la discussion parlementaire en provoquant le déclenchement d'une procédure qui permet d'obtenir (en cas d'échec de la motion de censure) un passage du texte dans les vingt-quatre heures.

§ 4. Les procédures législatives spéciales

La Constitution pose des règles d'adoption spécifiques pour trois catégories de lois : les lois constitutionnelles qui modifient la Constitution, les lois organiques qui complètent la Constitution (art. 46 C), les lois de finances qui établissement le budget annuel de l'État et les lois de financement de la sécurité sociale qui déterminent les conditions générales de l'équilibre financier de la sécurité sociale.

A. Les lois constitutionnelles (art. 89 C) (renvoi)

Les lois constitutionnelles ont déjà été étudiées avec la révision de la Constitution (v. P. 1, T. 2, Ch. 1, S. 2).

B. Les lois organiques (art. 46 C)

Les lois organiques (soumises à un contrôle automatique de constitutionnalité de la part du Conseil constitutionnel après leur vote) connaissent une procédure un peu particulière par rapport à celles des lois ordinaires :

- l'Assemblée nationale ne peut exercer son droit de dernier mot si la loi organique concerne le Sénat ;
- quand l'Assemblée nationale use de son droit de dernier mot, un vote à la majorité absolue de ses membres est requis.

Avant la révision de 2008, un délai de quinze jours devait s'écouler entre la date du dépôt du texte et son examen en séance. **Après la révision,** les délais d'examen prévus par l'article 42, al. 3 C pour les lois ordinaires s'appliquent (*cf. supra).* Cependant, si la procédure accélérée a été engagée par le Gouvernement, le délai entre le dépôt du projet ou de la proposition de loi et son examen par la première assemblée saisie est de quinze jours (art. 47, al. 2 C).

b. Les avantages du procédé pour le Gouvernement

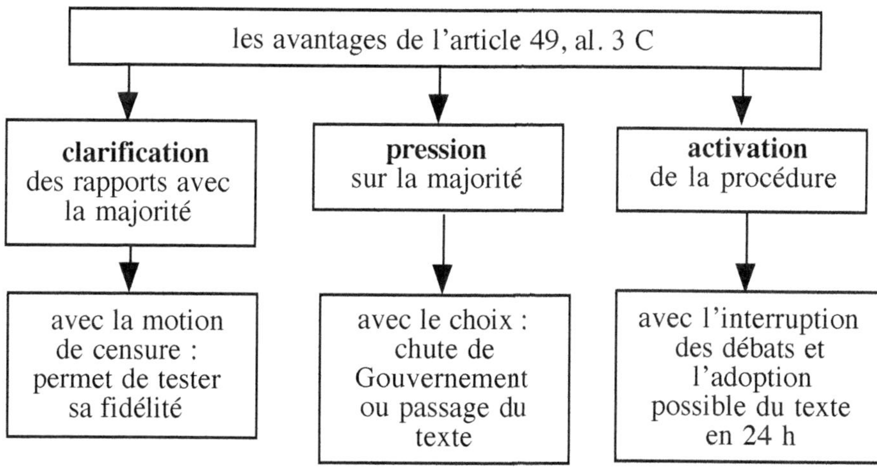

§ 4. Les procédures législatives spéciales

A. Les lois constitutionnelles (art. 89 C) (renvoi)

B. Les lois organiques (art. 46 C)

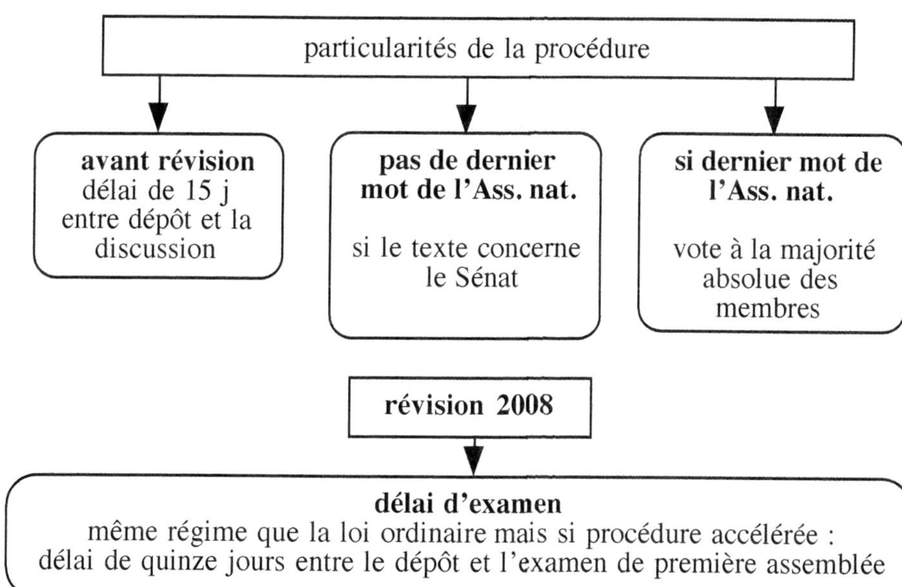

C. Les lois de finances (art. 47 C)

a. L'initiative primaire et secondaire en matière de lois de finances

En matière de lois de finances, le **Gouvernement** dispose de l'**exclusivité de l'initiative primaire**. Le projet de loi de finances de l'année est déposé devant l'Assemblée nationale, en début de session parlementaire, afin de pouvoir être voté avant la fin de l'année qui précède son exécution.

En matière d'**amendement** du projet (initiative secondaire), les parlementaires voyaient leur droit extrêmement réduit par les dispositions de l'ordonnance organique du 2 janvier 1959. Son article 42 posait le principe de l'interdiction de tout amendement parlementaire, sauf dans trois cas : réduction ou suppression d'une dépense ; création ou augmentation d'une recette ; contrôle des dépenses publiques.

La nouvelle loi organique du **1er août 2001** adopte une solution très différente. Elle rétablit l'application de l'article 40 C. Mais, pour cette application, elle précise que le mot **charge** de l'article 40 C correspond à la **mission** dans son propre texte. Or, la mission est un ensemble de crédits interministériels, finançant un programme de politique publique.

Aussi, dans les limites de crédits accordés à une mission, les parlementaires peuvent désormais procéder par compensation. Ils ont la liberté de proposer des augmentations de dépenses compensées par des réductions ou des suppressions de dépenses (cela correspond au redéploiement des crédits à l'intérieur d'une mission).

C. Les lois de finances (art. 47 C)

a. L'initiative primaire et secondaire en matière de lois de finances

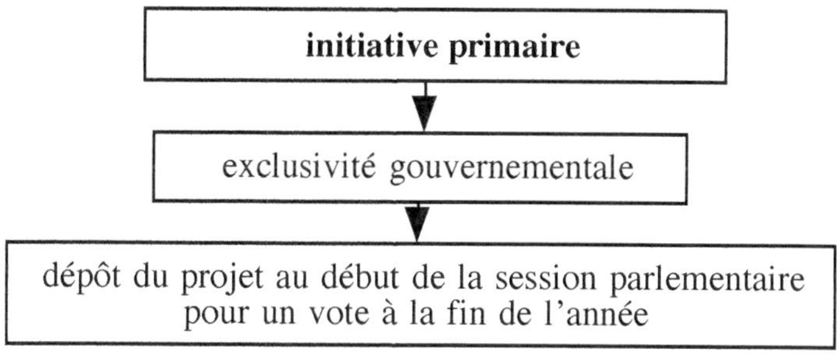

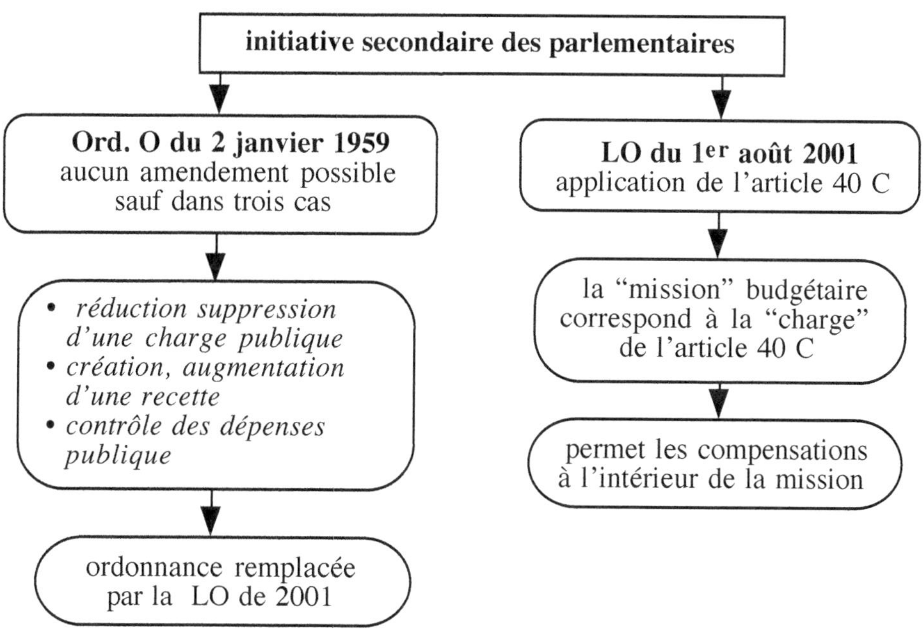

b. Le vote des lois de finances

Les règles spécifiques de la procédure budgétaire sont les suivantes :

- un dépôt prioritaire du projet devant l'Assemblée nationale ;
- une procédure globale sur soixante-dix jours au terme desquels le projet peut être mis en application par ordonnance dans le cas où aucun vote (de rejet ou d'adoption) n'est intervenu ;
- une limitation de la durée des premières lectures de chaque assemblée : quarante jours pour l'Assemblée nationale et vingt jours pour le Sénat, avec transmission d'office du projet au Sénat quand l'Assemblée nationale a dépassé son délai de lecture (art. 47, al. 2 C et 47-1 C).

La révision de 2008 apporte de nouvelles spécificités :

- usage de l'article 49, al. 3 C (voir § précédent, B) autorisé ;
- délais d'examen des textes, avant le début de la discussion en séance (art. 42, al. 3 C) inapplicables (art. 42, al. 4 C) ;
- inscription en priorité à l'ordre du jour à la demande du Gouvernement (art. 48, al. 2 C)
- début de la discussion en séance sur le texte présenté par le Gouvernement (pas de pouvoir d'amendement de la commission, art. 42, al. 2 C).

D. Les lois de financement de la sécurité sociale (art. 47-1 C)

Les règles adoptées sont inspirées de celles de la procédure budgétaire :

- un dépôt prioritaire du projet devant l'Assemblée nationale (la révision constitutionnelle, adoptée en juillet 2011 par le Parlement et en attente de ratification par le Congrès, prévoit que le projet de loi de financement de la sécurité sociale est déposé au plus tard le 1er octobre de l'année qui précède l'exercice) ;
- une procédure globale de cinquante jours au terme desquels le projet peut être mis en application par ordonnance dans le cas où aucun vote (de rejet ou d'adoption) n'est intervenu ;
- une limitation de la durée des premières lectures de chaque assemblée : vingt jours pour l'Assemblée nationale et quinze jours pour le Sénat.

La révision de 2008 prévoit les mêmes spécificités qu'en matière de lois de finances (voir plus haut).

b. Le vote des lois de finances

règles spécifiques

- dépôt prioritaire devant l'Assemblée nationale
- délai total de **70 jours** (si pas de vote, mise en application par ordonnance)
- délai de lecture précis pour chaque assemblée **40 j : Ass. nat.** **20 j : Sénat**

révision 2008

- usage de l'article 49, al. 3 C
- pas de délai d'examen avant discussion (art. 42, al. 4 C)
- inscription à l'ordre du jour en priorité (art. 48, al. 2 C)
- pas de pouvoir d'amendement de la commission (art. 42, al. 2 C)

D. Les lois de financement de la sécurité sociale (art. 47-1 C)

règles spécifiques

- dépôt prioritaire devant l'Assemblée nationale
- délai total de **50 jours** (si pas de vote, mise en application par ordonnance)
- délai de lecture précis pour chaque assemblée **20 j : Ass. nat.** **15 j : Sénat**

révision 2008

- usage de l'article 49 al. 3 C
- pas de délai d'examen avant discussion (art. 42, al. 4 C)
- inscription à l'ordre du jour en priorité (art. 48, al. 2 C)
- pas de pouvoir d'amendement de la commission (art. 42, al. 2 C)

Annexe
Les révisions de la Constitution de 1958 ayant utilisé la voie de l'article 89

La voie du référendum a été utilisée pour la révision du 2 octobre 2000 relative à la réduction du mandat présidentiel à cinq ans.

La voie du Congrès a été utilisée pour les révisions du :

- 4 juin 1960 : décolonisation de l'Afrique noire et de Madagascar
- 30 décembre 1963 (date d'ouverture des sessions parlementaires)
- 29 octobre 1974 (extension de la saisine du Conseil constitutionnel)
- 18 juin 1976 (décès, empêchement d'un candidat à l'élection présidentielle)
- 25 juin 1992 (pour permettre la ratification du traité de Maastricht)
- 27 juillet 1993 (responsabilité pénale des ministres, création de la Cour de justice de la République et Conseil supérieur de la magistrature)
- 25 novembre 1993 (droit d'asile)
- 4 août 1995 (référendum législatif, session parlementaire unique, statut des parlementaires)
- 22 février 1996 (lois de financement de la sécurité sociale)
- 20 juillet 1998 (statut transitoire de la Nouvelle Calédonie)
- 25 janvier 1999 (pour permettre la ratification du traité d'Amsterdam)
- 8 juillet 1999 (parité hommes/femmes et pour permettre la ratification du traité créant la Cour pénale internationale)
- 25 mars 2003 (mandat d'arrêt européen)
- 28 mars 2003 (décentralisation)
- 1er mars 2005 (en prévision de la ratification du traité établissant une Constitution pour l'Europe et introduction d'une charte de l'environnement)
- 23 février 2007 (responsabilité pénale du Président de la République, création de Haute, procédure de destitution du Président, abolition de la peine de mort, définition du corps électoral en Nouvelle-Calédonie)
- 4 février 2008 (pour permettre l'application du traité de Lisbonne)
- 23 juillet 2008 (modernisation des institutions de la Ve République)

Les révisions de la Constitution ayant suivi la voie de l'article 11 :

- loi référendaire du 6 novembre 1962 (élection au suffrage universel du Président de la République)

Table des matières

Dépôt légal : septembre 2021 - N° imprimeur : 042375212
Imprimé en France en avril 2023 par Présence Graphique - Monts